감성 인공지능 : 인간 이해와 감성 증강

※ 이 책은 한국전자통신연구원(ETRI) 디지털바이오의료연구본부 휴먼증강연구실이 기획하고, 국내 연구기관, 대학, 산업계의 감성 인공지능 분야 전문가들이 감성 인공지능의 현황과 미래 발전방향을 제언한 전문 도서입니다.

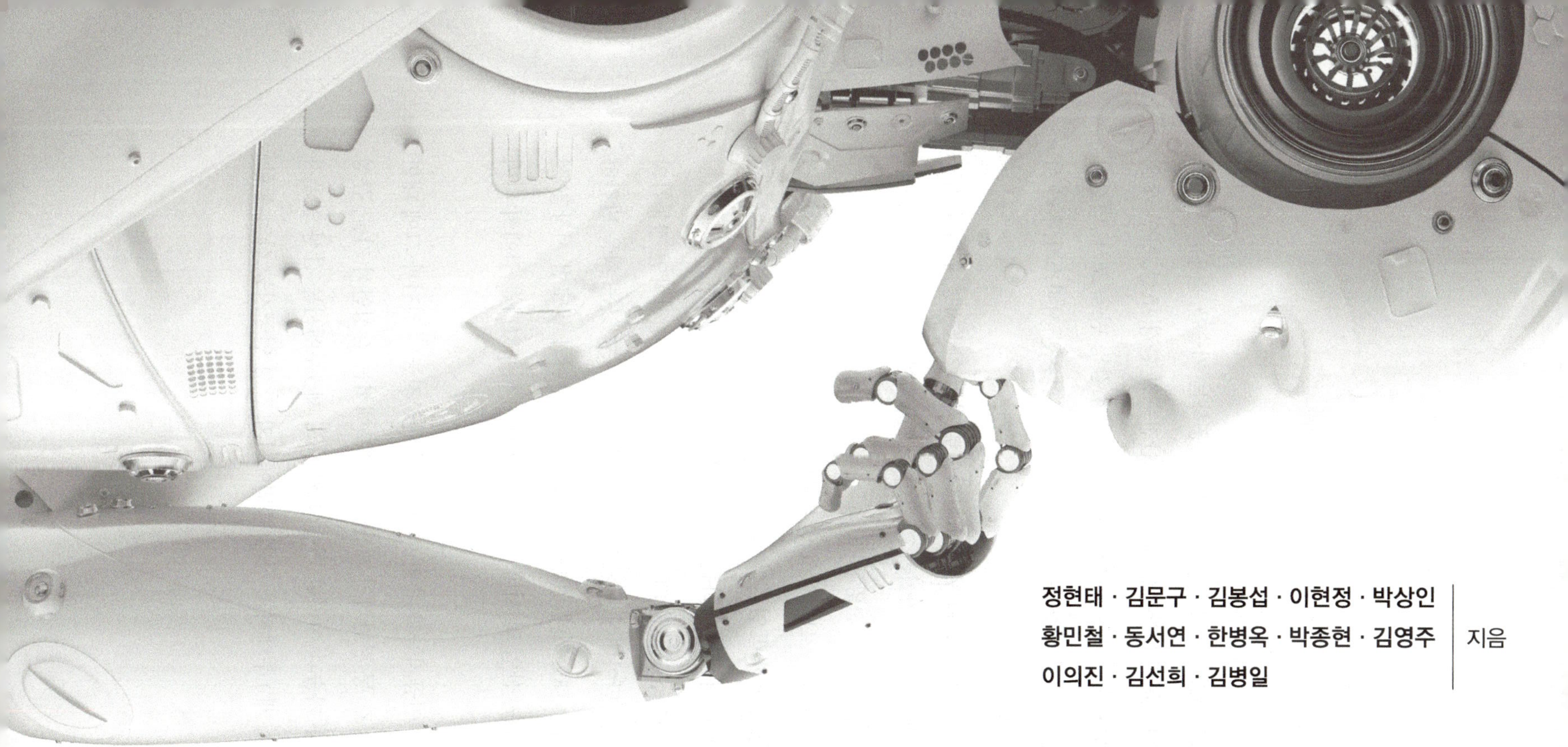

정현태 · 김문구 · 김봉섭 · 이현정 · 박상인
황민철 · 동서연 · 한병옥 · 박종현 · 김영주 지음
이의진 · 김선희 · 김병일

감성 인공지능

인간 이해와 감성 증강

율곡출판사

인간의 감성상태를 인공지능이 스스로 인식·대응하는 기술을 응용한 서비스가 점차 확대되고 있다. 운전자 감정상태 맞춤형 안전운전 환경 조성, 불안/우울증 등의 감정상태 진단·치료, 제품·서비스에 대한 고객 감정 반응 조사, 인간의 감정에 대응하는 감성 로봇 등 이른바 '감성 인공지능'을 활용한 서비스가 우리 삶의 일부분으로 다가올 것으로 전망된다.

한편 주요국들은 정부와 민간의 유기적 협력으로 감성 인공지능에 대한 적극적인 R&D 투자와 정책적 지원을 강화하고 있어 주요국들의 세계시장 선점을 위한 경쟁이 보다 치열해질 것으로 전망된다.

우리나라에게도 지금이 글로벌 감성 인공지능 시장을 선점하기 위해 선제적으로 기술개발 역량을 강화하고 인간의 감성을 기반으로 한 혁신적 서비스를 창출하기 위해 전략 방향을 마련해야 하는 중요한 시점이다.

이에 따라 한국전자통신연구원(ETRI)은 감성 인공지능 분야 산학연 전문가의 축적된 경험과 노하우를 담아내어 독자분들이 쉽게 이해할 수 있는 책을 발간하게 되었다. 이 책은 시장 태동기에 있는 감성 인공지능 분야가 글로벌 시장을 선도하기 위해 필요한 기술, 산업 및 서비스 등을 종합하여 다루었다는 점에서 의미하는 바가 크다.

제1부에서는 감성 인공지능과 휴먼 이해, 감성 인공지능의 위험과 그에 대한 대응, 기술과 인간의 공감 등 전반적인 개관을, 제2부에서는 감성인식 기술, 감성 로봇 등 감성 인공지능 기술과 이러한 기술의 활용을, 제3부에서는 감성 인공지능을 응용한 서비스를, 제4부에서는 산업 측면에서의 감성 인공지능 산업 동향,

산업 경쟁력, 감성 인공지능의 윤리 문제 및 산업육성 방향을 구체적으로 다루고 있다.

인공지능 기술을 활용한 인간의 감정·감성 이해를 통해 인간을 중심으로 한 감성 인공지능 분야의 새로운 시장 창출을 촉진하고 미래 발전방향을 정립해야 하는 기업과 정부 담당자에게 필자들의 혜안이 담겨있는 구체적 전략과 제언은 매우 가치 있을 것이다. 아울러 인간 중심의 감성 인공지능 기술 및 그 활용에 관심이 있는 모든 분에게 이 책이 길라잡이가 될 것이라 생각하며 자신 있게 이 책의 일독을 권해 드린다.

한국전자통신연구원장
방승찬

| 들어가는 글 |

인공지능이 인간의 감정을 분석하고 판단하는 영역까지 발전하면서 감성 인공지능 기술 시대가 우리 앞에 성큼 다가오고 있습니다. 감성은 인간의 생리적 반응인 동시에 인지적 지각이며, 철학, 의학, 심리학, 공학을 비롯한 다양한 학문영역의 주요 탐구 대상이었습니다. 이러한 감성에 대한 학제적 연구를 통해 센서, 컴퓨팅 등의 정보기술을 기반으로 한 인공지능을 혁신적으로 발전시킨 것이 바로 감성 인공지능입니다. 이렇듯 인공지능이 얼굴 표정, 몸짓, 음성, 생체정보 등의 데이터를 파악해 인간의 다양한 감정상태를 인식하고 이러한 감정상태에 적합하게 대응하는 기술의 고도화가 빠르게 진전되고 있습니다.

감성 인공지능이 디지털 정신건강 치료, 감성적 소통강화, 감성 맞춤형 환경 제공, 감성 코칭, 고객 반응도 등에서 유망한 서비스로 부각되어 일상생활의 한 부분으로 인식되고 있는 만큼 그 중요성은 매우 크다 할 수 있습니다.

아직은 감성 인공지능 시장이 초기 시장 단계에 머무르고 있지만, 기술적 역량을 토대로 더욱 인간 친화적인 감성 인공지능 서비스를 개발하는 것이 글로벌 시장을 선도하는 데 핵심 관건이 될 것입니다. 한편 감성 인공지능이 인간에게 혜택을 주는 동시에 개인 감성정보 유출, 과의존 등의 다양한 역기능도 발생시킬 것으로 예상됩니다.

이에 기술, 서비스, 산업, 규제정책 등 다양한 관점에서 감성 인공지능을 전망하고, 야기될 수 있는 문제점을 어떻게 효율적으로 준비할지에 대해 살펴보는 것이 매우 필요한 시점이 바로 지금입니다.

이 책은 대학, 기업 및 공공 연구기관 등 각 분야에서 활발히 활동하고 있는 한국전자통신연구원(ETRI) 11명의 전문가들에 의해 집필되었습니다. 감성 인공지능이 점차 우리 삶의 일상화가 되어가고 있는 시대를 맞이하여 기술, 산업, 서비스, 정책 등의 분야에서 감성 인공지능의 중요성과 발전 방향에 대한 시사점을 제시하였습니다.

『감성 인공지능 : 인간 이해와 감성 증강』은 크게 4부로 구성되어 있습니다.

제1부 '개관'에서는 감성 인공지능을 전반적으로 이해하는 데 도움이 될 수 있는 내용을 담았습니다. 감성 인공지능 연구 성장과 진화, 정서적 웰빙, 감성 인공지능 활용으로 발생 가능한 위험 요인과 해결 방안, 공감 기반 감성 인공지능의 사회적 영향 등을 살펴보았습니다.

제2부 '기술'에서는 인간의 감성을 인식하고 생성·표현하는 등 인간과 인공지능 간 감성의 상호작용 중심의 기술 내용으로 구성하였습니다. 감성 모델 및 사회 감성을 정량화하는 기술, 뇌파 기반 감정인식 기술, 감성 로봇 개발을 위한 핵심 주요 기술 등을 살펴보았습니다.

제3부 '서비스'에서는 감성 인공지능을 활용한 구체적인 서비스 활용 사례 내용을 구성하였습니다. 내외 감성 인공지능 서비스 제공 사례, 디지털 헬스 케어·에듀테크 분야 등의 주요 감성 인공지능 응용분야 소개, 모바일 감성 인공지능을 중심으로 한 기술 구성, 데이터 수집 및 알고리즘 개발 사례 등을 살펴보았습니다.

제4부 '산업'에서는 감성 인공지능 산업에 대한 경쟁력, 제도 및 산업 활성화 방안 등의 내용을 담았습니다. 감성 인공지능 기술과 산업에서의 활용 동향, 산업 경쟁력 진단과 대응 방안 및 정부 측면의 감성 인공지능 규제와 산업육성 방향 등

을 살펴보았습니다.

이 책의 내용은 감성 인공지능 분야의 전문가분들이 그동안 각자 업무 분야에서 쌓은 경험과 노하우에 기초한 것입니다. 이는 인공지능 기술과 감성인식 기술 등의 결합과 발전에 따라 새로운 성장 산업으로 부각된 감성 인공지능의 기술, 서비스, 산업 등을 아우르는 혜안을 바탕으로 향후 전략적 방향에 대한 시사점을 전문가적 관점에서 제시하였다는 점에서 그 의의가 크다 할 수 있습니다.

인간과 인공지능 간 감성 기반 상호작용이 가속화될 것으로 전망됨에 따라, 이 책이 감성 인공지능 시대에 변화될 미래 모습을 선제적으로 예측하고, 산업, 서비스 및 기업 등의 이해관계자가 혁신을 촉진하는 데 일조하기를 기원합니다.

끝으로 인간과 인공지능 간 감성의 상호작용이 점차 보편화되는 변화된 환경의 틀 속에서 이 책에 참여한 필자들의 지혜가 담긴 내용이 새로운 시각으로 미래 사회를 바라보는 데 조금이나마 도움이 되기를 소망합니다.

2024년 2월

저자 일동

| 차례 |

CHAPTER 05

뇌파를 활용한 감정인식 인공지능 기술

동서연(숙명여자대학교)

CHAPTER 06

감성 로봇

한병옥(한국전자통신연구원)

PART 3 서비스

CHAPTER 07
감성 인공지능 정책 동향 및 서비스 제공 사례

박종현(한국전자통신연구원)

CHAPTER 08
감성 컴퓨팅의 응용 : 디지털 헬스케어, 에듀테크, 감성 서비스

김영주((주)이모셔니스트)

CHAPTER 09
모바일 감성 인공지능 : 일상 속 정신건강과 웰빙 상태 관찰 및 증진

이의진(KAIST)

PART 4 산업

CHAPTER 10
감성 AI 기술 및 산업 동향

김선희(서경대학교)

CHAPTER 11

감성 인공지능 : 국내 산업경쟁력 진단과 전략적 대응

박종현(한국전자통신연구원)

CHAPTER 12

감성 인공지능의 규제와 산업육성

김병일((주) 디스퀘어)

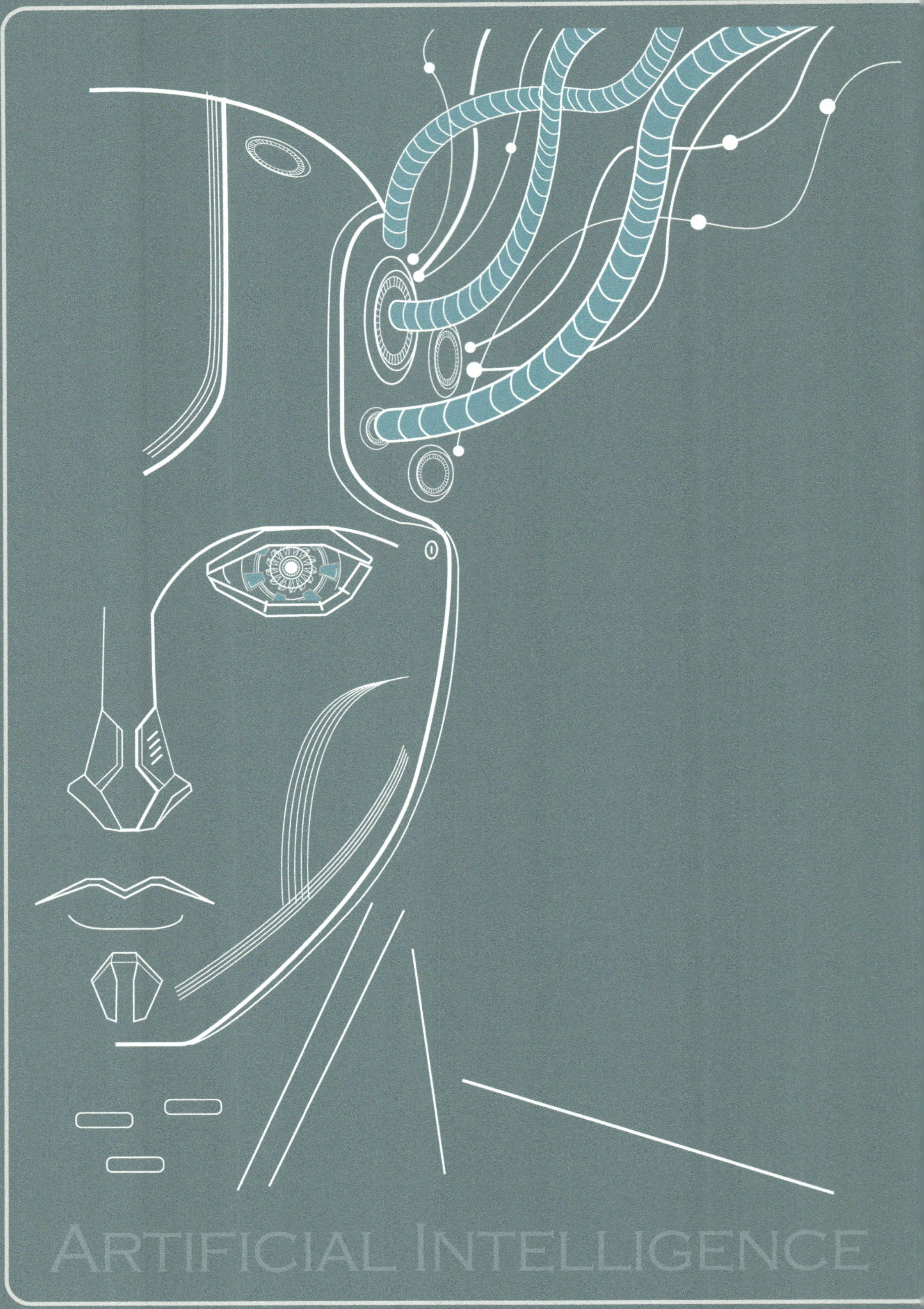
ARTIFICIAL INTELLIGENCE

PART 1

개관

CHAPTER 01
감성 인공지능과 휴먼 이해, 정서적 웰빙, 역기능

CHAPTER 02
감성 AI의 위험 양상과 극복 과제

CHAPTER 03
공감: 기술과 인간의 호혜적 관계를 위한 미래사회 필수 역량

CHAPTER 01

감성 인공지능과 휴먼 이해, 정서적 웰빙, 역기능

—정현태 · 김문구(한국전자통신연구원)

※ 본 장은 한국전자통신연구원 기본사업인 "휴먼이해 인지컴퓨팅 기술 연구(23ZS1130)"를 통해 작성된 결과물입니다.

〈요약〉

감성 인공지능은 인간의 감성을 인식하고 해석과 추론하며 감성을 생성하고 표현하며 반응하는 기술을 의미하며 그 근원은 1990년대 이후부터 감성 컴퓨팅을 중심으로 본격적으로 연구가 시작되어 컴퓨터 과학, 전자공학, 인지과학, 신경과학, 심리학, 감성공학, 인터랙션 공학의 학제적 접근을 바탕으로 한다.

인공지능의 기술적 발전과 다른 분야와의 융합이 촉진됨에 따라 감성 인공지능 연구의 양적인 확산과 질적인 성장이 2020년대 이후 나타나고 있다. 전문 저널인 *IEEE TRANSACTIONS ON AFFECTIVE COMPUTING*뿐만 아니라 다양한 학문분야의 저널에서 연구가 활발하게 진행되고 있다. 가장 많은 지식을 생산한 국가는 중국이었고 가장 높은 지식 영향력을 지닌 국가는 미국이었으며 이들 국가와 함께 영국, 독일, 스페인이 감성 인공지능 연구의 5대 핵심 국가를 형성하였다. 우리나라는 지식 생산과 영향력에서 11위로 나타나 10위권에 거의 근접한 것으로 분석되었다. 감성 인공지능의 핵심 키워드는 연구영역과 프로세스, 인공지능의 적용기법, 인간과 컴퓨터의 상호작용으로 그룹화되었으며 2010년대 후반 이후 인공지능의 최신 기법(deep learning, convolutional neural network)이 핵심 주제어로 부각되었다.

한국전자통신연구원 감성 인공지능 관련 연구팀의 조사에 의하면, 전문가와 일반인들은 감성 인공지능이 휴먼 이해와 정서적 웰빙을 증진하는 데 큰 기여할 것으로 전망하였다. 특히 개인의 정서적 안정, 감성 기반 추천 서비스, 디지털 정신건강 치료제, 감성적 소통강화에 감성 인공지능이 유망한 서비스로 부각될 것으로 예상되었다.

감성 인공지능은 인간에게 많은 기여를 하는 동시에 다양한 역기능이 발생할 것으로 전망된다. 개인 감성정보 유출을 비롯하여 개인의 과의존, 특정 집단의 가스라이팅 도구로 활용될 우려가 있어 사회적 합의를 바탕으로 규제와 가이드라인이 강구되어야 한다.

1. 감성 인공지능이란 무엇인가?

인간은 시각, 청각, 촉각, 미각, 후각을 신경계의 기능작용을 통해 감각(sensation)하고 감각들의 의미와 체계를 해석하는 과정을 통해 지각(perception)한다. 감성(emotion)은 감각과 지각의 공통영역으로 "감각에 대한 즉각적 반응들이 지각으로 도출된 것"을 의미한다(김보성 외, 2019). 이에 감성은 인간의 생리적 반응인 동시에 인지적 지각으로 철학, 의학, 심리학, 공학을 비롯하여 다양한 학문영역의 주요 탐구 대상이었다. 감성에 대한 학제적 연구가 센서, 컴퓨팅 등의 정보기술을 기반으로 인공지능을 통해 혁신적으로 발전한 것이 바로 감성 인공지능이 된다.

감성 인공지능(Emotion AI)에 대한 정의는 학자 또는 연구자에 따라 상이할 수 있으나 "인공지능 기술을 활용하여 인간의 감성을 인식하고 이해하며 반응하는 기술과 이를 응용한 서비스"로 종합된다(Somers, 2019). 감성 인공지능은 인간과 유사한 방식으로 감성을 파악하고 해석과 추론하며 생성하고 표현하기 위해 인공지능에 기반을 둔 기술로 이해된다. 감성 인공지능은 1990년대 본격적인 연구가 시작된 감성 컴퓨팅에 근원을 두고 있으며 컴퓨터 과학, 전자공학, 인지과학, 신경과학, 심리학, 감성공학, 인터랙션 공학 등의 학제적인 영향을 통해 성장해 왔다(Wang 외, 2022).

감성 컴퓨팅(Affective Computing)은 1990년대 후반 이후 MIT 미디어랩의 로잘린드 피카드 교수(Rosalind W. Picard)에 의해 제안된 이래, 양적인 성장과 질적인 발전을 이룬 연구분야로 주목되고 있다(Guo 외, 2020). 피카드 교수(1997)는 감성 컴퓨팅을 "감정과 관련되거나 감정에서 발생하거나 감성에 의도적인 영향을 미치는 컴퓨팅[1]"으로 정의를 내리고 감정의 감지와 인식, 감정의 모델링, 감정 표

1. Computing that relates to, arises from, or deliberately influences emotions(Picard, 1997).

현, 인간과의 소통과 상호작용, 윤리적 이슈와 대응을 핵심 연구범위로 설정하였다(Picard, 2003). 일부 연구자에 따르면 감성 인공지능이 감성 컴퓨팅의 응용 프로그램을 지칭하며 감성 컴퓨팅이 감성 인공지능을 개발하는 기반이 되기 때문에 이들은 서로 구분되지만(McStay, 2018), 대부분 동일하거나 유사한 개념으로 혼용되고 있다.

감성 인공지능과 유사한 개념으로 인공 감성지능(Artificial emotional intelligence)을 들 수 있다. 감성지능은 자신과 타인의 감정을 인식하고 표현하며 감정 정보를 바탕으로 생각과 행동을 조절하는 지능을 지칭한다(Salovey와 Mayer, 1990). 인공 감성지능은 자기와 타인의 감성인식, 자기 감성과 타인과의 관계를 조율하기 위하여 인공지능 기술을 활용하는 것을 의미한다(김선희, 2020). 또한 인공 감성지능은 인간의 감정에 대한 이해와 해석을 넘어 학습과 시뮬레이션을 통해 인간과 컴퓨터 사이의 정서적 상호작용을 가능하게 하는 기술로 개념화될 수 있으며(Song 외, 2022) 이는 감성 인공지능과 거의 동일한 의미가 된다.

따라서 감성 인공지능은 감성 컴퓨팅, 인공 감성지능과 개념이나 기술적 구현, 적용 범위에서 그 궤를 함께하며 감성을 통해 인간을 이해하고 인간과 상호작용하며 인간의 감성능력 강화를 지향하는 기술을 의미한다.

2. 감성 인공지능 연구는 어떻게 성장하고 진화해 왔나?

감성 인공지능 연구의 성장과 진화를 분석하기 위해 학술 전문 데이터베이스인 Scopus를 활용하여 출판된 논문의 지식구조와 주제 분석을 수행하였다. 우선 검색 용어[2]로 감성 인공지능, 감성 컴퓨팅, 인공 감성지능의 영문명을 설정하였으며 2000년 이후 2022년도까지 실제 출판된 저널에 게재된 영문 논문만을 분석대

2. 제목과 키워드에서 (emotion AND "artificial intelligence") OR ("affective computing") OR ("artificial emotion intelligence") OR ("artificial emotional intelligence")의 검색식을 사용

상으로 삼았다. 이에 총 1,837편의 논문이 검색되었으며 이 가운데 감성 인공지능에 해당하는 논문이 620편(33.8%), 감성 컴퓨팅이 1,278편(69.6%), 인공 감성지능이 9편(0.5%)이었으며 65편(3.5%)의 논문은 감성 인공지능과 감성 컴퓨팅의 용어로 모두 검색되었다. 오픈 소프트웨어인 R 패키지를 활용하여 이들 논문들의 연도별 생산과 피인용에 따른 영향력 추세를 분석하면 [그림 1-1], [그림 1-2]와 같았다.[3]

그림 1-1 감성 인공지능의 추세

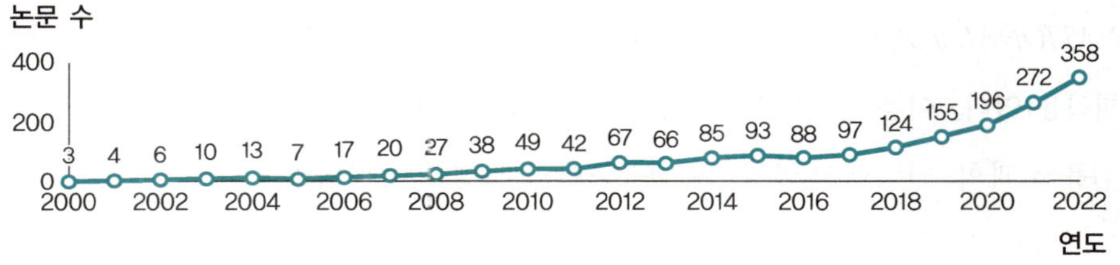

출처 : Scopus 학술DB로부터 필자 작성

그림 1-2 감성 인공지능의 지식 영향력 추세

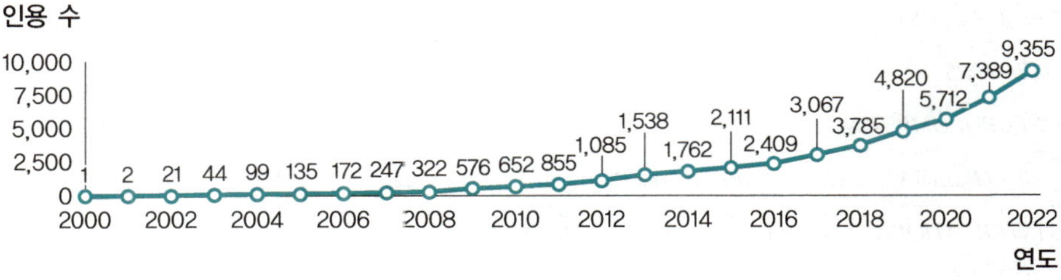

출처 : Scopus 학술DB로부터 필자 작성

감성 인공지능은 지수함수 형태로 지식 생산과 영향력이 증가하였으며 특히 2020년 이후 그 증가속도가 크게 빨라지는 추세를 보였다. 전체 논문(1,837편) 가

3. 피인용은 2023년 5월 31일까지 인용된 횟수를 기준으로 하였다.

운데 45.0%의 논문(826편)이, 전체 피인용(46,159건) 가운데 48.6%에 해당하는 22,456건이 2020년 이후에 생산되고 인용되었다. 이를 요약하면 감성 인공지능은 지식의 생산이나 영향력에서 매년 가속화되고 특히 2020년 이후에 급증하는 것으로 종합된다.

총 670개 저널에서 1편 이상의 논문이 출판되었으며 가장 많은 지식을 생산하고 영향력을 지닌 저널은 〈표 1-1〉과 같이 감성 컴퓨팅 전문 저널인 *IEEE TRANSACTIONS ON AFFECTIVE COMPUTING*(전체 논문 생산의 6.4%, 전체 피인용의 27.0%)으로 나타났다. 논문당 피인용으로 산정된 단위 영향력은 *INTERNATIONAL JOURNAL OF HUMAN COMPUTER STUDIES*(논문 1편당 177.4건 피인용)였다. 이를 종합하면 감성 인공지능의 핵심 저널은 전자공학, 센서 공학, 컴퓨터 과학, 인터랙션 공학, 심리학 분야의 저널로 구성되었다.

표 1-1 감성 인공지능의 핵심 저널별 지식 생산과 영향력

저널	생산	영향력	논문당 영향력
IEEE TRANSACTIONS ON AFFECTIVE COMPUTING	118	12,464	105.6
IEEE ACCESS	76	1,684	22.2
SENSORS	76	1,225	16.1
NEUROCOMPUTING	35	961	27.5
MULTIMEDIA TOOLS AND APPLICATIONS	32	510	15.9
INTERNATIONAL JOURNAL OF HUMAN COMPUTER STUDIES	28	4,966	177.4
APPLIED SCIENCES	24	253	10.5
COGNITIVE SYSTEMS RESEARCH	24	599	25.0
FRONTIERS IN PSYCHOLOGY	21	119	5.7
JOURNAL ON MULTIMODAL USER INTERFACES	18	380	21.1

출처 : Scopus 학술DB로부터 필자 작성

감성 인공지능의 지식을 가장 많이 생산한 국가는 중국으로 전체 논문 가운데 45.7%에 해당하는 840편의 논문을 저널에 게재하였다. 다음으로 미국, 영국, 스페인, 독일이 빅 5국가를 형성하였다. 가장 지식 영향력이 높은 국가는 미국으로 전체 피인용 가운데 32.9%에 해당하는 15,203건이 피인용되었다. 미국에 이어 영국, 중국, 독일 순으로 감성 인공지능의 피인용에서 높은 영향력을 행사하였다. 이들 국가 가운데 논문 1편당 가장 높은 피인용 건수를 기록한 국가는 영국으로 평균 28.0건으로 나타났다. 우리나라는 지식 생산에서 109건으로 전체 논문 가운데 5.9%에 해당하는 109건을 출판하였으며 피인용은 1,381건으로 전체 피인용의 2.2%를 차지하였다. 지식 생산과 영향력에서 모두 글로벌 11위에 해당하였으나 지식 생산에 비해 지식 영향력이 차지하는 비중이 다소 낮았다.

가장 많은 지식을 생산한 기관은 영국의 IMPERIAL COLLEGE LONDON(29편), 중국의 HEFEI UNIVERSITY OF TECHNOLOGY(27편), 미국의 STAN-

표 1-2 감성 인공지능의 주요 국가별 지식 생산과 영향력

국가	생산	영향력	논문당 영향력
중국	840	4,306	5.1
미국	610	15,203	24.9
영국	305	8,547	28.0
스페인	255	1,774	7.0
독일	179	3,252	18.2
이탈리아	177	1,682	9.5
인도	169	902	5.3
네덜란드	154	1,212	7.9
일본	145	766	5.3
캐나다	112	1,973	17.6
한국	109	1,381	12.7

출처 : Scopus 학술DB로부터 필자 작성

FORD UNIVERSITY(24편) 순으로 나타났으며 우리나라는 세종대학교(12편), 한양대학교(7편) 순으로 많았다.

감성 인공지능의 핵심 키워드를 분석한 결과 〈표 1-3〉과 같이 나타났다. 감성 인공지능의 논문에 대한 저자 키워드를 중심으로 주제어를 파악하였으며 감성 컴퓨팅(affective computing), 감정인식(emotion recognition), 감정(emotion), 인공지능(artificial intelligence), 기계학습(machine learning), 딥러닝(deep learning) 순이었다.

표 1-3 감성 인공지능의 핵심 키워드

저자 키워드	논문	비율	저자 키워드	논문	비율
affective computing	1,033	56.2%	facial expression recognition	37	2.0%
emotion recognition	244	13.3%	natural language processing	31	1.7%
emotion	214	11.6%	emotion detection	30	1.6%
artificial intelligence	204	11.1%	feature extraction	27	1.5%
machine learning	168	9.1%	virtual reality	25	1.4%
deep learning	110	6.0%	pattern recognition	25	1.4%
eeg	72	3.9%	emotion analysis	22	1.2%
sentiment analysis	63	3.4%	convolutional neural network	22	1.2%
facial expression	60	3.3%	social media	21	1.1%
human-computer interaction	45	2.4%	feature selection	21	1.1%
speech emotion recognition	40	2.2%	empathy	21	1.1%
physiological signal	38	2.1%	emotion classification	20	1.1%

출처 : Scopus 학술DB로부터 필자 작성

이들 주제 키워드를 종합해 보면, 감성 인공지능의 연구분야(emotion), 분석대상과 처리방법(emotion recognition, electroencephalography(eeg), facial expression, speech emotion recognition, physiological signal), 인공지능과 그 기법(artificial intelligence, machine learning, deep learning, sentiment analysis), 상호작용(human-computer interaction)으로 묶여졌다.

감성 인공지능의 핵심 주제어의 시간적 변화와 진화를 살펴보면 [그림 1-3]으로 시각화된다. 인간과 컴퓨터의 상호작용(human-computer interaction), 감정(emotion), 감성 컴퓨팅(affective computing), 얼굴 표현(facial expression)은 2010년대 초중반부터 핵심 키워드였으며 인공지능과 기계학습이 활성화된 2010년 중후반 이후에는 자연언어 처리(natural language processing), 감성분석(sentiment analysis), 기계학습(machine learning)이, 2020년대 이후에는 딥러닝(deep learning)과 신경망 분석기법인 convolutional neural network가 부각하고 있다. 이를 종합하면 인공지능 발달에 따라 적용되는 기법이 다양해지고 최신 학습이나 분석기법이 감성 인공지능 분야에 적용됨을 보여준다.

그림 1-3 감성 인공지능의 핵심 주제어 변화

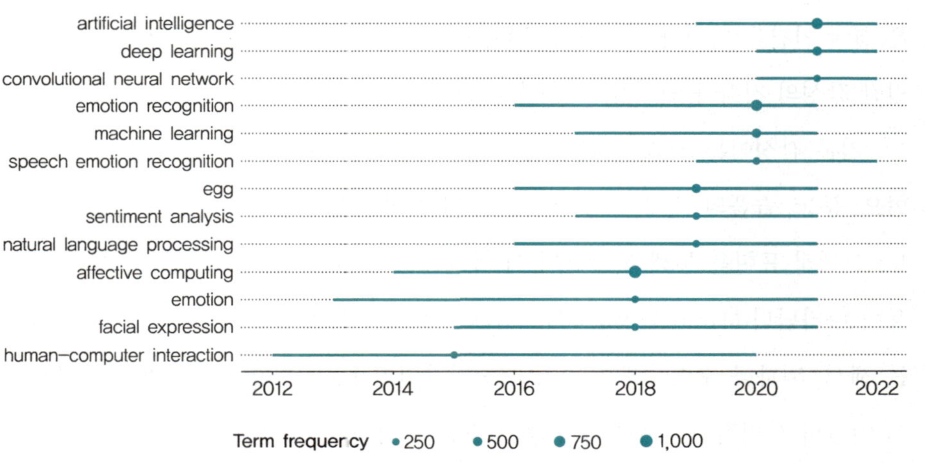

출처 : Scopus 학술DB로부터 필자 작성

3. 감성 인공지능을 통한 휴먼 이해와 정서적 웰빙

감성 인공지능이 인간과 우리의 삶을 위해 어떤 분야에 활용될 것인가에 대한 질문에 대해 인간을 보다 잘 이해하고 이를 통해 삶의 질을 향상시키는 것으로 응답할 수 있다. 즉, 감성 인공지능은 인간의 이해를 우선하여 지향하고 정서적 웰빙을 궁극적으로 추구한다.

3.1 감성 인공지능과 휴먼 이해

감성의 렌즈를 바탕으로 인간을 이해하는 것은 철학과 심리학의 핵심 주제 가운데 하나였다(김보성 외, 2019). 인간은 누구나 감성의 존재이고 감성을 바탕으로 인간 자신을 바라보고 세상을 파악하며 느낌(feeling)이나 기분(mood)을 바탕으로 반응하고 행동한다. 이에 감성을 지각하고 파악하며 해석하고 분석하는 것은 결국 인간을 이해하는 기초가 된다. 따라서 감성 인공지능은 휴먼 이해를 위해 인간 감성의 지각과 인식을 그 출발점으로 한다.

기본 감성이론(basic emotion theory)에 의하면 인간은 행복, 놀라움, 두려움, 혐오, 분노, 슬픔의 내적 감성 상태를 느끼고 이를 얼굴 표정, 목소리 높낮이와 강도, 신체적 표현을 통해 전달하며 이 과정에서 땀이나 체온, 맥박 등의 생리적 반응이 나타난다(Martinez-Miranda & Aldea, 2005). 감성 인공지능은 신체에 부착하는 센서, 뇌파나 수면상태를 측정하는 전자기기 또는 웨어러블 단말기를 활용하여 인간의 생리적 자극수준과 반응 정도를 측정한다. 카메라의 영상장치, 스마트폰, 스마트 워치, 전용 단말기를 통해 음성의 억양과 변화, 진폭 등을 측정하고 얼굴 표정의 상태와 변화를 파악하며 몸짓이나 신체행동 수준을 인식한다. 소셜 네트워크(SNS)를 통해 작성된 텍스트의 어휘나 문맥 등을 파악하게 된다. 이 과정을 통해 수집된 신체와 생리적 반응, 소셜 네트워크 데이터는 감성인식을 위한 기

본 정보가 된다.[4]

이렇게 다양한 센서와 매체를 통해 수집된 데이터는 선제적으로 학습된 인공지능을 통해 분석되고 해석되며, 추론 과정을 통해 일반적이거나 특정한 감성 또는 심리 상태로 판별된다. 인간의 감성 상태를 정확하게 측정하고 판별하는 것은 매우 난해한 영역이지만 2010년대 초중반 이후 급격하게 발전하고 있는 기계학습, 딥러닝, 생성형 AI를 활용하여 많은 연구자들과 기업들이 도전하고 있다.[5]

최근에는 인간의 감성을 생성하고 표현하는 것을 통해 감성의 이해와 분석을 넘어 인간의 감성적 공간을 확대하고 감성적 영역을 적극적으로 고도화하고 있다. 인간의 감성을 반려로봇으로 이식하고 가상 휴먼(virtual Haman)을 통해 자아의 경계나 한계를 극복하고 새로운 감성적 자아를 창출하려는 것은 휴먼 이해의 종착적 지향점이 된다.

3.2 감성 인공지능과 정서적 웰빙

인간에 대한 이해를 바탕으로 감성 인공지능은 정서적 웰빙을 통해 인류의 당면 문제를 해결하고 인류의 행복을 증진시키는 데 기여할 것으로 전망된다.[6] 본 필자들이 참여한 한국전자통신연구원 감성 인공지능 관련 연구팀은 2018년 이후 국내 전문가와 일반인을 대상으로 감성 인공지능이 어떤 분야에 활용될 것인지에

4. 이를 보다 상세히 설명하면 감성 인공지능에서 생체정보는 맥박, 뇌파(EEG), 심전도(ECG), 근전도(EMG), 피부 전도 반응(GSR), 피부 온도(SKT) 등을 통해 측정되며 음성정보는 음성의 질, 높이, 강도, 속도, 억양, 사용 어휘 등을 통해 파악되고 영상정보는 얼굴 표정과 제스처 등을 통해 인식된다. 또한 텍스트는 자주 사용된 어휘나 표현, 문맥, 반응 등으로 파악된다(김문구 · 박종현, 2018).

5. 감성 인공지능에서는 지식 베이스 모델이나 통계 베이스 모델을 활용한 기계학습 방식, CNN(convolutional neural network)이나 RNN(Recurrent Neural Network) 등의 딥러닝 방식, GAN(Generative Adversarial Network) 의 생성형 AI 기법 등이 주로 활용되고 있다(Wang 외, 2022).

6. 고령화 사회 심화, 은둔형 외톨이 증가, 공황장애를 비롯한 정신질환자 급증, 세대 간 오해와 소통부족, 비대면 접촉 확대에 따른 인간 사이의 교류 격감 등의 다양한 당면 문제를 현 사회는 직면하고 있다.

대해 다양한 연구를 수행해 왔다.

정신질환 관련 전문가나 종사자, 감성 ICT 관련 기업 대표, 웰빙 산업 전문가 등을 대상으로 1대 1 인터뷰나 델파이를 수행하거나 성인 남녀, 정신질환 관련 환자나 보호자, 학생, 고령자 등 다양한 계층을 대상으로 집단 좌담회를 수회에 걸쳐 실시하였다. 이 과정을 통해 도출된 다양한 유망 감성 인공지능 서비스는 모두 개인의 정서를 안정시키고 증강시키며 다른 사람과의 감정적 소통을 강화하고 정신적 병리 현상을 미리 예방하거나 치유하는 데 도움이 되는 서비스로 귀결되었다. 감성 인공지능이 정서적 웰빙(mental well-being)을 위한 도구나 방법으로 활용되는 것이 전문가와 일반인, 정신 관련 질환자나 종사자 등이 공통으로 바라는 응용대상이나 활용방향으로 나타났다. 한국전자통신연구원 감성 인공지능 관련 연구팀이 종합한 감성 인공지능을 활용한 유망한 정서적 웰빙 서비스는 다음과 같았다(김문구 · 박종현, 2018 ; 송근혜 · 김문구 · 박종현, 2021).

개인의 정서적 안정을 위한 감성 인공지능

감성 인공지능을 활용하여 개인 일상의 정서적 안정에 도움을 주는 서비스가 크게 각광을 받을 것으로 전망되었다. 개인의 평소 취향과 선호, 건강상태, 스트레스 정도, 감성 모드를 웨어러블 단말기나 센서를 이용한 라이프로깅 데이터를 통해 탐지하여 개인에게 가장 최적화된 감성 증강 서비스를 제공하는 것은 정서적 안정에 크게 기여할 것으로 전망되었다.

개인이 즐겁거나 우울하거나 스트레스를 받는 상황에서 듣는 음악의 유형이나 그 감성적 개선 효과를 감성 인공지능이 지속적으로 학습하여 개인의 현 상황에 가장 적합한 음악 서비스를 제공하는 것이 예가 된다(감성형 음악 큐레이션).

반려로봇이나 가상 휴먼에게 상대방에게 가장 편안함을 제공하는 대화 스타일이나 감정적 반응 형태를 학습시켜 개인의 감정적 스트레스를 이완시키거나 감정적 공감을 통해 외로움이나 불안함을 경감시키는 서비스가 이에 해당된다(교감형 반려로봇, 마음을 나누는 가상 휴먼).

감성 기반 추천 서비스를 위한 감성 인공지능

개인 스스로 본인의 선호, 취향이나 태도를 정확하게 인지하거나 파악하는 것은 쉽지 않은 일이다. 이에 감성 인공지능을 통해 얼굴 표정, 제스처 등을 분석하여 감성적 차원에서 반응이나 행동과 관련된 컨설팅이나 추천을 해준다면 보다 나은 의사결정에 큰 도움을 줄 것으로 전망되었다.

예를 들어 많은 사람들이 패션 스타일에 대해 본인의 취향이나 선호를 잘 알지 못하여 새로운 옷을 구매하거나 의류를 선택하는 데 많은 어려움을 경험하곤 한다. 평소의 복장 스타일에 대한 본인의 얼굴 표정이나 스스로의 표현에 대해 인공지능이 모니터링하거나 매장에서 스마트 거울을 통해 신상 의류를 착용한 후 색상이나 스타일에 대한 마음에 드는 정도를 모니터링하고 연령대나 체형, 직업에 가장 적합한 의류를 추천해 준다면 의류 구매 의사결정에 큰 도움이 될 것이다(감성 기반 패션추천 서비스).

디지털 정신건강 치료제를 위한 감성 인공지능

감성 인공지능을 활용하여 신체와 정신건강을 증진하고 정신질환을 예방하고 치유하며 사후관리에 활용되는 디지털 치료제가 가장 유망하고 사회적 파급효과가 높은 정서적 웰빙 서비스가 될 것으로 전망되었다.

우울증이나 불안감과 같은 정신질환은 상태가 크게 진전되기 전까지 본인 스스로 지각하지 못하는 경우가 대부분이며 가족이나 주변 사람들과 마찰적 상황에 놓이는 경우가 많아 극단적인 선택을 할 가능성이 있어 위험하다. 특히 고령화 사회가 진전되고 사회적 양극화가 심화될수록 정신질환자가 크게 증가할 가능성이 높아 인공지능을 통해 언어 표현이나 대화정도, 스트레스 심화수준, 정신적 위험정도를 파악하고 분석하여 예측하며 의료진과 연결된다면 개인의 정신질환에 효과적으로 대응하고 치료효과를 제고하는 데 도움이 될 것이다(디지털 정신건강 치료제).

많은 현대인들이 수면부족이나 수면장애를 경험하고 그 불편함을 토로하며 많은 비용을 쾌면을 위해 지불하지만 수면의 질 개선은 상당히 어려운 상황이다. 고령층과 직장인, 학생층을 비롯하여 대부분의 연령층에서 수면장애 환자가 급증하고 있는 추세이나, 그 원인을 규명하는 것은 개인차만큼 다양한 요인들이 작용한다. 이에 일상의 생활패턴, 운동형태, 스트레스 지수, 음식물 섭취, 감정 변화, 수면습관 등을 모니터링하고 인공지능이 이를 바탕으로 수면의 질을 개선하기 위한 감성 치유나 명상, 운동, 스트레스 경감 방법을 개인의 특성에 맞게 제안해 준다면 보다 나은 웰빙을 기대할 수 있을 것이다(감성 기반 수면개선 치료 프로그램).

감성적 소통 강화를 위한 감성 인공지능

현대인은 성별 간, 세대 간, 계층 간 소통과 교류에서 상당한 어려움을 경험하고 있으며 이는 사회적 이슈로 비화하는 경우가 발생함에 따라 소통을 강화하는 것은 우리 사회를 건강하게 만들고 사회적 비용을 절감하며 개인의 행복과도 상당히 연결된다. 그런데 소통을 어렵게 만드는 요인 중의 하나가 감정의 절제되지 않은 사용과 감성적 나눔의 부족에 기인한다. 이에 감성 인공지능을 활용하여 상대방의 표현되지 않은 감성적 의미나 상황이나 맥락에 대한 해석이 지원된다면 소통을 강화하는 데 도움이 될 것이다.

가족 사이의 소통은 생각보다 어려운 경우가 많아 부부 사이, 부모와 자녀 사이, 자녀와 자녀 사이에서 생활방식의 차이, 다양한 오해의 누적으로 감정의 골이 깊게 형성될 수 있다. 이에 심리상담과 연결된 감성 인공지능이 가족 사이의 불화의 원인을 파악하고 대화방식이나 소통방식을 코칭한다면 가족 간의 이해가 높아지고 바람직한 방향으로 감정나눔이 강화될 수 있을 것으로 기대된다(감성 기반 심리상담 코칭 서비스).

4. 감성 인공지능의 역기능과 대응

감성 인공지능이 인간의 이해와 함께 정서적 웰빙을 제공할 것으로 기대되지만 한편으로는 다양한 역기능이 존재하여 인간을 위협할 가능성도 높을 것이다(김문구 · 박종현, 2022). 한국전자통신연구원 감성 인공지능 관련 연구팀의 2022년도 전문가 인터뷰에 의하면 감성 인공지능을 통해 감정 오독, 감정 편집, 감정 획일화, 감성 편향성, 감정 인지부조화, 감정 통제와 지배, 감정 가스라이팅, 감정 불감과 공감부족, 부정적 집단여론 형성의 직접적 효과와 극단적 행동이나 반사회적 인격장애의 파생효과를 가져올 것으로 우려되었다(박종현, 2022). 감성 인공지능 역기능의 원인을 데이터와 정보 문제, 외부 침입이나 의도, 강한 감성 인공지능의 기술적 특성으로 구분하여 분석해 보면 다음과 같은 다양한 이슈가 등장할 것이다.

우선 인공지능에서 가장 보편적으로 나타날 수 있는 학습 데이터와 정보의 편향성 문제가 감성 인공지능 역시 자유롭기 어렵다. 감성 인공지능은 다른 분야에 비해 데이터를 수집하는 데 긴 시간과 비용이 소요되며 특정 이슈에 대해 제한된 데이터로 학습할 가능성이 많아 학습과 분석과정에서 편향성이 발생할 개연성이 있다. 따라서 편향적인 데이터는 필연적으로 성별이나 세대, 인종 간 차별의 원인이 되기도 하며 특정 감성 상태나 정신장애를 지닌 사람들에 대해 잘못된 편견이나 해석을 만들 수 있어 개인이나 사회에 상당한 위험으로 작용할 수 있다.

외부의 불법적 침입, 실수로 인한 외부 유출, 외부 특정집단의 의도는 감성 인공지능을 범죄나 집단적 행동의 도구로 활용될 위험을 지니게 만들 수 있다. 해킹이나 실수에 의해 감성정보를 포함하여 개인정보가 유출되거나 매매의 대상이 된다면 인구통계적 정보 유출 이상의 막대한 피해를 가져올 수 있으며 낙인 효과를 통해 정신장애나 질환을 지닌 특정 개인을 극단적 상황으로 몰고갈 우려가 발생할 수 있다. 특정한 집단에 의한 알고리즘 해킹이나 조작은 일부 감성 특성을 지니거나 감성적으로 취약한 일부 사람들이나 계층에 대한 공격을 조장하여 사회적 차별이나 사회적 양극화를 강화시킬 가능성이 있다.

강력한 감성 인공지능으로 기술적 진화가 이루어진다면 인간과 인공지능 사이의 관계에서 다양한 역기능이 발생할 수 있으며 감성 인공지능은 그 파급력이 더욱 클 것으로 전망된다. 예를 들어 강력한 감성 인공지능이 특정 일반인에 대해 지속적으로 정서적인 학대를 가할 수 있으며 일반인은 감성 인공지능에 대한 의존이 강화되어 스스로 감성적 반응이나 판단을 유보할 가능성도 있다. 또한 감성 인공지능에 의해 감성 가스라이팅이 발생하여 일반인에게 잘못된 편견이나 일탈을 조장할 가능성도 있다.

이러한 폐해가 예상되는 감성 인공지능의 다양한 역기능과 부작용을 대응하기 위해서 감성에 특화된 인공지능 윤리 세부지침을 글로벌 또는 사회적 차원에서 합의를 통해 만들고 이를 개발자와 이용자가 자율적으로 준수하거나 예상되는 범죄나 일탈에 대한 강력한 규제가 강구되어야 한다(김문구 외, 2022).[7]

[참고문헌]

김문구 · 박종현(2018), 「AI 기반 감성증강 10대 유망 서비스 탐색」, 한국전자통신연구원.

__________(2022), "감성 인공지능 서비스 확산에 대한 기대와 우려의 영향 : 기술 신뢰성과 기술 혁신성향의 조절효과", 통합경영학 2022 학술대회.

김문구 · 박종현 · 최문정 · 임현 · 지수영(2022), 「디지털 역기능 전망과 대응 방향」, 한국전자통신연구원, 한국과학기술기획평가원.

7. 인공지능을 비롯하여 디지털 기술의 역기능 전망과 대응방향에 대한 상세한 내용은 한국전자통신연구원과 한국과학기술기획평가원이 협업연구 보고서를 참조하기 바란다(김문구 외, 2022).

김보성 외(2019), 『감성과학 : 응용과 실제』, 한국감성과학회, 학지사.

김선희(2020), 「인공감성지능 기술 동향 및 산업 분야별 적용 사례」, 주간기술동향 제1936호, 정보통신기획평가원.

박종현(2022), "감성 인공지능의 미래 위협과 대응방향", 한국정보기술응용학회 2022 학술대회.

송근혜 · 김문구 · 박안선(2020), 「정신건강을 위한 인공지능 활용과 유망 서비스」, 『전자통신동향분석』, 제35권 제6호, 한국전자통신연구원.

Guo, F., Li, F., Lv, W., Liu, L., & Duffy, V. G.(2020), "Bibliometric analysis of affective computing researches during 1999~2018," *International Journal of Human–Computer Interaction*, 36(9), 801–814.

Martinez–Miranda, J., & Aldea, A.(2005), "Emotions in human and artificial intelligence," *Computers in Human Behavior*, 21(2), 323–341.

McStay, A.(2018), *Emotional AI : The rise of empathic media*, Emotional AI, 1–248

Picard, R. W.(1997), *Affective computing*, MIT Press.

____________(2003), "Affective computing : challenges," *International Journal of Human–Computer Studies*, 59(1–2), 55–64.

Salovey, P., & Mayer, J. D.(1990), "Emotional intelligence," *Imagination, cognition and personality*, 9(3), 185–211.

Somers, M.(2019), "Emotion AI, explained," MIT, URL : https://mitsloan. mit. edu/ideas–made–to–matter/emotion–ai–explained.

Song, Y., Tung, P. H., & Jeon, B.(2022. 8.), "Trends in Artificial Emotional Intelligence Technology and Application," In 2022 IEEE/ACIS 7th International Conference on Big Data, Cloud Computing, and Data Science(BCD), IEEE, pp. 366~370.

Wang, Y., Song, W., Tao, W., Liotta, A., Yang, D., Li, X., ... & Zhang, W.(2022), "A systematic review on affective computing : Emotion models, databases, and recent advances," *Information Fusion*.

CHAPTER 02

감성 AI의 위험 양상과 극복 과제

—김봉섭(한국지능정보사회진흥원)

〈요약〉

도구나 테크놀로지는 특정 목적에 봉사하는 효율성을 지향하는 활동의 결과이지만 기존 가치관과의 대립과 충돌을 야기하는 경우가 빈번했다. 이런 혼돈의 시기가 지나면 문명화 과정이 시작됐다. 문명화가 어느 정도 진행되면 모든 것이 질서를 찾으면서 다시 새로운 도구나 테크놀로지를 요구했다. 그리고 이제 인간은 자신과 같거나 닮은 존재를 만들려고 한다.

인간이 자신과 같거나 닮은 존재를 만들려는 욕망은 우리보다 훨씬 더 빠르고 정확하게 정보를 처리하는 것을 넘어 인간만이 할 수 있다는 감정을 다루고 사람들이 행복한지, 슬픈지, 화났는지를 파악할 수 있는 인공지능을 향하고 있다. 인간의 감성 상태를 이해하는 감성 AI(Emotion AI)라는 새로운 유형의 인공지능이다. 하지만 감성 AI를 도입하고 적용하는 과정에서 정작 감성 AI에 대한 진지한 숙고와 고찰은 빠져있다. 인공적 행위가 인간을 대신하여 인간과 상호작용하는 것이 어떤 의미인지에 대한 진지한 고민이 누락된 것이다.

이에 따라 감성 AI의 도입과 함께 고민해야 할 상황은 이른바 인간과 상호작용했던 모든 미디어의 역사가 말해주듯 감성 AI에 대한 의존 현상이다. 감성 AI가 인간의 고정관념과 편견의 강화를 초래할 것이라는 우려와 감정 오염을 넘어 감정을 조작하는 단계에 이를지 모른다는 염려도 있다. 또한 특정 주체의 대상화 문제, 저작권 이슈, 개인정보 침해 그리고 자율성 약화 등을 가져올 것이라는 걱정거리도 있다.

물론 인공지능이 인간의 능력을 넘어서는 일들이 자주 일어나고 있지만 세밀하게 살펴보면 여전히 부족한 면이 있다. 감성 AI도 마찬가지다, 여전히 극복해야 할 과제가 있다. 우선 감성 AI가 대상으로 삼는 인간의 감성에 대한 정확한 이해가 있어야 한다. 두 번째는 감정과 기분을 구분할 수 있어야 한다. 세 번째는 감정 표현의 맥락적 상황을 이해해야 한다. 마지막으로 문화적 상황에 대한 이해도 수반되어야 한다.

이와 함께 감성 AI는 통제 가능하도록 개발되어야 하며, 인문학적 상상력을 바탕으로 사회적 합의와 토론을 통해 감성 AI의 도입과 적용을 결정해야 한다. 또한 인간이 도구와 건강하게 공존할 수 있는 유일한 방안은 실천적 지혜를 끊임없이 추구하는 것임을 명심해야 한다. 끝으로 감성 AI를 개발하고 적용하는 최종적인 목표는 인간의 행복한 삶을 위한 것이어야 한다는 것을 가슴에 새겨야 한다.

1. 들어가며

과학 기술적 의미에서 모든 도구와 테크놀로지는 특정 목적에 봉사하는 효율성을 지향하는 활동의 결과물이다. 한 마디로 인간 사회의 필요에 부응하고 편익 증대에 기여하는 것이 과학 기술의 존재 이유이다. 실제로도 300만 년 전 도구를 처음 만들었던 시기부터 인간은 자기방어와 식량 획득을 위해 자신의 신체에만 의존한 것이 아니라 자신들이 만든 돌도끼에 의탁했다. 이어서 돌도끼보다 생존과 안전에 좀 더 유리한 철로 만든 칼이나 창을 만들었고, 이후 효율성이 더욱 높아진 총포를 발명했다.

인간의 '이동'이라는 목적은 어떤가? 자신의 '발'이라는 매우 제한적인 수단을 넘어 바퀴를 만들어서 좀 더 나은 효율성을 획득했고, 자동차나 비행기 같은 이동체 수단을 통해 효율성을 극대화했다. 최근에는 자율주행 기능을 통해 탑승자가 원하는 목적지까지 스스로 최적의 경로를 찾아 이동하는 자율주행 자동차라는 새로운 형식의 도구를 통해 '이동'의 목적을 가장 효율적으로 달성하려 하고 있다. 그리고 이러한 도구나 테크놀로지의 발명과 진화 과정을 통해 인간은 문명화를 이룩했다고 해도 과언이 아니다.

하지만 도구나 테크놀로지의 발명과 진화를 통한 인간의 문명화 과정이 결코 순탄했던 것만은 아니다. 새로운 도구나 테크놀로지의 등장이 기존 가치관과의 대립과 충돌을 야기하는 경우가 빈번했다. 효율성 추구가 오히려 인간에게 독이 되는 일도 있었다. 자기 보호라는 목표가 세계대전에서 대량 살상이라는 비극을 초래하여 인류에 극심한 공포와 불안을 일으킨 적도 있었고, 인간의 탐욕이 지구 생태계의 파괴를 가져와 기후 위기와 같은 환경의 균형을 깨트린 일도 있었다. 인간과 인간을 연결했던 조화와 협력에 균열이 생겨 서로 간에 대립과 갈등이 지속된 경우 또한 우리는 경험했다. 모두 의도치 않은 새로운 도구나 테크놀로지의 도입과 확산 과정에서 생겨난 일이었다.

이는 과학 기술적 의미에서 도구나 테크놀로지의 목적에 대한 진지한 성찰이나 성찰에 근거한 사유 작용의 부재에 원인이 있다. 무엇보다 과학 기술은 도구나 테크놀로지의 발명과 진화에 대한 목적 자체를 성찰의 대상으로 삼지 않는다. 목적이 정당한가를 묻지 않는 것이다. '자기방어'나 '이동'과 같은 목적은 인간의 근본적인 욕구나 욕망이라는 생각에서다. 또한 과학 기술은 우리 인생이 어떤 의미를 갖는지에 대해 대답하지 않는다. 그러한 문제들은 과학 기술을 통해 규명될 수 있는 질문거리가 아니다. 도덕적 물음에 과학 기술은 어떤 답변도 줄 수 없으며 그런 질문들은 과학 기술의 능력에 속하지도 않는다. 그 결과 과학 기술이 옛날에는 불가능했던 일들을 처리할 수 있도록 했고, 과학 기술적 방식으로 문명은 우리의 삶을 규정하고 있지만 우리의 정신은 점점 빈곤해지고 있다. 이에 대해 헝가리 출신의 사회학자 아그네스 헬러(Àgnes Heller)는 "우리는 정신의 영역에서 살고 사유할 수 있는 인간인가?, 아니면 '정신적으로 빈곤한 존재'로서 기술적 도구에만 매달리는 존재가 될 것인가?"라며 인간은 바로 이러한 선택의 기로에 서 있다고 묻고 있다(아그네스 헬러, 2014).

이 와중에 새로운 도구 또는 테크놀로지로서 감성 AI가 현실 세계 속에 모습을 드러내며 확산되고 있다. 심리 치료, 마케팅, 고객 서비스, 교육, 헬스케어, 광고, 게임 등에 이르기까지 다양한 분야에서 감성 AI의 도입과 적용이 빠르게 늘고 있다. 우리 사회에서 감성 AI에 의해 이루어지는 실행의 종류와 범위가 다양해지고 점점 확대되는 현실, 그리고 이러한 여건 속에서 우리의 삶이 그 실행에 직간접으로 영향을 받게 되는 현실 속에서 다양한 감성 AI가 인간에게 어떠한 영향을 미칠 것인가에 대한 진지한 성찰이나 그 성찰에 근거한 사유 작용이 무엇보다 중요해지고 있다. 감성 AI의 목표는 타당한가? 감성 AI는 진정으로 인간에게 필요한가? 감성 AI는 충분히 인간에게 유익한가? 등에 대한 비판적 성찰과 찬반의 토론이 충분히 이루어져야 한다. 이러한 물음에 답하기 위해 우리는 감성 AI가 초래할 것으로 예상하는 중요한 손실이나 위험이 존재하는지, 감성 AI가 갖는 한계는 어떤 것인지를 평가하며 저울질해야 한다. 이러한 시각과 사고를 통해 우리는 감성 AI를 도입하는 과정에서 어떤 원칙들을 고려해야 할 것인가, 어떤 상황을 예측하고 대비해야 할 것인가 하는 등의 문제를 선행적으로 궁리해야 한다.

이러한 작업은 광범위한 사회적 파급효과를 지닌 감성 AI에 대해 보다 객관적인 시각을 제공할 수 있을 것이다. 충분한 수준의 감성 AI가 실현 가능해진 이후에야 감성 AI에 대한 비판적 사고와 찬반 토론이 의미를 갖는다고 생각하는 것은 잘못이다. 과학 기술적인 각종 도구나 테크놀로지의 적용과 확산이 인간의 삶과 사회를 변화시키면서 단순히 인간의 삶에 효율성만을 부여했던 것이 아닌 새롭고 다양한 사회적 도전을 수반했던 일반적인 사실을 상기해야 한다. 널리 알려진 '트롤리 딜레마(trolley dilemma)[1]'와 유사한 상황은 우리의 현실 세계에서 얼마든지 발생할 수 있다. 감성 AI가 어떤 원칙에 따라 설계되었는가에 따라 인간의 활동에 개입하여 내리는 가치판단을 포함한 판단의 실행 결과는 전혀 다르다. 감성 AI가 이미 도입되고 확산된 후 이러한 고민과 고려를 한다면 이는 시기적으로 너무 늦다.

2. 사회와 기술의 공진화

그리스 신화에 따르면 만물이 창조될 당시 프로메테우스(Prometheus)와 에피메테우스(Epimetheus)는 제우스 신으로부터 흙과 불로 빚어진 모든 피조물에게 그들이 필요로 하는 모든 것을 제공하고, 그들이 다른 종으로부터 멸종의 위협을 받는 일이 없도록 각자에게 스스로를 방어할 수 있는 수단을 갖춰주라는 명령을 받았다. 이 명령에 따라 에피메테우스는 모든 동물에게 각각의 재능과 능력을 부

1. 영국의 윤리 철학자인 필리파 푸트(Philippa R. Foot)가 처음 제안한 개념으로, 윤리학에서 가정하는 사고실험의 하나이다. 제동장치의 고장으로 정지할 수 없는 탄광 수레(trolley, 광차)가 소수 또는 다수의 사람을 희생시킬 수밖에 없을 경우 어느 쪽을 선택해야 하는가에 대한 질문이다(출처 : 나무위키).

여했다. 하지만 인간의 차례가 되었을 때 가장 나중에 만들어진 인간에게는 부여해 줄 재능이 하나도 남아 있지 않게 되었다. 당황한 에피메테우스는 쌍둥이 형인 프로메테우스에게 하소연했고, 동생의 경솔한 처사를 만회하기 위해 프로메테우스는 불과 지혜의 신인 헤파이스토스(Hephaestus)에게서 불꽃 하나를 빼돌려 '이 무방비 상태의 피조물'인 인간에게 주었다. 이렇게 해서 인간은 불이라는 도구를 사용하게 된 최초의 생명체가 되었다.

도구를 사용하게 된 인간은 이제 전 세계적으로 지구상에 존재하는 870만 종의 동물 중에서 먹이사슬의 가장 높은 곳에 위치하게 되었다. 인간은 날개나 딱딱한 갑옷, 털옷 또는 비늘 같은 방패를 지니지 못했을 뿐만 아니라 예리한 치아나, 날카로운 발톱, 치명적인 맹독 같은 무기도 갖고 있지 않다. 시력은 별 볼 일 없고 청각이며 후각도 그리 내세울 게 못 되는 데에도 인간은 모든 동물의 최상위에 있다. 여타의 동물들과는 다른 인간만이 지닌 독특한 특성인 도구를 만들고 활용할 줄 아는 능력 때문이다.

인간은 호모 사피엔스가 출현하기 300만 년 전부터 도구를 만들고 활용했다. 이처럼 도구를 제작하고 활용할 수 있다는 점에서 프랑스 철학자 베르그송(Bergson)은 인간을 도구적 인간 즉, 호모 파베르(Homo Fabre)라고 규정했다. '지혜가 있는 사람'이라는 뜻이자 현생 인류를 의미하는 호모 사피엔스(Homo Sapiens)에 빗대어 도구를 만들고 활용할 줄 아는 인간의 능력을 높이 평가하는 말이다. 도구의 제작과 활용이 인간의 본질을 구성하는 중요한 요인이라는 것이다. 물론 일부 동물들에게서도 도구 사용이 확인된다. 코트디부아르(Côte d'Ivoire)의 침팬지들에게서는 돌을 이용해 호두를 깨뜨리는 광경이 목격되었다. 탄자니아(Tanzania) 침팬지들이 나뭇가지를 이용해 흰개미를 잡는 장면도 사람들의 눈에 잡혔다. 하지만 일부에 지나지 않으며 복잡한 도구를 사용하는 행위는 인간만이 지닌 독특한 특징이다.

인간은 돌로 만든 도끼의 발명에서 바퀴의 발명으로, 바벨탑에서 인터넷에 이르기까지 무수히 많은 도구를 만들었다. 새롭게 만들어진 도구는 단순히 생활의 편리를 도모하는 것에 그치지 않았다. 이전에 없었던 유용성(utility)과 함께, 도구는 전혀 경험해 보지 못했던 새로운 도전과 생소한 가치판단의 기준을 수반했다. 새로운 도구의 등장에 따라 새로운 생각, 새로운 현상, 새로운 생활 형식이 나타남으로써 인간의 행동 양식이 변화했기 때문이다. 변화된 사고방식과 행동 양식을 가진 사람들이 모여 있는 공동체의 문화도 바뀌었다. 이런 과정을 통해 도구를 활용하고 또 도구 활용의 영향을 받는 사회 구성원들 간에 새로운 권력관계가 형성되고, 새로운 경제적 손익 관계가 생성되며, 개인의 행동 양식과 공동체 문화도 바뀌게 된 것이다. 이렇게 등장한 새로운 공동체 문화는 다시 새로운 도구와 기술을 요구했다. 이러한 요구는 새로운 도구와 기술을 등장시키는 기반이 되어 선순환 구조가 되었다. 이렇듯 새로운 도구와 기술은 그 사회와 문화의 필요에 의해 대중화되고, 대중화된 도구와 기술은 그 사회를 살아가는 사람들의 삶의 형태를 변화시키고, 그것은 다시 '사고방식'을 변화시킨다. 사고방식의 변화는 또다시 문화와 역사를 변화시키고, 그러한 변화는 새로운 도구와 기술의 등장을 요구한다(김현철, 2010).

그림 2-1 새로운 기술의 등장과 대중화에 따른 순환구조

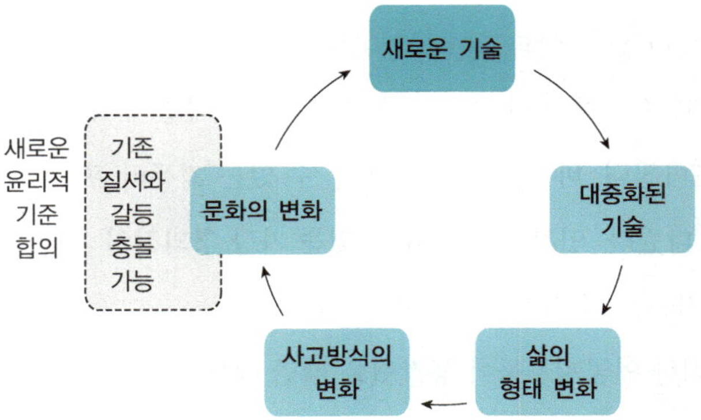

출처 : 김현철(2010), 네트워크 사회, 한국정보화진흥원 편, 『정보윤리의 이해와 실천』.

인간은 이제 자신과 같거나 닮은 존재를 만들려고 한다. 이른바 '조물주 욕구'로 인간에게는 자기와 같은 수준의 지적 존재를 창조해 보겠다는 오래된 원초적 욕구가 있다(고인석, 2022). 이미 일부 능력에서는 인간을 능가하는 도구가 만들어졌다. 바로 인공지능(Artificial Intelligence)이다. 지금부터 60여 년 전 인공지능이라는 용어가 처음 등장한 이후, 1997년 IBM의 딥 블루(Deep Blue)라는 컴퓨터는 체스에서 당시 체스의 대가였던 카스파로프(Kasparov)를 이겼다. 체스는 말을 옮길 때마다 수많은 경우의 수가 존재하는 게임으로, 딥 블루는 인간이 미리 만든 복잡한 계산을 통해 다음 수를 만들어 냈다. 하지만 아쉽게도 지금 우리가 말하는 인공지능과는 수준이 다른, 그저 고성능 컴퓨터의 뛰어난 계산 속도를 과시하는 용도였다. 2011년에는 IBM의 슈퍼컴퓨터 왓슨(Watson)이 미국의 인기 퀴즈쇼 〈제퍼디(Jeopardy!)〉에 등장해서 최고 상금왕과 최다 연승왕 모두를 큰 차이로 따돌리며 우승했다. 인터넷이 연결되지 않은 상태에서 퀴즈 질문에 나오는 핵심 단어를 사전에 보유한 정보 중에서 검색하고 그중 가장 빈번하게 나오는 것을 정답으로 선택하는 방식을 사용했는데, 검색부터 정답 선택까지 걸린 시간은 단 3초였다. 2016년 3월에는 돌을 올려놓을 수 있는 자리가 361곳이나 되고, 고작 8수 정도를 내다보는 경우의 수만 계산해도 초당 2억 수를 계산하는 딥 블루로도 약 4만 년이 걸린다는 바둑에서 구글의 알파고(AlphaGo)가 우리나라의 이세돌 9단을 맞아 4대 1로 승리했다. 알파고는 동일 상황에서 승리의 확률을 높이는 수를 찾는 능력에서 최고 수준의 인간 기사를 능가했다. 이 사건에 대해 과학저널 『네이처(Nature)』는 "마침내, 바둑 챔피언을 이길 수 있는 컴퓨터 프로그램"에 관한 글을 표지 기사로 다뤘다. 인간만이 누릴 수 있는 가장 창의적인 지식의 대결이라는 바둑에서 인공지능은 인간의 능력을 넘어섰다.

처음 이러한 인공지능들이 등장했을 때만 해도 인간은 기대감으로 충만했다. 인간이 할 일을 훌륭한 방식으로, 즉 인간보다 더 정확하고 빠르게, 안전하게 그리고 경제적으로 대신해 줄 것이라는 기대감이었다. 인공지능이 최대한 합리적 판단을 내릴 수 있는 최선의 판단 주체가 될 수 있을 것이란 생각이었다. 더 발전된 과학 기술이 이 사회를 그만큼 풍요롭게 하고 개인의 삶을 행복하게 만들어 줄 것이라는 믿음이 있었기 때문이다. 동시에 인공지능이 곧 인류를 지배하게 될 것이라는 공포심도 생겨났다. 〈매트릭스〉, 〈엑스 마키나〉, 〈바이센테니얼 맨〉, 〈HER〉, 〈채피〉, 〈트랜센던스〉 등과 같은 영화들은 이런 공포심을 더욱더 부추겼다. 딥 블루, 왓슨, 알파고와 같은 인공지능이 지적 능력과 빠른 판단력, 직관에서 인간을 능가하자 인공지능이 인간의 자리를 대체하고 빼앗아 갈 거라는 두려움은 극에 달했다. 이처럼 어떤 이들은 인공지능이 인간을 생계를 위한 노동의 굴레에서 벗어나게 하는 변화의 원천이라고 생각하는가 하면, 어떤 이들에게 그것은 인류를 파멸에 이르게 할 '마지막 테크놀로지'로 평가하기도 한다(고인석, 2022).

다행히 아직까지 우리는 인공지능의 노예가 되지는 않았다는 것에 위안 삼는다. 여전히 인공지능보다는 인간의 지능이 뛰어나며, 인공지능은 그저 우리를 흉내내는 수준이라는 안도감도 생겨났다. 인공지능은 스스로 사고하는 능력이 없기에 단지 인간 사고력의 범위를 넓혀주는 수단일 뿐이라는 것이다. 바둑에서 이세돌을 꺾은 알파고가 "그저 어느 곳에 다음 수를 두면 승리의 확률이 극대화되는지를 계산한 것에 불과"했다고 평가함으로써 실제 바둑을 두었다고 볼 수 없다는 주장과도 연결된다. 실제로 알파고는 계산의 결과를 단지 실제 바둑을 두는 사람에게 전달한 정도에 머물렀다. 인간들은 인공지능에 대해 어려운 문제의 정답을 실수 없이 맞추는 기술은 뛰어나지만, 감정이 없고 공감도 하지 못하는 그저 '계산기계'라 부르면서 애써 무시한다.

그런데 최근 인간의 감정 상태를 이해하는 감성 AI(Emotion AI)라는 새로운 유형의 인공지능이 등장했다. 차가운 기계 이미지에서 벗어나 감성이라는 무기를 장착한 새로운 도구의 출현이다. 감성 AI는 한마디로 '지능', 즉 앎과 함께 '감성', 즉 느낌을 갖는 인공지능이라 할 수 있다. 은유적으로 표현하면 인공지능이 머리

뿐만 아니라 가슴까지 갖게 된 것이다. 인공지능이 우리보다 훨씬 더 빠르고 정확하게 정보를 처리하는 것을 넘어 그림을 그리고, 소설을 쓰거나, 작곡을 하며, 심지어 세상에 없던 요리까지 만들어 낸다. 인간만이 할 수 있다는 감성을 다루는 일이 가능하게 된 것이다. 더 나아가 사람들이 행복한지, 슬픈지, 화났는지를 파악하려고 한다.

아직까지 이런 감성 AI에 대한 우리의 생각은 모호하다. 어떤 이들은 감성을 읽는 데 AI의 도움을 받는다는 아이디어를 좋아하는 반면, 다른 사람들은 감성 상태가 기계로 판단되거나 전달되는 것을 싫어한다. 인공지능을 내 손 안에 두고 활용한다는 기분 좋은 상상을 하다가도, 그것이 우리 삶의 이곳저곳에서 나에게 영향을 주고 더 나아가 취업, 금융, 치안과 같은 문제들에서 내 삶의 조건을 좌우할 수도 있다고 생각하면 느낌이 달라진다(고인석, 2022). 하물며 내 건강이나 생명이 걸린 판단을 인공지능이 내리게 된다면 어떨까? 이처럼 도구가 그리고 테크놀로지가 우리에게 미치는 영향은 생각보다 훨씬 복잡하다. 인공지능은 이전의 어떤 과학 기술보다도 더 넓고 깊게 인간의 역할을 대행할 수 있다는 속성을 지녔고, 그렇기 때문에 인공지능의 영향을 가늠하고 조절하는 일은 더더욱 복잡한 과제다.

3. 인간과 기술의 상호작용

유대계 독일인 학자 노르베르트 엘리아스(Norbert Elias)에 따르면 인간은 문명화라는 진보의 과정을 통해 자신의 충동을 늘 통제하는데, 그 이유가 인간은 타인과의 관계에 의존하는 존재이기 때문이라는 것이다. 그러면서 우리는 상대와의 교류에서 발생하는 반작용을 통해 무언가를 꾸준히 학습한다고 한다(노르베르트 엘리아스, 2019).

문명의 이기라 할 수 있는 과학 기술 또한 근본적으로 우리가 세계와 맺는 상호작용에 영향을 미친다. 프로메테우스가 헤파이스토스로부터 훔쳐 인간에게 선물한 '불'로 인해 인간의 영양 상태가 개선됨으로써 수명 연장이 이루어졌고, 인간 삶의 영역은 어두컴컴한 동굴에서 벗어나 광활한 지구 전역으로 확장되었다. 이처럼 과거의 도구는 바깥 세계를 정복하기 위한 수단이었다. 불의 사용이나 옷의 발명 등을 통해 인간은 자연환경으로부터 자신의 몸을 보호할 방법을 찾았다. 바퀴의 등장은 먼 곳까지의 이동을 가능케 했으며 무거운 것을 옮기는 일도 수월하게 처리했다.

이어진 산업사회에서 과학 기술은 인간과 환경과의 관계를 매개하는 수단이었다. 여전히 환경의 제약을 극복하기 위해 도구가 사용되었다. 또한 도구는 인간과 세상 또는 자연을 연결하는 인터페이스가 되기도 했다. 다만 이전 시기의 도구와는 달리 기계화와 자동화가 되었다는 것이 다른 점이다. 예컨대 물리적 공간의 거리 제약을 극복하기 위한 자동차나 비행기 같은 이동체 도구가 대표적이다. 인간 시력의 한계를 극복하게 해준 망원경이나, 식료품의 저장 기간을 늘려준 냉장고 등도 이 당시 등장한 도구이다.

정보사회에 이르러 과학 기술은 인간과 인간과의 관계를 매개하는 수단으로 자리하게 되었다. 도구는 인간과 인간 사이에 자리를 잡아 시간과 공간의 거리를 사라지게 함으로써 전 세계적인 의사소통을 가능하게 했다. 이 시기에 인간은 인터페이스를 통해 인간과 연결된다. 이러한 인터페이스로는 컴퓨터와 인터넷이 대표적이다. 이 시기에는 사람과 사람과의 관계를 매개하는 소셜미디어와 같은 도구를 통해 전 세계인들과 관계를 맺는 것이 가능하게 되었으며, 텍스트, 이미지, 음성 등 다양한 수단을 통해 의사소통을 할 수 있게 되었다. 이 시기를 정보혁명과 함께 커뮤니케이션 혁명이라 부르는 이유이다. 한마디로 인간의 사회적 욕구와 관계성을 확장하는 시기였다.

이제 과학 기술은 드디어 인간과 일대일의 관계를 맺게 되었다. 이전까지의 도구가 사람과 환경, 사람과 사람을 이어주는 매개체였다면 이제는 본격적으로 인간과 대등한 관계를 맺게 되었다고 할 수 있다. 인터페이스가 사라진 시대라고 해도 과언이 아니다. 실제로 우리는 이미 웹 트래픽의 51%를 인간이 아닌 도구와의 소통이 차지할 정도로 온라인 활동의 대부분을 인간과 소통하는 것이 아니라 도구와 상호작용을 하는 것으로 나타났다. 또한 도구는 인간의 언어를 이해하여 사람들의 지시에 즉각적으로 반응하는 수준까지 도달했다. 삼성의 빅스비(Bixby), 애플의 시리(siri) 같은 인공지능 비서는 사람들의 질문에 관련 정보를 스스로 습득하여 분석하고 판단함으로써 해답을 제시할 수 있게 되었다. 간단한 전자제품의 동작에서부터 사람의 인지적 노력이 필요한 곳에 적용되어 인간과 직접적으로 의사소통하는 상황도 일어나고 있다. 이제 도구는 인간과의 관계에서 '인공적 행위자'라는 새로운 지위를 부여받았다.

그림 2-2 인간과 기술과의 상호작용 변화

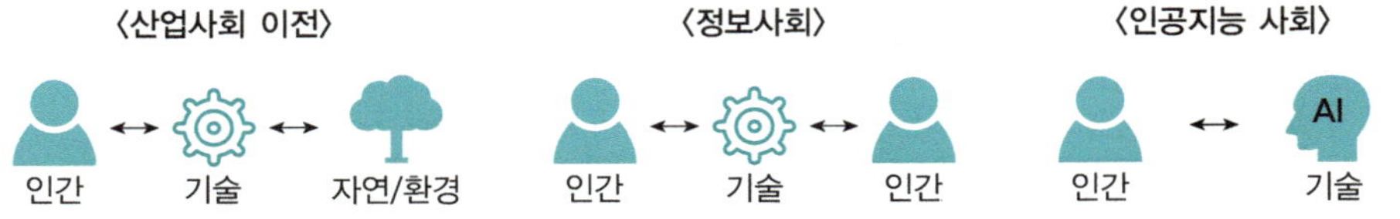

출처 : 필자 작성

이처럼 인간과 일대일의 관계를 맺게 된 새로운 도구는 인공지능이다. 여기서 인공지능은 '인간의 언어를 이해하고(자연언어 처리), 사물과 상황을 인식하고(패턴 인식), 새로운 정보를 체계적으로 습득하여 활용할 수 있으며(기계학습), 축적된 지식과 경험을 토대로 결론을 추론하여(전문가 시스템) 문제해결 능력을 가진 지적인 컴퓨터 능력'을 의미한다(변순용·이연희, 2020). 한 마디로 인공지능은 인간과 사물의 생각하는 능력을 획기적으로 높여 인간의 의사결정을 돕고 데이터를 기반으로 자동화하는 도구라 할 수 있다.

여기에 더해 감성 AI는 인간과의 직접적인 상호작용을 통해 환경의 통제와 상황을 제어할 뿐만 아니라 새로운 조건을 구성한다. 마치 다른 사람과 상호작용을 하는 것처럼 감성 AI가 당신의 얼굴을 보고, 몸을 관찰해서 그에 따라 상호작용을 바꾼다. 감성 AI가 직접적이고 즉각적인 인간과의 양방향 의사소통을 통해 새로운 의미를 생산한다는 것이다. 한마디로 감성 AI는 인간과 기계 사이에 훨씬 더 자연스러운 상호작용을 가능케 하는 도구라 할 수 있다. 감성 AI가 사람 목소리의 억양을 들을 수 있고 언제 그러한 억양이 스트레스나 분노와 상관관계가 있는지를 인식할 수 있어서 가능하다. 이미지를 분석하고 사람이 인식하기에는 너무 빨리 일어날 수도 있는 인간 얼굴의 미세한 표정을 포착할 수 있기 때문이기도 하다.

이처럼 감성 AI는 감성 컴퓨팅과 인공지능 기술을 활용해 인간의 감성을 감지하고 학습하며 상호작용하는 기술을 말한다. 즉, 감성이라는 외부의 자극을 수용하고 그 정보를 처리하여 적절한 반응을 출력하는 인공지능이다. 한 마디로 인간의 감성을 프로파일링하고 판단과 학습을 하며 상호작용하는 AI이다. 여기에는 외부 자극으로 심박수, 체온, 호흡 및 피부의 전기적 특성을 포함하는 단어, 이미지, 얼굴 표정, 시선 방향, 제스처, 목소리 및 신체 등에 대한 데이터가 활용된다(McStay, 2020). 아직 초기 단계지만, 전 세계적으로 인기가 높아지고 있는 감성 AI의 사용 사례로는 교통 허브, 학교, 직장 및 대화형 외부 광고 등 도시 및 핵심 인프라, 소매 및 스포츠 경기장 등 일반인에게 개방된 개인 공간, 그리고 장치 및 미디어 콘텐츠와의 상호작용, 인공 인격 및 구현된 AI 비서, 장난감 및 엔터테인먼트, 웰빙 앱 및 하드웨어, 차내 분석, 노인 요양원에서의 협력 등 개인적인 경험과 관련한 상황 등에서의 적용이다. 간단히 말해서 인간의 감성을 측정하고 상호작용하는 데 가치가 있는 곳이라면 어디든지 감성 AI를 적용하는 데 적극적인 관심이 있다고 할 수 있다(McStay, 2018).

앞으로 감성 AI는 더 넓은 환경과 더 많은 분야에서 쉬지 않고 인간의 감성을 프로파일링하려 할 것이다. 이러한 과정에서 감성 AI는 인간에 대한 더 많은 정보를 얻게 되고 더 많이 배우게 되며 더 많이 알게 될 것이다. 그 결과 인간이 대면하게 되는 환경은 점점 더 개인의 특성이 반영되고 개별화되어 갈 것이다. 인간과 감성 AI 간에 이루어지는 소통의 양은 폭발적으로 증가할 것이며, 소통은 즉각적이고 신속하게 진행될 것이다. 하지만 이 과정에서 감성 AI에 대한 진지한 숙고와 고찰이 빠져있다. 인공적 행위가 인간을 대신하여 인간과 상호작용하는 것이 어떤 의미인지에 대한 고민이 누락되어 있는 것이다. 감성 AI에 대한 올바른 평가를 위해서는 이러한 부분에 대한 비판적 시각과 토론이 필요하다. 이것이 우리가 붙들고 씨름해야 할 과제다.

4. 감성 AI가 초래할 수 있는 위험 양상

인공지능에 감성을 더 하겠다는 것은 아마도 이런 생각에서 출발했을 것이다. 첫 번째는 도구적 유용성과 관련된 것으로 모든 도구나 테크놀로지는 인간에게 유익하다는 신념이다. 효율성 지향의 활동인 과학 기술은 인간 사회의 필요에 부응하고 편익을 증대한다는 생각에 따른 것이다. 일상에서 우리가 거의 매일 사용하여 편리함을 추구하는 자동차나 스마트폰을 생각하면 이해하기 쉽다. 이들 도구는 끊임없이 진화하고 발전함에 따라 인간은 점점 더 도구에 자신의 신체와 감각을 의탁한다.

두 번째는 우리 생활에 중요한 역할을 하는 감성의 활용에 대한 긍정적 신념이다. 타인이 느낀다고 믿는 것을 느끼는 행위, 다시 말해 타인이 경험하고 있다고 생각하는 것을 경험하는 행위는 선행과 도덕적 변화의 근본이 되는 강력한 힘이라는 생각이다(폴 블룸, 2016). 거기에 감성의 교류, 즉 교감의 가장 큰 장점으로 친밀한 관계를 맺을 수 있도록 하는 데 기여한다는 생각이 더해진다. 따라서 인간의 감성을 이해하고 평가하고 판단하는 행위는 좋은 일이며, 필요한 일이라는 생각이 감성 AI의 도입과 확산에 중요하게 작용한 것으로 보인다.

하지만 인류 역사에서는 새로운 도구가 등장할 때마다 예외 없이 혼돈의 시기가 있었다. 멀리 갈 것도 없이 최근 인류에게 커다란 위협이 되는 지구 온난화, 환경 오염, 생태계 파괴 등은 모두 도구나 테크놀로지의 발달과 관련이 있다. 물론 혼돈의 시기가 지나면 문명화 과정이 시작됐고, 문명화가 어느 정도 진행되면 모든 것이 질서를 찾으면서 일정한 궤도에 들어섰다. 그렇다고 감성 AI가 같은 경로를 밟을 것이라는 생각은 섣부른 판단이다. 전혀 예상치 못한 더 심각한 악영향을 인간에게 미칠 수 있다. 안정되기까지 극심한 폐해는 온전히 인간이 극복해야 하는 고통이다. 그것은 이 체계를 살아가는 인간이 이러한 체계에 대한 통제의 힘을 상실했을 때 나타나는 위험이다. 총, 칼이나, 폭발물이 지닌 종류의 위험과는 차원이 다르다. 따라서 감성 AI가 밀려드는 이 시점에서 우리에게 필요한 것은 이제까지 도구나 테크놀로지의 등장과 함께 경험했던 여러 가지 부정적 현상들을 고려하여 감성 AI가 초래할 수 있는 위험의 양상과 영향의 범위를 미루어 짐작하는 일이다. 무엇보다 감성 AI가 어떤 속성을 지녔고 우리에게 어떤 변화를 가져올 것인지를 찬찬히 따져보면서 감성 AI를 매개로 우리가 어떤 세상을 지향할 것인지를 고심해야 한다. 인간과 감성 AI의 공진화 과정에 내재되어 있는 위험을 분명하게 인식할 필요가 있다.

4.1 의존

스튜이어(Steuer, 1995)는 인간이 과거에서 현재까지 사용해 오고 있거나 영화 속에서 그 모형이 제시되었던 인간과 상호작용하는 도구(매체)들을 '선명성(vivideness)'과 '상호작용성(interactivity)'의 관점에서 배치했다. 여기서 선명성은 "얼마나 사실적인가?"의 의미다. 매체가 재현하는 현상이 마치 실재인 것처럼 인식되는 현상을 말한다. 또 '상호작용성'은 "얼마나 현실적인가?"의 의미로 특정한 대상이 이용자의 의도와 행동에 제대로 상응하는 반응을 보이는 현상이다.

이와 함께 [그림 2-3]에서 이러한 선명성과 상호작용성을 양축으로 하여 좌측 하단에서 우측 상단으로 대각선으로 그릴 수 있는 가상의 축은 이용자에게 몰입감(flow)을 유발하는 가능성을 나타낸다. 즉, 책보다는 가상현실 디스플레이가 몰입감을 유발할 가능성이 훨씬 높다고 할 수 있으며, 고화질/고음질 텔레비전, 두상 장착 3차원 텔레비전, 인터랙티브 텔레비전 등 가까운 미래의 텔레비전들은 지금의 텔레비전보다 훨씬 높은 정도의 몰입감을 유발할 것으로 예상할 수 있다.

그림 2-3 미디어 지형도

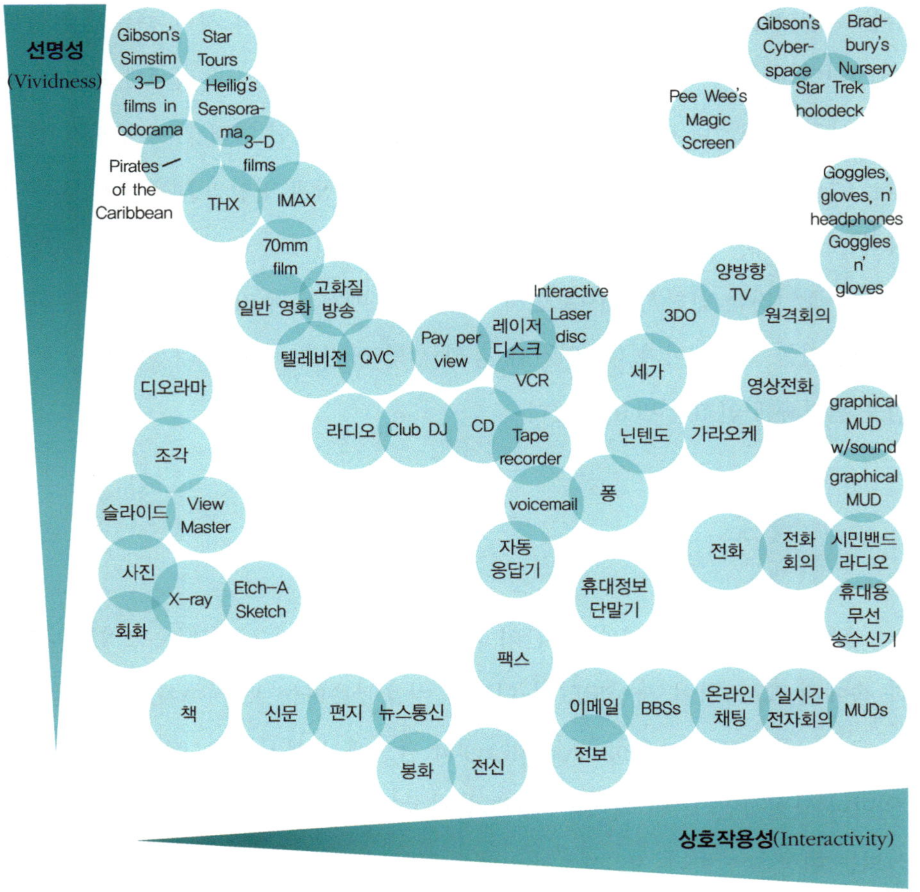

출처 : Jonathan Steuer(from Wired 1.1), 1995.

여기서 몰입감은 어떤 활동에 강하게 집중하는 현상으로 대부분 부정적인 것보다는 긍정적인 결과를 수반한다. 반면 중독은 지나치게 몰두하여 강박적인 태도와 조작적 능력이 상실되는 것으로 부정적인 결과를 함의하고 있다. 특정한 상황에 대한 몰두나 집중 관점에서만 보면 몰입감과 중독은 동전의 앞뒷면 같은 현상이라 할 수 있다. 따라서 스튜이어의 매체 모형에 따르면, 모든 인터페이스의 발전은 몰입감을 극대화하는 방향으로 진화하고 있으며, 그 결과 자칫 중독이라는 부정적 결과를 초래할 수 있음을 확인시켜 준다.

실제로 18세기 중반 독일에서는 책과 관련해서 독서 벽(Lesesucht)이란 용어가 유행했다. 여기서 '벽'은 '중독'을 의미한다고 한다. 18세기 중반 독일에서는 책의 이용으로 인한 독서중독증이라는 엄연한 사회적 현상이 존재했던 것이다. 20세기 중반에는 텔레비전이 대중화되면서 텔레비전 중독을 염려하는 일도 있었다. 디지털 기기와 서비스가 보급되기 시작하면서는 이들 기기와 서비스 이용에 대한 과도한 집착을 보이는 인터넷 중독, 컴퓨터 게임 중독이 사회적인 문제로 부상했다. 최근에는 스마트폰의 보급으로 스마트폰 중독을 우려하는 일도 생겨났다.

이러한 현실을 비춰볼 때, 인간의 감성에 적극적으로 반응하는 상호작용성을 갖추었을 뿐 아니라, 인간의 대화를 사실적으로 재현하는 생동감을 지닌 감성 AI에 인간이 몰입감을 갖게 되는 것은 예정된 결과라 할 수 있다. 특히 감성 AI를 통한 인공적 행위자와의 관계와 활동은 현실 세계를 바탕으로 한 관계 또는 활동과 혼돈을 일으킬 수 있다. 이러한 관계 또는 활동과의 혼돈은 현실 세계의 관계와 활동의 단절로 이어질 수 있으며, 급기야 중독으로 귀결될 수 있다.

이 과정에서 인간은 점점 더 현실에서의 대인 관계 상실을 경험할 수 있다. 인간과의 건강한 소통 회복이 감성 AI의 목적임에도 언제나 인간의 요구에 즉각적이고 긍정적으로 반응하는 감성 AI에 익숙해진 사람은 인간과의 관계에 불편을 느껴 더 이상 실제 인간과의 관계를 유지하는 것을 거부할 수 있다. 이는 사회적 외톨이 혹은 부적응자를 양산하는 결과를 초래할 가능성이 있다. 잘못된 일방적

인 감성 AI와의 관계에 익숙해져 인간관계 자체를 할 수 없는 상태가 된다면 이는 커다란 사회문제가 될 수 있다. 이미 온라인을 통한 관계에만 의존하고 스스로 사회와 단절하여 자신의 방을 절대 떠나지 않은 사람들, 이른바 히키코모리(引きこもり)[2] 유형의 사람들이 존재한다. 문제는 반응적이고 감정적인 인공지능은 이러한 행동을 더욱 가능하게 할 것이라는 점이다.

감성 AI와 관련한 중독적인 행동 중에서 성 중독은 확실히 포함될 수 있을 것이다(Yonck, 2020). 어떤 형태로든 원하는 만큼 효과적으로 섹스를 시도할 수 있는 상황에서 특정 사람들에게 성 중독은 매우 가능성 있는 결과로 보인다. 특정 부류의 사람들은 중독성 있는 행동에 더 용이한 방식으로 도파민에 반응하기 때문에 일부 사람들의 경우 자신을 학대하는 행위에 더 쉽게 빠진다. 또한 사회가 다른 중독에 반응하는 것처럼 우리는 아마도 점점 더 감성 AI를 장착한 섹스 로봇을 보게 될 것이다. 그 후에 이 새로운 중독에 대한 인식이 뒤따르게 될 것이며, 이러한 문제를 해결하기 위해 성 중독 치료 시설의 성장이 이어질 것이다. 물론 섹스 로봇이 사람들에게 자신들의 강박관념을 안전하게 처리할 수 있는 수단을 제공하는 배출구로 작용할 수 있다고 생각하는 사람도 있지만, 이것은 잘못된 것이다. 문제를 줄이는 대신 성적 충동이 억제되지 않은 가학파와 통제력을 상실한 사람들을 위한 관문을 제공할 것임을 보여주는 불행한 증거는 무수히 많다.

마지막으로 감성 AI에 대한 의존 현상의 가장 극단화된 형태는 인간과 감성 AI와의 경계가 분리되지 않은 상태에서 발생할 수 있는 현상이다. 감성 AI에 대한 과도한 의존에 따른 비극적인 결과이다. 감성 AI와 자신을 구분하지 못하고 일체적 감성을 공유함으로써 인공적 행위자를 마치 실존하는 존재로 인식하고 만약 이 인공적 행위자가 소멸될 경우 이에 상응하여 행동하는, 예를 들어 자살같은

2. 일본의 신조어 히키코모리(引きこもり)는 정신적인 문제나 사회생활에 대한 스트레스 등으로 인하여 사회적인 교류나 활동을 거부한 채 집 안에만 있는 사람을 지칭하는 용어로 이에 대해 국립국어원에서는 '폐쇄은둔족'으로 순화하였다(출처 : 네이버 백과사전).

행동을 자행하는 일이 생길 수 있다. 실제로 일본에서 한때 유행했던 디지털 애완동물 타마코치[3]가 죽자 한 소녀가 동반 자살한 경우처럼 감성 AI와 관련해서도 같은 현상이 발생할 수 있다는 우려가 있다. 서로의 감정 공유를 가장한 인공적 행위자와의 상호작용을 통해 인간은 쉽게 정서적, 심리적 의존과 애착을 하는 경우 잘못된 관계를 형성할 수 있다.

이처럼 우리가 프로그램적으로 그리고 수요에 따라 인간의 감성을 인공지능화하고 바꾸기 시작하면서 아주 일부라 할지라도 어떤 형태로든 감성 AI 중독의 희생양이 되는 것을 발견할 가능성이 있다. 이것은 의심할 여지 없이 다른 형태의 중독과 연관된 많은 반사회적 행동과 사회적 반응을 동반할 것이다. 그럼에도 시장은 이러한 기술들을 적극적으로 개발하려 할 것이다. 이에 따라 우리는 중독으로 인한 해를 줄이기 위해서라도 감성 AI 중독이 일어나기 훨씬 전부터 대비해야 한다.

4.2 편향

2016년 2월 마이크로소프트(MS)는 인공지능 챗봇 '테이(Tay)'를 선보였지만 출시 16시간 만에 서비스를 중단해야 했다. 테이가 이용자들과의 대화에서 학습한 내용을 바탕으로 '대량 학살을 지지한다'와 같은 차별 발언과 비속어를 쏟아냈기 때문이다. 한국에서도 2021년 '이루다' 챗봇 논란이 있었다. 페이스북 메신저 기반으로 출시된 AI 챗봇인 이루다는 디프러닝 기반으로 이용자들과 대화를 나누

---

3. 타마코치는 1996년 11월, 일본의 장난감 제조업체 반다이가 판매하기 시작한 세계 최초의 디지털 애완동물이다. 작은 달걀 모양의 이 장난감은 원래 어린 소녀들에게 아이를 돌보는 것이 어떤 것인지를 가르치기 위해 고안되었다. 타마코치는 배고픔, 행복, 규율 수준, 그리고 건강 상태 등을 표시하는 기능을 갖고 있었다. 타마코치는 정기적으로 먹이를 주고, 놀고, 청소를 해야 했고, 이것들이 충분히 이루어지지 않으면, 타마고치는 병에 걸려 죽었다. 아이들, 특히 어린 소녀들은 디지털 애완동물이 죽었을 때 슬픔에 잠기면서 공식 묘지를 만든 일도 있었고 심한 경우 기르던 애완동물이 죽자 자살한 사건도 있었다(Yonck, 2020).

면서 학습 데이터를 쌓았으며 실제 연인이 나눈 카카오톡 대화 데이터 약 100억 건을 이용하여 학습했다. 그러나 이루다는 대화 과정에서 사회적 소수자에 대한 혐오와 차별적인 표현을 하여 잠정적으로 서비스가 중단됐다(박아란, 2021).

세계 최대 전자상거래 업체 아마존(Amazon)에서도 비슷한 일이 일어났다. 2014년 채용 과정에 적용하기 위해 인공지능 시스템을 개발한 아마존은 시스템 도입 1년 뒤 해당 시스템이 여성 지원자에게 불리한 차별을 한다는 평가에 따라 활용을 중단했다. 이러한 편향이 발생하게 된 원인은 시스템 개발 과정에서 기본 데이터로 활용된 기존 직원들의 자료가 대부분 남성 직원들의 것이었기 때문이었다고 추정된다. 그럴 수밖에 없는 것이 2014년까지 10여 년 동안 아마존에 채용된 직원 대부분은 남성이었다(고인석, 2022).

이러한 사례들이 보여준 것은 머신러닝에 기반을 둔 알고리즘은 데이터에 종속될 수밖에 없으며, 입력된 데이터가 편향된 것이라면 결괏값도 편향될 것일 수밖에 없다는 점이다. 즉, 인공지능의 차별과 혐오 논란은 사람이 인공지능에게 부적절한 질문을 하고 학습시켰기 때문에 발생했다는 것이다.

앞의 사례들이 주로 편향된 데이터의 문제라면, 데이터 처리 과정에서도 편향이 발생할 수 있는 가능성이 있다. 즉, 테이나 이루다, 아마존 등의 사례가 입력 단계에서의 편향이라면 입력된 데이터를 처리하는 과정에서 발생할 수 있는 편향이다. 이와 관련해서 구글의 여성 연구자인 팀닛 게브루(Timnit Gebtu)는 인공지능 훈련의 기초가 되는 대규모 언어 모델의 한계를 지적하는 논문을 준비했다. 이 논문은 언어처리 모델이 인종차별, 성차별 우려가 크며 인간의 언어를 제대로 이해하지 못하고 흉내내는 수준에 머물러 있으며, 그럴싸하게 흉내낼 수 있기 때문에 오히려 가짜뉴스나 딥페이크 등으로 악용될 가능성이 높음을 지적했다.

이처럼 편향은 인공지능 체계가 실재하는 사태의 전모를 있는 그대로 포착하지 못하는 속성이다(고인석, 2022). 또한 편향은 데이터를 바탕으로 하는 사고에서 특정한 방식의 오류가 낳은 결과이고, 그럼으로써 일반적이면서 보편적으로 사고

할 수 있는 역량을 약화시키는 요소다. 만약 인간이 인지적인 노력을 하지 않는다면 편향은 쉽게 인간의 생각과 사고를 지배할 우려가 있다. 세상에 대한 잘못된 믿음을 갖게 된다는 의미다. 이는 곧 비합리적 행동으로 이어질 수 있다.

특히 감성 AI는 감성의 주관적인 특성 때문에 더욱 더 편향되기 쉽다. 실제로 감성분석 기술은 다른 민족보다 특정 민족의 사람들에게 더 많은 부정적인 감정을 할당한다는 것이 발견되었다. 또한 토목 공학자의 89%와 일선 경찰 및 형사 감독관의 81%가 남성인 미국에서 남성 특징을 분석하도록 조건화된 알고리즘은 여성 신입사원들의 정서적 반응과 참여 수준을 읽는 데 어려움을 겪을 수 있으며, 이는 잘못된 역할 할당과 교육 결정으로 이어질 수 있다(Purdy et al., 2018). 이외에도 편향된 적응형 내부 환경은 일부 승객들이 오해받을 수 있는 가능성을 높인다. 예컨대 자동차를 운전하는 노인 운전자들을 피로한 상태로 잘못 식별할 가능성이 더 높다(얼굴의 나이가 많을수록, 표정이 정확하게 해독될 가능성이 더 적다). 그리고 이러한 시스템이 보편화됨에 따라 보험 회사는 해당 데이터를 원할 것이고, 이 데이터에 의해 많은 휴식 요청에도 운전자가 계속해서 이를 무시했다는 것을 알 수 있기 때문에 노인들에게 더 높은 보험료 부과로 이어지는 차별을 초래할 수 있다.

억양이나 목소리 특성에 의해 왜곡되고 편향된 알고리즘의 경우에는 일부 고객들이 다른 고객들보다 더 나은 대우를 받게 하여 부당한 대우를 받는 고객들을 브랜드에서 멀어지게 할 수 있다. 남성 통화자는 여성보다 공감 능력이 낮을 수 있으며, 남성에 대해 "감정적으로 강하다"는 사회적 인식을 강화한다. 반대로 여성 통화자는 덜 엄격한 협상가로 보일 수 있고, 결과적으로 더 적은 보상이 제공된다. 이용자 자체는 이러한 편견을 가지고 있지 않을 수 있지만, 알고리즘이 매우 정확하다는 오해로 인해 인간들은 그들의 조언을 맹목적으로 따를 수 있다. 이런 식으로 편향은 의심할 여지 없이 체계적으로 확산된다.

또한 편향이 존재하여 누군가가 소외되었다고 잘못 암시하는 것은 다른 사람들보다 특정 그룹에 맞춘 학습 경험에서 차별을 초래할 수 있다. 다양한 학습 방식에 대해 생각해 보자. 어떤 사람들은 시각적으로 배운다. 어떤 사람들은 활동하면서 배운다. 다른 사람들은 강렬하고 고독한 집중을 선호한다. 그런데 시각적 학습자를 위해 설계된 알고리즘은 다른 신호를 완전히 놓치거나 잘못 해석할 수 있다. 잘못된 참여 수치는 직장에서의 학습 결과에도 영향을 미칠 수 있으며, 이는 작업 훈련 프로그램에서 소수의 직원만이 전문 역량을 개발하는 효과를 누릴 수 있음을 의미한다.

따라서 인공지능에서 편향을 없애기 위해서는 투입되는 불균형한 데이터를 정제하는 사회적 장치가 마련되어야 한다. 특정 사회의 편견을 그대로 투영해서 만들어진 인공지능이라면 필연적으로 편향적인 결과를 양산할 수밖에 없다. 만약 사회적 특성으로 인해 데이터가 불균형하게 얻어질 수밖에 없는 속성을 갖고 있다면 불균형성을 고려한 모델을 설계하여 평등한 결과를 도출할 수 있도록 지원이 필요하다. 인공지능이 공정할 것이란 것은 어쩌면 신화(myth)일지도 모른다. 인간이 공정해야만 인공지능도 공정할 수 있다(박아란, 2021). 만약 언급되지 않은 채로 방치된다면, 의식적이거나 무의식적인 감정적 편견은 전례 없는 규모로 고정관념과 가정을 영속시킬 수 있다.

4.3 감정 전염

인간은 교류 관계에서 발생하는 복잡한 감정을 처리하는 감정적 존재이다. 이러한 감정은 자신에게만 영향을 미치는 것이 아니라 타인이 반응하는 방식에도 영향을 준다. 감정이 타인에게 영향을 미치는 방식 중 하나로 심리학자들의 만든 표현 중에 감정 전염(emotional contagion) 또는 정서 전염이란 것이 있다. 다른 사람의 얼굴 표정, 말투, 목소리, 자세 등을 자동적이고 무의식적으로 모방하고 자신과 일치시키면서 감정적으로 동화되는 경향을 의미한다.

감정 전염이 사람 간의 관계뿐만 아니라 특정 대상을 통해서도 일어날 수 있다는 것이 알려진 사건은 페이스북에서 진행됐던 한 실험이었다. 페이스북 데이터 사이언스 팀과 코넬대·캘리포니아대 연구진은 2012년 1월, 일주일 동안 사용자들의 뉴스피드에 뜨는 긍정적·부정적 포스트의 빈도를 조절하는 방식으로 사용자들의 감정 상태를 파악하는 '실험'을 실시했다. 다른 사람들이 올린 글이나 사진, 비디오 등 내용물들을 일부 걸러내도록 조치한 것이다. 실험 결과 사회관계망 서비스에서 '감정 전염' 현상이 확인됐다. 긍정적 포스트를 더 많이 접하는 사람들은 곧이어 긍정적 포스트를 더 많이 생산했고, 부정적 포스트를 더 많이 본 사람들은 부정적 내용의 포스트를 더 많이 생산하는 경향이 나타났다. 연구진은 미국 국립과학원회보(PNAS)에 실린 논문에서 "사회관계망 서비스를 통해 친구들이 표현한 감정은 우리 자신의 감정에 영향을 미친다"며 "이것은 사회관계망서비스를 통해 대규모 감정 전염이 이뤄진다는 첫 번째 실험적 증거"라고 결론지었다 (Kramer et al., 2014).

페이스북의 주요 발견은 '페이스북에서 다른 사람들이 표현한 감정이 우리 자신의 감정에 영향을 미쳐 소셜 네트워크를 통한 대규모 전염의 실험적 증거를 구성한다'는 것이다(Kramer et al., 2014). 이 결론에 따르면 인간은 특정한 상황에 노출되었을 때, 같은 것을 모방하고 재생산하는 경향이 있으며 감정도 이에 해당한다는 사실이다. 하지만 이 연구가 보여준 충격적인 내용은 페이스북이 인간에게 노출되는 맥락을 조작하여 온라인 행동과 게시하는 내용의 정서적 가치를 조절할 수 있다는 것이다. 이른바 인간의 감정을 조작하는 것이 가능한 '감정 조작'이라는 현상이다. 특히 사회관계망 서비스 업체들이 광고 등 상업적 목적뿐 아니라 정치적 목적으로 이를 이용할 가능성이 있다는 점에 충격이 컸다. 선거 직전에 사회관계망 서비스에서 특정 후보를 지지·반대하는 내용물을 확산시키는 방식으로 선거에 영향을 끼칠 수 있다는 것이다. 실제로 2016년 6월, 영국은 국민투표 개표 직후 브렉시트라는 예상하지 못한 결과에 직면했다. 2년여 뒤 브렉시트 결정에 캠브리지 애널리티카(Cambridge Analytica)라는 데이터 분석업체가 개입한 정황이 드러났다. 데이터를 이용하여 정치 자문 서비스를 제공하던 캠브리지 애널리티카는 페이스북 사용자 8,700만 명의 개인정보를 불법 수집했고, 브렉시트를 주장하던 진영은 이 정보를 바탕으로 페이스북 부동층을 타깃 삼아 거짓 광고를 내보냈던 것이다(박아란, 2021).

인간과 직접적이며 특정한 방식으로 상호작용하는 감성 AI의 경우에는 이러한 감정 전염 현상이 더 빈번할 것으로 예상된다. 실제로 인공지능 로봇과 관련해서 네덜란드의 델프트 공과대학교의 연구는 휴머노이드 로봇의 표정과 몸짓이 인간 관찰자의 기분에 영향을 미칠 수 있다는 것을 보여주었다. 이 실험에서 한 로봇 가정교사가 두 그룹의 석사과정 학생들에게 같은 강의를 했다. 첫 번째 강의는 로봇의 신체적 표현을 통해 긍정적인 마음의 프레임이 투영되었다. 두 번째 강의에서는 부정적인 마음의 틀이 그려졌다. 긍정적인 강의에서는 학생들의 기분이 좋아졌을 뿐만 아니라, 참석한 학생들이 부정적인 강의를 듣는 학생들보다 더 높은 점수를 받았다. 심지어 강의가 끝나자 박수를 치기까지 했다. 이는 동일 대상임에도 상황을 조작함으로써 인간의 감정이 얼마나 쉽게 바뀔 수 있는가를 보여주는 것이다(Ynock, 2020). 특정 제품의 판매나 마케팅 등에 이러한 기법을 적용한다면 공급자의 의도가 어떻게 소비자에게 반영될지는 충분히 예상할 수 있다. 자신에게 필요치 않은 물건을 갖고 싶다는 허위 의식에 빠져 의도치 않게 물건을 구입할 수 있다는 의미다. 이런 식으로 인간의 감정이 전염되거나 심지어 감정을 조작할 수 있다는 것은 개인과 사회에 심각한 영향을 초래할 것이다.

물론 감성 AI는 다양한 신경학적 조건으로 고통받는 사람들에게 치료 혜택을 제공하는 것에서부터 분노 조절 훈련에 이르기까지 긍정적인 감정을 유발하는 데에도 적용할 수 있다. 그러나 자주 발생하는 것처럼 감성 AI는 다른 관행 또는 "오프라벨(Off-label)" 용도로 알려진 것에도 점점 더 많이 사용될 것이다. 여기서 오프라벨은 전통적으로 원래 설계 및 시판된 약물 이외의 목적으로 사용되는 약물을 가리키는 용어를 말한다. 예컨대 전신 마취제로 개발된 프로포폴을 향정신성 물질로 활용하는 경우이다. 따라서 효율성에 더 큰 가치를 두는 과학 기술이 잘못된 용도로 활용되지 않도록 경계하고 감시해야 하는 것은 우리 모두의 몫이다. 어떤 판단을 내리고 행동의 방향을 정하는 행위가 외부 환경의 영향에서 자유롭지 않다는 사실도 유념해야 한다. 우리는 한 걸음 물러나서 이성적 숙고와 비판적 사고를 발휘하는 능력을 키우는 데 주력해야 한다.

4.4 대상화

'여성'과 '조력'이라는 개념의 연결은 우리 생활 속 디지털 내부 구조에 깊숙이 자리 잡고 있다. 음악을 틀거나 메시지를 보낼 때 점점 더 많이 의존하는 음성인식 인공지능(Voice-activated-AI)은 기본적으로 여성 음성으로 설정되어 있다. 시리(Siri, 노리딕어로 '당신을 승리르 인도하는 미녀'라는 단어), 아마존의 알렉사(Alexa), 마이크로소프트의 코르타나(Cortana)는 몸에 꼭 끼는 홀로그래피 보디슈트를 입은 육감적인 동영상 캐릭터의 이름에서 따왔다. 이러한 이름 부여 결정은 사람들이 여성 음성을 선호한다는 연구 결과에 근거한다고 설명하지만, 그렇다 하더라도 여성 인공지능이 우리의 복잡한 삶에서 겪게 되는 다양한 일을 처리할 때, 여성성과 하인 지위 간의 연상은 더 강화된다(Nordell, 2016 ; LaFrance, 2016). 이런 현상은 여성은 상냥하고 친절하다는 고정된 인식에서 출발하여 여성에 대한 고정관념을 불러일으킨다.

로봇들의 대다수가 형태상으로는 여성인 것처럼 보인다는 점에도 주목할 필요가 있다. 부분적일 수 있지만 사회가 여성을 덜 위협적으로 보기 때문에 로봇들은 전통적으로 여성들이 수행했던 일들을 대신할 것이다. 그 결과 과거 수십 년 동안 공장 로봇에 의해 남성 중심의 직업이 사라졌듯이 사무적인 일과 돌봄 분야에서 여성의 자리는 소셜 로봇에 의해 대체될 것으로 예상할 수 있다. 실제로 로봇과 인공지능의 사용 증가를 포함하여 노동 시장의 파괴적인 변화에 대한 2016년 세계 경제 포럼 보고서는 2020년까지 500만 개의 일자리가 순손실될 것으로 예측했다. 특히 여성들이 대부분을 차지하는 사무 및 행정 부문의 하락이 예상 손실의 3분의 2를 차지했다(Yonck, 2020).

이외에도 새롭고 다양한 기술들이 성과 관련된 일들에 동원되고 있다. 가상현실(VR)은 합리적으로 안전하고 위협적이지 않은 환경에서 환상을 경험할 수 있는 잠재력을 제공한다. 특히 VR은 오큘러스 리프트(Oculus Rift)나 HTC 바이브(VIVE)와 같은 헤드 마운트 디스플레이를 사용하여 믿을 수 없을 정도로 몰입할 수 있는 환경을 제공한다. 그런데 VR 세계는 이미 매춘을 포함한 성행위의 기회로 가득 차있다. 문제는 이러한 현상들이 특정 대상을 대상화하는 것으로 이어지며, 대상화를 일삼는 주체(일반적으로 남성)는 성적 욕망의 대상(일반적으로 여성)을 인간 이하의 존재로 생각한다는 것이다. 이와 관련해서 통찰력 있는 논고에서 누스바움(Nussbaum)은 대상화가 “자율성과 자결권이 없다고 보는 자율성 부정, 주체성과 활력이 없어 자력으로 활동할 수 없음, 상대의 경험과 감정을 고려할 필요가 없다고 보는 주관성 부정” 등을 암시한다고 했다. 즉, 대상화가 주체성, 자결권, 풍부한 감정생활과 같은 결정적인 인간의 자질이 결여되어 있다고 생각하게 한다는 것이다. 그리고 이러한 잘못된 인식은 무관심과 잔학 행위를 자극하거나 핑계가 됨으로써 끔찍한 결과를 불러올 수 있다(고인석, 2022). 이러한 사례와 주장에 따르면 감성 AI에서 드러나는 표현의 방식이나 구체화된 행동 유형에서도 대상화와 관련한 인간이 판단과 행동 방향에 심각한 악영향을 초래할 수 있으며, 무엇보다 남성에 비해 여성이 대상화의 대상이자 대상화의 피해자가 될 가능성이 높다.

4.5 저작권

2020년 9월 8일 영국의 『더 가디언(The Guardian)』지는 GTP-3이라는 강력한 인공지능 언어생성기가 작성한 기고문을 "로봇이 이 전체 기사를 작성했다. 아직 겁먹지 않았나, 인간?"이라는 제목으로 게재했다. 최근에는 GTP-3.5에 기반한 ChatGPT가 연구 설계 단계부터 연구 작성에 이르기까지 여러 작업을 수행하여 논문을 작성할 수 있는 수준에 이른 것으로 알려졌다. 실제로 영국 맨체스터대 간호학과의 시오반 오코너(Sicban O'Connor) 교수는 국제 학술지 발표 논문에 ChatGPT를 공동 교신저자로 등재했다. 스페인 연구자들은 ChatGPT를 활용하여 신약 개발에서 AI의 역할을 다룬 논문을 작성해 논문 사전 공개 사이트인 아카이브(arXiv)에 공개한 적도 있었다(김태원, 2023). 이외에도 ChatGPT는 영화 시나리오, 드라마 극본, 소설, 노래 가사, 광고 카피(문안) 등과 같은 다양한 창작물을 창의적인 형태로 제작할 수 있는 것으로 알려진다.

ChatGPT 외에도 이미 인공지능은 다양한 창작물을 만들어 내고 있다. 인공지능 화가 아이다(Ai-Da)는 2019년 옥스퍼드 대학교에서 첫 작품 전시회를 열었고, 2021년 5월에는 자신의 모습을 그린 자화상 전시회를 열었다. 인공지능 로봇이 스스로의 모습을 직접 그리는 단계까지 발전한 것이다. 인공지능은 소설도 쓸 수 있다. 2016년 일본 연구자들은 인공지능을 활용하여 작성한 단편소설로 문학상 1차 심사를 통과했다. 연구진이 전체적인 소설의 플롯을 설정하면 인공지능이 주어진 단어와 형용사 등을 종합하여 의미있는 문장을 만드는 방식으로 인공지능 소설이 작성되었다. 인공지능 작곡도 이미 본격화되었다. 미국 산타크루즈 캘리포니아 대학의 음대 교수가 만든 인공지능 작곡자 에밀리 하웰(Emily Howell)은 모차르트, 베토벤 풍의 디지털 싱글을 2009년 발매했고, 2012년에는 두 번째 앨범을 발매했다. 2016년 소니의 인공지능 작곡 프로그램 플로머신(Flow Machines)도 비틀스 등 기존 가수의 곡을 표방한 곡을 작곡했다(박아란, 2021).

문제는 이러한 인공지능이 만들어 낸 다양한 작품의 소유권을 누구한테 귀속해야 하는가이다. 현행 저작권법상 보호 대상인 저작물은 '인간의 사상 또는 감정을 표현한 창작물'(저작권법 제2조 제1호)로 저작물은 '인간'이 표현한 창작물이기 때문에 인간이 아닌 주체가 아무리 훌륭한 작품을 만들어 내더라도 현행법상 저작권의 대상인 창작물이 될 수 없다.

현재 인공지능의 창작물과 관련해서는 크게 두 가지 견해가 있다. 우선 점차 인공지능의 창작품이 다양한 분야에서 쏟아질 것이 예상되면서 창작물에 대한 권리를 인공지능에게 귀속시키자는 주장이다. 강한 인공지능의 경우 자아를 갖고 독자적인 사고로 창작하는 것이 가능하므로 관련 권리의무관계를 명확하게 하고 법적 안정성을 높이기 위해 인공지능에게 법인격을 부여하여 지식재산권을 갖게 하자는 주장이라 할 수 있다.

반면 인공지능에게 지식재산권을 부여하는 것은 오히려 법률관계를 복잡하게 만들 뿐이므로 인공지능 소유자에게 권리를 귀속시키자는 주장이 있다. 이에 대해 조금 개선된 주장으로 인공지능의 발달단계에 따라 현 단계에서는 인공지능의 법적 지위를 '법인' 체계에 흡수시켜 업무상 저작물과 유사하게 프로그래머 또는 사용자 등이 저작자가 되게 하고, 향후 인공지능이 완전하게 창작물을 만들어 내는 단계에 이른다면 그때 인공지능을 공동저작자 또는 저작자로 상향시키는 방식으로 보완하자는 견해도 있다(박아란, 2021).

물론 인공지능이 만들어 낸 다양한 작품은 현행 저작권법에서 보호하는 저작물은 아닐지라도, 이러한 작품은 누군가가 소유권을 갖는 물건이나 콘텐츠가 될 수 있다. 따라서 인공지능 소유자가 그 작품의 소유권을 갖게 되고 민법상 소유자로서 법률의 범위 내에서 소유물을 사용·수익·처분할 수 있다. 그렇지만 ChatGPT의 경우처럼 '인공적 행위자'가 쉽고 용이하게 새로운 콘텐츠를 제작할 수 있는 상황에서 저작권 관련 이슈는 단순하게 결론낼 수 없는 논쟁의 중심이 될 것이다.

4.6 개인정보

인공지능은 데이터를 기반으로 작동하며, 인공지능의 발전을 위해서는 대량의 데이터 세트(data set)가 필요하다. 인공지능은 가능한 최대한의 데이터(이른바, 'n = all')를 사용해야 적절한 결과를 낼 수 있다. 특히 인공지능은 정보 간의 연관관계를 찾아내는 처리 과정으로 어떠한 데이터가 '필요 최소한'인지 미리 확정하기가 상당히 어렵다. 필연적으로 개인의 민감정보가 포함될 우려도 있다. 또한 인공지능은 정보 처리 과정에서 목적이 재설정되기도 한다. 이와 함께 인공지능에서는 전혀 관련이 없어 보이는 것들을 결합하여 어떻게 활용할지 예측하기 어려운 특성이 있다. 실제 알고리즘을 만든 개발자들도 인공지능이 도출하는 결론을 예측하기 어렵다고 한다(김도엽, 2019).

문제는 대량의 데이터 세트를 근간으로 하는 인공지능은 필연적으로 개인정보 보호와의 갈등을 초래할 수 있다는 것이다. 개인정보 유출의 가능성으로 인간의 요구와 관심에 더 잘 반응하는 인공지능이 되기 위해 인공지능과 주고받은 대화 내용은 서버로 전송되어 분석되고 그 결과가 다시 인공지능에 전송됨으로써 감성 AI의 행동에 반영된다. 이러한 전송 과정에서 개인정보가 유출될 우려가 있을 뿐 아니라 서버에 보관된 개인정보가 관리자의 잘못으로 유출될 수 있다.

인공지능에서 새롭게 중요시되는 내용으로 프로파일링에 대한 권리문제가 있다. 프로파일링은 '자연인의 특정한 개인적인 측면을 평가하기 위하여 행해지는 모든 형태의 자동화된 개인정보 처리'를 의미한다. 예컨대 온라인 쇼핑몰에서 계절에 따라 이용자가 자주 구매하는 제품을 눈에 띄는 곳에 배치하는 것, 앱(APP) 서비스의 메뉴와 세팅 등의 UX(User Experience) · UI(User Interface)를 이용자의 편의성에 맞추어 개선하는 것, 고객에 맞는 대출 · 신용카드 등을 추천하는 것 등은 모두 프로파일링의 개념에 포함될 여지가 있다. 나아가 업계에서는 변경가능(resettable)하고 해쉬(hash, 임의의 크기를 가진 데이터를 고정된 데이터의 크기로 변환시키는 것)된 광고 아이디를 기반으로 이용자를 분류(segment)하여 이를 기반으로 이용자의 프로파일을 만들어 광고·추천하는 사업은 최근 중요한 비즈니스 모델 중 하나이다. 문제는 이러한 프로파일링과 관련하여 정보 제공자는 어느 수준까지 자신의 프로파일링 결과에 대한 통제권을 갖게 할 것이냐는 점이다. 아직 이에 대한 명확한 가이드라인이 없기 때문에 개인정보 활용에 대한 논란이 있는 것이다.

이러한 현실에 비추어 감성 AI를 장착한 상시 녹음 기능을 갖고 있으므로 이용하지 않을 때는 로봇의 전원을 끄는 습관을 가져야 한다. 서비스 관리 사이트를 방문하여 수시로 저장된 나의 대화 내용을 지울 필요가 있으며 개인정보 허용 정도도 엄격히 설정할 필요가 있다.

4.7 자율성

감성 AI가 인간에게 미치는 영향을 고려할 때 가장 먼저 떠오르는 것 중 하나는 알고리즘이 온라인 공간에서 인간의 흔적과 활동을 추적할 수 있을 뿐만 아니라, 그러한 행동을 촉발하는 감정과 연관시킬 수 있다는 생각이다(Samanta, 2021). 이러한 생각은 과연 인간이 내린 판단과 행동의 방향이 자율적으로 결정된 것인가에 대한 근본적인 의문을 제기한다. 인공지능이 정보를 제시하고 처리하는 방식에 혁명을 일으켰지만, 편리함과 접근성이라는 명목으로 인간은 사생활과 통제 측면에서 많은 부분을 포기해야 하기 때문이다. 개인의 프로파일링에 사용하기 위해 수집된 사용자 정보는 제3자에게 판매되어 우리의 판단과 행동의 방향에 영향을 줄 수도 있다. 예컨대 과거 활동을 기반으로 미래 활동이나 관심사를 '예측'하는 데 사용되는 고객 예측 모델은 플랫폼에서 제공하는 '제안'과 결합하여 자기충족적이고 순환적인 행동 분석 및 예측 모델을 만든다. 그리고 이 모델은 인간을 분류하고 최적의 행동 유형을 만들어 특정 개인마다 가장 많은 반응과 관심을 유발하는 정보를 제공함으로써 그러한 유형의 콘텐츠를 더 많이 소비하도록 유도한다. 결국 인간은 스스로 판단하고 자율적으로 행동하는 듯이 보이지만 '사용자 특성화'라는 작동을 통해 인공지능의 결정에 종속되는 것이다.

인간의 관심이 경제적 성패를 좌우하는 주목 경제(attention economics)에서 사용자의 데이터는 매우 가치 있는 상품이며 감정과 관련한 데이터는 더욱더 중요하게 인정받는다. 하지만 인간은 자신의 데이터가 어떠한 범위로 어떻게 사용되는지 명확히 알지 못한다. 기술의 발전 속도를 따라잡기 위한 충분한 규제도 없다. 인간이 알고리즘이 어떻게 작동하는지에 대해 거의 알지 못하는 사이, 알고리즘은 우리가 정보를 보는 방식과 디지털 세계 자체에 엄청난 영향력을 키우고 있다. 인간의 행동에 따른 쇼핑, 금융, 의료와 일반적인 디지털 정체성은 모두 이러한 알고리즘에 의해 어떠한 방식이나 형태로 영향을 받고 있다. 추가된 감정 기능을 통해 감성 AI는 우리의 행동을 분석, 예측 및 영향을 미칠 수 있을 뿐 아니라 우리의 행동을 주도하는 감정과 그에 상응하는 자극도 분석할 수 있다. 그 결과 인간의 사회 활동이 인스타그램과 페이스북과 같은 알고리즘, 넷플릭스와 훌루같은 여가 활동, 인사 알고리즘과 같은 기업 활동, 아마존과 같은 상업 활동에 얼마나 영향을 받는지는 명확하다. 우리의 미래 활동이 인간 사고의 결과인지, 아니면 우리가 생각할 가능성이 있는 것을 인공지능이 판단한 결과에 달려있는지를 겨루는 시기가 도래했다.

5. 감성 AI가 극복해야 할 과제

우리는 과학 기술적 산물인 도구 또는 테크놀로지와 상호작용한다. 일부 도구나 테크놀로지와는 인간과 인간의 소통방식과 거의 유사한 방식으로 상호작용한다. 특히 감성 AI가 우리 생활의 다양한 국면에 점점 더 넓고 깊게 스며드는 상황이 심화되면서 인공적 행위자라 할 수 있는 감성 AI는 인간의 의사소통 방식을 강화한 새로운 소통방식을 제공할 것이다. 물론 지금까지 도구나 테크놀로지의 적용이 항상 바람직한 상황만을 초래했던 것은 아니다. 다양한 부작용을 일으킴으로써 인간의 존엄성과 자율성을 위협하고 위험에 빠뜨리기도 했다. 이에 따라 AI 나우인스티튜트(AI Now Institute)와 브루킹스 인스티튜트(Brookings Institute)는 감성 AI의 빈번한 사용을 금지하자고 주장한다. 아울러 25곳 이상의 단체는 줌이 화상회의 소프트웨어에 감정인식 기술을 사용하려는 계획을 중단하라고 요구했다(Elgan, 2022. 7. 26). 유럽연합의 인공지능 법안에서는 잠재의식 기술을 이용하여 사람들이 인지하지 못하는 사이에 행동이나 의사결정을 조작하는 인공지능이나 아동 또는 장애인 등 취약계층을 표적으로 삼는 인공지능의 경우 용납할 수 없는 위험(unacceptible risk) 단계의 인공지능으로 규정하고 이러한 인공지능을 모두 허용하지 않고 있다. 인공지능이 국민의 안전, 생계, 권리에 명백한 위협이 되기 때문이다. 또한 유럽연합의 인공지능 법안에서는 감성 AI가 인간의 건강, 안전, 기본권에 위협을 가할 수 있는 우려가 있는 경우를 고위험으로 분류하고 있다. 고위험으로 분류될 경우 엄격한 의무사항을 이행해야 한다. 이 의무사항에는 인공지능에 고품질 데이터가 사용되도록 관리해야 하며 인공지능 알고리즘 정보를 담은 시스템 기술 명세서 및 운영 기록을 작성해야 하고, 이용자가 요구하는 정보를 제공해야 하며, 서비스 출시 전 적합성 평가를 수행하고 시스템을 유럽연합 데이터베이스에 등록해야 하는 등의 의무가 포함된다.

이처럼 감성 AI에 대해 조심스럽고 신중하게 접근하려는 시도들이 늘고 있다. 맹목적이고 무비판적인 수용으로 인해 인류 문명과 인간이 파괴되었던 사건의 경험으로부터 얻은 교훈이다. 특히 기회가 될 수 있지만 새로운 고통이 될 수도 있을 것으로 예측되는 경우에는 이러한 접근이 더욱 필요하다.

우리는 흔히 장점이나 단점을 모두 가진 상황이나 도구를 비유적으로 표현할 때 '양날의 검'이라는 말을 자주 사용한다. 감성 AI의 경우도 별반 다르지 않다. 감성 AI가 인간에게 새로운 기회가 될 수 있지만 동시에 새로운 고통이 되기도 할 것이다. 기회를 높이고 고통을 줄이는 것이 우리의 도전이 되어야 한다. 무엇보다 감성 AI가 갖는 한계를 미리 살펴보는 일은 감성 AI를 보다 객관적이고 정확하게 파악하기 위한 바람직한 자세라 할 수 있다.

5.1 감정에 대한 근본적인 이해

감정에는 신체적 측면과 사고적 측면이 있다(켄카 도루, 2021). 예를 들어 공포라는 감정에는 등골이 오싹하는 신체적 반응이 일어나는데, 이는 근육이 긴장하거나 호흡이 가빠지는 신체적 측면이 작용했기 때문이다. 공포의 원인이 되는 대상에 대처하기 위한(도망가거나 싸우는 등) 행동을 준비하기 위해서이다. 대상의 위험성은 감정의 사고적 측면에 의해서도 인식된다. 감정에 포함되는 사고는 자기가 어떤 상황에 부닥쳐 있는지를 평가한다. 바꿔 말하면 감정은 그 상황의 가치를 인식하는 것이다. 이처럼 감정은 생존을 위해 인간이 만들어 낸 표현 방식이라 할 수 있다.

인공지능이 이러한 감정에 관심을 두는 이유는 감정이 주체의 생명이나 생활에 중대한 영향을 끼치는 특정한 상황의 가치에 대한 반응이기 때문이다. 즉, 공포라는 감정은 위험, 분노 감정은 침해, 슬픔은 소중한 것의 상실, 기쁨과 같은 감정은 자신의 목적에 맞는 것이라는 가치를 인식한다. 더욱이 감정은 행위를 촉구하는 힘이 있다. 사람의 행동을 이해하는 것을 넘어 태도 변화, 행동 변화를 일으키는 것이 가능하기 때문이다. 기쁨이나 즐거움 같은 긍정적인 감정은 그 원인을 지속, 확대하는 행위를 장려하고, 공포나 분노, 혐오 같은 부정적인 감정은 그 원인을 회피, 감소하는 행위를 증진한다. 이에 따라 인간의 감정을 분석하고, 해석하여 평가하며 궁극적으로는 인간의 감정에 적절히 대응함으로써 인간의 행동 변화를 촉구하고자 하는 것이 인공지능이 꿈꾸는 미래이다.

감성 AI는 기본적으로 신체 표지(somatic marker) 가설에 근거하여 감정을 판단한다. 감성 AI는 상대의 뇌 속에서 진행되어 보이지 않는 사고 과정보다는 외부로 표출되는 신체적 요소를 해석하고 분석하고 판단하게 된다. 이러한 신체적 요소에는 단어와 이미지를 읽는 것, 얼굴 표정을 보고 감지하는 것, 시선 방향, 제스처와 목소리, 심장 박동수, 체온, 호흡, 그리고 피부의 전기적 특성 등이 포함된다. 이는 감정에 동반하는 신체적 반응이 그 자체로 감정을 판단하는 신호라는 디마지오(DiMaggio)의 주장에 따른 것이다. 예를 들어 공포의 경우에는 심장 박동이 빨라지거나, 호흡이 가빠지거나, 근육이 긴장하는 등의 신체적 측면을 활용하여 감정을 확인할 수 있다.

하지만 감정과 관련한 신체적 요소는 모든 것을 보여주는 것이 아니다. 감정과 관련한 신체 반응 중에서 혈류나 호르몬 균형의 변화처럼 겉에서 볼 수 없는 것도 있다. 설령 신체 반응을 정확히 확인했다고 해도 그것이 특정 감정을 명확히 설명한다고 볼 수도 없다. 예를 들어 무심코 길에서 뱀을 발견하고 놀람과 두려움에 심장이 빠르게 뛰는 것과, 호감을 갖고 있던 이성을 우연히 길에서 만났을 때 긴장과 설레임으로 심장이 빠르게 뛰는 것을 어떻게 구분할 수 있을까? 몹시 흔들리는 출렁다리를 건넌 후 심장이 두근거릴 때 이성을 만나면 그 두근거림을 연애의 감정으로 착각하는 경우도 있다. 즉, 심장의 두근거림은 해석에 따라 공포가 되거나 연애 감정이 된다. 이와 관련하여 미국의 철학자이자 심리학자인 윌리엄 제임스(William James)와 덴마크의 생리학자인 칼 게오르그 랑게(Carl Georg Lange)가 주장하는 제임스-랑케의 신체 반응을 중시하는 감정 이론에서는 슬픔이 눈물을 나게 하는 것이 아니라, 눈물이라는 신체 반응이 먼저 일어나고 그 반응을 인식하는 것이 슬픔이라고 한다. 마찬가지로 화가 나서 머리로 피가 몰리는 것이 아니라 머리에 피가 몰리는 것을 깨닫는 것이 분노라고 했다. 정리하면 감정은 자기의 신체 반응을 감지한 것, 즉 신체 반응에 대한 감각이다. 이 주장에서 중요한 점은 신체 반응의 해석으로 감정이 결정된다는 것은 같은 신체 반응이라도 그것을 해석하는 방법에 따라 감정이 달라진다는 것이다(켄카 도루, 2021).

인간의 감정은 우리가 생각하는 것만큼 그렇게 단순하지 않다. 대표적인 것이 복합 감정이다. 이러한 복합 감정은 표정만으로는 판별할 수 없는 특징이 있다. 기본 감정에는 각각에 대응하는 표정이 있고, 그 표정을 보면 대략 어떤 감정을 품고 있는지 알 수 있지만, 복합 감정은 그렇지 않다. 예를 들어 웃는 표정을 짓는 사람을 보면 기뻐하는 것을 알 수 있다. 그러나 어떻게 기뻐하는지는 표정만으로는 알 수 없다. 자신에 대한 평가가 올라갈 듯하여 자부심의 기쁨을 느끼는지, 상황이 개선될 듯하여 희망의 기쁨을 느끼는지는 웃는 얼굴만으로는 판단할 수 없다. 그 사람이 어느 쪽의 감정을 품고 있는지는 웃는 얼굴을 보는 것만이 아니라 그 사람이 어떤 상황에 놓여 있는지(평가가 오를 것 같은지, 힘든 상황에서 벗어날 것 같은지)를 고려해야 한다. 물론 이것은 부정 감정에도 해당한다. 단순히 화가 났는지, 질투하는지, 슬퍼하는지, 죄책감을 느끼는지는 표정만으로는 알 수 없는 것이다(켄카 도루, 2021).

이러한 상황에서 감성 AI가 특정한 신체 표지에만 의존하여 반응한다거나 단순히 외형적 표식만을 근거로 인간의 감정을 판단한다면 본래의 감정과는 전혀 다른 엉뚱한 해석과 결과가 도출될 것이다. 내가 사자를 무섭다고 느끼는 감정과 내가 응원하는 축구팀이 패배할까 혹은 시험에서 떨어질까 하는 두려움은 서로 다르다. 아무리 감성 AI가 정밀하다고 해도 이러한 감정의 세세한 부분을 구분하는 것은 현재로서는 불가능한 일이다. 인간의 감각을 무시하고 기계는 정확하다는 잘못된 인식으로 감성 AI의 판단과 결정에만 전적으로 맡긴다면 우리가 상상하는 이상의 부정적 결과를 초래할 수 있음을 명심해야 한다.

5.2 감정과 기분의 구분

감성 AI가 감정과 기분을 명확히 구분할 수 있을 것인가에 대해서는 의문이다. 예를 들어 분노는 감정이지만 초조함(안절부절)은 감정보다는 기분이라고 할 수 있다. 마찬가지로 슬픔은 감정이지만 우울은 기분이라고 말할 수 있다. 이처럼, 마음의 상태인 감정과 기분은 매우 유사한 듯 보이지만 이 둘은 서로 다른 상태이며 상호 구별되는 것으로 감성 AI가 이 둘의 차이를 구분해 낼 수 있는가에 대해서는 확신할 수 없다.

감정과 기분을 구별하는 기준에는 몇 가지가 있다(켄카 도루, 2021). 먼저 감정과 기분은 '강도'에 따라 나뉜다. 즉, 감정에 비해 기분은 약한 감정이라 할 수 있다. 분노나 공포, 기쁨이나 슬픔 등 강렬한 마음의 상태는 감정으로 경험되지만, 초조함이나 불안, 설렘이나 우울과 같은 기분은 약한 감정으로 경험된다. 또한 '시간'적인 면에서 기분은 감정에 비해 오랫동안 지속된다. 예를 들어 '화' 감정은 순간적이지만, '짜증'과 같은 기분은 온종일 계속될 수 있다. 다음으로 기분은 감정의 경향성이라고 할 수 있다. 즉, 기분은 감정을 품기 쉬운 상태라는 의미다. 더 구체적으로 말하면 초조함은 분노가 발생하기 쉬운 상태이고, 우울은 슬픔이 발생하기 쉬운 상태라는 얘기다. 마지막으로 감정과 기분은 그 대상에 차이가 있다. 우선 감정의 대상은 분명하게 있다고 여겨진다. 지갑을 잃어버렸을 때 슬퍼하거나, 시험에 합격한 일로 기뻐하는 것과 같이 '무엇에 관해서' 감정을 가지는 것과 같이 명확하다. 반면에 기분의 대상은 명확하지 않다. 왠지 모르게 초조하거나 설레거나 불안하거나 우울하다고 느낄 수 있다. '무엇에 관한' 기분인지가 불분명한 것이다. 종합하면 감정은 개별적이고 구체적인 대상을 향해 있는 반면 기분은 다양한 것에 향해 있다. 감정은 최근 일어난 개별적인 일을 대상으로 하지만, 기분은 장기간에 일어난 여러 가지 일을 종합하여 대상으로 삼고 있다고 할 수 있다.

이러한 감정과 기분에 대한 구분에 따르면 현재의 수준에서 감성 AI가 인간의 감정을 분석하고 해석하고 평가한다는 것은 엄밀한 의미에서 기분을 제외한 '감정'에 제한될 수밖에 없다. 진정한 의미에서 감성 AI는 인간의 마음 상태를 다 안다고 할 수 없는 반쪽짜리 기술에 불과한 것이다. 분석 대상인 인간조차도 자신의 마음 상태가 왜 일어났고, 무엇 때문인지를 명확하게 인식하지 못하는 상태에서 감성 AI가 인간의 감정에 대한 해석과 대응을 한다면 잘못된 결론에 도달할 가능성이 매우 높을 것이다. 전제가 잘못된다면 잘못된 결론을 도출할 수 있다는 의미이다.

5.3 맥락적 상황에 대한 이해

어느 영상판독 실험에서 인공지능이 엉뚱하게도 호수에서 헤엄치는 오리를 찍은 사진에서 자동차를 찾아낸 일이 있었다. 처음에는 단순 오류인가 싶었지만, 영상을 분석한 연구진은 인공지능이 '자동차를 본' 위치에 실제로 자동차로 해석될 수 있는 (아주 작은 크기의) 형상이 있음을 발견했다. 만일 인공지능이 호수 수면의 그 위치에는 자동차가 있을 수 없다는 뻔한 사실을 인지하고 있었더라면 그런 판단을 내리지 않았을 것이다(Yonck, 2020). 이러한 맥락에 관한 지식은 인간이 셀 수 없이 다양한 삶의 현실을 경험하는 가운데 자연히 체득하게 되는 것이어서 인공물에 그런 것을 심는 시도에는 근본적인 어려움이 있다.

인간의 지각은 범주를 적용할 때 자주 맥락을 고려한다. 수집된 자극 자료를 맥락의 틀 안에서 해석하면서 그 일에 범주들을 활용하는 것이다. 동일한 환자의 증상들에 대한 정보를 공유하는 의료진이 서로 다른 진단 결과를 내리는 경우, 그것은 서로 다른 맥락의 틀을 적용한 탓이라고 볼 수 있다. 더 많은 환자들의 사례에서 더 다양한 맥락을 경험한 노련한 의사가 더 적합한 맥락을 적용할 개연성이 크다. 문제는 맥락에 대한 이런 지식은 암묵지의 성격을 띄고 있어 구체적이고 명확하게 설명할 수 없다는 점이다. 인공지능에게 정확한 데이터를 제공할 수 없다는 의미이다.

미소를 예로 들어보자. 선물을 막 받았을 때의 미소는 기쁨을 나타낼 수 있다. 반면 음식을 엎지른 상황에서의 미소는 당황스러움을 나타낼 수 있다. 그리고 상대에게 인사하는 상황에서의 미소는 공손함을 표현하는 것이다. 이처럼 같은 얼굴 표정이라 해도 상황과 맥락에 따라 전혀 다른 의미를 내포하고 있다. 또한 어떤 연구에서는 19개의 다른 유형의 미소 중에서 사람들이 즐거운 시간을 보낼 때는 6개만이 일어난다는 것을 보여주었다. 나머지로 인간은 고통스러울 때, 당황스러울 때, 불편할 때, 즉 맥락으로만 그려질 수 있는 차이에 따라 미소 짓는다는 것이다(Purdy et al., 2018). 이런 사례들을 통해 어떠한 행위에 특정한 의미를 부여하는 것이 적절한지는 맥락 의존적인 문제가 되고, 이런 맥락 의존적 문제의 판단에는 사회의 관행이 중요한 영향을 미친다는 사실을 알게 된다. 따라서 감정 AI가 이렇게 전혀 다른 상황과 맥락을 파악하여 특정 감정의 정확한 의미를 파악할 것이라고는 판단되지 않는다.

5.4 문화적 차이에 대한 이해

문화는 동양과 서양에 따라 상당한 차이를 보인다. 실제로 사회심리학자인 리처드 니스벳(Richard E. Nisbett)이 민속지학, 조사연구, 실험실 연구 등과 같은 현대 사회과학의 연구 방법들을 총동원하여 증명한 결과, 동양과 서양은 매우 상이한 사고체계를 갖고 있고 지금도 그 차이는 유지되고 있다고 한다. 특히 사고체계는 특정한 사회적 행위를 강화시킴으로써 두 세계 사이에 상이한 사회 문화적 양상이 나타난다.

서양과 동양 사이의 문화 차이는 감정을 표출하는 데에도 영향을 미친다. 감정은 자신을 둘러싼 상황의 가치에 대한 반응으로 여기서 말하는 '가치'는 자신의 생명이나 생활에 영향을 미칠 것 같은 중요한 것을 의미한다(켄카 도루, 2021). 그리고 그 가치를 판단하는 기준은 바로 자신을 둘러싼 문화적 상황이라 할 수 있다. 사회 구성원에 의하여 습득, 공유, 전달되는 행동 양식이나 생활 양식이 문화이기 때문에 당연히 자신에게 영향을 미칠 것 같은 것들을 판단할 수 있는 기준으로 작용한다.

문화는 감정뿐만 아니라 감정을 표출하는 행동에도 영향을 미친다. 동양인과 비교해서 서양인은 꽤 감정이 풍부해 보인다. 그렇다고 해서 서양인과 비교해서 동양인의 감정이 약하지는 않다. 단지 겉으로 드러나지 않을 뿐이다. 이 점은 에크먼(Ekman)의 실험을 통해 확인할 수 있다(Ekman & Friesen, 1971). 에크먼 연구팀은 미국인과 일본인에게 뇌과수술 상황을 기록한 영상을 보여주는 실험을 했다. 실험에는 두 가지 조건이 있었는데, 영상을 혼자서 보는 조건과 동석자가 있는 상황에서 보는 조건이었다. 이 실험에서는 영상을 보는 실험 참가자의 표정도 녹화했는데, 그것을 느리게 재생하니 매우 흥미로운 점이 발견되었다. 일본인 실험 참가자는 동석자가 있는 조건에서 미국인과 마찬가지로 혐오 표정을 드러냈지만, 1초도 안되는 짧은 시간 동안에 그 표정을 감췄다고 한다. 이런 결과는 감정을 표출하는 규칙에 문화의 영향이 있다는 사실을 보여준다. 서양에서는 감정을 적극적으로 겉으로 드러내기를 장려하는 데 반해, 일본에서는 감정을 함부로 겉으로 드러내는 사람을 상스럽게 여기기 때문이다.

또한 동양인은 모순적인 감정을 동시에 표현하는 반면, 서양인은 단일 감정만을 표현한다고 한다. 이와 관련해서 펑카이핑(彭凱平)과 동료들은 일본과 미국의 실험 참가자들에게 갖가지 얼굴 표정을 보여주고, 그 표정들이 어떤 정서를 표현하고 있는지 말하게 했다. 그 결과 미국인들은 얼굴의 표정을 기쁨 아니면 슬픔 중 하나를 나타내는 것으로, 또한 분노나 두려움 중 하나를 나타내는 것으로 판단했다. 하지만 흥미롭게도 일본 참가자들은 이와는 다른 결과를 보여주었다. 이들 중 대다수가 같은 얼굴에서 긍정적인 정서와 부정적인 정서 모두를 보았다고 보고하는 것이다(리처드 니스벳, 2003). 공자가 "사람은 가장 행복하다고 느끼는 바로 그 순간 슬픔을 동시에 느낀다"라고 했는데 이는 동양인에게 적합한 표현이다.

우리는 서로 다른 문화와 언어의 분류법 간에 차이가 있다는 사실도 알고 있다. 심지어 동일한 문화에 속한 개인들 사이에도 각 사람들이 적용하는 사전(lexicon)들이 서로 얼마나 일치하는지는 분명치 않다. 우선 생각할 수 있는 것은 타인이 어떤 감정을 가졌는지 이해할 수 없거나 착각할 때가 있다. 매우 즐겁거나 슬프더라도 그 감정을 표정이나 행동에 드러내지 않는 사람도 있다. 사실은 슬프지 않은데 슬픈 척을 하거나 슬픈데 무리해서 웃는 표정을 지을 수도 있다. 그런 경우 타인이 무엇을 느끼는지 잘못 인지하게 된다. 슬프지만 무리해서 웃는 사람의 얼굴을 보고 즐거워한다고 생각하는 것은 잘못된 판단이다. 이처럼 우리는 눈앞의 사람이 어떤 감정을 가졌는지 잘못된 판단을 내릴 수가 있다.

AI 역시 감정을 표현하고 읽는 문화적 차이를 이해할 만큼 정교하지 못한 경우가 많아 정확한 결론을 도출하기가 더 어려울 것이다. 예컨대 인간의 미소를 판단해야 하는 경우 감성 AI는 그 미소에 대해 독일과 우리나라에서 어떤 차이가 있는지를 모를 수 있다. 베를린의 한 가게를 방문하는 동안 도움이 필요한 우리나라 관광객을 상상해 보자. 만약 가게 주인이 어떤 고객을 응대할 것인지에 대한 우선순위를 매기기 위해 감성 AI를 사용했다면, 점원은 우리나라 관광객의 미소를 자신들의 도움이 필요하지 않다는 표시로 오해할 수 있다. 우리나라 관광객은 도움이 필요함에도 공손함과 어색함 때문에 미소를 지을 수 있기 때문이다. 이처럼 감성 AI가 서로 다른 동·서양인의 감정 표현 특성이나, 문화와 개인의 차이 등을 반영하여 특정 감정을 구분할 수 있을지 의문이다. 문화적 상황을 고려하지 않아서 의미를 혼동하는 것은 감성 AI가 내린 판단과 결정이 잘못된 결론에 도달할 수 있다는 점을 보여준다.

6. 나가며

그리스 신화에서 크레타의 왕 미노스(Minos)에 의해 라비린토스 미궁에 갇힌 다이달로스(Daedalus)와 아들 이카루스(Icarus)는 새의 깃털을 밀랍으로 붙인 인조 날개를 만들어 미궁을 탈출했다. 다이달로스는 아들에게 태양에 너무 가까이 가면 위험하다고 경고했지만 이카루스는 이를 따르지 않았다. 아버지 다이달로스의 경고를 무시한 이카루스는 인조 날개의 밀납이 녹으면서 깃털이 산산이 흩어져 추락했다. 이는 그리스 신화인 '이카로스(Icarus)의 날개'와 관련한 내용이다.

우리는 흔히 이카로스의 날개를 미지의 세계에 대한 인간의 동경을 상징하는 것으로 알고 있다. 이와 별개로 이카로스의 날개에는 도구를 대하는 우리의 자세와 마음가짐이 어떠해야 하는지에 대한 중요한 교훈이 있다. 아무리 훌륭한 도구라도 악용하면 자신을 파괴하는 결과가 나타난다는 것이다. 도구의 목적이 중요한 게 아니라 도구에 대한 올바른 생각과 태도가 중요함을 강조한다.

인류 역사를 통틀어 인간은 이카로스의 날개와 같은 수많은 도구를 만들었다. 그중 일부는 처음 목적했던 기능을 유지한 채 현재에 이르는 것도 있다. 다행히도 이런 도구들 대부분에 대해 두려움을 느끼는 사람은 없다. 그 이유로 도구는 스스로 그런 일을 해내는 주체가 아니라 인간에 의해 만들어진 물건이라고 여겨지기 때문이다. 도구들이 가진 힘과 하는 일은 인간들 자신이 지닌 힘과 성과의 확장으로 생각되었다. 따라서 새로운 도구나 테크놀로지가 특별하게 신기하고 강력한 힘을 갖고 있을지라도 그것은 우리가 만들어 사용하는 도구라는 사실을 정확하게 인식하는 것이 필요하다. 한 걸음 더 나아가 우리는 제대로 이해할 수 있는 범위에서 기술을 개발하고 활용해야 한다.

이와 관련하여 감성 AI의 개발과 적용 방향에 대한 몇 가지 질문이 생겨난다. 우선 "우리는 감성 AI를 어떻게 만들어야 하는가?"이다. 여기서 '어떻게'는 작업의 방향에 대한 물음이다. 이런 질문에 대한 답변으로 감성 AI의 목표는 인간에게 해가 되지 않아야 한다는 것이다. 감성 AI의 개발과 활용이 공공의 안전과 건강에 위협이 되지 않고 공공의 복리와 복지를 높이는 일에 부합해야 한다는 당위성이다. 이를 위해 무엇보다 인공지능의 영역에서 윤리적 장치를 마련하는 것이 매우 중요하다. 법으로 기술이나 도구를 규제하기 위해 규제의 틀을 마련하고 실제 법 조항을 만드는 데까지는 상당한 시간이 걸리기 때문이다. 법은 기술이나 도구보다 항상 한 발짝씩 늦을 수밖에 없으며, 정작 법 조항이 마련됐을 때에는 기술이나 도구는 이미 비약적으로 발전하여 법의 테두리를 벗어나 있는 경우가 발생한다. 이러한 법률적 규제의 시차 때문에 감성 AI에 대한 윤리적 장치를 우선적으로 마련해야 하는 것이다. 법보다 윤리는 더 빠르고 유연하게 기술적 진보를 저지하지 않으면서 변화를 예측하고 이에 적응할 수 있다(박아란, 2021). 그렇다고 법이 무용하다는 것은 아니다. 신뢰할 만한 감성 AI의 발전을 위해서는 법과 윤리라는 양대 축이 함께 작동되어야 한다. 법은 감성 AI 규제의 튼튼한 틀을 마련하고 윤리는 감성 AI 발전의 방향을 제시하는 유연한 틀로 함께 활용되어야 할 것이다.

감성 AI와 관련하여 질문은 다시 "감성 AI를 어떤 범위에서 어떤 상황에 적용하는 것이 적절한가?" 하는 물음으로 이어진다. 다시 말해 "우리는 감성 AI를 어떤 범위와 조건에서 그리고 어떤 상황에 적용하는 것이 옳은가?" 하는 질문이다. 감성 AI의 활용 범위에 대한 이런 고민은 '어떻게'의 문제와 구별되는 차원일 뿐만 아니라 '인간을 널리 이롭게 하는 도구'라는 모든 기술의 공통적인 본질이라는 관점에서 필수적인 과제다. 감성 AI가 우리의 일상을 더 안전하고 건강하며 행복하게 만드는 도구로 온전히 작동하기까지 남은 시간 동안 감성 AI의 확장된 적용에 대해 고민하는 작업과 함께 정당한 한계를 정하는 논의가 지속되어야 한다.

이와 함께 감성 AI의 개발과 적용을 공학자에게만 맡겨서는 곤란하다. 모든 것은 사회적 토론과 합의를 통해 결정하고 실행해야 한다. 이 과정에 참여하는 모든 이들은 감성 AI에 대해 관망자나 분석가의 태도가 아니라 제작자의 관점을 취해야 한다. 모두가 감성 AI의 제작자라는 마음이 중요하다. 제작자는 무엇을 어떻게 만들 것인지 고심하고, 그 고심의 결론을 자신의 활동을 통해 실현한다. 인간은 이러한 과정을 통해 제작한 감성 AI에 대해 그렇게 만든 자로서 책임을 진다. 어떻게 만들지뿐 아니라 만든 것에 어떤 의미, 혹은 지위를 부여할지도 우리가 결정할 사항이다.

이러한 결정은 무엇보다 인문학적 상상력을 바탕으로 해야 한다. 현실의 영역 너머에 펼쳐진 가능성의 영역을 다루는 인문학 고유의 상상력은 인공지능의 발달과 그로 인한 도전에서 외면해서는 안 될 과제들을 제시한다. 이러한 인문학적 상상력은 자연과 사회의 현실을 넘어 최대한 자유롭게 작동할 필요가 있다. 그것이 인문학 고유의 가치를 극대화하는 길인 동시에 인문학이 사회적으로 기여하는 길이다(고인석, 2022).

마지막으로 인간이 도구와 건강하게 공존할 수 있는 유일한 방안은 실천적 지혜를 끊임없이 추구하는 것임을 명심해야 한다(정연재, 2019). 실천적 지혜는 기계적 판단이 불가능한 상황에서 내리는 최선의 판단과 의사결정을 의미한다. 일례로 전문직으로서 의사의 지식은 숙련공의 지식과는 다르다. 의학적 지식을 기계적으로 적용하는 테크니션이 아니라 특별한 상황에 놓인 환자의 요구를 민감하게 알아차릴 수 있는 능력과 적절한 방식으로 그 요구에 대응할 수 있는 실천적 능력을 지녀야 한다. 이처럼 오늘날의 우리에게는 기계적으로 습득해서 적용하는 기술적 지식이 아니라 끊임없는 자기화와 해석의 과정을 거치는 판단형식, 즉 고도의 지적 감수성과 창의적 사고가 중요하다. 기술적 전문성과 비기술적 통찰력을 함께 갖추어 서로 다른 세계를 자유롭게 넘나들 수 있는 사람만이 인정받게 될 것이라는 점을 명심해야 할 것이다.

한편으로는 지금처럼 인공지능에 대한 관심이 고조된 상황에서 어느새 우리 스스로 '인간의 인지능력'의 범위를 기계지능이 흉내낼 수 있는 능력의 영역으로 한정하게 될 개연성이 있다는 고인석(2022)의 주장을 유념해야 한다. 그러한 개연성은 결과적으로 인간 인지의 풍부하고 미세한 영역들 가운데 상당수가 관심에서 멀어지거나 쪼그라들 위험이 있음을 의미한다. 감성 AI만 하더라도 기본 감정에만 한정하여 표현될 뿐 풍부하고 미세한 인간의 감정이 무시되거나 외면될 우려가 있다. 이것은 인간이 지닌 정신 문화의 영역을 스스로 축소하고 빈곤하게 만드는 일일 뿐 아니라 감성 AI와 같은 새로운 기술의 수용과 활용이 필연적으로 수반할 수 있는 불행한 진행이다. 따라서 우리는 이런 위험을 미리 경계하고 메타적 사고를 통해 조절할 필요가 있다.

물론 감성 AI는 아직 완성되지 않은 형성 중인 기술이다. 그럼에도 감성 AI는 개인의 일상을 효율화하고 사회 전체 차원에서 운영의 효과성을 높이며, 공정성의 증진을 가져오리라고 기대된다. 필요에 따라 감정에 접근하거나 통제하는 능력은 창의력을 발휘하는 엄청난 도구가 될 수 있다. 예술가가 깊은 상실의 고통이나 새로운 사랑의 흥분을 탐구하거나 다시 경험함으로써 위대한 예술 작품을 완성했듯, 감정에 대한 접근과 통제를 통해 그렇지 않았다면 결코 만들어지지 않았을 작품들이 탄생될 수도 있다(Yonck, 2020). 그러나 이런 기대와 관련 기술의 빠른 성숙에도 감성 AI가 일상의 현실이 되기 위해서는 선결되어야 할 과제들이 있음을 염두에 두어야 한다. 무엇보다 감성 AI를 개발하고 적용하는 최종 목표는 '인간의 지능을 뛰어넘은 인공지능을 만드는 것'도, '인간이 신이 되는 것'도 아니라는 것을 가슴에 새겨야 한다. 이미 2,300여 년 전 아리스토텔레스(Aristoteles)가 간명하게 말한 것처럼, 기술을 개발하고 운영하는 것은 모두 우리 자신, 인간의 행복한 삶을 위한 것이어야 한다.

[참고문헌]

고인석(2022), 『인공지능과 로봇의 윤리』, 세창출판사.

김도엽(2019. 12. 19), "인공지능과 개인정보보호 이슈", 법률신문.

김태원(2023), 「ChatGPT는 혁신의 도구가 될 수 있을까? : ChatGPT 활용사례 및 전망」, THE AI REPORT.

김현철(2010), 네트워크 사회, 한국정보화진흥원 편, 『정보윤리의 이해와 실천』.

리처드 나스벳(Richard E. Nasbet)(2003), *The Geography of Thought*, Brockman, Inc, 최인철 역(2004), 『생각의 지도』, 김영사.

박아란(2021), 『인공지능, 법 · 윤리 · 저널리즘의 이해』, 커뮤니케이션북스.

변순용 · 이연희(2020), 『인공지능 윤리하다』, 어문학사.

아그네스 헬러(Ágnes Heller)(2014), *Die Welt der Vorurtrlie*, Edition Konturen Mediendesign, 서정일 역(2015), 『편견』, 이론과실천.

엘리아스 노르베르트(Elias, Norbert)(1994), *The Civilizing Process*, Wiley-Blackwell, 박미애 역(2019), 『문명화 과정』. 한길사.

정연재(2019), 『포스트휴먼 시대의 윤리 : 아리스토텔레스 윤리학의 현실성을 찾아서』, 아카넷.

켄카 도루(源河亨)(2021), *Kanjo no Tetsugaku Nyumonkogi*, Keio University Press, 박은주 역(2022), 『감정의 철학 수업』, 필름.

폴 블룸(Paul Bloom)(2016), *Against Empathy*, 이은진 역(2023), 『공감의 배신』, 시공사.

Ekman, P. and Friesen, W.(1971), "Constants across cultures in the face and emotion," *Journal of Personality and Social Psychology*, 17, 124-129.

Elgan, M.(2022. 7. 26), "인공지능의 새 국면, '감정인식 AI'…의미와 과제는?", CIO Korea.

Kramer, A. D. I., Guillory, J. E. and Hancock, J. T.(2014), "Experimental evidence of massive-scale emotional contagion through social networks," *PNAS*, 111(24), 8788-8790.

LaFrance, A.(2016), "Why do so many Digital Assitants have female Names?," Atlantic.

McStay A.(2018), *Emotional AI : The Rise of Empathic Media*, Sage.

________(2020), "Emotional AI, soft biometrics and the surveillance of emotional life : An unusual consensus on privacy," *Big Data & Society*, 1-12.

Nordell, J.(2016), "Stop Giving Digital Assistants Female Voices," New Republic.

Purdy, J., Glass, B., and Pakseresht, F.(2018), "Fairness in Machine-Learning-Generated Risk Scores via Equitable Thresholding," *Computer Science*.

Samanta, Ankur(2021), *What is Emotional AI? : A Breakdown of the Current State, Implications, and Future Outlook of High–Level AI–driven Affective Computing and Emotionally–intelligent AI*, The R42 Institute.

Steuer, J.(1995), "Defining Virtual Reality : Dimensions determining telepresence," In F. Biocca & M. Levy(Eds), *Communication in the age of virtual reality*, Lawrence Erlbaum and Associates.

Yonck, R.(2020), *Heart of Machine : Our future in a world of artificial emotional intelligence*, Arcade Publishing.

CHAPTER 03

공감 : 기술과 인간의 호혜적 관계를 위한 미래사회 필수 역량

— 이현정(중앙대학교)

※ 본 장은 교육부와 한국연구재단의 지원을 받은 연구 과제(NRF-2017S1A6A3A01078538)의 결과물인 "AI 시대, 메타버스를 아우르는 새로운 공감개념 필요성에 대한 담론(이현정, 2021)"과 "AI가 적용될 메타버스 시대를 위한 확장된 공감의 역할(이현정, 2021)"을 참고하여 구성했습니다.

〈요약〉

현재의 기술 진화 속도는 걷잡을 수 없이 빠르게 진행되고 있다. 최근 몇 년 사이 '메타버스', 'DAO', 'NFT' 등 새로운 용어들이 속출하고 있으며, AI의 작업 수준은 인간의 수행 능력이 닿아있는 거의 모든 영역을 보완할 수 있을 만큼 눈에 띄게 향상되었다. 이 글은 기술 진화의 영향을 받는 다양한 영역 중 사회성에 집중하여 앞으로의 인류가 기술과 호혜적인 관계를 이어가며 긍정적인 사회를 만들어가기 위한 방안을 고민하였다. 이에 미래 활발한 사회적 관계의 장으로 떠오르는 메타버스의 개념과 특성을 정리하고, 날이 다르게 영리해지는 AI와 현실의 다양한 활동이 가능해질 메타버스가 만드는 사회상을 살펴보았다. 현재의 기술 진보는 미래에 대한 기대를 주는 한편 인간의 존엄적 가치가 훼손될 수도 있다는 염려를 준다. 부정적인 예측이 현실이 되지 않기 위해 우리는 각자 내면적 힘, 특히 공감 역량을 기를 필요가 있다. 공감은 지난 몇 차례의 산업혁명으로 인해 빚어져 왔던 불안과 갈등을 극복하고 성숙한 의식으로 나아가는 데 중요한 역할을 해 왔다. 세계 시민 각자의 내면에서 잘 갈고 닦아진 공감 역량이 미래 사회에서 제대로 된 제어장치로 역할을 해준다면 미래는 인류에게 긍정적인 방향으로 나아갈 수 있으리라 기대한다.

1. 서론

20세기 후반, 디지털 혁명, 정보혁명 등으로 불리는 혁신적 과학기술에 의한 변화는 전 세계 산업 구조를 크게 뒤흔들었다. 컴퓨터와 자동화 기기의 발달은 생산을 위한 노동력의 추가적 투입 없이도 효율적인 생산을 가능하게 했고, 그로 인해 사무·관리의 역할을 하는 화이트칼라 직군이 높은 인기를 얻었다. 인터넷의 보급은 사람 간 연결성을 크게 증진하였고, 전 세계적으로 디지털 기술을 근간으로 한 신생 벤처기업들에 적극적인 투자가 이루어졌다. 그리고 세상은 복잡계[1]의 시스템에 의해 구동되어 한 치 앞 미래도 예측할 수 없는 패러다임으로의 전환을 맞이했다.

인터넷에 의한 연결은 우리가 인지하고 누리는 공간을 가상공간(virtual space)의 범위로까지 확장했다. 과거 가상공간이라는 용어가 최초로 사용되었을 당시 이는 철저히 현실과 분리된 개념이었다. 당시 가상공간은 컴퓨터와 인간 간 1 : 1 상호작용에 의해서만 존재했다. 그러나 네트워크의 혁신이 이루어진 현재, 가상공간과 현실의 개념적 장벽은 허물어지고 있다. 컴퓨터는 상호작용의 대상으로부터 인간 간 연결의 매개체로서 역할의 확장을 이루었다. 이에 더하여 AI 컴퓨팅 시스템 발달은 가상세계를 현실감 있게 구현하는 메타버스(metaverse) 공간에 숨을 불어넣으며, 가상공간이 현실의 연속된 공간처럼 만드는 데 박차를 가하고 있다. 예를 들어 과거 컴퓨터 게임의 이용자들은 게임 플레이를 위해 가상으로 세팅된 캐릭터를 의미하는 NPC(Non-Player Character)들로부터 정보를 얻거나 명령을 수행하는 정도의 상호작용을 수행했다. 과거의 NPC는 프로그래밍된 선택지에서 정해진 대답을 해주는 역할 이상도 이하도 아니었다. 그러나 최근 화제가 되는 메타버스 속 AI 기반 NPC는 사람과 같이 복잡하고 다양한 소통을 시도하며,

1. 복잡계 : 수많은 구성요소들의 상호작용을 통해 구성요소 하나하나의 특성과는 사뭇 다른 새로운 현상과 질서가 나타나는 시스템(삼성경제연구소 복잡계센터, 2005)

이용자들의 공감을 유도한다. 이들 AI 기반 NPC는 이용자들의 질문에 마치 그가 현실 세계에 존재하는 인물인 것 같은 착각이 들 정도로 다양한 답을 해준다. 이에 현재의 일부 메타버스 공간에서는 그 주요 기능이 게임이라 할지라도, 목표를 달성하기 위해 고군분투하는 게임의 목적에서 벗어나 단순히 현실과 다른 세상을 경험하고 그 세상의 일원으로서 주변인인 NPC와의 가벼운 인터랙션을 즐기려는 목적으로 플레이하는 이용자들도 있다.

이렇게 나날이 현실에 가깝게 변모하는 메타버스는 우리 생활과 밀접해지는 만큼 이 공간에서 벌어지는 일들은 앞으로 우리의 생각과 정신에 큰 영향력을 미칠 것으로 예상된다. 특히 앞으로의 메타버스에 AI 기술이 적극적으로 적용될 것이라는 전망은 기대와 동시에 우려를 낳는 것이 사실이다. 세계적 역사학자인 Yubal Harari는 "우리 일상에 막대한 영향력을 미치는 인터넷이 세상에 퍼지는 과정에서 어떤 누구의 동의도 받은 바가 없듯, 또 다른 기술이 주도하게 될 미래 역시 수많은 우려의 목소리에도 불구하고, 그 변화를 막기란 쉽지 않다"고 언급했다. 특히 메타버스가 미래의 주역인 10대들을 중심으로 무시 못 할 영향력을 미치고 있다는 사실은 앞으로의 변화에 대한 준비체계가 갖추어져 있지 않은 현재 우리 사회의 불안감을 높이고 있다. 그 영향이 긍정적일지 부정적일지의 여부는 아무도 모르나, 긍정적인 방향에 더 가깝게 진행되기를 기대한다면 우리의 특별한 노력이 필요할 것이다.

본 장에서는 미래사회에 예측되는 다양한 부작용 중 사회적인 측면에 집중해 보고자 하였다. 사회적인 측면에서 현재 세계 다수의 미래학자 및 관련 전문가들은 AI가 다양한 분야에서 활발히 이용될 미래, 인간적 가치가 위협받을 수 있다는 점을 우려한다. 그러나 미래사회 다양한 부작용이 존재한다고 해서 현재의 자유시장 경쟁체제에서 기술발전에 제동을 걸 수는 없는 일이다. 다만 우리는 인간 존엄성이 위협받을 수 있는 상황에 휩쓸리지 않기 위해 우리 내부적 역량을 강화할 필요가 있다. 그러한 역량의 계발은 우리 인간이 서로에게 영향을 미치는 연결된 공동체라는 인식을 가지는 것에서부터 가능해진다. 이 글에서는 그 역량의 핵심을 '공감'으로부터 찾았다. 공감은 다른 사람을 이해하는 능력으로, 자기 행동을 변화시키며 결과적으로 사회의 이로운 변화를 가능하게 하는 중요한 역량이다.

2. 미래 첨단기술에 의해 변화될 사회상

2.1 메타버스를 통한 소통

메타버스는 초월성, 변형성을 의미하는 'meta'와 우리가 직접적으로 보고 느낄 수 있는 실제적 세상을 의미하는 'universe'의 합성어로, 컴퓨터로 만들어져 제한된 상호작용을 유도하는 일반적인 가상세계가 가진 개념보다 복잡한 성질을 띤다. 메타버스 관련 연구를 주도해 온 미국의 ASF(Acceleration Studies Foundation)는 메타버스의 개념에 대해 '가상적으로 강화된 물리적 현실'과 '물리적으로 지속되는 가상공간'의 융합으로, 사용자가 이 두 가지 형태 중 어떤 것을 경험하든 결국 그것은 가상과 현실이 융합된 결과물이라고 설명했다. ASF는 메타버스를 [그림 3-1]과 같이 구현 방법 측면(가상현실로의 확장 vs. 현실적인 구현)과 이용자들의 경험 측면(개인적인 활동 vs. 외부활동 체험)에 따라 다음 네 가지 형태의 시나리오로 설명하였다. 현재 서비스되는 메타버스 플랫폼에는 대부분 이 사분면에 해당하는 요소들이 복합적으로 반영되고 있다.

- 증강현실 : 실제 세계에서 가상의 이미지를 겹쳐 보이게 하면서 상호작용하는 방식

  예) 버거킹의 'Burn that AD' 캠페인

  버거킹은 지난 2019년 BK앱을 실행시키고 경쟁사 광고판에 카메라를 대면 스마트폰 화면을 통해 경쟁사 광고가 불타고 버거킹 광고로 바뀌는 장면을

연출하였다. 경쟁사 광고판을 불태운 이용자들에게는 버거 쿠폰이 지급되었다.

- 라이프로깅 : 각종 스마트 기기를 이용해 개인의 일상적 활동을 데이터 형태로 수집·기록하고 보관이나 공유 등을 수행하는 방식
  예) 인스타그램, 틱톡 등 소셜 미디어를 통해 일상 관련 데이터 저장 및 공유
- 현실반영 세계 : 현실 세계를 가상공간에 사실적으로 반영되어 확장된 활동을 가능하게 하는 방식
  예) 스마트폰 등의 화면을 통해 실시간으로 제공되는 GPS 위치 및 교통정보 서비스
- 가상세계 : 헤드셋, 스마트 기기 등을 통해 입장이 가능한, 그래픽으로 만들어진 세계이지만 현실과 상호작용하는 것 같은 경험을 제공하는 방식
  예) 3D로 구현된 로마 바티칸 박물관을 언제 어디서든 헤드셋, 스마트 기기 등을 통해 시선을 360도 자유롭게 변경하며 탐색 및 감상

그림 3-1 ASF가 제시한 메타버스 구현 시나리오

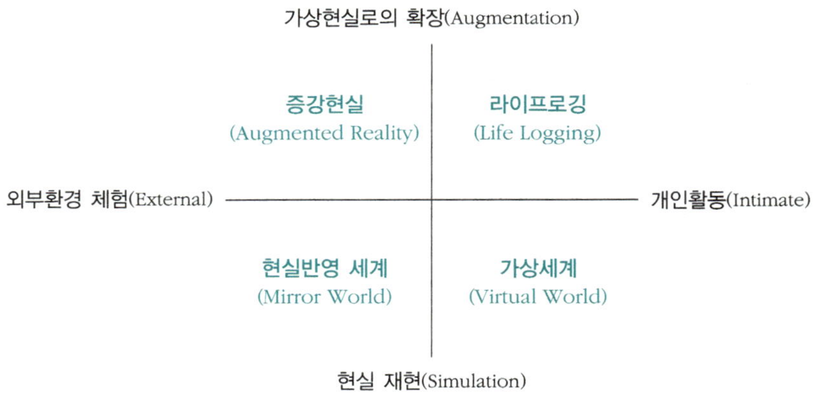

출처 : http://www.metaverseroadmap.org/overview

2003년 미국 게임개발사 Linden Lab에 의해 출시된 〈세컨드라이프〉는 가상과 현실의 경계를 허문 최초의 메타버스 플랫폼으로 자주 언급됐다. 〈세컨드라이프〉는 가상으로 만들어진 마을로, 이 공간에 입주한 주민들은 자신이 원하는 방식에 따라 자유롭게 각자의 삶을 꾸려나가도록 설계되었다. 이곳에서 주민들은 창조 활동을 하고 상거래를 하며 수입을 벌어들일 수 있는 데다가, 이곳에서의 수입은 현실의 미국 달러로도 교환할 수 있었다. 실제 세계 수익 창출이 가능하다는 사실은 분명 전 세계적인 주목을 이끄는 데 크게 이바지했고 당시에는 큰 화제가 되었지만, 성공이 오랜 기간 지속되지는 못했다. 당시의 〈세컨드라이프〉는 공상적인 공간임에도 게임처럼 특별한 미션을 수행하는 등의 구체적인 목표가 없었다. 많은 전문가는 그 때문에 사용자들이 현실의 일상과 크게 다를 것 없는 진부한 경험을 하며 흥미를 잃어버리는 한계를 극복하지 못했음을 대표적인 실패 원인으로 지적했다.

그리고 현재 메타버스는 5G 네트워크 기술 혁신과 함께 초연결성이 더욱 강력해지며 이전과 다른 양상으로 영향을 확대해 나가고 있다. 최근 메타버스와 관련하여 두드러지는 점 중 하나로 주요 이용자들이 10대라는 점을 들 수 있다. 2021년 기준 가장 크게 주목받고 있는 미국의 게임 플랫폼, 〈로블록스〉는 미국 내 16세 미만 청소년의 절반 이상(2월 현재 55%)이 가입되어 있으며, 국내 메타버스 앱인 〈제페토〉 가입자 중 80%가 10대 청소년이다. 이렇게 낮은 연령대가 주요 소비자가 되는 양상에 대해 김상균은 아이들이 "현실에서 느끼는 탐험, 소통, 성취의 기쁨이 질 또는 양적인 측면에서 어딘가 부족하여 갈증을 느끼기 때문"이라고 설명했다. 특히 지난 2019년 후반부터 시작된 감염병의 세계적 확산으로 전 인류가 꽤 오랜 기간 물리적인 거리두기를 요구받은 환경에서 10대들은 메타버스 공간을 통해 적극적으로 소통하고 추억을 만들었다.

현재의 메타버스 플랫폼들은 사용자들이 다양한 경험의 공간을 자유롭게 구축할 수 있도록 지원하며 콘텐츠의 생성이 자발적으로 일어나는 구조를 가진다.

〈로블록스〉 플랫폼에서 사용자들은 시스템에서 제공하는 개발 도구를 활용해 게임을 만들 수도, 다른 사람이 만든 게임을 즐길 수도 있다. 게다가 〈로블록스〉에서 사용자에 의해 창조된 게임이나 아바타, 아이템 등은 하나의 지적 재산권으로 인정되어 판매수익을 올릴 수도 있다. 감염병으로 인해 등교가 어려워진 상황에서 펜실베니아대학, 버클리음악대학 등 몇몇 학교의 학생들은 〈마인크래프트〉 공간 속에서 실제 학교의 시설과 풍경을 그대로 구현하며 그곳에 모여 다양한 단체 활동을 하고 졸업식을 계획하기도 했다. 이렇게 현재의 메타버스 공간에서는 끊임없이 새로운 이벤트가 자발적으로 생성되고 새로운 공간들이 구축되며 다양한 사용자의 경험을 이끈다. 그뿐만 아니라 메타버스는 현실과 연계되어 다양한 목적으로 활용되고 있다. 〈제페토〉는 사용자의 얼굴인식을 통해 자신과 닮은 아바타를 만들 수 있어 블랙핑크와 같은 유명 케이팝 아이돌 그룹은 아바타를 활용해 팬미팅이나 팬 사인회 등의 이벤트를 개최한다. 미국의 46대 대통령 조 바이든은 후보인 시절, 〈모여봐요 동물의 숲〉이라는 게임에서 홍보를 위한 섬을 만들고, 그곳에 유권자들을 초대하여 이들과 소통하는 방식으로 선거운동을 수행한 바 있다. 삼인칭 액션슈팅게임 〈포트나이트〉에서는 다른 플레이어들과 콘서트나 영화를 즐길 수도 있도록 구성되어 미국의 랩아티스트 Travis Scott이 〈포트나이트〉를 통해 라이브 콘서트를 개최하고 약 1,200만 명의 관객을 끌어모은 바 있고, 국내 가수 BTS 역시 〈포트나이트〉를 통해 뮤직비디오를 공개하기도 했다.

그러나 메타버스는 결국 CMC[2]가 수행되는 다양한 가상공간의 한 형태로, 직접적인 대면 소통과는 다른 양상을 가질 수밖에 없다. CMC는 기본적으로 기계를 통해 소통하기 때문에 비인격적인 느낌을 줄 뿐 아니라, 매체별로 가져야 하는 에티켓이 아직 정립되지 않았기 때문에 상호작용의 과정에서 의도치 않은 불쾌감을 유발할 가능성도 크다. 현재 메타버스에서 우리는 텍스트뿐 아니라 영상을 통해

2. CMC는 Computer-Mediated Communication의 약자로, 컴퓨팅 디바이스를 매개로 한 소통 방식을 의미한다.

서도 소통할 수 있고, 나와 닮은 아바타를 활용해 다양한 감정과 제스처를 표현할 수도 있다. 그러나 어떤 플랫폼에서건, 커뮤니케이션 상대는 익명성을 가진다는 점과 시공간적인 제약을 받지 않는다는 점에서 메타버스 커뮤니케이션은 대면적인 상호작용과 분명히 구분된다. 이런 특징은 한편으론 인지적 불확실성을 일으키며 인간관계를 발전시키는 데 부정적인 영향을 미칠 수 있다. 그러나 다른 한편으로는 익명성이라는 안전장치를 이용해 자신을 마음껏 드러낼 수 있게 하여 사회적 동질감을 높일 수 있다는 긍정적 효과도 있다.

2.2 메타버스와 AI 등 미래 주요 기술의 사회적 영향

메타버스에서는 이용자가 자신을 투영한 매개체인 아바타를 통해 사회적 관계를 형성한다. 아바타는 이용자의 대체자로서 임무를 수행하지만, 아바타를 신분증과 같이 개인의 고유성을 나타내는 것으로 보기는 어렵다. 아바타는 이용자가 원하는 만큼 많은 수를 만들어 내거나 자유롭게 삭제할 수도 있으므로 개인은 아바타를 이용해 익명성을 보장받을 수 있다. 따라서 일부 이용자들은 아바타 뒤에 숨어 다른 이용자들의 명예를 훼손하거나 공격하는 행동을 서슴지 않고 할 수 있다. 아바타를 통한 사회적 관계는 '인간 : 인간' 교류뿐 아니라 '인간 : AI', 'AI : AI' 교류의 장벽을 낮춘다. 메타버스 내 AI 역시 아바타의 형태를 띤다면 이용자는 메타버스 내 소통의 상대가 인간인지 AI인지 구분하기 어렵게 된다. 이것은 메타버스 사회에서 이용자들이 영향을 주고받는 대상은 플랫폼 내 다른 이용자만이 아니라, AI도 포함된다는 것을 의미한다. 지난 2021년 2월 미국의 비디오게임 〈모드박스(Modbox)〉는 유튜브를 통해 AI로 구현된 NPC가 게임 플레이어와 대화를 나누는 데모(demo) 영상을 공개한 바 있다. 영상의 NPC는 대화의 과정에서 약간의 시간 차이를 보이긴 했으나, 플레이어의 자유로운 질문에 적합한 대답을 수행하였다. 또한 미국 게임 기업 Rockstar Games의 개발진은 NPC AI 관련 기술 특허를 출원하기도 했다. GTA 시리즈 팬들은 Rockstar Games가 시리즈의 차기작인 GTA6에 해당 기술을 도입할 것을 전망하며 기대하고 있다.

나아가 현재 AI는 인간과 자연스러운 대화와 교감을 할 수 있을 정도로 발전해가고 있다. Nightingale과 Farid의 연구에 의하면 현재 AI로 구현되는 현실감 있는 얼굴 이미지는 언캐니 밸리[3]를 넘어 오히려 실제보다 더 믿음직한 수준으로 발전된 상황이라고 한다. 2014년 출시 이후 6억 6000만 이상의 구매가 이루어진 Microsoft사의 AI 챗봇 샤오아이스(XiaoIce)는 사용자 중 상당수가 샤오아이스와 장기간의 관계를 형성하는 데 성공했다는 연구결과를 제시하며, 인간과 공감하는 AI의 가능성을 검증한 바 있다. 이와 같은 수준의 AI가 메타버스에 적용된다면, 머지않은 미래에 메타버스는 인간과 AI 간 적극적인 교감을 나누는 메카와 같은 공간이 될 것이다. 현재의 메타버스에서 수행되는 인간과 인간 간 교류 외에도 활발한 인간과 AI, 또는 AI 간의 교류도 충분히 메타버스 세계에서 이루어질 수 있다. 이는 AI와의 교류에 의해 발생하는 다양한 정보나 가치관이 인간에게 영향을 미칠 가능성을 설명한다.

이러한 양상은 앞으로 AI가 인간의 내면에 존재하는 관계적 자아와 연관되어 인류의 의식까지도 영향력을 미칠 가능성을 내비친다. 관계적 자아란 인간이 주변인들과 관계를 맺고 소통하는 과정에 의해 서로에게 영향을 주고받으며 지속적으로 변화되는 정체성을 의미한다. 인간은 주변인과의 대화에서 만들어지는, 그리고 다양한 미디어가 쏟아내는 수많은 정보를 선별적으로 습득하며 생각을 변화시킨다. 그리고 그 결과로 만들어진 생각은 그의 말과 글 등의 형태화된 정보가 되어 또 다른 누군가의 생각 변화에 자극을 준다. 현재의 AI는 인간의 관계적 자

3. 언캐니 밸리(Uncanny Valley, 불쾌한 골짜기)는 인간이 로봇이나 인간이 아닌 것에 대해 느끼는 감정에 관한 이론이다. 이 이론은 인간이 로봇에 대해 느끼는 호감도는 로봇이 인간과 닮을수록 증가하다가 갑자기 강한 공포감, 거부감, 불쾌감을 느끼게 되어 호감도 그래프가 급격히 하강하는 구간의 이미지를 설명한다.

아를 모사하는 수준까지 발전하며 인간사회 위기와 관련한 염려를 자아낸다. 예를 들어 생성적 적대 신경망(GAN ; generative adversarial network)은 두 개의 인공지능 모델이 특정 정보에 대한 피드백을 주고받는 수행을 통해 최적의 정보를 도출하는 알고리즘으로, 인간의 생각이 외부의 영향을 받아 변화하는 것과 비슷한 과정을 수행한다. 뇌 연구자 김대식 교수는 AI가 데이터를 인식하는 수준을 넘어 데이터를 새롭게 생산하는 단계까지 발전한 현재, 정교하게 생산되어 대중을 호도할 가능성이 있는 가짜뉴스의 위험을 꼬집었다. 또한 인간의 생각을 데이터로 활용하여 결괏값을 제공하는 AI는 인간의 편향적 생각을 데이터화하여 반인륜적 차별과 편견을 심화시킬 수 있음을 강조했다. 나아가 파리의 경제학 교수 Daniel Cohen은 각종 디지털 정보들이 경제적 가치를 갖는 시대, 우리가 가진 생체정보뿐 아니라 기억이나 경험, 감정까지도 디지털 재화로 변환되어 거래될 수 있으며, 그로 인해 AI에 의해 인간의 행동이 통제되고 조작될 여지도 있음을 설명했다.

지난 2020년 출시되어 서비스 3주 만에 중단되었던 AI 챗봇 이루다의 사례는 이러한 염려들이 무리한 억측이 아니라는 사실에 힘을 실어준다. 이루다는 실제 연인의 대화 데이터를 학습하여 유저들의 질문에 실제 사람처럼 응답도록 설계된 채팅 AI이다. 이루다의 알고리즘은 채팅 서비스의 과정에서 누적된 데이터를 바탕으로 지속적인 학습이 이루어지며 대화 내용을 업데이트한다. 그런데 일부 유저들이 이루다에게 소수집단을 차별하거나 성희롱적인 발언 등을 학습시키며 대화의 질을 떨어뜨려 사회적으로 크게 이슈화되었다. 이루다는 윤리 점검과 기술 업데이트 등을 통해 문제점을 개선하여 지난 2022년부터 2.0 버전을 서비스하고 있는데, 일부 대화의 수준이 낮아졌다는 평가가 있기도 하고, 아직은 한국어 이외의 언어로 대화하기에는 많은 오류가 발생하여 꾸준한 업데이트가 요구되는 상황이다.

그런가 하면 2023년 AI 관련 현재 가장 크게 회자되는 서비스는 OpenAI사의 ChatGPT다. ChatGPT는 사용자가 대화창에 질문을 입력하면 그에 적합한 대답을 만들어 제시하는 언어생성모델 AI로, 출시된 지 단 5일 만에 100만 명의 이용자를 모으며 전 세계 시장에 충격을 가져왔다. ChatGPT는 무려 1,750억 개의 매개변수를 학습하고, 방대한 텍스트 데이터를 빠르게 수집·정리·조합하여 다양한 질문에 대해 답변을 해주는 검색 서비스를 제공하는 것은 물론, [그림 3-2]와 같이 에세이를 대신 써주거나 스토리 창작도 가능하다. 미국에서 실시한 연구에 따르면, 현재 ChatGPT는 미국의 의사면허시험, 법학전문대학원 시험 등 각종 전문인증시험을 통과하고, 와튼스쿨 MBA 과목에서 B 정도의 성적을 받는 수준이라고 한다. 2022년 12월 의료논문 사이트 'MedRxiv'에 게시된 한 논문의 경우, 저자 중 한 명으로 ChatGPT의 이름이 올라 논란이 된 바 있다. 이에 국제학술지 *Nature*는 ChatGPT와 같은 LLA(Large Language Model, 대규모 언어모델)를 연구 논문 저자로 인정하지 않는다는 원칙을 적용하고 있다. 또한 뉴욕시 공립학교의 경우, ChatGPT가 학생들의 과제 작성에 사용될 가능성을 우려하여 교내 네트워크 기기에서 ChatGPT 접속을 차단하기도 했다. OpenAI는 2023년 초 GPT 시리

그림 3-2 ChatGPT를 이용해 에세이와 스토리 창작을 실행한 결과

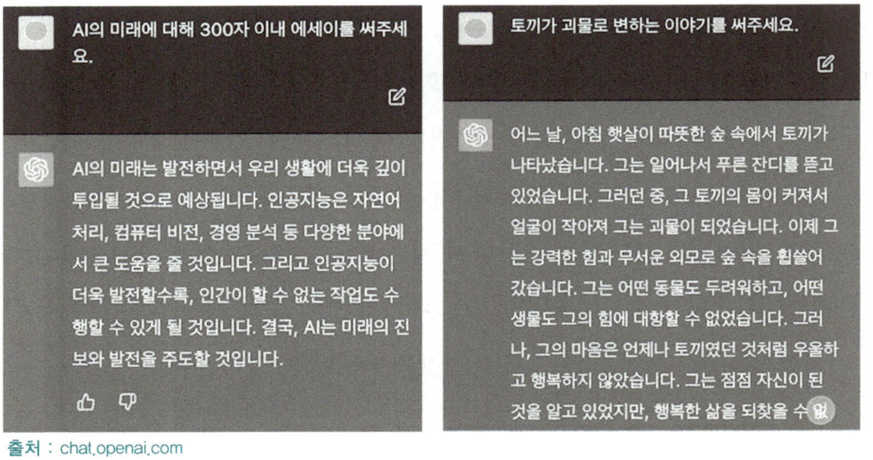

출처 : chat.openai.com

즈의 4세대 버전을 준비하고 있는데, 이 모델은 튜링테스트[4]를 통과했다는 주장이 업계에서 들리고 있어 앞으로 AI는 인간이 수행할 수 있는 업무 대부분에 대한 능력을 갖추게 될지도 모른다. 이는 머지않아 인간과 AI가 서로에게 지식적 측면뿐 아니라 감정적인 부분에도 영향을 미칠 수 있는 사회적 관계를 맺게 될 수 있음을 암시하는 듯하다.

3. 미래사회의 필수 역량, 공감

3.1 공감의 역사

세계적 미래학자 Rifkin은 그의 저서 『공감의 시대』를 통해 공감이라는 용어가 1872년 미학에서 사용된 '감정이입'을 뜻하는 독일어 'Einfühlung'으로부터 기원했음을 언급했다. 이 용어는 독일의 역사학자 Dilthey에 의해 사회과학에서 활용되기 시작했으며, 1909년 미국의 Titchener에 의해 '공감(Empathy)'으로 번역되었다. 당시 공감은 다른 사람의 상황에 대해 관찰자로서 수동적으로 정서적 측은함을 느끼는 '동정(sympathy)'이라는 개념과 혼용되었으나, 근대 심리학 분야에서 타인의 입장에 대한 적극적이고 능동적인 참여자의 개념으로서 그 의미가 점차 분리되었다.

1996년 Rizzolatti 연구팀이 발견한 '거울신경세포(mirror neurons)[5]'는 공감 능력이 인간을 비롯한 몇몇 동물들에게 내재한 본성임을 과학적으로 증명하였다.

---

4. 튜링테스트는 영국 수학자 앨런 튜링(Alan Turing)이 1950년 논문을 통해 제안한 인공지능 판별법으로, 인간으로 구성된 질문자들과의 대화에서 답변이 컴퓨터의 반응인지 인간의 반응인지를 구별할 수 없다면 해당 기계를 인간처럼 사고할 수 있는 것으로 판단한다.

5. 거울신경세포는 타인이 수행하는 특정 행동을 관찰하는 것만으로 마치 자신이 직접 그러한 행동을 수행한 것처럼 활성화되는 세포를 의미한다. 거울신경세포를 통해 인간은 타인의 행동 방식을 습득하거나 학습할 수 있게 된다.

이는 인간 대부분이 타인의 상황을 인지하고 이해할 수 있는 능력을 기본적으로 지니고 있음을 의미한다. 그러나 아이러니한 점은 과거 여러 세기 동안 전 세계 국가들에서 제도와 관습 등을 빌미로 수많은 사람을 핍박하고, 업신여겨 왔으며 또 그것을 당연하게 받아들이는 문화가 이어져 왔다는 것이다. 이에 대한 이유는 생존과 관련지어 유추해 볼 수 있다. 수렵을 통해 생존했던 초기 인류는 가족 중심의 소규모 사회를 이루었다. 이후 농축업이 가능해지면서 인류는 마을을 중심으로 공동체를 이루었고, 마을과 마을 사이의 교류를 하며 그 범위를 점차 확장해 나갔다. 수많은 가족 공동체, 마을 공동체를 포함하는 국가라는 집단 속에는 다양한 문화가 존재할 수밖에 없다. Inglehart 등의 연구에 따르면 생존이 불확실한 상태에서 문화적 다양성은 불확실성을 높이기 때문에 위험한 것으로 치부되었다고 한다. 즉, 익숙한 상황이나 대상은 그것이 내 생존을 위협하는 것인 여부를 빠르게 파악하고 적절히 대처할 수 있는데, 익숙하지 않은 것에 대해서는 그렇지 않기 때문에 뭉뚱그려 위험한 것으로 치부한 것이다. 따라서 자연환경이라는 변수에 따라 생존에 위협을 강하게 받았던 사회에서 우리의 공감 능력은 개개인의 생존을 위해 의도적으로 우선순위에서 밀려났던 것이 아니었을까. 그리고 현재, 우리가 사는 환경은 생존을 걱정하는 수준을 넘어섰다. 실제로 공감이 심리학에서 연구되기 시작한 시기는 산업혁명과 맞물려 있다. Rifkin은 이 시기를 가리켜 "심리학적 의식의 시대"라고 불렀다. 기술의 발전이 가져온 풍요로움은 우리의 공감 의식을 일깨웠으며, 시대의 변화와 함께 지속적인 성숙을 거듭하며 우리의 정신과 가치관에 깊은 영향을 미치고 있다.

근대 심리학에서 공감의 개념이 도출된 배경에는 자아의식에 대해 주목하게 된 이유가 크다. 이 시기에는 근대사회로의 이동과 함께 자의식의 진보가 일어나고 합리성이 강조되었다. 20세기 초중반에 이루어진 연구들에서 공감은 인지적 요소와 정서적 요소 사이, 연구자들 간 견해 차이를 보였다. 공감이라는 용어를 처음 이론적으로 설명한 Lipps는 공감을 정서적 현상의 차원에서 설명하였다. 반면 Köhler는 공감의 의미에 대해 타인의 감정을 나누는 영역과 선을 그으며, 타인에 대한 "이해"라는 의미를 강조했다. 그러나 결국 이들 연구 대부분은 공감에 대해 타인을 지각하는 능력, 기질, 본능 등으로 설명하며 특성적인 측면에 초점을 맞추고 있다는 공통성을 가졌다. 특히 이들 연구는 도덕적 관점과 연관 지어 공감이라는 특성을 인성과 연결하여 설명하고자 하는 경향성을 보여준다. 비슷한 시기에 수행된 실험연구, 임상연구 등에서도 마찬가지로 공감을 인간이 가진 하나의 기질로 보거나 공감 자체의 도구적 특성에 집중하는 등 정형화된 틀을 바탕으로 인간을 해석하기 위한 방법론으로써 공감을 바라보는 양상이 짙었다. 당시 임상 연구에 큰 주축이 되었던 Wundt와 Titchener 등 심리학자들은 인간의 내성(introspection)[6]을 연구했다. Kohut은 그의 1959년 연구에서 공감을 "대리적 내성(vicarious introspection)"으로 설명하였는데, 대리적 내성은 환자의 의식, 전의식, 무의식 속 경험을 듣고 이해하는 과정으로, 공감에 대한 당시 Kohut의 생각은 공감이 치료자가 환자에 대한 자료수집의 목적이었음을 나타낸다. 비슷한 시기, Rogers 역시 그의 저서 및 연구 등에서 공감을 치료의 관점에서 언급하였다. 그는 상담자[7]가 내담자의 생각 속에서 일어나는 주관적인 경험을 '마치 대상인 것처럼(as if)' 인지하는 상태를 공감으로 정의하였다. 이처럼 공감의 초반 의미는 심리학자들을 중심으로 대상의 상태를 진단하고 이해하기 위한 방법적 개념이 강했던 것으로 보인다.

그러나 20세기 중후반으로 넘어가면서 공감 그 자체의 특성을 탐색하는 연구보다는 공감이 개인의 삶에 미치는 효과를 설명하는 연구가 다수 행해졌다. Hogan은 공감을 측정하는 지표를 개발하는 연구에서 공감에 대해 타인의 상태를 지적 또는 상상으로 염려하는 것이라고 개념화했다. 진단의 관점에서 공감을

---

6. 내성은 자신의 심리적, 정신적 상태를 스스로 관찰하고 보고하는 방법론이다.

7. Rogers는 '치료자(therapist)–환자(patient)' 대신 '상담자(counsellor)–내담자(client)'의 관계적 용어를 도입한 학자로, 두 입장이 상하 관계가 아닌, 동등한 관계임을 강조하였다.

강조했던 임상 심리학자 Rogers나 Kohut 역시 후반의 연구에서는 진단에서 나아가 치료 방법으로써 공감의 역할에 관해 기술하였다. 이들의 연구는 어떤 대상이 자신을 공감하고 있음을 확인하는 것 자체가 치료적 효과를 가지고 있음을 밝혔고, 이는 복지적인 차원에서 공감의 역할과 필요성을 강조하는 것이었다. 특히 Rogers는 상담의 과정에서 공감의 역할에 주목하였다. 그는 내담자에 대한 상담자의 공감 반응에 따라 상담의 효과성이 달라질 수 있음을 강조했다.

1990년대에는 교육적 차원에서 정서적 지능(emotional intelligence)에 대한 연구가 활발히 진행되었고, 그에 따라 다양한 연구에서 공감에 대한 정서적 개념을 명확히 하고자 하였다. 그 이전까지는 개인의 지적 수준을 의미하는 IQ(Intelligence Quotient) 지수와 수행 능력 사이 연관성을 설명하는 연구들이 다수 소개되면서 IQ가 높은 사람이 그렇지 않은 사람들보다 성공적이라는 인식이 높았다. 그러나 IQ가 높은 모든 사람이 성공하지는 않으며, 이는 정서적 수준이 높은 특정 사람들에게 적용된다는 주장이 설득력을 얻으면서 정서적 수준을 설명하는 EQ(Emotional Quotient)의 개념이 주목 받았다. 정서에 대해 하나의 '지능'으로써 프레임워크 정립을 처음 시도한 Salovey와 Mayer는 공감을 정서적 지능의 핵심일 수 있다고 보았다. 그들은 주변의 여러 사람과 긍정적 유대관계 속에 있는 사람들이 타인에 대한 공감 능력도 높다고 설명하였다. Goleman의 EQ(Emotional Quotient)의 다섯 가지 주요 요인 중 하나로 제시된 공감 능력의 개념에는 타인이 처한 상황, 처지, 기분 등을 인지하는 것을 넘어 그에 적합한 태도와 반응을 수행하는 능력까지 포함하고 있다. 더불어 당시에는 EQ를 구성하는 요소 중 하나인 공감 능력 향상을 목적으로 하는 교육 프로그램 개발과 관련된 연구들도 활발히 진행되었다. 이는 공감이 교육이나 훈련으로 발달할 수 있다는 가능성을 전제로 한다. 공감이 노력으로 변할 수 있다는 생각은 Singer 등 연구팀이 수행한 다양한 뇌 과학 실험을 통해 객관성이 어느 정도 뒷받침되기도 하였다.

2010년대로 접어들며 공감은 범사회적 가치 개념을 포함하는 추세다. 교통 및 통신수단의 발전과 함께 도래한 세계화는 다양한 문화에 대한 수용 및 불평등 해소에 대한 해결책으로써 공감의 개념을 발전시켜가는 양상이다. King이나 Gerdes 등의 연구자들은 공감에 행동적 요인을 추가하여 단순한 대상에 대한 이해뿐 아니라 실제 행동을 취하고자 하는 의도까지 포함해야 함을 주장하였다. 그리고 Segal은 시대의 변화에 따라 다양한 문화와 가치관을 가진 사람들이 교류가 잦아지는 복잡화된 사회 속에서 적합한 공감의 개념을 새롭게 제안하였다. 그녀는 공감을 선(good)을 행하기 위한 행동이라고 보고, 개인적 공감에서 확장된 형태인 사회적 공감을 구상하였다. 사회적 공감은 기존의 공감이 집중해 왔던 개인적 의미에서 나아가 사회적 정의 실현의 범위까지 포함된 개념이다. 사회인지 신경과학자들의 연구 결과가 통합적으로 적용된 사회적 공감 모델은 [그림 3-3]과 같이 세 가지 단계로 이루어져 있다. 우선 그림의 맨 왼쪽 아래에 해당하는 첫 번째 단계에서 개인은 자기 내면에서 일어나는 공감의 프로세스를 경험한다. 그리고 다음 단계에서 역사적, 사회경제적 맥락에 대한 불평등이나 불균형에 대한 통

그림 3-3 사회적 공감 개념도

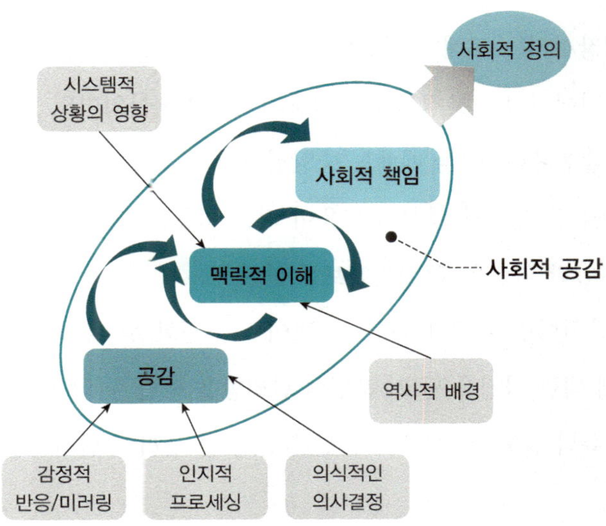

출처 : Segal(201.)

찰을 얻기 위해 노력한다. 마지막으로 사회적 책임의 중요성을 수용하면 이는 사회적 공감이 목표로 하는 사회적 정의 증진을 위한 행동으로 이어진다. 개인적 공감은 개인의 행복에, 사회적 공감은 사회적 연결에 긍정적인 효과를 가져다준다. 즉, 사회적 공감은 사회 전반에서 평등함의 실천 노력이 인간의 개인적 행복 증진의 연결선상에 있다는 관점을 강조한다.

3.2 공감 역량의 진보와 후퇴

Rifkin은 인류 역사 속에서 새로운 에너지가 등장할 때마다 당시의 커뮤니케이션 체제가 사회적 효과를 일으키며 인간의 의식을 변화시켰고, 그것이 공감의 필요성을 강화하거나 오히려 둔화시키는 현상이 반복됐다고 설명했다. 새로운 에너지의 등장과 그로 인한 기술발전은 인류의 커뮤니케이션을 원활히 하고 서로에 대한 동질감을 강화하는 데 이바지했다. 1차 산업혁명 당시, 석탄이라는 에너지원의 등장과 함께 기계에 의한 생산이 가능해지자 인류는 인쇄술을 통해 다수와 여러 정보를 공유하였다. 문자를 통해 수행되는 커뮤니케이션은 인류의 문화와 자의식을 성장시키는 토대가 되었다. 그리고 석유 사용과 함께 운송기관이 대량생산되고 전기에너지가 본격적으로 사용되었던 2차 산업혁명 당시에는 라디오와 텔레비전이 출현했다. 이들 매체는 중앙집권적 통제의 도구 역할을 하는 한편 큰 규모의 사람들 간 연대감 형성에 도움이 되는 대중문화를 발전시켰다. 이런 배경에서 인류의 공감 역량은 조금씩 진보해 왔다.

1, 2차 산업혁명의 결과 인류는 (적어도 도시화 된 국가를 중심으로 보았을 경우) 생존에 대한 걱정을 덜고, 문명의 편리함을 누릴 수 있게 되었다. 그러나 그 과정에서 인류의 갈등 역시 깊어지고 있다. 우선 우리가 편리함을 위해 소비했던

에너지는 엔트로피[8] 발생으로 이어졌다. 엔트로피의 누적으로 인해 인류는 환경 오염이라는 문제를 안게 되었다. 현재 엔트로피는 인류가 공동으로 해결해야 하는 문제이자 갈등의 요인이다. 인류의 생활 공간이 현실을 넘어 가상의 세계까지 확장되어가는 현재, 계속해서 누적되는 엔트로피는 자연 생태계를 파괴하고 인류 생존을 위협하는 요소로 작동한다. 또한 매체의 진화는 조직적인 커뮤니케이션으로 이어지며 '우리'와 '타인' 간의 경계선을 만들었고, 그 결과 집단 내 공감은 강화됐지만 '우리'의 영역에서 벗어난 이들에 대한 배타적 태도도 강해졌다.

21세기를 사는 우리는 다분히 이성적이고 합리적인 사고를 하고, 인터넷, 위성 등을 통해 실시간으로 전달되는 전 세계에 소식과 다양한 문화를 어렵지 않게 접하며 넓은 시각을 가지게 되었다. 물류 시스템의 발달은 대형 차량, 항공, 선박 등으로 시공간에 구애받지 않고 전 세계 원하는 물건을 빠르게 전달할 수 있게 만들었고, 마음만 먹으면 언제든 해외여행을 떠날 수 있는 세상이 되었다. 이는 문화의 장벽을 낮추는 데 긍정적인 효과를 주었다. 그러나 국가 간 자유로운 이동으로 지구촌의 엔트로피는 걷잡을 수 없는 정도가 되었을 뿐 아니라 전염병이 발생하면 순식간에 세계적 위기토 이어졌다. 이와 함께 현재도 우리의 공감 역량은 환경적 영향에 민감하게 반응하며 진보와 후퇴를 이어가고 있다. [그림 3-4]의 상단 이미지는 정서지능(EQ) 연구 및 교육기관인 Six Seconds에서 조사한 2014년부터 2020년 사이 글로벌 EQ 수준의 변화를 나타낸 그래프로, 글로벌 EQ 수준은 지난 2017년부터 2019년까지 오름세를 보이다 2020년 급격하게 하강했음을 보여준다. 하단 그래프는 EQ를 구성하는 8가지 세부 역량들의 변화를 측정한 결과인데, 그림에서 화살표로 표시한 역량을 제외하면 나머지 모든 역량은 2019년에서 2020년 사이 감소한 것을 확인할 수 있다. 이 그래프에서 유일하게 상승한 역량은 '결과적 사고의 적용(Apply Consequential Thinking)'으로, 선택의 비용과 이

8. 엔트로피는 물질이 열역학적 변화를 일으킬 때 변화된 온도를 열량으로 나눈 값으로, 쓸 수 없게 된 에너지를 뜻한다.

그림 3-4 글로벌 트렌드 – EQ 수준 변화, EQ 역량 변화

(a) EQ 수준 변화

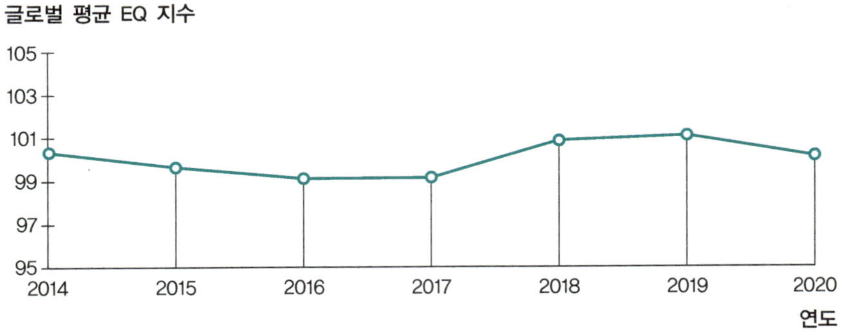

(b) EQ 역량 변화

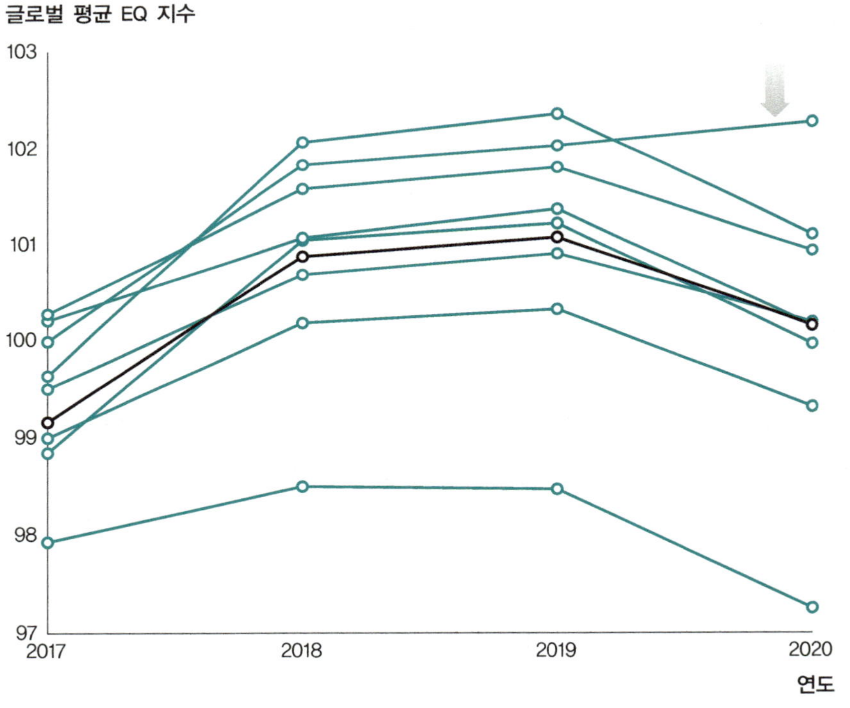

출처 : https://www.6seconds.org/2021/06/23/pandemic-emotional-intelligence/

점을 평가하는 능력을 의미한다. 예를 들어 전염병이 만연한 상황에서 식료품을 사러 가거나 가족·친구 등을 만나러 가거나 등을 선택했을 경우 포기해야 할 점은 무엇이고, 그에 대한 이익은 무엇인지 객관적으로 따져보는 능력이 이에 해당한다. 조사 기관은 이러한 변화의 이유에 대해 팬데믹의 영향을 들었다.

글로벌 리서치 기업 갤럽에서 2006~2020년 사이, 115개국 성인들을 대상으로 걱정, 스트레스, 신체적 고통, 슬픔, 분노로 구성된 부정적인 경험(Negative Experience)을 지수화하였다. 그들은 사람들에게 "당신은 어제 온종일 다음의 감정을 경험했나요?"를 질문하고 다섯 가지 부정적인 경험을 제시한 뒤, "그렇다"를 선택한 사람들의 비율을 정리했는데, [그림 3-5]는 그중 스트레스 경험에 대한 그래프이다. 갤럽은 2020년 세계 스트레스 수준이 급격히 높아진 이유에 대해 팬데믹이 크게 작용했다고 보았다. 흥미롭게도 [그림 3-5]에 점선으로 표시한 2014~2020년 그래프에 상하 반전을 적용하면 [그림 3-4]의 그래프와 비슷한 양상으로 상승-하강 곡선이 만들어진다. 이를 근거로 외부 자극에 대한 스트레스 수준과 정서지능 발현 사이 상관성이 있다는 가설을 세워볼 수 있다. 물론 가설이 객관성을 인정받기 위해서는 추가적인 작업이 필요하겠지만, 그래프는 현재 세계 스트레스 수준이 공감 역량에 영향을 미칠 정도로 위협적임을 경고하는 듯하다.

그림 3-5 세계 스트레스 수준 변화

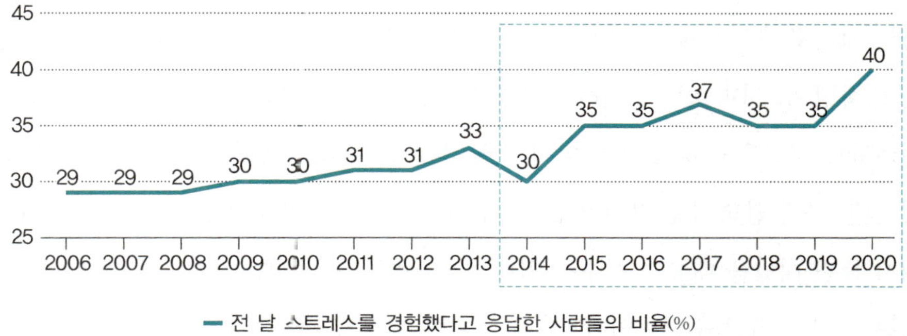

출처 : https://thelivinglib.org/the-state-of-global-emotions/

3.3 AI와 메타버스의 시대, 공감의 역할

기술의 발달은 노동에 필요한 인력을 대체함으로써, 사람들에게 교육의 기회를 높이며 자의식을 성장시키는 데 큰 공헌을 했다. 초고속 인터넷과 디지털화에 의해 조성된 온라인 공간은 여론의 힘을 신장시키며 변화를 주도했다. 만인에게 공개된 사이버 공간은 특별한 절차 없이도 누구나 자신의 의견을 게재할 수 있고, 또 누구나 다른 사람의 글을 읽을 수 있는 시스템을 통해 진입장벽을 허물었다. 꽤 오래 이어졌던 지난 팬데믹 기간 인류는 온라인을 통해 업무와 사회적 교류를 이어갈 수 있었다. 이처럼 그동안 기술은 인간의 가치실현을 지원해주는 보조적인 도구가 되어 인간의 존엄 가치 신장에 이바지했다.

그러나 아이러니하게도 현재 인류는 기술이 우리의 존엄 가치를 위협할 것 같은 두려움을 느낀다. 머지않은 미래, 영화 〈터미네이터〉 속 세계처럼 로봇이 인간에게 전쟁을 걸어올 것 같고, 영화 〈매트릭스〉에서처럼 인간이 기계를 위한 에너지원이 될 것만 같다. 그러나 현재 기술 관련 이슈들을 잘 살펴보면 위험한 것은 기술 그 자체가 아니다. 인간을 위험에 빠뜨릴 수 있는 대상은 결국 인간이다.

미래학자 Ray Kurzweil은 그의 저서 『특이점이 온다』에서 앞으로의 인류는 인간이 AI가 하는 일을 통제하거나 짐작하기 어려운 '특이점'의 시대를 맞이하게 될 것을 예견하였다. 앞서 설명했던 ChatGPT가 단숨에 검색서비스 시장을 위협하는 위치로 올라서자 전 세계 주요 IT 기업들은 이를 견제하기 위해 서둘러 고성능 대화형 AI 서비스를 출시하는 추세다. 특히 검색엔진의 최강자 자리를 굳건히 지켜왔던 구글은 ChatGPT에 맞서 황급히 새로운 AI 검색엔진 Bard를 공식 발표했는데, 아직 완벽히 준비되지 않은 제품이 소개된 것인지 기능을 시연하는 과정에서 틀린 대답을 내놓는 실수를 범했다. 그런데 ChatGPT의 출현에 다급함을 느끼는 기업은 비단 구글만일까? 후발 주자가 될수록 시장성에서 뒤처지는 승자독식의 판에서 아마 전 세계 IT 기업들 모두가 긴장을 느끼고 있을 것이다. Bard의 실수 하나로 시연 이후 구글의 주가가 무려 10% 이상(시가총액 150조 원)이 빠진 것을 보면 현재 기업의 기술 점유가 시장에 얼마나 민감하게 반응하고 있는지 알 수 있다. 이렇게 점유율 전쟁에만 혈안이 되어있는 IT 기업들이 AI 서비스의 미래를 주도한다면 우리도 인지 못 하는 사이 이미 특이점의 시대 안에 들어와 있을 수 있음을 경고하는 듯하다. 잘못된 정보와 가짜뉴스가 진실을 가리고, 극단주의자들의 생각이 다수의 가치관을 흔들어 놓을지도 모른다.

메타버스도 따지고 보면 시장경제 영향을 받아 움직이는 기업들에 의해 디자인된 거대한 인공물이다. 따라서 이들 메타버스 플랫폼은 이용자들을 최대한 오래 그 공간에 머물면서 기업의 시장가치를 올려주기를 기대할 수밖에 없다. 즉, 구독자들을 끌어오기 위해 선정적이고 자극적인 콘텐츠를 끊임없이 만들어 제공해 왔던 기존 미디어들의 만행이 메타버스라는 공간으로 고스란히 옮겨질 가능성이 크다. 중요한 사실은 메타버스가 아무리 현실을 닮는다고 해도, 그 공간 내에서 일어나는 인간관계는 현실과 같이 작동할 수는 없다는 것이다. 메타버스 이용자들은 현실사회와는 다르게 이용자들은 원하면 언제든 사회에서 로그아웃을 할 수도 있고, 실패에 대한 비용적 리스크가 적기 때문에 활동 중에 마음에 들지 않는 부분이 발생하면 과감하게 처음부터 다시 시작하는 선택도 쉽게 할 수 있다. 인간관계도 마찬가지로 팔로우 · 언팔로우 작동 하나로 쉽게 맺어질 수도 쉽게 파기될 수도 있다. 그러나 사람 간 유대감과 신뢰가 형성되기 위해서는 서로에 대해 깊이 이해하고자 하는 신중하고 꽤 성가신 노력이 필요하다. 유대감이란 누군가의 라이프로그 게시물에 기계적으로 달린 '좋아요'의 수와 비례하는 것이 아니기에, 김상균은 우리 아이들이 현실 세계에서 충분히 소통기능을 성장시키지 않은 채 메타버스를 경험해서는 안 된다고 강조한 바 있다.

이렇게 많은 혼란이 예측되는 미래사회에서 공감은 갈등을 중재하고 인류 존엄 가치를 지키기 위해 우리가 함양해야 하는 핵심 역량이다. 우리 인류는 그동안의 역사 속에서 반복적으로 나타났던 에너지혁명과 그 이면에 나타났던 다양한 불안과 갈등 속에서 새로운 질서를 구축해 왔다. 이 과정에서 우리 안에 내재한 공감 능력은 사회적 환경과 상호작용을 통해 거시적인 큰 변화를 이끌어 왔다. 그 결과 우리의 중심 가치관은 전통적인 조직중심적 사고에서 인간중심 사고로 변화되고, 다름에 대해 배척하는 태도 대신 다양성을 받아들이는 문화가 형성되는 성과를 이룰 수 있었다. 철학자 Boström은 AI가 기술적 성숙 단계에 이르게 되면, 인간의 행위는 목적성을 잊어버릴 수 있음을 우려하며, 그 전에 '인간이란 무엇인가'와 같은 근원적 문제를 고민해야 함을 강조하였다. 역사 속에서 인간은 집단, 사회를 이루었기 때문에 생존할 수 있었고, 사회는 인간의 존재 가치를 부여한다. 시장의 논리가 사회를 분해하며 인류를 디스토피아에 빠뜨리지 않도록 우리는 공감 역량을 충분히 발휘할 필요가 있다.

4. 맺음말

현재 AI의 작동 매커니즘인 Machine Learning 기술은 기존 인간의 행위를 습득하여 반영한 결과를 행하는 방식을 취한다. 이는 AI와의 교류가 결과적으로 인간에게 부정적 영향으로 작용하지 않기 위해서는 우리의 노력이 매우 중요하다는 것을 의미한다. 우리가 차별이나 멸시 등과 같은 태도로 타인을 대하는 교류방식을 자주 보이면 보일수록 AI도 그러한 방식으로 관계를 형성시키려는 경향성이 짙어질 것이며, 반대로 우리가 타인을 존중하는 태도를 보인다면, AI도 그러한 태도를 배울 것이다. 그리고 메타버스 환경에서 AI와 인간의 교류가 적극적으로 이루어지게 될 미래, 우리는 AI가 우리를 대하는 태도에 영향을 받게 될 것이다. 이는 메타버스 환경에서 AI는 우리 내면의 일부 태도나 가치관들을 사회적 범위로 부각하는 일종의 촉진제 역할을 할 수 있다는 의미와 함께, 우리 행동에 대한 사회적 책임이 이전보다 무겁게 지워질 것임을 설명한다.

본 장을 통해 필자는 공감의 중요성을 피력하는 한편, 이렇게 무거운 책임이

지워지게 될 인류가 계속해서 행복을 영위하며 살아가는 환경을 만들기 위해서는 기본적으로 우리가 사용하는 언어와 행동 등이 더욱 섬세한 생각의 과정을 거친 결과로 나타날 수 있어야 함을 강조하고자 한다. 앞서 살펴본 바와 같이 최근에 주목받는 사회적 공감은 다양한 문화적 배경을 가진 사람들과 교류하는 과정에서 그들의 생각과 행동을 맥락적으로 이해하고, 그 결과 사회적 책임의 중요성을 수용하는 과정을 포함한다. 그러나 필자는 여기에서 나아가 AI에 의해 작동되는 로봇뿐 아니라 우리와 언어적인 교류가 어려운 동식물이나 생명이 없는 물건들까지도 공감하는 범위까지 확장될 필요가 있다고 제안한다. 왜냐하면 사회 곳곳에 엔트로피와 갈등이 가득 차 있는 현재, 공감이 추구하는 궁극적 목표인 인간의 행복 증진은 인간과 인간 사이의 교류를 통해서만 이루어지는 단순한 차원을 넘어섰기 때문이다. 예를 들어 우리는 일회용 쓰레기에 감정적 교류를 수행할 수 없다. 그러나 일회용 쓰레기가 생산되고 버려지는 과정을 맥락에 따라 생각하며 더러워진 공간에 공감하면 쓰레기가 무분별하게 버려진 환경에 사회적 책임을 느낄 수 있다. 또한 우리 인류는 우리와 다른 표정이나 행동 체계를 가진 동물이나 곤충을 이해하기 쉽지 않다. 그러나 이들이 행복한 환경 속에서 건강한 생태계를 구축하며 풍요로운 자연환경을 만드는 과정을 연상하며 공감한다면, 이들의 건강한 삶을 보호하는 것에 사회적 책임을 느낄 수 있다. 이렇게 동식물이나 물건에 대한 긍정적인 삶과 연관 지어 공감하고, 그로 인해 사회적 책임을 우리가 강하게 가지게 되면, 인류는 엔트로피 해결의 답을 찾을 수 있을 것이다. Maxwell은 예상하지 못한 상황이 벌어졌을 때, 그 상황을 잘 제어한다면 그것이 인류의 위대한 결과물이 될 수 있다고 언급한 바 있다. 현실과 가상의 세계가 연결된 메타버스 공간에서 전 세계 사람들뿐 아니라 AI와도 적극적인 상호작용을 하게 될 미래사회, 공감을 통해 앞으로의 인류는 갈등을 해소하는 과정을 경험하며 성숙해지고, 전보다 더 긍정적인 방향으로 나아갈 수 있으리라 기대한다.

[참고문헌]

김도현 · 이재열 · 김홍중 · 김도년 · 김대식 · 강형구 · 정유신 · 김재인(2020), 『인간을 위한 미래』, 클라우드나인.

김상균(2020), 『메타버스』, 플랜비디자인.

김영란(2004), 「Rogers 및 Kohut가 정의하는 공감의 비교」, 한국상담심리학회, 16(4), 553-569.

김은미(2018), 『연결된 개인의 탄생』, 커뮤니케이션북스.

뉴시스(2023. 2. 11.), "[챗GPT쇼크①] '중꺾마' 알아? … '우주 강아지'도 그리는 AI".

레이커즈와일(2007), 『특이점이 온다』, 김영사.

비즈니스코리아(2021. 4. 20.), "스캐터랩 AI로봇 '이루다' 폭언 해외서도 논란".

시사인(2007. 10. 15), "'가상공간 = 현실'이 된다".

시사저널(2021. 4. 8.), "시장규모만 315조원, 메타버스가 뭐길래".

유발 하라리 · 재레드 다이아몬드 · 닉 보스트롬 · 린다 그래튼 · 다니엘 코엔 · 조앤 윌리엄스 · 넬 페인터 · 윌리엄 페리(2019), 『초예측 : 세계 석학 8인에게 인류의 미래를 묻다』, 웅진지식하우스.

윤영수(2005), 『복잡계 개론』, 삼성경제연구소.

이데일리(2021. 2. 15.), "초딩 놀이터 '메타버스'가 온다".

이인찬 · 심동철 · 이경형(2000), 『벤처산업의 구조적 변화와 정책대응』, 정보통신연구진흥원.

제러미 리프킨(2010), 『공감의 시대』, 민음사.

조선일보(2023. 1. 26.), "네이처 "챗GPT 논문 저자로 인정 안 할 것" … 사용 가이드 첫 공개".

주간한국(2006. 7. 11.), "미래의 화두로 떠오른 '복잡계 이론'".

콘솔인벤(2021. 1. 19.), "GTA6 세계의 NPC는 더 똑똑하다".

한겨레(2023. 2. 11.), "챗GPT 대항마, 구글 바드 오답 '망신' … 시가총액 150조원 증발".

한국일보(2021. 4. 11.),"와~사람이 아니라고? 메타버스 타고 '버추얼 유튜버' 'AI 아이들' 봇물".

Berger, C. & Bradac, J.(1982), "Language and Social Knowledge : Uncertainty in Interpersonal Relations," London Arnold.

Debes, R.(2015), "From Einfühung to empathy," *Sympathy : A history*, 286-322.

Gallup(2021. 7. 20.), "2020 Sets Records for Negative Emotions".

Gerdes, K., Lietz, C. & Segal, E.(2011), "Measuring empathy in the 21st century : Development of and empathy index rooted in social cognitive neuroscience and social justice," *Social Work Research*, 35(2), 83-93.

Goleman, D.(1995), *Emotional intelligence : why it can matter more than IQ*.

Gondal, U. & Husain, T.(2013), "A comparative study of intelligence quotient and emotional intelligence : effect on employees' performance," *Asian Journal of Business Management*, 5(1), 153-162.

Hidebrandt, L., McCall, C. & Singer T.(2017), "Differential effects of attention-, compassion-, and socio-cognitively based mental practices on self-reports of mindfulness and compassion," *Mindfulness*, 8(6). 1488-1512.

Hogan, R.(1969), "Development of an empathy scale," *Journal of Consulting and Clinical Psychology*, 33, 307-316.

Kiesler, S., Siegel, J. & McGuire, T.(1984), "Social psychological aspects of computer-mediated communication," *American psychologist*, 39(10), 1123-1134.

King, S.(2011), "The structure of empathy in social work practice," *Journal of Human Behavior in the Social Environment*, 21(6), 679-695.

Klimecki, O., Leiberg, S., Ricard, M. & Singer, T.(2014), "Differential pattern of functional brain plasticity after compassion and empathy training," *Social Cognitive and Affective Neuroscience*, 9(6), 873-879.

Kohut, H.(1959), "Introspection, empathy, and psychoanalysis an examination of the relationship between mode of observation and theory," *Journal of the American psychoanalytic association*, 7(3), 459–483.

_________(1982), "Introspection, empathy, and the semi-circle of mental health," *International Journal of Psycho–Analysis*, 63, 395–407.

Maxwell, J.(1882) "Science and Free Will," *The Life of James Clerk Maxwell*.

Metaverseroadmap, http://www.metaverseroadmap.org/overview/

N콘텐츠(2021), "[ISSUE & TREND] 메타버스가 온다".

Nightingale, S. & Farid, H.(2022), "AI–synthesized faces are indistinguishable from real faces and more trustworthy," *Proceedings of the National Academy of Sciences*, 119(8).

OECD(2018), "The future of education and skills : education 2030 : the future we want".

______(2018), "Social and emotional skills : Well–being connectedness and success".

Rogers, C.(1951), *Client–centered therapy*, Houghton Miffin Company.

_________(1957), "The necessary and sufficient conditions of therapeutic personality change," *Journal of Consulting Psychology*, 21, 95–103.

_________(1959), *A theory of therapy, personality and interpersonal relationships : as developed in the client–centered framework*, 3, McGrw–Hill.

_________(1975), "Empathic : An unappreciated way of being," *The counseling psychologist*, 5, 2–10.

Salovey, P. & Mayer, J.(1990), "Emotional intelligence," *Imagination, cognition and personality*, 9(3), 185–211.

Segal, E.(2011), "Social Empathy : A Model Built on Empathy, Contextual Understanding, and Social Responsibility That Promotes Social Justice," *Journal of Social Service Research*, 37(3), 266–277.

Segal, E., Wagaman, M. & Gerdes, K.(2012), "Developing the social empathy index : An exploratory factor analysis," *Advanced in Social Work*, 13(3), 541–560.

Sixseconds, www.6seconds.org/2021/06/23/pandemic-emotional-intelligence/

Tanis, M.(2008), "What makes the Internet a place to seek social support," *Mediated interpersonal communication*, 290–308.

VR Trailers & Clips, https://www.youtube.com/watch?v=jH-6-ZIgmKY

Zhou, L., Jianfeng, G., Li, D. & Shum, H.(2020), "The design and implementation of xiaoice, and empathetic social chatbot," *Computational Linguistics*, 46(1), 53–93.

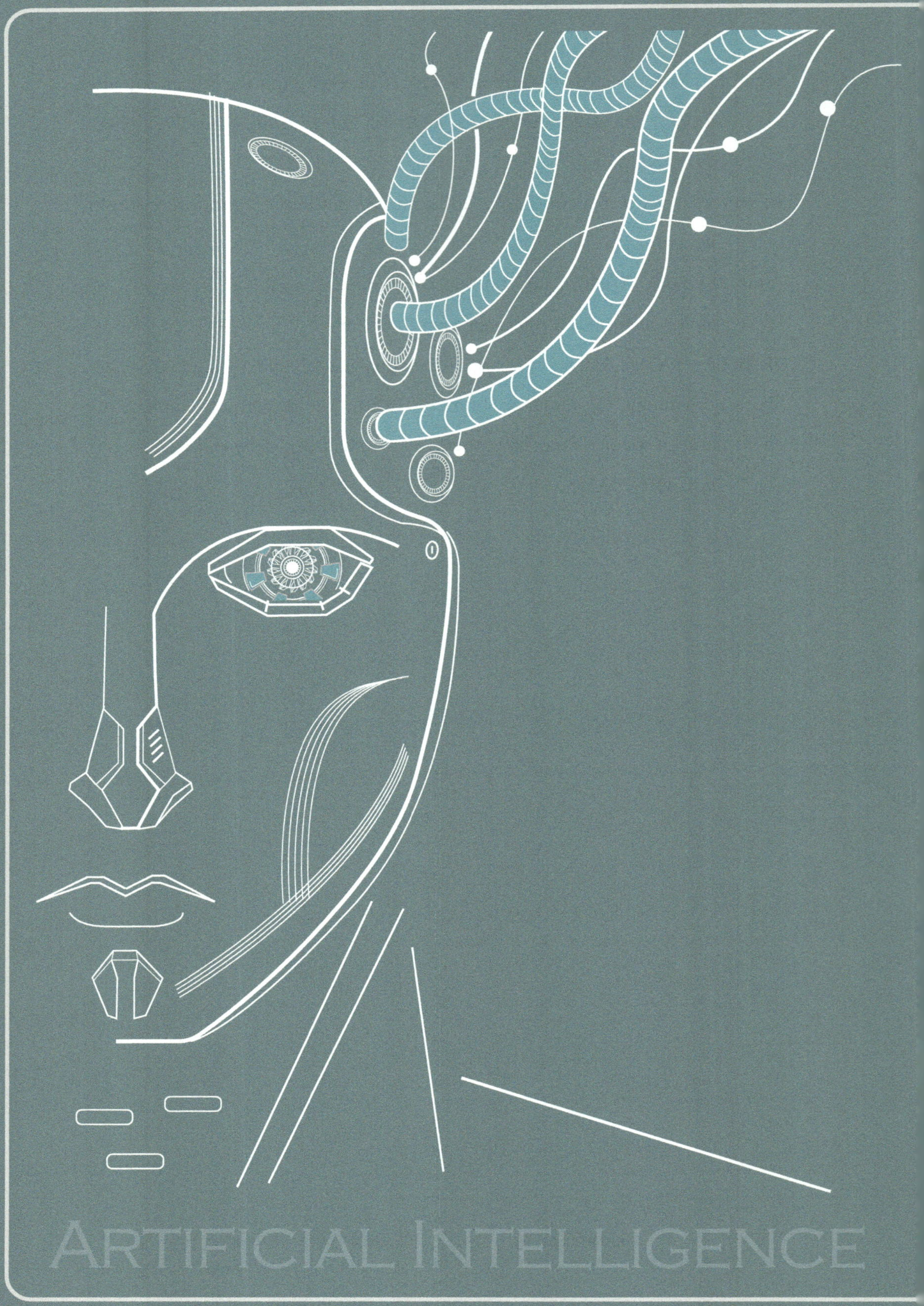
ARTIFICIAL INTELLIGENCE

PART 2

기술

CHAPTER 04 생리 및 행태 반응 동기화 기반 사회 감정인식 기술

CHAPTER 05 뇌파를 활용한 감정인식 인공지능 기술

CHAPTER 06 감성 로봇

CHAPTER 04

생리 및 행태 반응 동기화 기반 사회 감정인식 기술

—**박상인**(한양대학교) · **황민철**(상명대학교)

〈요약〉

감성인식 기술은 생리 및 행태 반응을 이용해 인간의 감성을 자동으로 인식하고 사용자의 감성과 상황에 맞게 감성정보를 처리하여 다양한 감성 서비스 제공하는 기술 분야이다. 감성에 대한 사회의 요구와 관심 그리고 인공지능의 등장으로 최근까지 급속한 발전을 이루어 왔으나 아직 기본 감성에만 그 초점이 맞추어져 있다. 사회 감성은 사회적 관계를 맺고 있는 타인들과의 상호작용을 통해 자신이 경험하고 느끼는 감성으로 다양한 사회적 네트워크의 형성과 활동으로 인해 사람들 사이의 의사소통에서 중요한 요인으로 주목받고 있다. 그러나 사회 감성은 아직 도전적인 영역이며, 사회 감성인식 기술개발을 위해서는 기존의 기본 감성 정량화와는 다른 차별적이고 새로운 접근이 요구된다. 필자는 사회 감성인식 기술의 주요한 키를 생리 및 행태 반응의 동기화로 믿는다. 사회 감성은 타인과의 관계에 의해 유발되는 감성으로 개인의 단일 생리 혹은 행태 반응만으로는 이해하고 해석하기 어렵다. 따라서 사회 감성인식 기술은 개인의 단일 반응이 아닌 타인과 자신 사이의 생리 및 행태 반응의 동기화 혹은 비동기화 관점에서의 접근이 타당하다 할 수 있다. 아직은 초기 단계이긴 하지만 몇몇 연구들에서 사회 감성을 심장 리듬, 뇌파, 동공 반응, 그리고 얼굴 미세 움직임 등을 이용해 정량화하려고 시도하였으며, 긍정적인 연구결과를 보고해 오고 있다. 두 사람 혹은 그 이상의 사람들 사이의 생리 및 행태 반응의 동기화 현상과 인공지능, 그리고 비접촉 측정 기술까지 더해진다면 감성인식 기술은 기존의 한계를 넘어 기술의 큰 발전과 대중화가 가능할 것으로 기대된다.

1. 서론

감성(Emotion)은 외부의 어떤 사건이나 물리적 자극을 접했을 때 인간의 마음에서 일어나는 기분이나 느낌을 말하며, 이성과 대조되는 개념이다. "좋다", "슬프다", "우울하다", "불쾌하다"와 같이 현재 자신의 상태 혹은 기분에 관한 생각의 표현이다. 감성은 크게 기본 감성(Basic Emotion)과 사회 감성(Social Emotion)으로 나누어 생각해 볼 수 있다. 기본 감성은 기쁨, 슬픔, 놀람과 같은 기본적인 감성으로 개인이 외부 자극이나 사건에 대해 느끼고 경험하는 감성을 말한다. 사회 감성은 일반적으로 사회적 관계를 맺고 있는 타인들과의 상호작용을 통해 자신이 경험하고 느끼는 감성으로 정의할 수 있다. 예를 들면 사랑, 질투, 공감, 자부심, 우월감, 수치심, 모멸감, 경쟁심, 경외심 등이 사회 감성에 해당한다. 개인이 느끼는 감성은 그 종류에 따라 다양한 생체 반응을 유발한다. 예를 들어 흥분하거나 위험을 느끼면 심장박동이 빨라지고 근육이 긴장하며, 안정적인 상황이나 기분이

그림 4-1 기본 감성의 예시(Paul Ekman's 6 Basic Emotion)

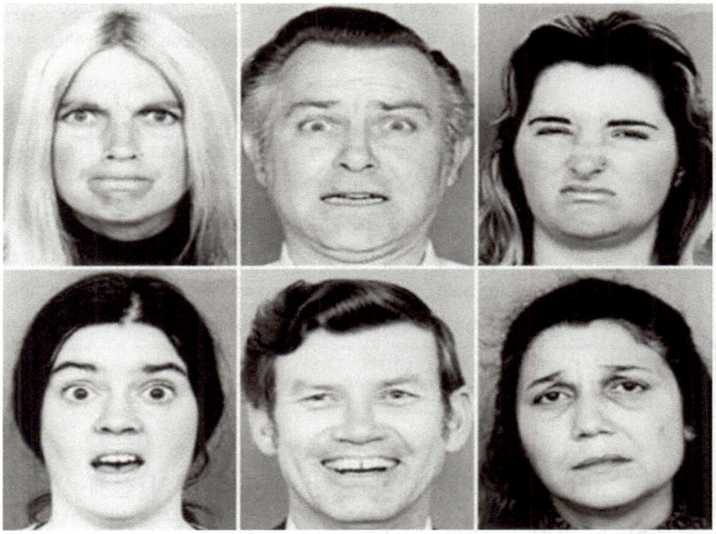

출처 : http://emotionresearcher.com/an-audio-interview-with-paul-ekman/

좋을 때는 심장박동이 느려지고 근육이 수축한다. 이러한 생체 반응의 변화는 감성 정량화 및 상호작용(Interaction)의 주요한 요인으로 활용된다. 이는 사용자가 말로 표현하지 않더라도 사용자의 무의식적이고 심층적인 감성 변화를 추적하여 제품이나 서비스에 대한 감성인식 기술을 가능하게 한다.

표 4-1 **기본 감성의 정의**

연구자	기본 감성의 종류
윌리엄 제임스 (William James)	– 공포, 슬픔, 사랑, 분노(4가지) – fear, grief, love, and rage
폴 에크만 (Paul Ekman)	– 분노, 혐오, 두려움, 행복, 슬픔, 놀라움(6가지) – anger, disgust, fear, happiness, sadness and surprise
로버트 플루치크 (Robert Plutchik)	– 분노, 공포, 기대, 놀람, 기쁨, 슬픔, 신뢰, 혐오(8가지) – anger, fear, anticipation, surprise, joy, sadness, trust, disgust
폴 에크만 (Paul Ekman)	– 즐거움, 경멸, 만족, 당황, 흥분, 죄책감, 성취에 대한 자부심, 안도감, 만족, 감각적 즐거움, 수치심(11가지) – amusement, contempt, contentment, embarrassment, excitement, guilt, pride in achievement, relief, satisfaction, sensory pleasure, and shame
리처드 라자로스 & 버니스 라자로스 (Richard and Bernice Lazarus)	– 미적 경험, 분노, 불안, 동정심, 우울증, 시기, 두려움, 감사, 죄책감, 행복, 희망, 질투, 사랑, 자부심, 안도감, 슬픔, 수치심(15가지) – aesthetic experience, anger, anxiety, compassion, depression, envy, fright, gratitude, guilt, happiness, hope, jealousy, love, pride, relief, sadness, and shame
버클리 캘리포니아 대학 (University of California, Berkeley)	– 감탄, 동경, 미적 감상, 즐거움, 분노, 불안, 경외, 어색함, 지루함, 침착함, 혼란, 갈망, 혐오, 공감하는 고통, 입장, 흥분, 두려움, 공포, 흥미, 향수, 안도, 로맨스, 슬픔, 슬픔, 만족, 성욕, 놀라움(27가지) – admiration, adoration, aesthetic appreciation, amusement, anger, anxiety, awe, awkwardness, boredom, calmness, confusion, craving, disgust, empathic pain, entrancement, excitement, fear, horror, interest, joy, nostalgia, relief, romance, sadness, satisfaction, sexual desire and surprise

출처 : 필자 작성

기본 감성은 개인이 느끼고 경험하는 감성으로 자신의 신체 상태에 대한 해석만으로 가능하다. 반면에 사회 감성은 기본 감성과는 달리 타인과의 상호작용으로 인해 유발되는 복합적인 감성으로 자기 신체 상태 혹은 반응만으로는 해석하기에 어려움이 있다. 또한 생체 반응 이외에도 얼굴 표정을 이용해 사람의 감성을 인식하는 기술이 활발하게 연구 중이며, 감정을 표현하는 얼굴 표정은 인류의 문화권에 대해 보편적인 특징을 가지고 있어 감성인식을 위한 유용한 지표이다. 최근 『네이처』지에 발표된 연구에서도 144개의 나라에서 수집된 600만 가지의 영상 데이터를 이용해 16가지 종류의 인간 고유 얼굴 표정을 구분할 수 있는 것으로 보고되었다(즐거움, 분노, 경이로움, 집중, 혼란스러움, 경멸, 만족, 욕망, 실망, 의심, 의기양양함, 흥미, 고통, 슬픔, 놀라움, 승리). 사회 감성은 다양한 기본 감성들의 복합적인 반응으로 생체 반응뿐만 아니라 얼굴 표정으로도 읽어내기 어렵다. 감성인식에 관한 연구가 대부분 기본 감성을 중심으로 진행되고 있는 이유가 사회 감

그림 4-2 기본 감성과 사회 감성의 관계

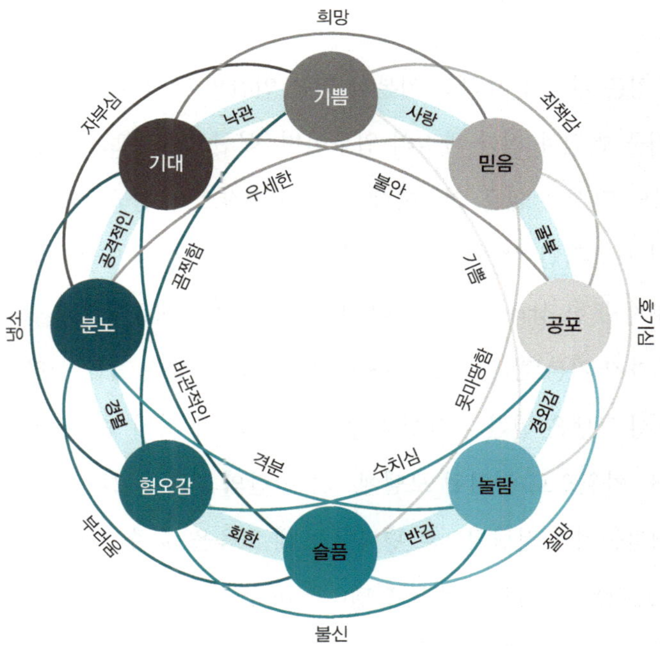

출처 : https://en.wikipedia.org/wiki/File:Plutchik_Dyads.svg

성을 읽어내는 기술에 대한 어려움에서 기인한 것으로 생각해도 과언이 아니다. 사회 감성을 해석하는 일은 아직 기술적으로 도전적인 영역에 있다. 사회 감성은 다양한 사회적 네트워크의 형성과 활동으로 인해 사람들 사이의 의사소통에서 중요한 요인으로 주목받고 있으며 이러한 사회 감성의 복합적인 의미를 해석하고 정량화하는 것은 매우 중요하다. 그러나 사회 감성의 영역은 아직 도전적이며, 사회 감성 정량화를 위해서는 기존의 기본 감성 정량화와는 다른 차별적이고 새로운 접근이 필요하다. 제2절을 통해 사회 감성 정량화를 위한 새로운 접근에 대해 논해 보고자 한다.

2. 감성의 분류 및 모델

2.1 기본 감성 및 차원 감성 모델

기본 감성은 가장 중요하고 기본이 되는 인간의 감성이다. 기본 감성은 인간의 자연스러운 발전과 진화 과정의 일부이며, 선천적이고 보편적인 특징을 가지고 있다. 기본 감성은 많은 연구자에 의해 지속적으로 연구되어 왔으며, 이러한 배경 속에서 보편적인 감성을 정의하려는 수십 년에 걸친 연구에도 아직 완벽한 합의를 이루지 못한 상태에서 논쟁이 계속되고 있다. 대표적으로 폴 에크만(Paul Ekman)의 6가지 기본 감성이 있다(분노, 혐오, 두려움, 행복, 슬픔, 놀라움).

차원 감성 모델은 인간의 감성을 두 가지 혹은 세 가지 축으로 구성된 차원으로 정의한다. 차원으로 정의된 모델에서는 인간의 감성이 2차원 혹은 3차원상에 어디에 위치하는지를 정량적으로 평가하는 데 도움을 줄 수 있다. 많은 차원 감성 모델 중 대표적으로 서컴플렉스 모델(Circumplex Model)과 벡터 모델(Vector Model)이 있다. 서컴플렉스 모델은 제임스 러셀(James M. Russell)에 의해 개발되었고 감성이 각성(Arousal)과 감정가(Valance)의 2차원을 포함하는 원형 공간에 분포되어 있음을 주장한다. 벡터 모델은 마가렛 브래들리(Margaret M. Bradley)에 의해 개발되었고 항상 기본적인 각성(Arousal) 차원이 존재하고 감정가(Valance)의 긍정 혹은 부정 벡터에 의해 감성이 정의된다고 가정한다.

그림 4-3 차원 감성 모델 - 서컴플렉스 모델(좌), **벡터 모델**(우)

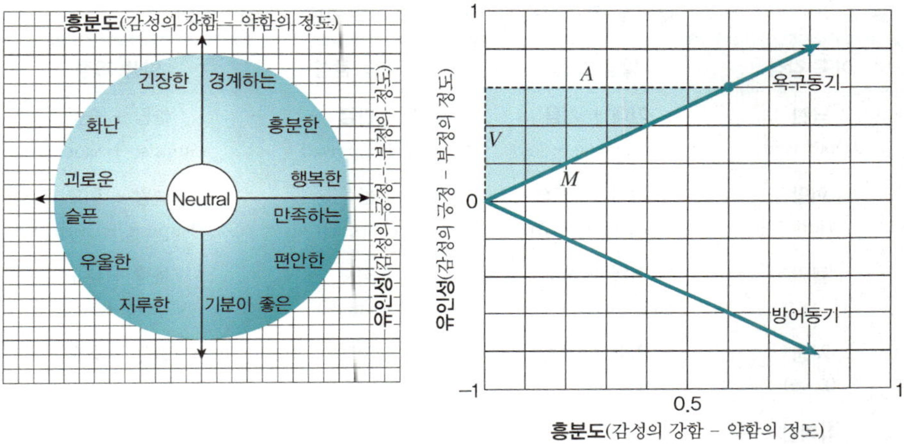

출처 : https://en.wikipedia.org/wiki/Emotion_classification

2.2 사회 감성 모델

감성 정량화 기술개발을 위한 선행 조건은 감성 모델의 구축이다. 사회 감성 정량화 기술개발을 위해서도 사회 감성 모델 구축에 관한 연구가 선행되어야 사회 감성에 대한 폭넓은 이해를 바탕으로 정량화 기술개발이 가능하다. 로버트 플루치크(Robert Plutchik)는 기본 감성의 개념을 넘어서 복합 감성에 대한 개념을 이중 감성(Dyads)으로 정의했다. 이중 감성은 기본 감성의 결합에 의해 발생하는 것으로 해석했다. 예를 들어 사랑(Love)은 기쁨(Joy)과 신뢰(Trust)의 결합으로 구성되고 이는 기쁨과 신뢰의 감성 정량화가 사랑을 인식할 수 있음을 시사한다.

앞서 언급한 이중 감성에 대한 모델 이외에도 사회적 요인(Social Factor)을 고려한 사회 감성 모델도 존재한다. 상명대학교 연구팀에서는 사회 감성의 형성을 결정짓는 주요한 요인으로 '감성 전이(Transfer of Emotion)', '사회적 거리(Social Distance)', '소통 빈도(Frequency in Communications)', '소통 목적(Purpose of Communication)'의 네 가지 요인을 보고했다. 네 가지 사회적 요인에 분포 및 상

표 4-2 **로버트 플루치크(Robert Plutchik)의 이중 감성의 정의**

이중 감성	발생 과정	이중 감성	발생 과정
낙관 (Optimism)	기대 + 기쁨 (Anticipation + Joy)	반감 (Disapproval)	놀람 + 슬픔 (Surprise + Sadness)
희망 (Hope)	기대 + 신뢰 (Anticipation + Trust)	불신 (Unbelief)	놀람 + 혐오 (Surprise + Disgust)
불안 (Anxiety)	기대 + 공포 (Anticipation + Fear)	격분 (Outrage)	놀람 + 분노 (Surprise + Anger)
사랑 (Love)	기쁨 + 신뢰 (Joy + Trust)	자책 (Remorse)	슬픔 + 혐오 (Sadness + Disgust)
죄책감 (Guilt)	기쁨 + 공포 (Joy + Fear)	선망 (Envy)	슬픔 + 분노 (Sadness + Anger)
매우 즐거움 (Delight)	기쁨 + 놀람 (Joy + Surprise)	비관 (Pessimism)	슬픔 + 기대 (Sadness + Anticipation)
순종 (Submission)	신뢰 + 공포 (Trust + Fear)	경멸 (Contempt)	혐오 + 분노 (Disgust + Anger)
호기심 (Curiosity)	신뢰 + 놀람 (Trust + Surprise)	냉소 (Cynicism)	혐오 + 기대 (Disgust + Anticipation)
감상적임 (Sentimentality)	신뢰 + 슬픔 (Trust + Sadness)	끔찍함 (Morbidness)	혐오 + 기쁨 (Disgust + Joy)
경외 (Awe)	공포 + 놀람 (Fear + Surprise)	Aggressiveness, Vengeance	분노 + 기대 (Anger + Anticipation)
절망 (Despair)	공포 + 슬픔 (Fear + Sadness)	자부심 (Pride)	분노 + 기쁨 (Anger + Joy)
수치심 (Shame)	공포 + 혐오 (Fear + Disgust)	우월감 (Dominance)	분노 + 신뢰 (Anger + Trust)

출처 : 필자 작성

호작용으로 '긍정도(Positive－Negative, X축)', '친밀도(Strong Tie－Weak Tie, Y축)', '공감도(Empathy－Non-empathy, Z축)'에 해당하는 사회 감성 축을 정했고 세 축을 기반으로 한 3차원 모델로 사회 감성 모델을 제안했다. 다른 연구에서는 타인과의 정보교류 관계를 고려한 사회 감성 모델을 제안했다. 사회적 관계는 정보 혹은 감성교류 관계로 나누어 생각할 수 있으며, 이는 친밀도의 수준(강한 친밀도－약한 친밀도)과 긍정도(긍정－부정)에 의해 설명될 수 있다고 보았다.

참고로 2차원 혹은 3차원의 감성 모델은 감성 어휘를 기반으로 정의하는 경우가 대부분이다. 다수의 피험자를 대상으로 감성 어휘 사이의 연관성에 대한 설문(ex. 5점 척도 : 매우 그렇지 않다(1), 그렇지 않다(2), 보통이다(3), 그렇다(4), 매우 그

그림 4-4 3차원 사회감성 모델과 정보/감성 교류관계 사회감성 모델

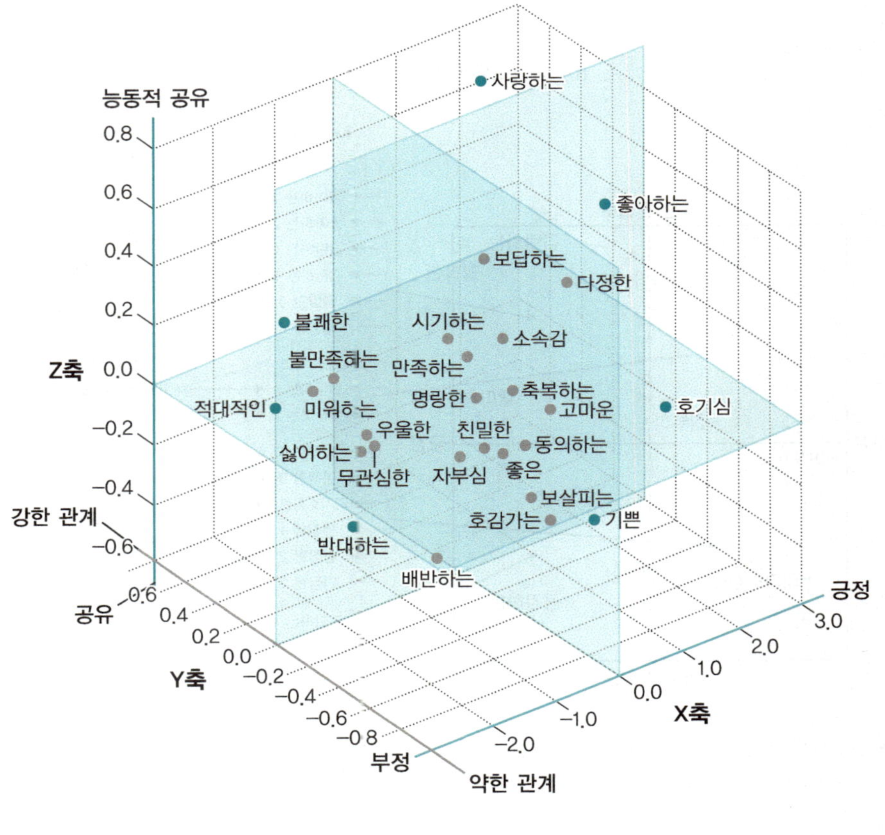

(a) 정보교류관계 사회감성 모델

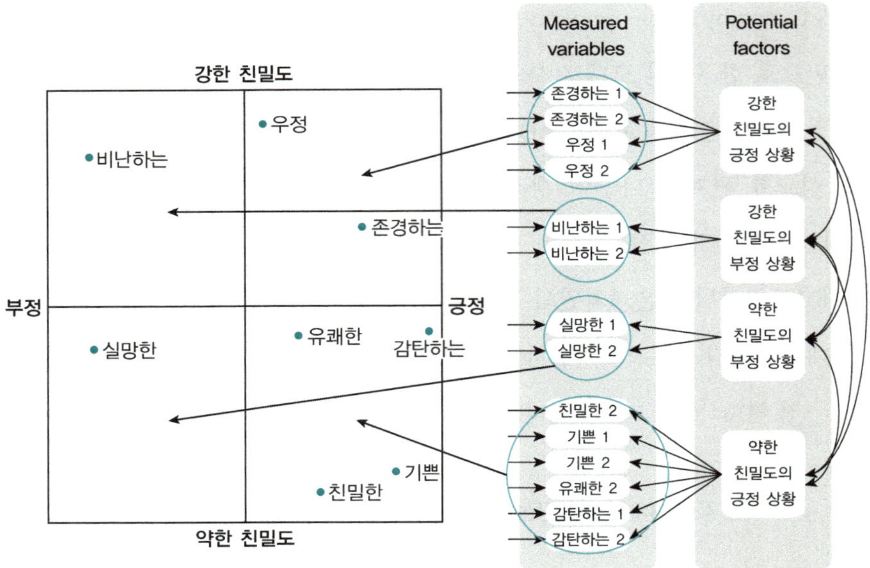

(b) 감성교류관계 사회감성 모델

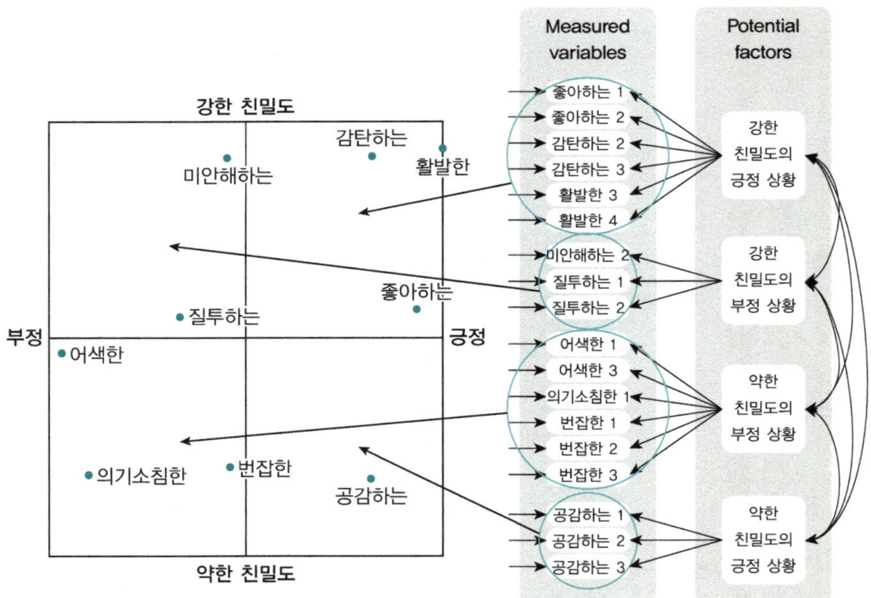

출처 : "뇌신경공학 및 인체 미동 기반 사회적 복합감성 인식 및 상호작용 기술" 2단계 연구보고서

렇다(5))을 진행한다. 설문 결과를 요인분석(Factor Analysis), 회귀분석(Regression Analysis), 다차원 척도법(Multi Dimensional Scaling) 등을 활용하여 N차원상에 감성 어휘들을 분포시키고 각각의 축을 정의하는 것으로 모델을 도출한다. 예를 들어 '기쁨'과 '슬픔'의 두 감성 어휘는 서로 반대되는 의미를 가진 감성 어휘로 도출된 모델의 축(ex. 긍정도)에서 가장 멀리 떨어진 곳에 위치하는 결과를 나타낼 가능성이 크다. 이외에도 사회 감성을 정의하기 위한 많은 연구가 진행되고 있으나 사회 감성이 다양한 사회적 요인과 관계가 작용하는 복잡성에 의해 쉽게 정의되기 어려운 것이 사실이다. 현재까지 표준화된 사회 감성 모델은 존재하지 않으며, 많은 연구 결과들이 도출되고 이들 사이에 합의점을 찾는 노력이 요구된다.

3. 감성 정량화 기술

3.1 감성 정량화 기술 동향

기본 감성을 인식하기 위한 가장 기본적이고 근본적인 접근은 심장 반응을 포함하는 자율신경계(ANS ; Autonomic Nervous System) 반응을 이용하는 것이다. 이전부터 심장은 마음(감성)을 나타내는 상징적인 의미가 있다. 사람이 심하게 놀라운 일을 겪은 이후 안도하는 상황에서 가슴을 쓸어내리고 답답하거나 안타까운 상황에서 가슴을 치는 행동을 보인다. 또한 심하게 놀란 경험을 했을 때는 '심장이 떨어지는 줄 알았다', 극심한 긴장의 상황에서는 '가슴(심장)이 터지는 줄 알았다' 혹은 '심장이 쪼그라들어 죽을 뻔했다' 등의 표현을 자연스럽게 사용한다. 이처럼 심장과 자율신경계 반응은 감성과 밀접한 관련이 있다. 사람은 놀라거나 기쁨을 느끼는 등의 감정적 흥분 상태에서 심장박동이 빨라지고 긴장된 상황에서는 손에 땀이 난다. 반대로 졸리거나 이완된 상태에서는 심장박동이 느려진다. 이러한 생리학적 특성은 심전도(ECG ; Electrocardiogram), 맥파(PPG ; Photoplethysmogram), 피부 전도도(EDA ; Electro Dermal Activity), 피부 온도(SKT ; Skin Temperature) 등의 센서를 통해 취득되고 감성인식 기술개발에 활용된다. 일부 연구에서는 감성인식 기술에 대한 사용성을 높이기 위해 웨어러블 형태의 단일 센서를 이용한 기본 감성인식 기술을 개발을 시도했다. 높은 정확도를 기대할 수는 없지만, 사용성이나 활용적인 측면에서는 큰 장점이 있다. 또 다른 연구들에서는 다양한 생체 반응을 모두 측정한 멀티모달 방식을 채택하여 높은 정확도를 보이는 감성인식 기술개발을 목표로 하기도 한다.

그림 4-5 심장 반응 측정용 웨어러블 센서(상), **멀티모달 센서를 이용한 감성인식 기술**(하)

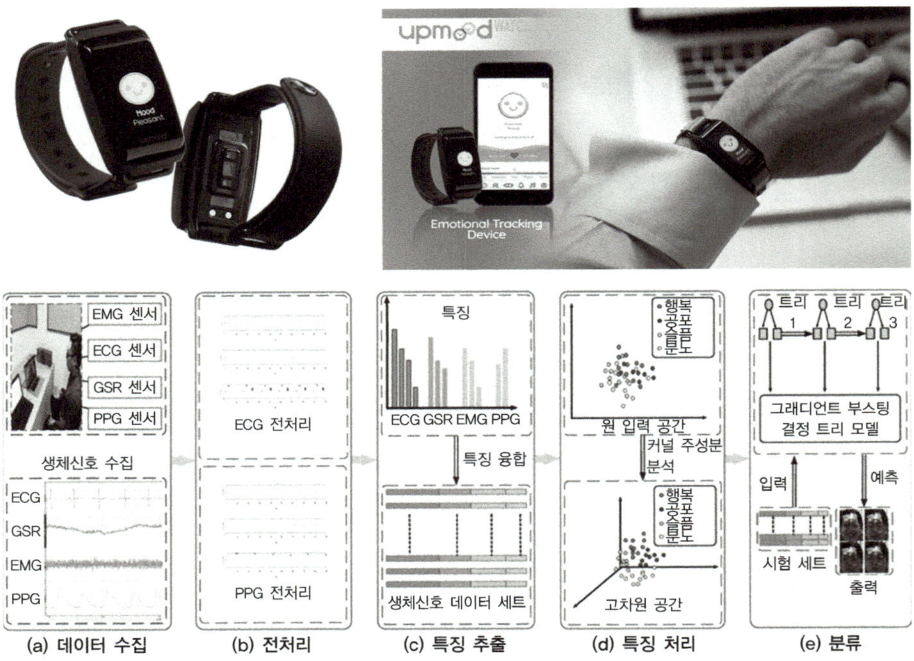

출처 : https://www.upmood.com/ ; https://doi.org/10.3390/s18113886

인간의 뇌는 지각(Perception), 인지(Cognition), 기억(Memory) 등의 정보처리와 신경계 및 호르몬을 관장하는 중추이다. 감성은 외부 환경으로부터 수용된 자극, 자극에 대한 경험과 그에 대한 기억, 생리 및 심리학적 상태 등이 반영된 결과물이다. 이러한 감성을 인식하기 위해서 자극 수용에 따른 감각 정보처리와 신경계를 총괄하는 뇌의 반응을 뇌파를 통해 취득하여 감성인식 기술에 활용한다. 뇌에서 정보처리 과정이 일어나는 동안 시냅스(Synapse)를 통해 정보를 전달하며, 이때 발전되는 전기적 활동을 기록한 것이 뇌파이다. 뇌파는 델타(Delta), 세타(Theta), 알파(Alpha), 베타(Beta), 감마(Gamma) 등으로 일반적으로 구분되며 더 세세하게 구분되기도 한다. 일반적으로 다른 생리 반응과 비교하여 뇌파 기반의 감성인식 기술이 높은 정확도를 보이나 센서 착용에 대한 부담으로 인한 사용성의 한계가 있다.

그림 4-6 뇌파 기반 감성인식 절차

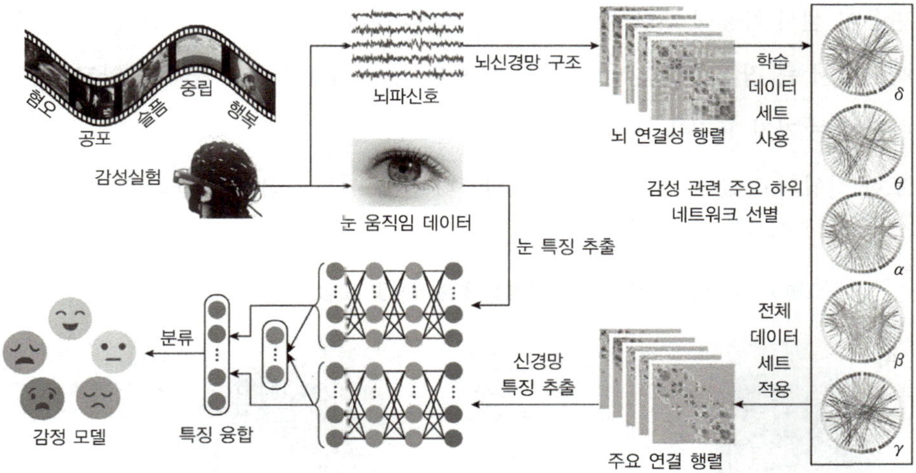

출처 : https://www.catalyzex.com/paper/arxiv:2004.01973

또 다른 감성인식 기술의 하나가 얼굴 표정이다. 사람은 자신이 느끼는 감정의 상태를 다양한 얼굴 표정을 이용해 표현한다. 얼굴 표정은 감성인식을 위한 직관적이고 매우 높은 정확도를 나타내는 중요한 특징이다. 얼굴 표정을 인식하는 것은 카메라를 기반으로 하기 때문에 사용성이나 기술의 활용성 측면에서도 매우 큰 장점이 있다. 일반적으로 카메라로부터 취득된 사용자의 얼굴 이미지에서 주요한 또는 기준이 되는 특징점(Feature Point)을 추출하고 이들 사이의 관계를 통해 표정을 인식한다. 예를 들어 '놀람'의 표정을 인식한다고 가정하면 눈썹은 위로 올라가고 입의 모양은 동그라미 모양에 가깝게 변화한다. 취득된 이미지에서 관련된 특징점의 모양 혹은 거리 등의 관계를 종합적으로 판단해 표정을 인식한다. 최근 인공지능 알고리즘의 등장으로 알고리즘이 방대한 양의 사용자 감성 얼굴 표정을 학습함에 따라 높은 정확도를 보인다. 그러나 얼굴 표정은 숨길 수 있다. 생리 반응은 신경계에 의해 통제되는 반응으로 일반적으로 불수의근으로 불리며 인간이 통제할 수 없는 본연의 반응이다. 그러나 얼굴 표정은 인간이 자신에 의도에 따라 자신의 표정을 실제 느끼는 감성과 다르게 표현할 수도 있다. 생리 반응이 센서 착용에 대한 부담과 불편이 있는 것과 비교하여 얼굴 표정은 사용성 측면에서 큰 장점이 있지만 거짓 감성(Fake Emotion)에 대한 문제를 안고 있다. 최근에는 거짓 표정에 대한 미세 움직임을 검출하여 거짓 감성을 구분하는 연구 또한 진행되고 있다. 표정 이외에도 말투나 톤을 이용한 음성 기반의 감성인식 기

그림 4-7 표정 인식을 위한 특징점 추출(좌) **및 표정 기반 감성인식 기술**(우)

출처 : https://recfaces.com/articles/emotion-recognition ; https://doi.org/10.7717/peerj.1502/supp-1

술이 있으며, 열화상 카메라, 동공 반응 등을 카메라 기술을 이용한 감성인식 기술이 시도되고 있다.

3.2 감성 전이와 생리 반응 동기화

사회 감성은 사회적 관계를 맺고 있는 타인들과의 상호작용을 통해 자신이 경험하고 느끼는 감성으로 기본 감성과는 다른 접근방법이 필요하다. 사회 감성을 정량화하기 위해서는 개인의 생리적 혹은 행태적 반응만을 이용하는 것에는 한계가 있다. 사회 감성이 타인과의 상호작용을 통해 유발되는 감성이기 때문이다. 사회 감성을 정량화하기 우한 많은 방법이 시도되고 있지만, 그중 사회 감성 정량화 기술의 주요한 요인은 등기화(Synchronization)이다.

우리는 사회적 상호작용이 일어나는 동안, 사람들은 그들의 감성을 언어(ex. 목소리, 어조 등) 혹은 비언어적 정보(ex. 얼굴 표정, 시선처리, 제스처 등)를 통해 공유하면서 상호 의사소통하고 감성을 공유한다는 사실에 주목할 필요가 있다. 이러한 양방향의 감성교류는 사람의 기분, 의사 결정, 행동 등에 영향을 미칠 수 있으며, 이러한 현상은 감성 전염(Emotional Contagion) 혹은 감정 모방(Affective Mimicry)으로 알려져 있다. 사람들은 상호작용을 통해 무의식적으로 자신의 기분을 감성교류의 대상자와 비교하고 그것이 적절한지 혹은 그렇지 않은지 판단한다. 상대방과의 감성교류 과정의 결과가 적절하다고 판단하면, 감성 전이가 일어나고 그 감성의 종류(ex. 부정 혹은 긍정)에 따른 감성이 유발된다. 그렇지 않았을 때는 감성전이 현상은 일어나지 않으나, 부정적인 혹은 반대되는 사회 감성이 유발될 수 있다. 이러한 과정이 다수의 사람 사이에 반복적으로 일어나면 그룹 감성(Group Emotion)으로 발전할 수 있다. 그룹 감성은 상향식(Bottom-Up)과 하향식(Top-Down)으로 나누어 생각할 수 있다. 감정적 실체가 구성원 개개인의 감성 상태에 영향을 미치는 경우를 하향식, 개인의 감성 상태가 집단 전체의 감성적 상태에 영향를 미치는 경우를 상향식 관점으로 볼 수 있다. 그룹의 감성은 그룹을 구성하는 개인과 다수의 차이가 아니라, 감성 전이의 주체가 누구인지, 그리고 감성 전이에 따른 동기화 현상의 발생 유무에 의해 결정된다.

그림 4-8 **감성전이의 과정**

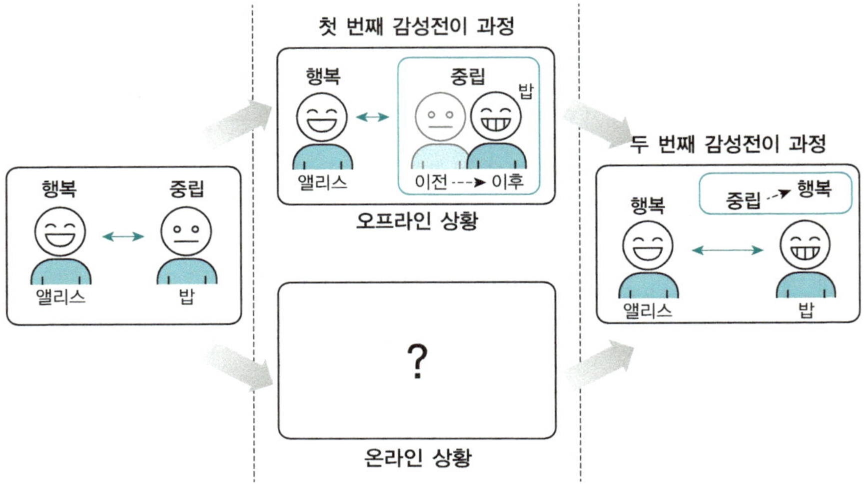

출처 : https://link.springer.com/article/10.1007/s13278-020-00712-0/figures/1

앞서 언급한 바와 같이, 사회 감성인식 기술을 개발하기 위해서는 두 사람 혹은 그 이상의 사람들 사이의 생리 반응 혹은 행태(Behavior Response)의 동기화 현상에 주목할 필요가 있다. 생리 반응과 행태의 동기화 현상은 감성의 전염과 동기화와 밀접한 연관이 있다. 직접적으로 사회 감성을 인식하기 위한 연구는 아니지만, 많은 연구를 통해서 생리 반응과 행태 반응의 동기화 현상이 감성적 동기화와 깊은 연관이 있다는 사실이 확인되었다. 이전 연구에서는 엄마와 아이 사이의 심장 리듬(Heart Rhythm)과 뇌파(EEG ; Electroencephalogram)의 동기화 현상에 주목했다. 엄마와 아이가 얼굴을 마주 본 상태로 감성적 교감을 이루고 밀접한 신체 접촉이 있는 동안 엄마와 아이의 심장 리듬과 뇌파가 동기화되는 현상이 확인되었다. 다른 연구에서는 엄마와 아이가 한 공간 내에서 공통의 활동 경험하는 동안에 타액의 코티솔 수치(Cortisol Level)가 동기화되는 현상을 보고하기도 했다. 또한 이러한 현상은 부부 사이에서도 확인되었다. 남편과 부부 사이에 감성적 공감과 신체적 접촉 상황에서도 생리 반응의 동기화 현상이 확인되었다. 동기화 현상은 두 사람 사이의 관계를 넘어서 다수의 사람이 모인 그룹에서도 확인되었다. 공연장에서 각각의 악기를 연주하는 오케스트라의 사람들, 그리고 오케스트라 연주자들과 관객들 사이에도 심장 리듬과 피부 전도 반응(GSR ; Galvanic Skin Response)이 동기화되는 현상이 보고되었다. 이러한 현상은 사람들 사이의 감성적 교감 및 상호작용으로 인한 감성의 교류 및 전이와 생리적 혹은 행태적 반응의 동기화 현상이 밀접한 연관성이 있음을 시사한다.

그림 4-9 엄마와 아이의 감성적 교감과 생리 반응 동기화

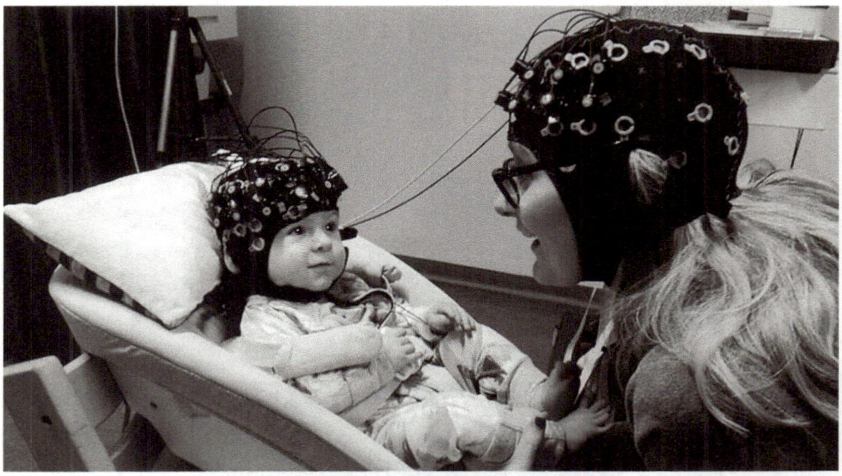

출처 : https://medienportal.univie.ac.at/media/aktuelle-pressemeldungen/detailansicht/artikel/synchrony-through-touch/

3.3 사회 감성 정량화 기술 동향

국내 연구진에서 두 사람 사이의 경쟁(Competition)과 협력(Cooperation)의 사회 감성을 심장 리듬 동기화 현상을 이용해 인식하는 방법을 보고했다. 경쟁과 협력을 유도하기 위한 실험은 두 사람이 스크린에 제시되는 바둑돌을 뒤집는 게임을 통해 진행되었다. 협력은 제시되는 바둑돌의 패턴을 확인하고 두 사람이 협력하여(ex. 한 명은 바둑돌 위치 이동, 다른 한 명은 바둑돌 뒤집기) 같은 바둑돌 패턴으로 맞추는 실험이었다. 경쟁은 제시되는 바둑돌 패턴을 두 사람이 각각 같은 패턴으로 맞추는 실험을 통해 더 높은 점수 얻는 사람이 승리하는 실험이었다. 실험 결과, 경쟁의 경우와 비교해 협력의 조건에서 두 사람 사이의 심장 리듬의 유사성

그림 4-10 실험 자극 및 환경과 경쟁과 협력의 심장 리듬 동기화 결과

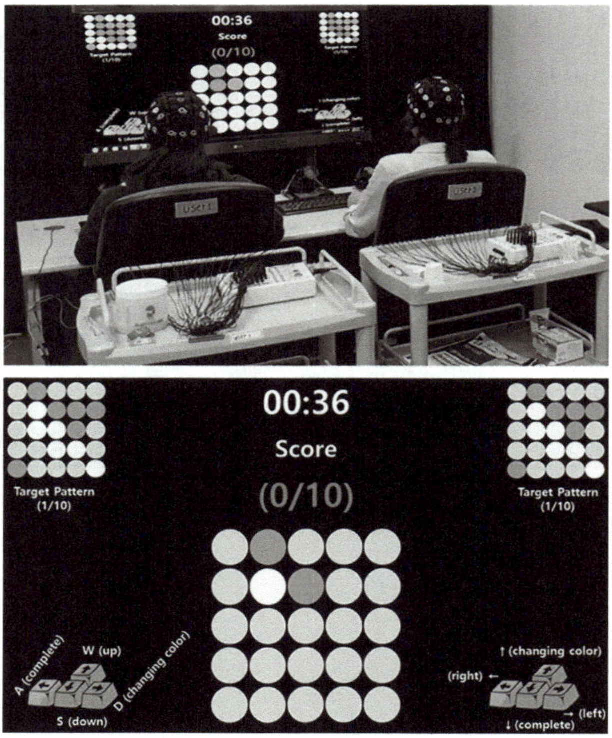

(a) 협력에서 두 사람 사이의 심장 리듬 패턴

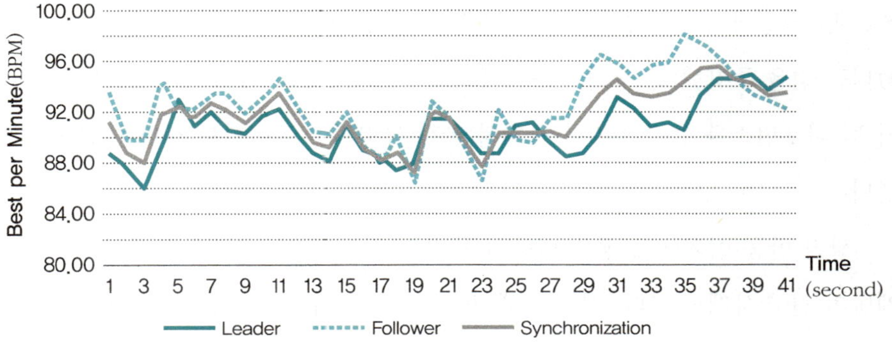

(b) 경쟁에서 두 사람 사이의 심장 리듬 패턴

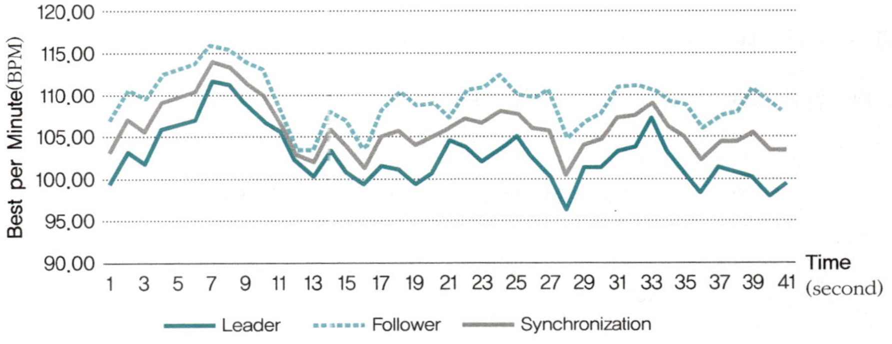

출처 : https://doi.org/10.1016/j.physbeh.2018.04.022

(Correlation)이 높은 것으로 확인되었다. 두 사람의 심장 리듬의 동기화 정도가 사회 감성인 경쟁과 협력을 구분할 수 있는 중요한 지표임을 확인하였다.

또한 이 연구에서는 팀 퍼포먼스(Team Performance)를 연구한 결과도 보고했다. 두 사람 사이의 심장 리듬의 동기화를 사전에 분석하여 동기화 수준이 높은 그룹과 낮은 그룹으로 구분했다. 두 그룹은 동일한 공동의 작업을 수행하고 작업 수행의 완성도를 평가했다. 심장 리듬의 동기화 수준이 높은 그룹이 동기화 수준이 낮은 그룹과 비교하여 작업 수행의 완성도가 높은 것으로 확인되었다. 즉, 생리 반응의 동기화 수준이 높은 사람들이 함께 공동의 작업을 수행할 때 업무의 효율이 더 높다는 사실을 확인한 것이다. 이는 회사의 공동 프로젝트의 인력 배분 혹은 팀 구성에 사회적 감성의 교류 또는 공감 능력이 중요한 요인으로 작용할 수 있다는 점을 주장했다. 생리 반응의 동기화 수준은 사회 감성인식 기술의 지표이자 팀 퍼포먼스를 높이기 위한 사회적 공감 능력의 지표이기도 하다는 점을 시사한다.

생리 반응 이외에도 행태 반응의 동기화 현상을 이용한 사회 감성인식 기술 개발의 연구 사례도 있다. 이 연구에서는 자신과 친구 혹은 지인으로 구성된 친한 그룹(Intimacy Group)과 알지 못하는 사람으로 구성된 낯선 그룹(Stranger Group)으로 나누어 6가지 기본 감성을 교류하는 실험을 진행했다. 친한 혹은 낯선 그룹에 속한 두 사람 사이의 동공 반응(Pupillary Response)을 측정하고 동기화를 분석했다. 친한 그룹이 낯선 그룹과 비교하여 동공 크기의 변화를 기록한 신호에서 두

그림 4-11 친밀도 실험 디자인(상), 동공 반응 동기화 분석 절차(하)

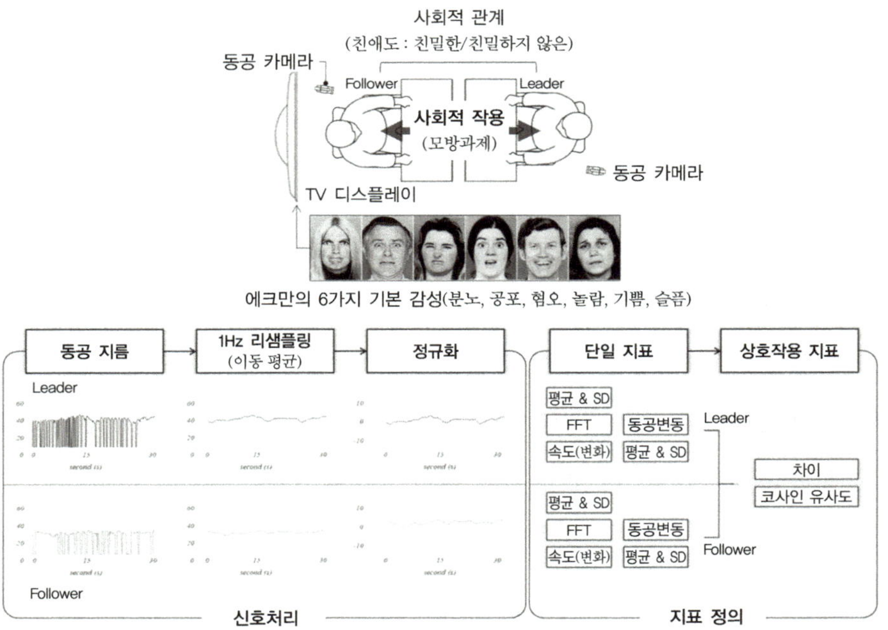

출처 : https://smulib.dcollection.net/public_resource/pdf/200000182740_20230719023333.pdf

사람 사이의 일치도가 높은 것으로 확인되었다. 동공의 크기 변화는 다양한 생체 반응(ex. 교감신경-각성, 부교감신경-이완)을 반영하는 지표이다. 다른 사회 감성에서 생리 반응의 동기화를 보인 것과 마찬가지로 친밀도의 수준에 따라 동공 반응의 동기화 수준에도 차이가 있는 것으로 확인되어 행태 반응의 동기화 또한 사회 감성 정량화의 주요한 지표임이 확인되었다.

다른 연구에서는 사용자 안면부 미세 움직임(Micro-movement)의 동기화를 이용해 공감(Empathy)을 정량화할 수 있는 방법론을 제안했다. 해당 연구에서는 피험자에게 광고 영상을 시청하도록 요청하고 영상에 대해 공감 혹은 비공감에 대한 설문을 통해 광고 영상에 대한 공감도를 구분했다. 공감과 비공감으로 구분된 영상을 시청하는 동안 측정된 얼굴 영상의 미세 움직임을 분석하여 광고 영상과 피험자 사이에 미세 움직임의 동기화를 비교했다. 연구는 참가자들과 광고 사이의 미세한 움직임의 유사성이 높을수록 주관적인 공감이 높다는 것을 확인했다. 공감은 공감의 대상자와 자신 사이의 관계와 심리적 요인과 같은 많은 요소에 의해 영향을 받는 다면적인 사회 심리학적 구성요소로 정량화하기 어려운 사회 감성이다. 얼굴의 미세 움직임은 최근 연구들에서 심장 및 신경 반응이 반영되는 것으로 밝혀지고 있으며, 광고와 사용자 사이의 얼굴 미세 움직임의 동기화는 공감의 대상자와 자신 사이의 생리학적 동기화 현상을 카메라 기반의 비접촉 측정(Noncontact Measurement)을 통해 정량화한다는 점에서 시사하는 바가 크다. 카메라 기반의 비접촉 측정은 기존의 센서 기반의 측정 방식의 한계를 돌파할 수 있는 키가 될 것이며, 동기화 기반의 사회 감성 정량화 기술과의 융합은 감성공학(Emotion Engineering) 분야의 획기적인 발전과 대중화에 크게 기여할 것으로 판단된다.

그림 4-12 얼굴 미세 움직임 기반 공감도 인식 기술 실험 환경(좌), 신호처리 과정(우)

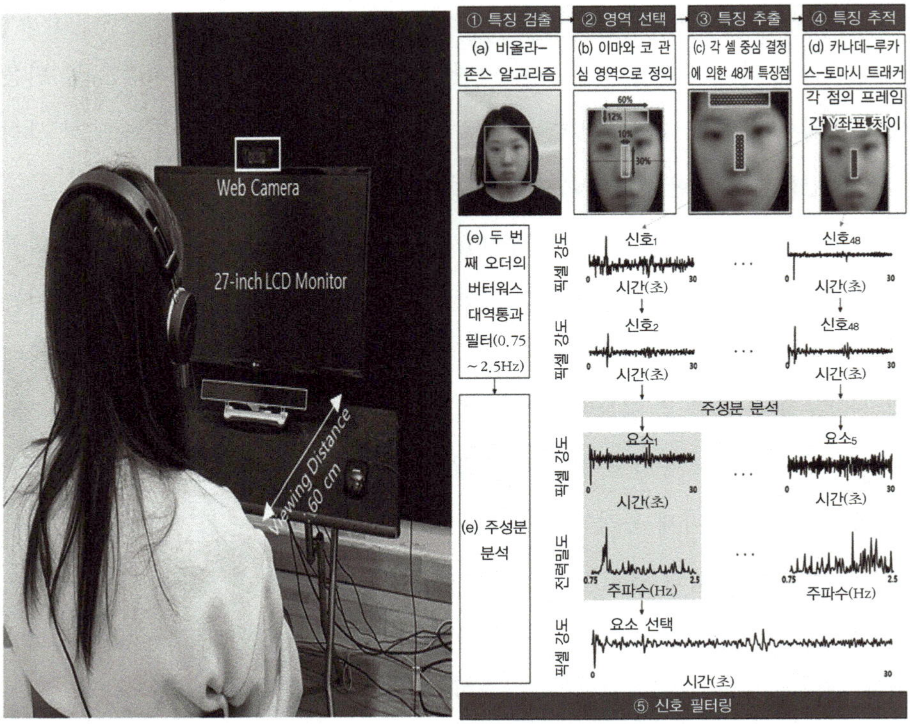

출처 : https://doi.org/10.3390/s21237818

4. 맺음말

감성인식 기술은 생리 및 행태 반응을 이용해 인간의 감성을 자동으로 인식하고 사용자의 감성과 상황에 맞게 감성정보를 처리하여 마케팅, 사용자 편의 등의 다양한 감성 서비스 제공하는 기술 분야이다. 감성에 대한 사회의 요구와 관심 그리고 인공지능의 등장으로 많은 발전을 이루어 왔다. 하지만 현재는 그 영역이 기본 감성에만 국한되어 있다. 감성인식 기술에서 기본 감성보다 더 중요한 것은 사회 감성이다. 사회 감성은 사회적 관계를 맺고 있는 타인들과의 상호작용을 통해 자신이 경험하고 느끼는 감성으로 정의된다. 다양한 사회적 네트워크의 형성과 활동으로 인해 사람들 사이의 관계를 정의하고 감성 서비스 제공을 위한 감성 인식 기술의 근본적인 목표이다. 그러나 사회 감성은 아직 도전적인 영역이며, 사회 감성인식 기술개발을 위해서는 기존의 기본 감성 정량화와는 다른 차별적이고 새로운 접근이 요구된다. 생리 반응과 행태 반응의 동기화 현상은 사회 감성인식 기술개발을 위한 주요한 키로 생각된다. 사회 감성은 타인과의 관계로 인해 유발되는 감성으로 개인의 단일 생리 혹은 행태 반응만으로는 이해하고 해석하기 어렵다. 따라서 사회 감성인식 기술은 개인의 단일 반응이 아닌 타인과 자신 사이의 생리 및 행태 반응의 동기화 혹은 비동기화 관점에서의 접근이 타당하다 할 수 있다. 앞서 살펴본 국내외 연구 사례들을 살펴보면, 아직은 초기 단계이긴 하지만 심장 리듬, 뇌파, 동공 반응, 그리고 얼굴 미세 움직임 등의 동기화 현상이 경쟁-협력, 공감-비공감, 친밀감 등의 사회 감성을 정량화할 수 있는 가능성이 확인되었다. 두 사람 혹은 그 이상의 사람들 사이의 생리 및 행태 반응의 동기화 현상과 인공지능, 그리고 비접촉 측정 기술까지 더해진다면 감성인식 기술은 기존의 한계를 넘어 기술의 큰 발전과 대중화가 가능할 것으로 기대된다. 사회 감성 정량화 기술은 다양한 감성 서비스를 제공할 수 있을 뿐만 아니라, 불완전한 소통과 교류에 따른 사회적 문제를 해결하는 데에도 기여할 수 있다.

[참고문헌]

국경완(2019), “인공지능 기술 및 산업 분야별 적용 사례”, 주간기술동향(1888), 정보통신기획평가원, 15-27.

권우정 · 황민철(2019), 「사회지능 훈련을 통한 리더의 사회역량 향상 효과」, *Journal of Next-generation Convergence Information Services Technology*, Vol, 8(3), 299-308.

김진서 · 박창준 · 이기석 · 김명규 · 유원영 · 지형근 · 정일권(2021), 「휴먼 케어를 위한 초실감 감성 상호작용 기술」, [ETRI] 전자통신동향분석, 36(1), 43–53.

이동원 · 문성철 · 박상인 · 김환진 · 황민철(2020), 「스마트 글래스를 활용한 동공 데이터 수집과 사회 감성 추정 기술」, 『방송공학회논문지』, 25(6), 973–979.

한국전자통신연구원, (2022), "[기술정책 이슈국내] 감성 인공지능(AI)의 산업 역량 강화 방향", https://ksp.etri.re.kr/ksp/plan-report/read?id=1145

황민철 · 박상인(2014), 「뇌-심장 신경적 연결성 분석 기술과 감성」, 건축, 58(9), 59–62.

Cho, A., Park, S., Lee, H., & Whang, M.(2021), "Non-Contact Measurement of Empathy Based on Micro-Movement Synchronization," *Sensors*, 21(23), 7818.

Ekman, P.(1999), *The handbook of cognition and emotion*, chapitre Facial Expressions.

Hatfield, E., Cacioppo, J. T., & Rapson, R. L.(1993), "Emotional contagion," *Current directions in psychological science*, 2(3), 96–100.

Park, S., Choi, S. J., Mun, S., & Whang, M.(2019), "Measurement of emotional contagion using synchronization of heart rhythm pattern between two persons : Application to sales managers and sales force synchronization," *Physiology & behavior*, 200, 148–158.

Park, S., & Whang, M.(2018), "Infrared camera-based non-contact measurement of brain activity from pupillary rhythms," *Frontiers in physiology*, 9, 1400.

Plutchik, R. E., & Conte, H. R.(1997), *Circumplex models of personality and emotions*, American Psychological Association, pp. xi ~ 484.

Russell, J. A.(1991), "Culture and the categorization of emotions," *Psychological bulletin*, 110(3), 426.

CHAPTER 05

뇌파를 활용한 감정인식 인공지능 기술

—동서연(숙명여자대학교)

※ 본 장은 지예림·동서연(2022), "EEG channel selection method based on signal statistics for deep learning-based self-induced emotion recognition," Front. Neurosci. 16:985709을 참고하여 작성하였습니다.

〈요약〉

감성 인공지능의 핵심 기술 중 하나인 감정인식은 얼굴 표정으로부터 하나의 감정을 분류하는 컴퓨터비전 기술 기반의 접근이 주를 이루어 왔다. 그러나 미세한 변화나 드러나지 않는 내면의 감정은 알아채기 어렵고, 일부러 표정을 다르게 하여 감정을 숨기는 것이 가능하다는 한계점이 존재한다. 이러한 한계점을 해결하기 위해 임의로 감정 표현을 조작하기 어려운 생체신호를 이용한 감정인식 기술이 개발되고 있는데, 특히 뇌 활동을 측정할 수 있는 뇌파를 활용한 기술이 각광을 받고 있다. 또한 이러한 감정인식 기술개발에서 꼭 필요한 데이터 세트의 경우, 특정 감정을 유발시키는 시청각 자료를 제시하고 동시에 하나 또는 복수의 생체신호를 측정하여 구성되는 경우가 주를 이룬다. 이러한 방식은 모든 사람이 같은 시청각 자료에 대해서는 같은 감정을 동일한 수준으로 유발한다는 전제로 감정인식 기술개발에 사용되지만, 실제로는 사람마다 느끼는 감정의 수준이나 종류가 다를 가능성이 존재하며, 이러한 차이는 결국 감정인식 기술의 정확도를 떨어뜨리는 원인이 될 수 있다. 반면에 사전에 연구자가 설정한 시청각 자료 대신에 특정 감정과 관련된 과거 에피소드를 회상하거나 상상하여 스스로 감정을 유도하도록 하는 방식으로 만들어진 데이터 세트가 존재한다. 이러한 자가 유도 감정인식 데이터 세트를 활용하여 개발된 뇌파 기반의 감정인식 기술을 알아보고, 미래의 감정인식 기술개발의 방향에 대해 논의하고자 한다.

1. 서론

상대방의 감정을 알아채는 것은 인간과 인간 사이의 상호작용에서 필수적인 요소로, 겉으로 보여지는 상대방의 목소리, 얼굴 표정, 몸짓, 제스처 등을 통해 알 수 있다. 감성 인공지능에서는 이와 같은 인간의 감정 표현 방식을 인공지능 모델에 학습시켜서 감정을 분류하는 감정인식 기술이 개발되어 왔으며, 그중에서도 특히 얼굴 표정을 이용한 표정인식 기술(FER ; Facial Emotion Recognition)은 합성곱 신경망(CNN ; Convolutional Neural Network)으로 대표될 수 있는 딥러닝 모델의 발전을 통해 비약적으로 높은 정확도를 기록하였다. 이러한 기술은 얼굴 사진이나 영상을 입력으로 넣으면 [그림 5-1]의 사례와 같이 감정을 분류해주는 웹 서비스나 애플리케이션도 쉽게 접할 수 있으며, 겉으로 잘 드러나는, 즉 과하게 드러낸 감정 표현에 대해서는 아주 잘 동작하는 것을 알 수 있다.

그림 5-1 얼굴 표정 기반 감정인식 응용 사례

출처 : https://www.hankyung.com/it/article/202103089238i

그러나 실생활에서는 인간의 감정이 겉으로 드러나지 않는 경우도 상당히 존재하며, 심지어 실제 감정을 상대방에게 숨기기 위해 일부러 겉으로는 다른 표현을 하는 경우도 있다. 이러한 상황은 인공지능이 학습한 적이 없으므로 감정인식을 올바르게 할 수 없는 한계점이 될 수 있다. 연구자들은 인간이 의도적으로 감정 표현을 조작하거나 숨길 수 없는 생리적 신호를 사용하는 것을 대안으로 제시하였다. 이때 사용될 수 있는 생리적 신호로는 [그림 5-2]에서 보이듯이 뇌파(EEG ; Electroencephalogram), 심전도(ECG ; Electrocardiogram), 근전도(EMG ; Electromyogram)와 같은 종류가 있으며, 그중에서도 뇌파 기반의 감정인식 기법을 소개하고자 한다. 또한 뇌파 기반의 감정인식 기술개발에 필수적인 것 중에 하나는 인공지능 모델을 학습시킬 데이터 세트이다. 뇌파 기반 감정인식에 활발하게 사용되는 대표적인 데이터 세트의 종류에 대해서 알아보고, 어떻게 만들어졌는지, 어떻게 활용할 수 있는지에 대해서도 알아보도록 한다.

그림 5-2 감정인식 기술개발에 사용되는 생리적 신호의 종류

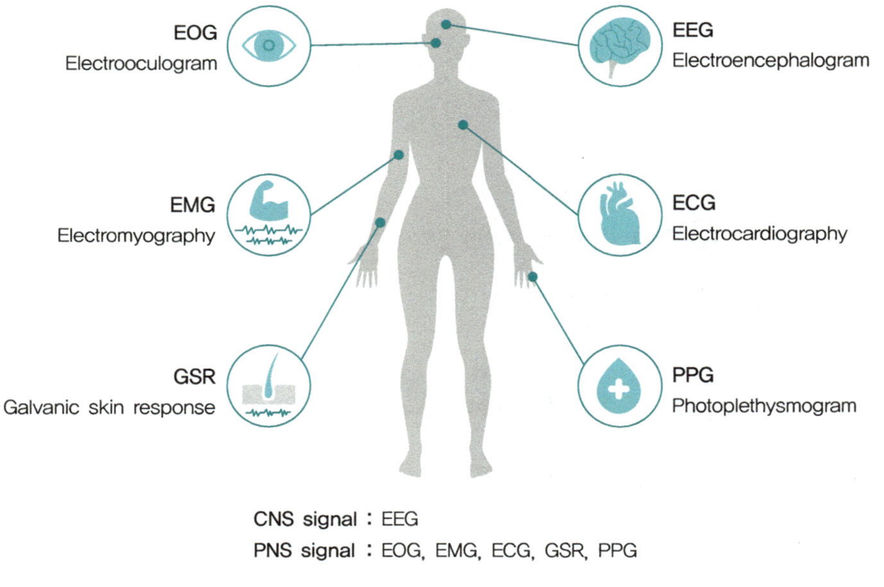

출처 : https://www.mdpi.com/2079-9292/9/12/1988

2. 뇌파 기반 감정인식 기술발전 방향

2.1 대표적인 데이터 세트 소개

감성 인공지능 기술개발에 필수적인 요소 중의 하나는 잘 레이블링(labeling, 데이터가 어떤 감정을 표현한 것인지 정답을 표시하는 것)된 데이터 세트이다. 뇌파 데이터를 포함하여 감정인식을 위해 제공되고 있는 데이터 세트의 종류에 대해서 알아보면 [그림 5-3]의 왼쪽에서 보이는 것과 같이 특정 감정을 유발하는 것으로 알려져 있는 시청각 자극으로부터 감정이 유발되게 하여 만들어진 것과 오른쪽에서와 같이 스스로 특정 감정을 유발하여 만들어진 것으로 나눌 수 있다. 외부 자극 유발 감정 데이터 세트의 대표적인 사례로는 DEAP과 MAHNOB-HCI 데이터 세트가 있다.

그림 5-3 외부 자극 유발 감정인식 방식(좌)과 가지 유도 감정인식 방식(우) 비교

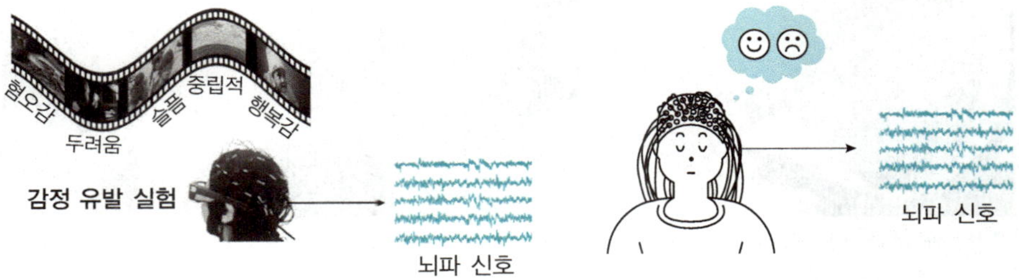

출처 : 지예림, "딥러닝을 이용한 뇌파 신호 및 얼굴 영상 기반의 감정인식".

먼저 DEAP 데이터 세트는 얼굴 영상과 생체신호가 포함된 감정 데이터 세트이다. 19세에서 37세 사이의 남성 16명 여성 16명을 포함하여 총 32명의 피험자를 대상으로 데이터를 수집하였으며, 이 중 22명만이 얼굴 비디오 활용에 동의하였다. 각 피험자는 뮤직비디오를 시청하며 감정을 유발하였고, 총 40번의 시행으로 실험이 구성되었다. 각 시행에서 50fps로 60초 동안 참가자들의 정면 얼굴 영상이 촬영되었다. 각 시행 후 피험자들은 valence, arousal, dominance, liking 차원에서 1에서 9 사이의 값으로 감정을 자체 평가하였다.

MAHNOB-HCI은 DEAP 데이터 세트와 마찬가지로 얼굴 비디오와 생체신호가 포함된 감정 데이터 세트이다. 19세에서 40세 사이의 남성 15명 여성 12명을 포함하여 총 27명의 피험자를 대상으로 데이터를 수집하였으며, 평균 81.4초 길이의 20개의 뮤직비디오를 피험자에게 시청하게 함으로써 실험을 진행하였다. 실험은 총 20번의 시행으로 구성되었다. 각 시행에서는 61fps로 참가자들의 정면 얼굴 영상이 촬영되었다.

그림 5-4 뇌파 기반 감정인식 데이터 세트의 종류 – DEAP(좌) MAHNOB-HCI(우)

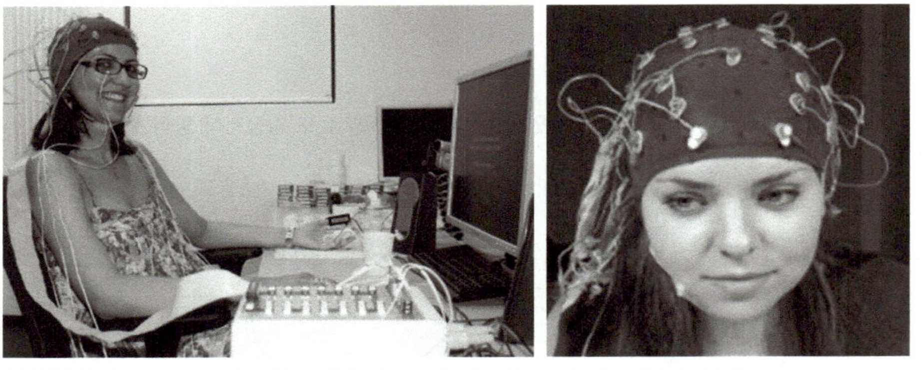

출처 : https://www.eecs.qmul.ac.uk/mmv/datasets/deap/ ; https://mahnob-db.eu/hci-tagging/

Imagined Emotion Study Dataset(IESD)은 감정적 이미지(EI) 작업 동안 측정된 뇌파 신호가 포함된 데이터 세트이다. 뇌파는 BioSemi사의 ActiveTwo 시스템을 사용하여 256Hz의 샘플링 속도로 250개의 전극을 통해 수집되었다. 18세에서 35세 사이의 남성 14명 여성 20명을 포함하여 총 34명의 피험자를 대상으로 데이터를 수집하였으며, 감정 경험을 유도하도록 지시하는 15초에서 30초 길이의 오디오 클립을 듣게 함으로써 실험을 진행했다. 피험자는 평균 3~5분 동안

EI 작업을 수행하였다. EI 시행(trial)은 총 15가지의 자기 유도 감정 이미지들로 구성되어 있으며, 감정의 종류는 분노(anger), 경외(awe), 동정(compassion), 만족(contentedness), 혐오(disgust), 흥분(excitement), 두려움(fear), 좌절감(frustration), 애도(grief), 행복(happiness), 질투(jealousy), 기쁨(joy), 사랑(love), 안도(relief), 슬픔(sadness)이다. 피험자들은 감정적 경험을 상상하는 동안 충분히 감정을 느꼈을 때 "feeling it" 버튼을 눌렀다.

앞에서 설명한 세 데이터 세트를 한 눈에 비교할 수 있도록 〈표 5-1〉로 정리하였다. 이 중에서 DEAP이나 MAHNOB-HCI의 경우, 특정 감정을 유발시키는 시청각 자료를 제시하고 동시에 복수의 데이터를 측정하여 구성되었다는 점에서 뇌파 기반뿐만 아니라 융합 데이터 기반의 감정인식 연구에서 대표적으로 사용되는 사례들이다. 그러나 이렇게 외부 자극에 의해 유발된 감정 데이터 세트는 모든 사람이 같은 시청각 자료에 대해서는 같은 감정을 동일한 수준으로 유발한다는 전제로 감정인식 기술개발에 사용되지만, 실제로는 사람마다 느끼는 감정의 수준

표 5-1 감정 데이터 세트 비교

데이터 세트	DEAP	MAHNOB-HCI	IESD
실험 참가자 수	22명 (19~37세 남성 16명과 여성 16명, 총 32명의 피험자를 대상으로 데이터를 수집하였으나, 이 중 22명만이 얼굴 비디오 활용에 동의함)	27명 (19~40세 남성 15명과 여성 12명, 총 27명의 피험자를 대상으로 데이터를 수집함)	34명 (18~35세 남성 14명과 여성 20명, 총 34명의 피험자를 대상으로 데이터를 수집함)
데이터 종류	EEG, GSR, PPG, Respiration, Temperature, EMG, EOG	EEG, GSR, ECG, Respiration, Temperature, Camera, Eye gaze, Sounds	EEG
감정 레이블	Arousal, Valence, Dominance, Liking, Familiarity	Arousal, Valence, Dominance, Predictability	15가지 감정에 대한 "feeling-it" 여부

출처 : 「뇌파신호 및 응용 기술 동향」, 『전자통신동향분석』, 제32권, 제2호, 2017. 4.

이나 종류가 다를 가능성이 존재하며, 이러한 차이는 결국 감정인식 기술의 정확도를 떨어뜨리는 원인이 될 수 있다. 반면에 IESD 데이터 세트와 같이 사전에 연구자가 설정한 시청각 자료 대신에 특정 감정과 관련된 과거 에피소드를 회상하거나 상상하여 스스로 감정을 유도하도록 하는 방식으로 만들어진 경우에는 사람마다 레이블링된 감정의 종류와 개수가 다를 수는 있으나, 다른 사람이 이러한 감정일 것이다라고 가정하고 레이블링한 것이 아니라 스스로 느낀 감정에 대한 레이블링이므로 실생활에서 감정이 유발되는 상황을 더 잘 모사해서 만들어졌다고 볼 수 있다.

2.2 뇌파 기반 감정인식 선행기술

앞선 2.1절에서 설명한 데이터 세트를 활용한 감정인식 선행기술에 대해 소개하고자 한다. 먼저 DEAP과 MAHNOB-HCI 데이터 세트의 경우 유사한 상황에서 수집되었기 때문에 동시에 사용되는 사례가 많다. 반면에 IESD 데이터 세트를 활용한 자가 유도 감정인식 연구는 소수에 불과한데, 대표적으로 Kothe의 연구에서는 필터 뱅크 공통 공간 패턴(FBCSP ; filter bank common spatial pattern) 알고리즘을 사용하여 뇌파 신호의 124개 채널에서 시공간-주파수 특징을 추출하고, valence 척도에서의 이진 분류를 위해 선형 판별 분석(LDA ; linear discriminant analysis)을 사용했다. 평균 71.3%의 정확도를 보고했지만, 3개의 모호한 감정(연민, 혐오, 흥분)을 제외한 총 12가지의 감정만 포함된 분류 결과였다. IESD 데이터 세트를 활용한 것은 아니나 유사하게 자가 유도 감정인식을 시도한 Bigirimana의 연구에서는 공통 공간 분포(CSP ; common spatial pattern) 알고리즘을 사용하여 시공간 특징을 추출했다. 행복함과 관련된 경험을 회상함으로써 유도된 이미지에 대해 LDA를 사용하여 80%의 정확도를 얻었다. Iacoviello의 연구에서는 SVM(support vector machine)을 사용한 이산 웨이블릿 변환(DWT ; discrete wavelet transform) 기반의 실시간 자동 분류를 수행했다. 불쾌한 냄새를 회상하여 스스로 유발한 혐오감에 대해 90.2%의 정확도를 달성했다. 이러한 사례로 볼 때, 특정 개별 감정(예 : 혐오감)을 유도하도록 설계된 감정 유발 작업이 다른 방법보다 더 높은 성능을 기록하는 경향을 보인다.

3. 뇌파 기반 자가 유도 감정인식 기술

3.1 뇌파 신호 전처리

IESD 데이터 세트에서 제공되는 원시 뇌파 신호는 총 250개의 뇌파 채널을 사용하여 측정된 것으로 고밀도 뇌파 데이터에 해당한다. 이러한 다수 채널의 뇌파 데이터는 감정인식에 유의미한 정보를 제공하는 채널들을 선별하여 사용하는 것이 일반적이다. 그 전에 잡음 여부, 측정 신호의 질 등을 평가하여 전처리를 통해 보완하거나 제거하는 과정을 거쳐야 한다. 먼저 측정 상태가 불량하여 분석에 활용될 수 없다고 판단될 경우 해당 채널의 데이터를 먼저 제거할 수 있는데 피험

그림 5-5 뇌파 신호의 대표적인 잡음 사례

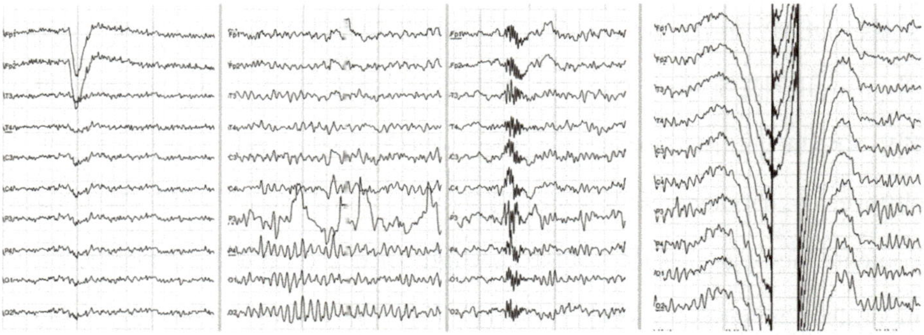

1. 안구 움직임에 의한 잡음 2. P3 전극의 접촉 분량으로 인한 잡음 3. 침 삼킴에 의한 잡음 4. Reference 전극의 접촉 불량으로 인한 잡음

출처 : https://commons.wikimedia.org/wiki/File:Human_EEG_artefacts.png

자마다 전극과 피부와의 접촉이 불량한 상태인 전극을 제거하고 나면 134 ~ 235개의 채널이 남게 된다. 피험자마다 분석에 사용할 수 있는 뇌파 채널의 수가 다르기 때문에 구면 스플라인 보간법(spherical spline interpolation)을 사용하여 제거로 인해 누락된 채널의 값들을 보간하여 모든 피험자의 채널 수가 같아지도록 만들었다. 또한 잡음을 제거하기 위해 ICA(independent component analysis)를 통해 잡음과 섞여있는 뇌파 데이터들을 독립된 성분들로 분리하고, [그림 5-5]에서 보여지는 예시에서와 같이 눈 깜빡임, 침 삼킴, 전극 접촉 불량 등에 의해 신호가 크게 변하는 구간이나 잡음이라고 판단되는 성분들을 제거하였다.

또한 연속적으로 측정되어 있는 뇌파 데이터 전체 구간 중에서 감정인식에 필요한 시간 구간만을 추출하여 사용해야 한다. IESD 데이터 세트는 피험자가 특정 감정을 느꼈다고 판단될 때 "feeling it" 버튼을 누르게 하였다. 따라서 뇌파 신호의 전체 구간 중에서 해당 버튼을 누른 순간을 중심으로 2초 길이의 세그먼트를 추출할 수 있고, 각 세그먼트는 감정 레이블링이 되어있으므로, 결과적으로 2초 단위의 뇌파 신호에 대한 감정인식을 수행할 수 있게 되었다.

감정 레이블링은 15가지 감정에 대해 만들어져 있으나, IESD 데이터 세트의 사이즈로는 15가지를 분류하는 인공지능 모델을 만드는 것은 쉽지 않다. 따라서 먼저 유사한 감정들끼리 묶어서 새로운 감정 레이블을 생성하였는데, 각 감정 레이블은 DEAP 데이터 세트나 MAHNOB-HCI 데이터 세트과 유사하게, valence와 arousal 척도에 따라 높고 낮은 정도로 표기할 수 있다. Low valence는 부정적인 감정(anger, jealousy, disgust 등)을 나타내고, High valence는 긍정적인 감정(love, joy, happiness 등)을 나타낸다. Low arousal은 차분한 감정상태(sadness, contentedness, grief 등)를 나타내고, High arousal은 흥분한 감정상태(excitement, fear, anger 등)를 나타낸다. 이렇게 준비된 데이터 세트를 이용하여 valence, arousal 각각의 척도마다 Low 또는 High를 분류할 수 있는 인공지능 모델을 만들 수 있다.

3.2 뇌파 특징 및 채널 선택

전처리가 완료된 데이터 세트가 준비되었다면, 감정인식에 유의미한 정보를 가지고 있는 채널들을 선택하고, 뇌파 특징을 추출하는 단계이다. 구체적으로 분류에 효과적인 주파수 대역으로 필터링하고, 신호 통계를 기반으로 최적의 채널 집합을 자동으로 선택하는 기법을 사용할 수 있다. 이렇게 함으로써 전체 채널을 쓰는 것보다 인공지능 모델의 연산량을 획기적으로 감소시킬 수 있다. 뇌파 신호

표 5-2 뇌파 신호의 리듬 특성

뇌파신호 분류	주파수 (Hz)	신호의 형태	신호의 특징	설명
델타(Delta)**파**	~3.5		가장 진폭이 크다 (20~200uV) 내면 심리 반영	- 깊은 수면 또는 혼수상태 - 각성이 떨어질수록 증가함
세타(Theta)**파**	3.5~7		진폭이 크다 내면 심리 반영	- 기억을 회상하거나 명상 등 조용한 집중 상태에서 관찰됨 - 동조하여 발화하는 많은 뉴런이 관련됨
알파(Alpha)**파**	8~12		진폭이 중간 심리 반영 중간	- 휴식 상태의 후두엽에서 주로 발생. 수면 상태에서는 약해짐 - 대규모의 뉴런들이 동조적으로 발화함
베타(Beta)**파**	13~30		진폭이 작다 표면 심리 반영	- 각성 상태 및 집중적 뇌 활동과 연관되며, 병리적 현상 및 약물효과와 관련이 있음 - 양반구에서 대칭적으로 분포함
감마(Gamma)**파**	31~50		가장 진폭이 작다 표면 심리 반영	- 피질과 피질하 영역들 간의 정보 교환 - 의식적 각성 상태와 REM 수면 시 꿈에서 나타남 - 베타파와 중복되어 나타나기도 함

출처 : 「뇌파신호 및 응용 기술 동향」, 『전자통신동향분석』, 제32권, 제2호, 2017. 4.

는 〈표 5-2〉에서처럼 리듬 특성에 따라 분류할 수 있으며, 주파수 대역에 따라 델타(1~4 Hz), 세타(4~8 Hz), 알파(8~14 Hz), 베타(14~30 Hz), 감마(30~50 Hz)의 5가지 하위 대역으로 나눌 수 있다. 선행 연구들에 따르면, 비디오 클립과 같은 동적인 자극을 사용하여 유도된 감정인식 연구에서는 저주파보다는 고주파 대역이 분류에 더 적합한 것으로 밝혀졌다. 특히 가장 높은 주파수 대역을 가지는 감마파는 동적 자극에서만이 아니라 이미지와 같은 정적 자극에 대해서도 다른 주파수 대역보다 감정상태에 더 많은 관련이 있는 것으로 알려져 있다.

다음으로 감정인식에 효과적인 채널 집합을 자동 선택하기 위하여 신호 진폭의 통계치를 기준으로 높은 채널들 순으로 정렬하고 상위 몇 개의 채널만을 사용하여 분류기에 전달한다. 진폭 통계치의 높은 순으로 정렬하는 것은 피험자가 특정 감정을 경험할 때 두뇌 활동이 활성화된다는 사실에 근거한다. 사용할 수 있는 특징값으로는 시간 영역 통계 특징(평균, 분산, 왜도, 첨도)과 제곱평균제곱근(RMS; root mean square) 등이 있다. 이 중에서 분산(또는 표준편차)은 간질 발작(epileptic seizure)이나 움직임 상상(MI; motor imagery) 분류 문제에 대한 선행 연구에서 채널 선택의 기준 통계량으로 사용된 바 있다.

3.3 감정인식 신경망 모델

감정인식 신경망 모델에는 선택된 채널의 세그먼트들만을 입력으로 전달한다. 몇 개의 채널을 선택하는 것이 적합한지는 알려져 있지는 않기 때문에 기준값으로 사용하는 신호 통계치가 높은 순으로 정렬한 뒤, 1개의 채널에서부터 시작하여 개수를 점점 늘려가면서 감정인식 성능을 기록하여 채널 수에 따른 성능을 비교하는 방법을 택한다. 또한 이러한 성능 비교는 채널 선택 이전 단계에서 필터링하는 주파수 대역에 따라서도 나뉘어 진행한다. 따라서 성능 비교 결과는 주파수 대역별 비교 결과와 채널 선택에 따른 비교 결과 각각을 도출할 수 있다.

분류에 사용하는 감정인식 신경망 모델은 뇌파 기반 감정인식에서도 활발하게 사용되는 합성곱 신경망 구조 중에서도 Schirrmeister의 연구에서 제안된 ShallowConvNet(얕은 합성곱 신경망)의 성능이 우수한 것으로 알려져 있다. ShallowConvNet의 구조는 [그림 5-6]과 같다.

그림 5-6 ShallowConvNet 구조

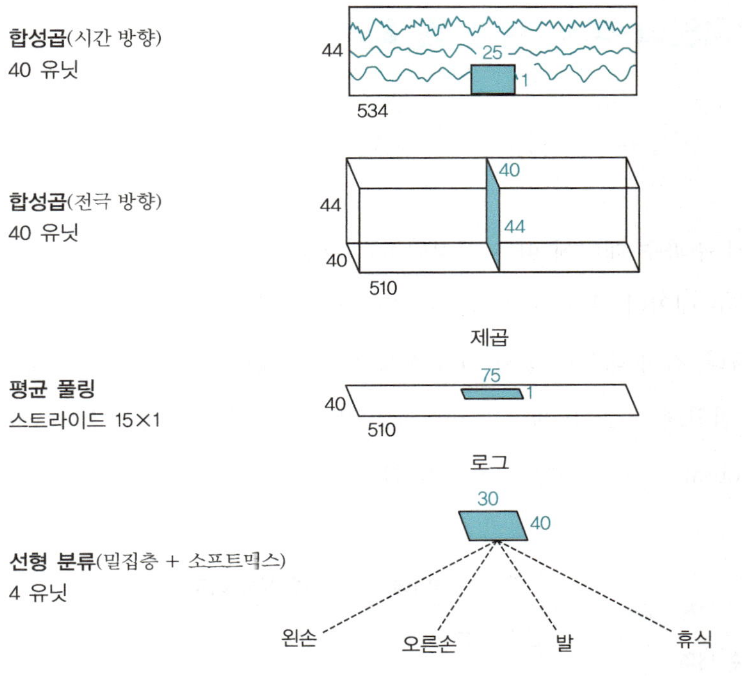

출처 : Schirrmeister, R. T. et al.(2017), *Hum. Brain Mapp.*

모델 구조에 대해서 간단하게 설명하자면, 먼저 입력층과 가장 가까운 첫 번째 합성곱 층에서는 시간 및 공간 영역에서의 합성곱 연산을 각각 수행하기 위하여 두 개의 층으로 분할되어 있다. 시간 영역의 합성곱 연산은 입력 세그먼트의 모든 채널에 대해 시간이 지남에 따라 진폭이 어떻게 변하는지를 학습한다. 따라서 시간 영역에서 합성곱 연산은 모든 채널에 대해 계산을 수행하기 때문에 계산량은 필연적으로 채널 수가 많아짐에 따라 연산량이 많아질 수밖에 없다. 이어 각 시간 필터의 공간적 특징을 추출하기 위해 공간 영역에서의 합성곱 연산이 수행된다. 첫 번째 합성곱 층 다음에는 제곱 비선형성, 평균 풀링층, 로그 활성화 함수가 수행된다. 마지막 출력층에서는 분류를 위해 완전연결층 및 소프트맥스층이 순차적으로 적용되었다.

4. 감정인식 성능 결과 및 해석

4.1 주파수 대역에 따른 성능 비교

먼저 주파수 대역에 따른 감정인식 신경망의 분류 성능을 비교하였다. 어떠한 주파수 대역이 자가 유도 감정인식에 효과적일지 알 수 없으므로 델타, 세타, 알파, 베타, 감마 대역의 하위 리듬과 모든 하위 대역(1~50 Hz)에 해당하는 전체 주파수 범위에 대해 ShallowConvNet을 각각 학습하였고, 감정 극성(valence) 및 각성(arousal) 척도에 대한 평균 분류 결과를 정리하면 〈표 5-3〉과 같다.

표 5-3 주파수 대역에 따른 분류 성능 비교 표

주파수 대역	감정 극성(valence)		각성(arousal)	
	정확도(%)	F1(%)	정확도(%)	F1(%)
δ band	62.07	56.33	60.81	56.45
θ band	62.80	57.70	60.32	56.43
α band	64.67	59.62	65.30	61.61
β band	73.39	70.60	71.76	69.16
γ band	75.97	73.28	77.68	75.54
All($\delta, \theta, \alpha, \beta, \gamma$)	72.37	68.93	71.24	68.87

주 : 가장 좋은 성능이 하이라이트되어 있음

출처 : Ji & Dong(2022), *Frontiers in Neuroscience*.

실험에 사용한 5가지 하위 대역 중에서 상대적으로 고주파에 해당하는 베타와 감마 대역은 다른 주파수 대역보다 두 척도에서 모두 더 높은 분류 결과를 보였다. 이러한 결과는 높은 주파수 대역이 낮은 주파수 대역보다 자가 유도 감정 분류에 더 밀접하게 연관되어 있음을 보여준다. 특히 감마 대역은 valence 및 arousal 척도에서 각각 75.97%, 77.68%의 인식 정확도를 달성했고, 가장 낮은 주파수 대역인 델타의 F1 점수와 비교하여 감마 대역의 F1 점수는 valence 척도에서 16.95%, arousal 척도에서 19.09% 증가했다. 이는 감마 대역(30 ~ 50 Hz)에서 필터링된 입력 신호가 시스템의 정밀도(precision)와 재현율(recall)을 향상시킨다는 것을 나타낸다. 또한 전체 주파수 대역을 다 사용했을 때와 비교해도 감마 대역만을 사용하는 것의 성능이 높은 것으로 보아 특정 주파수 대역으로 필터링하는 것이 자가 유도 감정인식에 효과적임을 알 수 있다.

4.2 채널 선택에 따른 성능 비교

선택된 채널의 수 CNN의 성능에 미치는 영향을 평가했다. valence 및 arousal 척도에 대해 1에서 123(전체 채널의 1/2)까지 채널 수를 변경한 결과는 [그림 5-7]과 같다. 124개 이상부터는 채널 선택이 결과에 큰 영향을 미치지 않아 고려하지 않았다. K가 너무 작을 때(예 : K = 10인 경우)는 모델이 표현을 유지할 수 없게 되어 디코딩 성능이 저하되고, 감정인식 정확도도 떨어졌다. 반면 K가 너무 크면 분류에 기여하지 않는 중복 채널이 포함되어 CNN의 표현 능력이 제한되었다. 또한 채널 수가 증가되어도 성능 향상은 거의 이루어지지 않고, 모델의 계산 비용이 크게 증가했다. [그림 5-7]에서 검은선은 모든 채널을 사용했을 때의 정확도를 나타낸다. 두 척도에서 모두 첨도(kurtosis) 기반 채널 선택 방법의 정확도가 50개의 채널 이후 안정화되기 시작했다. 따라서 최적의 채널 수를 결정하기 위해서는 최소 50개 이상의 채널을 포함할 필요가 있다.

그림 5-7 선택한 채널 수에 따른 성능 비교

(a) 감정극성

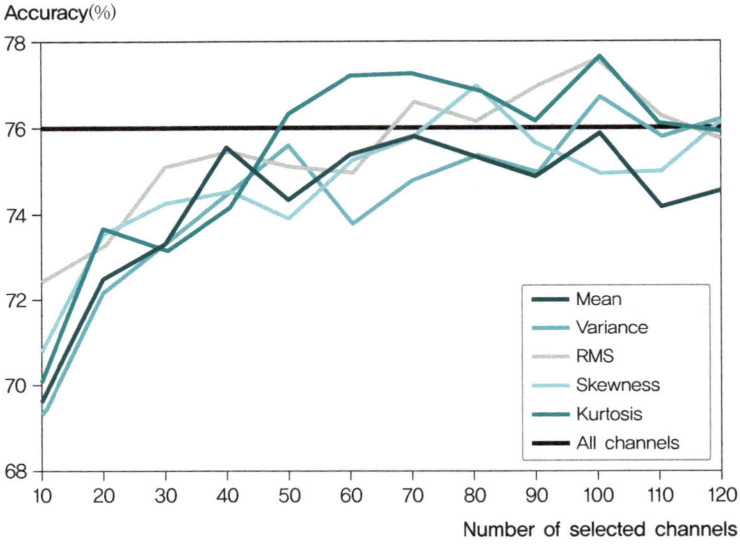

(b) 흥분

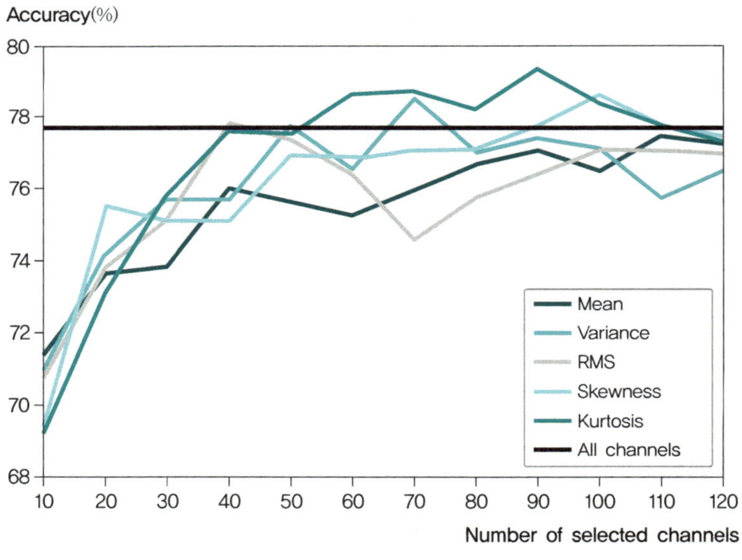

출처 : 필자 작성

4.3 정확도와 실행 시간 비교

〈표 5-4〉는 IESD 데이터 세트에서 valence 및 arousal 분류에 대한 감정인식 정확도와 실행 시간(execution time) 측면에서 평균 정확도 및 표준 편차를 표시한 것이다. 실행 시간은 전처리, 모델 학습, 연산에 필요한 모든 시간을 포함하며, 전반적인 시스템의 계산 복잡도를 나타낸다. 실험 결과에 따르면 특징 선택(주파수 대역 및 채널 선택) 프로세스는 전체 실행 시간을 크게 단축시키고, 정확도를 향상시키는 것으로 나타났다. BPF(band-pass filter) 적용과 채널 선택 방법은 모두 성능 향상에 효과적이었으며, 특히 제안된 채널 선택 방법은 수행 시간 단축 측면에서 우수한 성능을 보였다. 여기서 채널 선택에 걸린 시간은 0.1초 이하이

표 5-4 정확도와 실행 시간 비교표

딥러닝 모델	방법	감정 극성(valence)		각성(arousal)	
		정확도 (K개 채널)	실행 시간 (150에포크 동안)	Accuracy (K)	Execution time(for 150 epochs)
ShallowConvNet (Schirrmeister et al., 2017)	기본 필터링 (1~50Hz)	72.37 ± 15.40 (246)	6m 60s	71.24 ± 16.11 (246)	2m 20s
	BPF(30~50Hz)	75.97±16.24 (246)	6m 50s	77.68 ± 13.38 (246)	2m 18s
	BPF + 채널 선택 (제안하는 방법)	79.03±15.22 (68)	28s	79.36 ± 12.33 (90)	22s
DeepConvNet (Schirrmeister et al., 2017)	기본 필터링 (1~50Hz)	69.67±16.66 (246)	30m 31s	65.93 ± 15.15 (246)	10m 17s
	BPF(30~50Hz)	73.27±17.63 (246)	30m 02s	72.89 ± 14.59 (246)	10m 11s
	BPF + 채널 선택 (제안하는 방법)	75.29±15.76 (68)	5m 45s	76.10 ± 13.98 (90)	2m 42s

주 : BPF는 밴드패스 필터이며 주파수 대역을 선택한 과정을 의미함. 제일 높은 성능은 하이라이트되어 있음.
출처 : Ji & Dong(2022), *Frontiers in Neuroscience*.

며, 전체 실행 시간의 0.01% 미만을 차지한다. 이는 제안하는 채널 선택이 매우 효율적이며, 정확도를 낮추지 않으면서 학습 시간을 크게 단축한다는 것을 보여준다.

5. 맺음말

기존의 인공지능 기반의 감정인식 기술들은 얼굴 영상과 같이 명시적으로 감정 표현을 하는 데이터들을 중심으로 오랫동안 연구되어 왔고, 이를 이용한 다양한 서비스 기술들이 존재하나 과하게 지은 표정에 대해서만 동작이 되거나, 미세한 차이는 구별하지 못하는 한계점들이 지적되어 왔다. 이를 해결하기 위해서 비침습적으로 뇌 신호를 이용한 감정인식 연구가 어떻게 이루어지고 있는지에 대해 살펴보았다. 앞으로도 뇌 신호를 포함하여 다양한 생체신호로부터 사용자의 감정을 읽는 기술이 계속 연구될 것이고, 이를 이용한 감성 AI 서비스 기술들의 성능과 안정성 또한 개선될 것으로 보인다. 이러한 감성 AI 기술을 통해 우리 생활 속 과학 기술들이 우리의 삶을 더 편리하고 풍요롭게 만들어주기를 기대한다.

[참고문헌]

김도영 · 이재호 · 박문호 · 최윤호 · 박윤옥(2017), 「뇌파신호 및 응용 기술 동향」, 『전자통신동향분석』, 제32권, 제2호.

한경(2021. 3. 11.) "얼굴 · 행동변화로 내 감정 읽은 AI".

Bigirimana, A. D., Siddique, N., and Coyle, D.(2020), "Emotion-inducing imagery versus motor imagery for a brain-computer interface," *IEEE Trans. Neural Syst. Rehabil. Eng.*, 28, 850-859.

Duun-Henriksen J, Kjaer TW, Madsen RE, Remvig LS, Thomsen CE, Sorensen HB.(2011), "Channel selection for automatic seizure detection," *Clin. Neurophysiol.*, 123(1) : 84-92.

https://mahnob-db.eu/hci-tagging/

https://www.eecs.qmul.ac.uk/mmv/datasets/deap/

Iacoviello, D., Petracca, A., Spezialetti, M., and Placidi, G.(2015), "A real-time classification algorithm for EEG-based bci driven by self-induced emotions," *Comput. Methods Programs Biomed*, 122, 293-303.

Kothe, C. A., Makeig, S., and Onton, J. A.(2013), "Emotion recognition from EEG during self-paced emotional imagery," in 2013 Humaine Association Conference on Affective Computing and Intelligent Interaction (Geneva : IEEE), 855-858.

Maeng J-H, Kang D-H, Kim D-H.(2020), "Deep Learning Method for Selecting Effective Models and Feature Groups in Emotion Recognition Using an Asian Multimodal Databasem," *Electronics*, 9(12) : 1988.

Perrin, F., Pernier, J., Bertrand, O., and Echallier, J. F.(1989), "Spherical splines for scalp potential and current density mapping," *Electroencephalogr. Clin. Neurophysiol.*, 72(2), 184-187.

Schirrmeister, R. T., Springenberg, J. T., Fiederer, L. D. J., Glasstetter, M., Eggensperger, K., Tangermann, M., et al.(2017), "Deep learning with convolutional neural networks for EEG decoding and visualization," *Hum. Brain Mapp.*, 38, 5391-5420.

CHAPTER 06

감성 로봇

—**한병옥**(한국전자통신연구원)

〈요약〉

감성 로봇은 사람과 교류하며 감정적 상황 또는 맥락을 이해하고 그에 따른 감정상태를 사회적 행위를 통해 표현하여 궁극적으로 인간처럼 공감할 수 있는 감성지능을 가진 로봇을 말한다. 고령화와 출산율 저하로 인해 1인 가구가 늘어나고 있는 현대 사회에서 친구가 될 수 있는 감성 로봇의 역할이 점점 증대되고 있다. 이와 더불어 4차 산업혁명 시대의 인공지능, 빅데이터, 클라우드 기술의 비약적 발전은 감성 로봇의 자연스럽고 친밀한 인간-로봇 상호작용을 가능케 하고 있다. 현재의 감성 로봇은 사람의 언어를 통한 의사소통뿐만 아니라, 표정, 눈짓, 몸짓, 제스처, 말투, 접촉 등을 통한 비언어적 의사소통 방식을 이해하고 사회적 행위를 생성하고 표현하는 수준에 올라와 있다. 본 장에서는 감성 로봇의 개념을 사람 간의 의사소통 방식을 통해 살펴보고, 그 필요성과 용도를 소개한다. 또한 최근까지 출시된 감성 로봇의 실제 사례와 이를 개발하기 위한 주요 기술을 소개하고, 향후 전망 및 발전 방향에 대해 논의한다.

1. 서론

사람과 함께하는 로봇이라 하면 머릿속에 그려지는 이미지는 무엇일까. 아마도 사람이 원하는 작업이나 기능을 자동으로 실행하는 기계라고 상상되지는 않을 것이다. 로봇이 사람과 함께하려면 먼저 다양한 인간이 공존하고 있는 우리 세계에서도 받아들일 수 있는 이질감(heterogeneity) 없는 모습을 하고 있어야 할 것이다. 눈앞의 로봇을 보고도 사람이 동질감(homogeneity)을 느끼려면 로봇의 생김새가 인간 사회에서 보는 여느 형태를 하고 있다면 좋을 것이다. 휴머노이드(humanoid) 로봇은 [그림 6-1]과 같이 사람과 유사하게 머리, 두 팔, 몸통, 두 다리를 갖는 모습을 하고 사람의 움직임을 모사하는 로봇을 일컬으며 우리가 상상하는 로봇의 일반적인 생김새를 하고 있다. 그렇다면 '사람과 함께하는 로봇'은 그 생김새나 모양이 중요한 것일까? 물론 유사한 생김새가 주는 친밀감을 무시할 수는 없지만, '사람과 함께하는 로봇'의 필수적인 요소라고 볼 수는 없다. [그림 6-2]와 같이, 영화 〈E.T.〉에서 우리와 전혀 다른 모습인 외계인과도 소통하고 공감하고

그림 6-1 2022년 공개된 테슬라의 휴머노이드 로봇 옵티머스

출처 : https://www.digitaltrends.com/computing/tesla-bot-optimus-robot-prototype/

그림 6-2 영화 〈ET〉 속 외계인과의 감정교류 모습

출처 : https://extmovie.com/movietalk/16065893

있는 주인공을 보면서 흐뭇한 느낌을 받지 않았는가? 그뿐만 아니라 우리는 전혀 다른 모습인 강아지, 고양이 등의 반려동물과도 함께하고 있다. 즉, 첫인상이 주는 동질감보다는 지속적인 소통과 공감 능력이 로봇과 사람이 함께하기 위한 필수적인 요소라고 볼 수 있다.

사람과 지속적인 소통과 공감을 할 수 있는 로봇을 우리는 감성 로봇이라고 부른다. 감성 로봇은 사람과 의사소통하고 감정을 교류하며 상황 또는 맥락을 이해하고 궁극적으로 인간처럼 공감할 수 있는 감성지능(emotional intelligence)을 가진 로봇을 말한다. 사람은 기본적으로 언어를 활용하여 자신의 의사를 전달하고 감정을 교류한다. 그뿐만 아니라 얼굴의 표정, 시선, 몸짓, 제스처, 말투, 접촉 등의 수단을 활용하여 자신의 의사를 표현하고, 상대방의 의사를 전달받는다. 전자는 언어적 의사소통(verbal communication), 후자는 비언어적 의사소통(non-verbal communication)이라고 불리며, 사람 간의 상호작용(human-human interaction)에서 빈번히 이루어지는 의사소통 수단이다(〈표 6-1〉 참조). 사람은 대개 언어적 의사소통을 활용하여 본인의 생각을 표현하고, 상대방의 의중을 유추하지만, 비언어적 의사소통 단독으로도 본인의 의사를 더 분명히 표현 및 인지할 수 있는 경우가 많다. 예를 들면 학교에서 강의를 듣고 있는 학생들을 떠올려

보자. 선생님과 눈 맞춤을 수업시간 내내 지속하고 있는 학생은 아무런 말을 하지 않아도 '내가 수업에 집중하고 있다'라는 메시지를 선생님에게 전달할 수 있다. 어떤 때에는 비언어적 의사소통 수단이 언어적 의사소통 방법보다 더 강력한 의미를 전달하기도 한다. 본인이 교통 체증으로 친구와의 약속 시각에 늦게 도착하여 상대방에게 사과하고 있는 상황을 떠올려보자. '미안해'라고 언어적으로 표현하고 우리는 상대방의 반응을 살핀다. 상대방이 아무리 '괜찮아'라고 얘기해도, 미간을 잔뜩 찌푸린 얼굴을 하고 있으면 우리는 언어적인 의미보다는 비언어적인 표정을 보고 상대방의 화난 감정을 받아들이게 된다. 이렇듯 사람 간의 복잡하고 미묘한 언어적 또는 비언어적 의사소통 수단을 포괄적으로 이해하고, 이를 인간과 같이 활용할 수 있어야 감성지능을 가진 감성 로봇이라고 볼 수 있다. 즉, 감성 로봇의 필수요소는 사람이 친근감 있게 받아들일 수 있는 자연스러운 인간-로봇 상호작용(human-robot interaction)을 통해 구현된다.

표 6-1 **언어적, 비언어적 의사소통의 비교**

분류	차이점	의사소통 수단
언어적 의사소통	언어를 통해 메시지(의미, 감정 등)를 표현 및 전달. 언어를 활용한 의사소통 방법	읽기, 쓰기, 말하기, 듣기 등
비언어적 의사소통	언어를 사용하지 않고 메시지를 전달. 언어적 메시지를 제외한 모든 의사소통 방법	시선, 눈 맞춤, 얼굴 표정, 손동작, 몸짓, 눈짓, 자세, 방향, 접촉, 거리 등

출처 : 필자 작성

영화 〈터미네이터〉 시리즈에서의 로봇은 인간을 멸종시키기 위한 미래 존재로 그려진다. 미래에서 벌어진 핵전쟁에서 인간 저항군 수장인 존 코너를 암살하기 위해 살인 로봇을 미래에서 현재 시점으로 보내는 이야기로부터 영화는 시작된다. 이에 대항하여 인간 저항군은 살인 로봇에 대비하기 위해 또 다른 로봇인

터미네이터를 미래로부터 보내게 되는데, 살벌한 로봇들의 전투 중에서도 터미네이터와 존 코너의 의사소통하는 모습을 통해 감성 로봇의 면면을 발견할 수 있다. 삭막하고 딱딱한 모습의 터미네이터가 사람들과 함께 지내면서 [그림 6-3]과 같이, 비언어적 의사소통 제스처 중 하나인 '하이파이브'(손바닥을 서로 마주치기)를 배워서 존 코너와 친밀감을 나눌 때, 우리는 감정교류를 하는 터미네이터를 보고 사람을 닮아간다고 느낀다. 또한 가장 유명한 장면 중 하나인 터미네이터가 스스로 용광로에 뛰어들며 취하는 '엄지 척' 제스처는 우리에게 수많은 감정을 느낄 수 있게 해준다. 물론 감독의 영화적 상상력으로 연출된 장면이지만 우리가 로봇으로부터 무엇을 원하고 있는지 잘 보여주는 장면이라고 할 수 있다.

그림 6-3 로봇 터미네이터와 주인공의 비언어적 상호작용

출처 : https://www.tribunnewswiki.com/2021/02/09/sinopsis-terminator-2-judgement-day-perang-arnold-schwarzenegger-lawan-skynet-malam-ini-di-gtv

많은 로봇 영화들이 인간과 로봇의 갈등을 다루고 있다면, 영화 〈월-E〉는 인간보다 인간적인 로봇에 대한 우리의 상상력을 엿볼 수 있는 영화이다. 영화는 더

살 수 없는 지구에서 인간은 우주로 떠나고, 쓰레기로 가득 찬 지구에 홀로 남은 청소 로봇의 이야기를 다루고 있다. 로봇 '월-E'는 자신의 존재 목적인 청소를 매일 반복적으로 수행하면서도 음악을 듣고 마음에 드는 물건을 수집하는 취미도 가진 인간적인 로봇이다. 우리가 바라보는 로봇에서의 인간적인 모습은 청소가 아닐 것이다. 지금도 다양한 청소 로봇들이 우리들의 집 안 곳곳을 누비며 먼지를 빨아들이고 있지만, 우리는 그것을 보고 '인간적이다'라고 느끼지 않는다. 그보다는 사람처럼 음악을 듣고, [그림 6-4]와 같이 밤하늘의 별을 보고 감상에 젖기도 하는 모습을 보며, 우리는 따뜻함과 친밀감을 느끼고 감성적면서도 인간적인 면면을 로봇으로부터 느낄 수 있는 것이다. 즉, 우리가 바라는 궁극적인 감성 로봇의 이미지는 인간보다 더 인간적인 마음을 가진 로봇 '월-E'처럼 순수하고도 따뜻한 감정을 인간에게 표현하고 전달하는 사람다운 로봇으로 그려질 것이다.

그림 6-4 밤하늘의 별을 보는 로봇 '월-E'

출처 : THE DAILYPOST(2021. 5. 8.), "조건 없는 '월-E'의 사랑 … 지구에 대한 인간의 마음은?".

감성 로봇은 소셜 로봇(Sccial Robot)과 대등한 의미로 사용되기도 한다. 정확히는 소셜 로봇의 개념을 감성 로봇을 포괄하는 광의로 해석할 수 있다. 사회적

지능(social intelligence)을 가진 소셜 로봇의 주요 능력이 사람과 소통하고 공감하는 사회적 행위를 바탕으로 정의되기 때문이다. MIT의 신시아 브리질(Cynthia Breazeal) 교수는 소셜 로봇을 말 그대로 사회성을 지닌 로봇이라고 말한다. 사회성이란 타인과 원만하게 상호작용하며 친밀한 관계를 형성하는 능력을 말한다. 쉽게 표현하면 로봇이 사람과 친구가 될 수 있는 능력일 것이다. 서로 소통하고 공감하며 감정적인 교류를 통해 친밀감을 느낄 수 있을 때 우리는 친구가 되었다고 한다. 인간과 로봇의 감정적인 교류는 감성 컴퓨팅(Affective Computing) 기술을 기반으로 수행될 수 있으며, 자연스러운 인간-로봇 상호작용 기술에서 중요한 역할을 한다.

그림 6-5 신시아 브리질 교수와 가정용 감성 로봇 '지보(JIBO)'

출처 : http://spectrum.ieee.org

사람과 함께하는 로봇인 감성 로봇은 왜 필요할까? 인구의 고령화로 인해 홀로 지내는 노인 인구가 절대적으로 많아지고, 출산율 저하로 인해 1인 가구가 늘어나고 있는 현대 사회에서 친구가 될 수 있는 감성 로봇의 역할이 점점 증대되고 있기 때문이다. 감성 로봇은 전통적인 개념의 가족에서의 구성원을 대체할 수 있다. 피로를 느끼지 않는 감성 로봇은 로봇 본연의 역할을 잘 수행하면서도 인간과 감정적 소통, 공감을 통해 고독, 외로움을 달래줄 수 있다. 예를 들면 감성 로봇은 쓸쓸히 노년을 보내고 있는 독거노인을 위한 돌봄, 가정주부 역할을 충분히 수행할 수 있는 집사, 가정의 아픈 사람을 위한 간호사의 역할을 인간 대신 수행할 수 있다. 이 외에도 감성 로봇은 교육, 의료, 접객 등 다양한 용도로 활용될 수 있다. 〈표 6-2〉는 감성 로봇의 다양한 용도와 현황, 발전 전망을 나타낸다.

표 6-2 감성 로봇의 용도, 현황, 발전 전망

용도	기술 활용 현황	5~10년 후
생활지원 로봇 (가사로봇 포함)	사람과의 상호작용보다 청소 등의 주 기능에 특화	가정 내에서 다양한 생활 지원 서비스를 제공하는 제품 등장
교육용 로봇	간단한 콘텐츠 플레이어로 활용	피교육자의 학습 진행 상태/감정을 인식하여 쌍방향 교감형 교육 로봇 서비스
정서지원 로봇 (애완/동반자 로봇 포함)	간단한 다화 등의 제한된 상호작용을 통하여 정서적 지원 서비스 제공	애완/동반자 로봇이 사용자의 기분이나 감성을 이해하고 그에 적합한 행동·대화를 수행
케어로봇 (돌봄로봇 포함)	다양한 케어로봇 연구개발 단계	사람 상태·의도를 파악하여 맞춤형 기능을 수행하는 수준으로 발전
엔터테인먼트 로봇	사용자가 조종하는 완구로봇이나 사전 입력대로 동작하는 공연 로봇	사람의 반응·감정 상태에 따라 맞춤형 서비스를 제공하는 로봇 등장
안내 로봇 (접객 로봇 포함)	구매/대여를 통한 시범적 운영 수준으로 본격적인 상용화 단계는 아님	사회적 상호작용 기능이 발전하여 다양한 공공장소에서 활용

출처 : 김재홍 외(2021. 2.), 「반려로봇」, 『전자통신동향분석』, 36, 1.

감성 로봇의 요소기술들은 인공지능, 기계학습 등 제4차 산업혁명 시대의 핵심 기술과 함께 급격한 발전을 이루고 있다. 가정에서의 인공지능 스피커가 내장된 마이크 또는 카메라를 활용하여 쓰러진 독거노인을 발견하고 긴급전화로 생명

을 살렸다는 뉴스는 더 이상 참신하지 않은 소식이 되었다. 그뿐만 아니라 커피 전문점에서 로봇이 커피를 제작하고, 식당에서 자동으로 주문한 음식을 가져다 주는 로봇은 우리나라에서 흔하게 볼 수 있다. 하지만 아직까지 자연스러운 인간-로봇 상호작용을 가능케 하는 감성 로봇 기술개발은 초기 단계라고 볼 수 있다. 단편적인 감정 인지·인식 기술과 로봇 표현 기술을 개발하고 있는 단계이다. 즉, 표정, 음성, 행동, 터치 등을 개별적으로 이해하고, 로봇의 얼굴, 몸, 팔 등을 단편적으로 활용하여 감정을 표현하는 기술개발 단계라고 볼 수 있다. 여기서 더 나아가면 감성 로봇은 상황이 일어나고 있는 맥락(context)과 상황을 다양한 센서를 활용하여 총체적으로 사람과 같이 인지·판단하고, 그에 따른 로봇의 통합적인 행위·동작을 수행할 수 있게 되며, 이것이 감성 로봇의 궁극적인 목표라고 볼 수 있다.

2. 감성 로봇 실제

감성 로봇은 그 목적에 걸맞게 인간에게 친밀감을 주기 위한 형태로 제작된다. 인간과 닮은 휴머노이드 형태, 개·고양이 등의 반려동물 모습을 띠고 있다. 본 장에서는 감성 로봇의 실제 모습과 그 기능, 그리고 기능을 구현하기 위한 기술에 관해서 설명한다.

2.1 아메카

2022년 세계 최대 IT·가전 전시회인 CES에서 영국의 로봇 제조업체 엔지니어드 아츠(Engineered arts)는 휴머노이드 로봇 아메카(Ameca)를 공개하였다. 아메카는 사람의 형태를 띠고 얼굴, 몸, 두 팔, 두 다리를 갖고 있다. 머리 안의 17개의 개별 모터가 표정과 머리 움직임을 제어하며, 두 눈과 가슴에 세 개의 카메라,

그림 6-6 영국 엔지니어드 아츠의 아메카

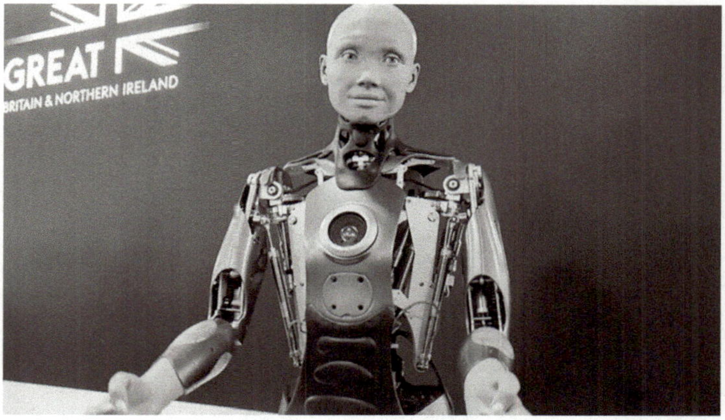

출처 : 한겨레(2022. 1. 7.), "얼굴에 감정이 드러나는 로봇 '아메카', CES서 첫 공개".

두 귀에는 두 개의 마이크가 설치되어 있다. 아메카는 카메라를 활용하여 사용자의 얼굴 영역을 검출하고, 검출된 얼굴 영상을 분석하여 성별, 감정, 나이 정보를 추출할 수 있으며, 클라우드 기술을 활용하여 사용자와의 실시간 대화가 가능하다. 또한 마이크로 입력된 음성 정보를 분석하여 여러 사람의 음성인식이 가능하며, 분석된 정보를 기반으로 로봇의 얼굴 및 팔을 활용하여 사람과 비언어적 의사소통을 통한 상호작용이 가능하다. [그림 6-7]은 아메카의 사람과의 비언어적 의사소통 모습을 엿볼 수 있다. 사람이 손을 들어 인사하면 손 추적 기술을 활용하여 이를 인식하고, 아메카의 손을 들어 올려 응답한다. 또한 사람의 제스처를 학습하여 인간에게 보다 친밀하게 의사소통을 할 수 있다. [그림 6-8]은 아직 한정적이긴 하지만 아메카의 표정, 제스처를 활용한 비언어적 의사소통 기능을 보여준다.

그림 6-7 아메카의 인간-로봇 상호작용 기능

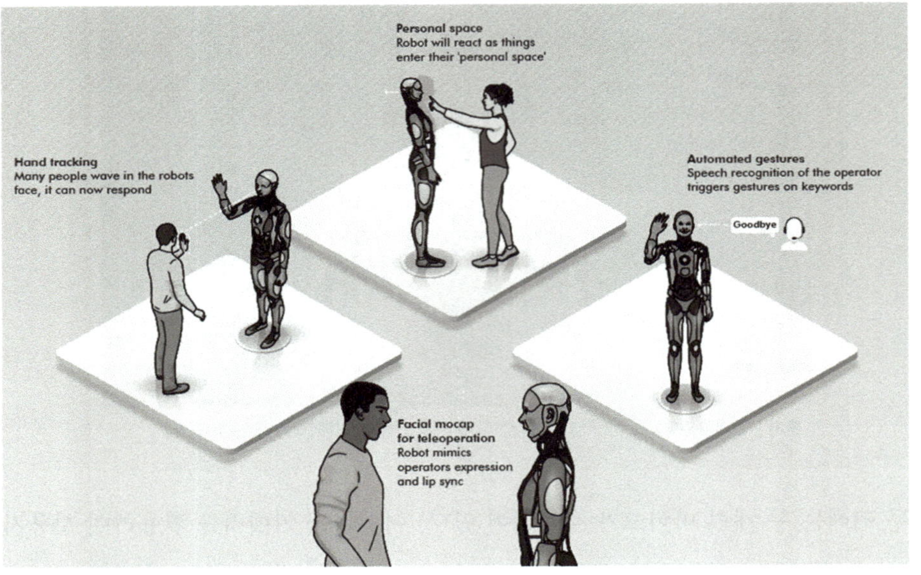

출처 : https://www.engineeredarts.co.uk/about-us/brochures/

그림 6-8 아메카의 제스쳐 및 표정 예시

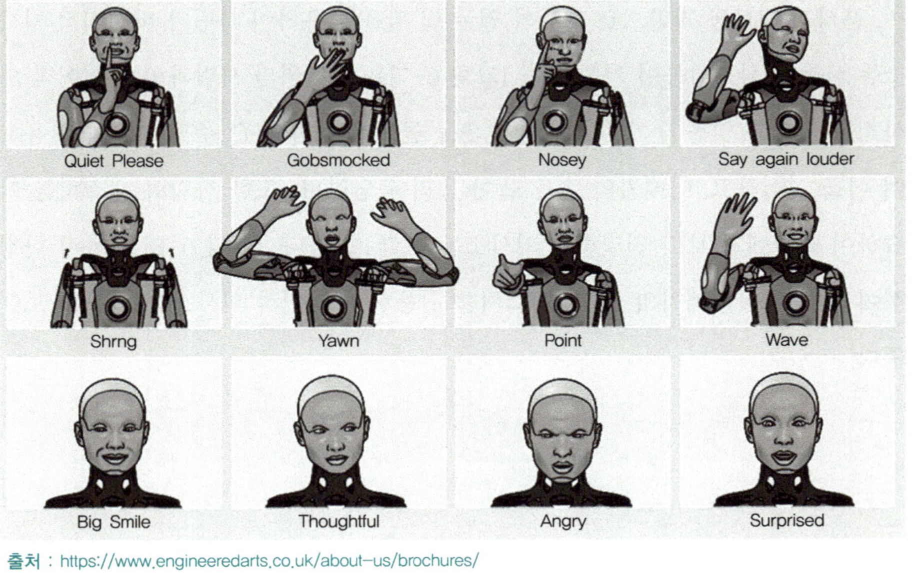

출처 : https://www.engineeredarts.co.uk/about-us/brochures/

아메카는 언캐니 밸리(uncanny valley)를 피하기 위해 피부를 회색으로 표현하였다. 언캐니 밸리란 인간이 로봇에게 느끼는 감정에 관한 로봇공학 이론이다. [그림 6-9]의 그래프와 같이 로봇의 형태가 사람과 유사할수록 인간이 로봇에 대해 느끼는 호감도가 증가하다가, 어느 정도에 도달하게 되면 강한 불쾌감을 느낀다. 이 골짜기를 극복하여 완전 구별이 못하는 정도가 되면, 그 호감도는 다시 증가하여 로봇을 다른 사람처럼 느낄 수 있다는 내용을 근간으로 하고 있다.

그림 6-9 불쾌한 골짜기(uncanny valley) **현상**

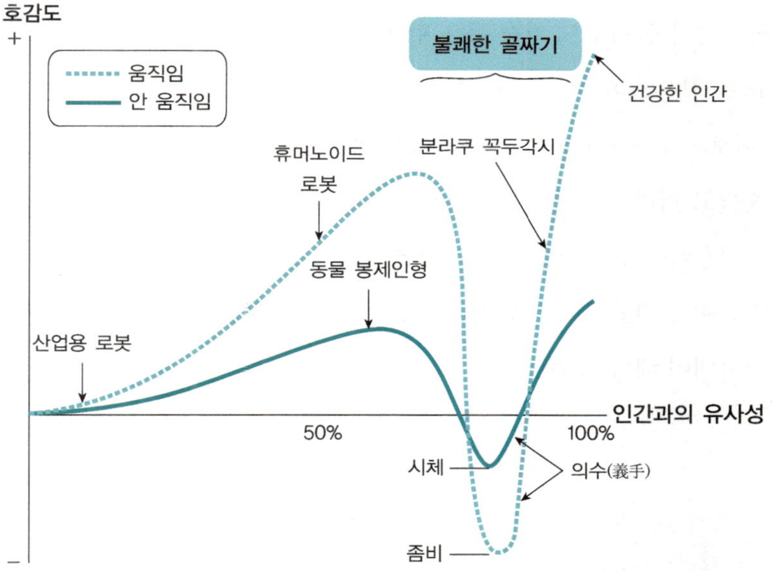

출처 : https://ko.wikipedia.org/wiki/%EB%B6%88%EC%BE%8C%ED%95%9C_%EA%B3%A8%EC%A7%9C%EA%B8%B0

2.2 아이보

일본 소니(sony)의 아이보(Aibo)는 20여 년의 역사를 갖고 있는 세계 최초 강아지 모습을 하고 있는 반려로봇이다. 1999년에 최초 발매되었으며, 2005년 회사 사정에 의해 판매를 중단했으나, 2018년에 신형 아이보(ERS-1000)를 재발매했으며, 현재 판매 중이다. 이미 초고령화 사회에 진입해 있는 일본에서 선풍적 인기를 끌며 외로움·고독을 달래주는 로봇으로 유명하며, 아이보가 고장이 나면 장례식까지 치러주기도 하는 등 사회적 현상을 일으키기도 하였다. 신형 아이보는 인공지능과 클라우드 기술 등을 탑재한 진화된 모습으로 돌아왔다. 22개의 개별 모터를 활용하여 이전 모델에 비해 움직임을 다양하고 자연스럽게 구현하였다. 아이보의 눈은 OLED 디스플레이를 활용하여 여러 감정 표현이 가능하며, 꼬리를 흔들고 머리를 진동하는 것이 가능하다. 아이보는 코에 장착된 어안렌즈 카메라를 이용하여 장애물을 피하고 같은 사람을 인식할 수 있다. 그뿐만 아니라 음성인식 기술을 활용하여 사람의 언어를 알아듣고 반응하며, 음원의 위치 또는 방향을 알아내어 해당 방향으로 머리를 돌리기도 한다. 아이보는 여러 개의 터치 센

그림 6-10 일본 소니의 아이보

출처 : https://us.aibo.com/

서를 몸에 탑재하고 반복적으로 쓰다듬거나 만지면 이를 학습하는 딥러닝 기술을 적용하여 사용자와의 정서적 교감 및 상호작용 효과를 높인다. 또한 2022년에는 증강현실(augmented reality)과 클라우드 기술을 활용하여 사용자가 아이보에게 먹이를 줄 수도 있는 업데이트를 출시하기도 하였다. 소니사의 아이보는 사람에게 사랑받기 위해 설계된 로봇으로 사람과 로봇이 정서적으로 연결될 수 있는 감성 로봇의 전형으로 볼 수 있다.

2.3 페퍼

2014년에 개발된 일본 소프트뱅크 로보틱스의 휴머노이드 로봇 페퍼(Pepper)는 바퀴를 이용하여 이동 가능한 안내 및 접객용 감성 로봇이다. 페퍼는 IBM의 인공지능 왓슨의 자연어 처리(natural language processing) 기술을 활용하여 사람과 대화가 가능하며 대화 상대를 인식하고 표정과 목소리를 분석하여 감정을

그림 6-11 일본 소프트뱅크 로보틱스의 페퍼

출처 : 비즈니스 와치(2018. 5. 10.), "[포토] 이마트, 로봇 '페퍼'와 함께 쇼핑을".

인식하고 행동을 결정한다. 그뿐만 아니라, 두 팔, 손가락, 머리의 움직임을 활용해 다양한 감정 표현도 가능하며 자율 내비게이션 기능을 통해 공간을 자유롭게 움직일 수 있다. 안내 로봇으로 설계된 페퍼는 사람과의 대화와 가슴팍에 설치된 터치스크린을 통해 안내 또는 접객할 정보를 습득하며 사람들과 언어적 의사소통이 가능하다. 하지만 소프트뱅크 로보틱스 부서는 적은 수요와 재고 증대로 인해 2020년부터 페퍼의 생산을 중단했다. 페퍼가 초기 인기를 이어나가지 못한 이유는 페퍼가 비싼 가격에 비해 단순한 업무만 수행 가능하기 때문이었다. 안내 로봇을 적극적으로 채용하였던 일본의 '헨나 호텔'은 총 243대의 로봇 중 절반 이상을 다시 사람으로 교체하였다. 이유는 잦은 오작동으로 인해 오히려 사람을 찾는 경우가 많고, 손님의 요청에 제대로 응대하지 못하였기 때문이다. 개별 기술의 결과를 손님에게 단순히 보여주는 수준에 머물지 않고, 사람처럼 통합적 사고를 통해 복잡한 요청에도 대응할 수 있는 기술개발이 선행된다면 페퍼가 재생산되고 다시 초기의 인기를 되찾을 수 있지 않을까.

2.4 효돌

감성 로봇은 기계적으로 복잡하지 않은 심플한 모습으로도 사람에게 도움을 주고 소통하기도 한다. 한국의 효돌사는 2020년, 사물인터넷(IoT)과 인공지능 기술을 기반으로 고령자의 정서 · 안전 관리 기능을 주목적으로 하는 반려로봇 효돌(Hyodol)을 출시하였다. 효돌(Hyodol)은 고령자 또는 환자를 대상으로 약 복용 알림 등 전반적 건강관리 기능을 지원하는 친근한 아이 모습의 인형 로봇이다. 효돌은 사용자와의 비언어적 의사소통을 위해 터치 센서를 로봇 곳곳에 내장하여 사용자의 접촉 및 동작에 대해 반응한다. 예를 들어 머리를 쓰다듬으면 사용자에게 즐거움을 음성으로 표현한다. 또한 내장된 카메라를 통해 24시간 노인의 활동을 감시하여 움직임이 없는 경우 보호자에게 알람을 보내주기도 한다. 효돌은 독거노인의 우울증상을 경감시키고 삶의 질을 증진한다는 연구 결과를 보여주기도 하였다.

그림 6-12 한국형 감성 로봇 효돌

출처 : 데이터넷(2020. 2. 7.), "오엔케이, 오더스테이션서 반려로봇 '효돌' 본격 유통"

3. 감성 로봇의 핵심, 인간-로봇 상호작용 기술

감성 로봇은 두 가지 인간-로봇 상호작용 기술을 기반으로 작동된다. 인공지능 기술을 기반으로 사용자의 감정을 판단하는 '감정인식(emotion recognition) 기술'과 로봇의 사회적 또는 감정적 행위를 생성하는 '로봇 감정표현(robotic emotion expression) 기술'이 그것이다. [그림 6-13]은 감성 로봇의 인간-로봇 상호작용 기술을 도식화한 것이다. 감성 로봇은 시각, 청각, 촉각 센서 등을 이용하여 사람의 언어적·비언어적 의사소통 행위와 주변 환경 정보를 분석하여 감정인식을 수행한다. 반대로, 인식된 결과와 주변 환경 정보를 통합적으로 분석하고, 사람의 감정 표현 방법에 기반한 로봇 행위를 생성하여 감정을 표현한다. 〈표 6-3〉은 감정인식 기술과 로봇 감정표현 기술에 대한 설명 및 관련 기술을 나타낸다.

그림 6-13 감성 로봇의 인간-로봇 상호작용 기술

출처 : 필자 작성

표 6-3 감정인식 기술과 로봇 감정표현 기술

분류	설명	관련 기술
감정인식 기술 (Emotion Recognition)	로봇의 다양한 센서(시각, 청각, 촉각 센서 등)를 활용하여 주변 환경 및 사용자를 인지 및 인식하여 사용자의 감정상태를 판단하는 기술	- 표정인식 기술 - 음성인식 기술 - 음성/시각 기반 멀티 모달 감정인식 기술 - 상황인식 기술
로봇 감정표현 기술 (Robotic Emotion Expression)	로봇의 인공 감정을 표현하기 위해 사람의 언어, 음성, 얼굴 표정, 시선, 몸짓 등을 모사하여 로봇의 행위를 생성하는 기술	- 자연어 처리 기술 - 음성 합성 기술 - 얼굴/몸짓 표현 기술 - 로봇 액추에이터 기술

출처 : 필자 작성

3.1 감정인식 기술

감성 로봇이 사람과 자연스러운 상호작용을 하기 위해서는 감정인식 기술을 통해 먼저 대상의 감정상태를 추론하고 해석한다. 감정상태를 표현하기 위한 감정 모델(emotion model)은 주로 폴 에크만(Paul Ekman)의 개별 감정 모델(discrete emotion model)과 러셀(Russel, J. A.)의 차원 감성 모델(dimensional emotion model)이 활용된다. 개별 감정 모델은 감정을 모든 문화에 걸쳐 존재하는 보편적인 6개의 기본 감정인 행복, 놀람, 화남, 역겨움, 슬픔, 두려움으로 분류한다. 반면에, 차원 모델은 감정을 개별 범주보다는 정서가(valence), 각성(arousal)과 같은 차원의 구성 개념을 이용하여 감정을 구분한다.

감성 로봇은 장착된 카메라, 마이크, 터치 센서 등 다양한 센서를 활용하여 사람의 감정상태를 알아내는데, 그중에서도 표정 기반의 감정인식 기술이 가장 많이 활용된다. [그림 6-14]는 사용자의 얼굴 영상을 추출하고 표정을 분석하여 6개의 감정과 중립 감정을 인식하는 기술을 보여준다.

그림 6-14 표정 인식 기술

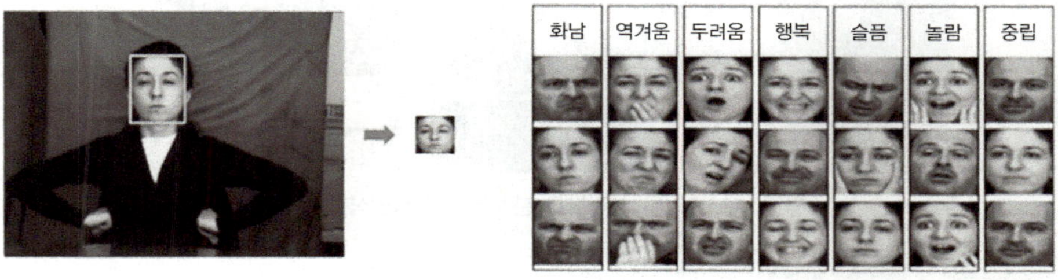

사용자의 얼굴 영상을 분석하여 6개의 기본 감정과 중립 감정으로 분류 수행

출처 : Chaudhary, M. A. I., Rita, N., Kamal, N., Matthias, R. & Thomas B. M.(2021). "Deep emotion recognition through upper body movements and facial expression," *International Joint Conference on Computer Vision, Imaging and Computer Graphics Theory and Applications(VISIGRAPP)*, 5, 669-679.

얼굴 영상과 몸짓·제스처 영상, 그리고 음성 정보 기반 멀티-모달 방식의 인식 기술을 활용하여 더욱 포괄적인 사용자의 감정상태를 추론하기도 한다. [그림 6-15]는 카메라 입력으로부터 얼굴과 상반신을 영상 정보와 마이크 입력으로부터 음성 정보를 분석하여 4가지 감정(행복, 화남, 슬픔, 두려움)과 중립 감정을 인식하는 기술을 보여준다.

그림 6-15 인간-로봇 상호작용을 위한 감정인식 기술

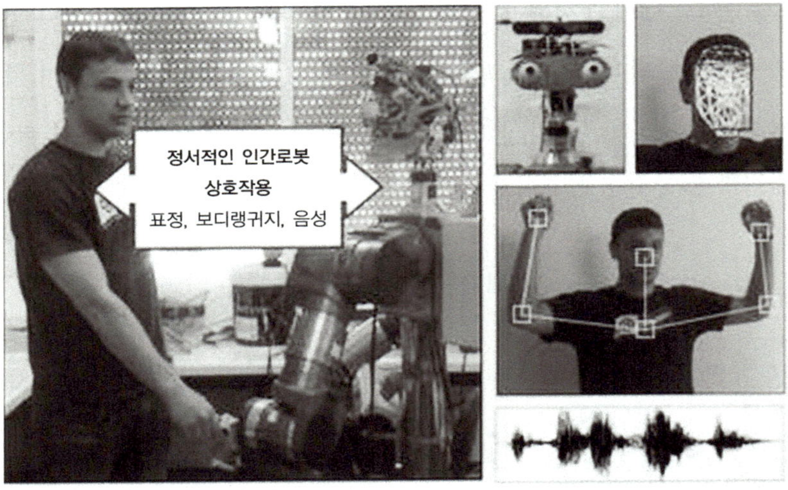

얼굴, 제스처, 음성 정보를 분석하여 감정인식을 수행

출처 : Romero, P., Cid, F., & Nunez, P.(2013), "A novel real time facial expression recognition system based on candide-3 reconstruction model," Proceedings of the XIV Workshop on Physical, Agents, Madrid.

3.2 로봇 감정표현 기술

감성 로봇은 사용자의 감정인식 결과에 대응하는 행위 또는 동작을 생성하여 자연스러운 상호작용을 수행한다. 로봇의 액추에이터를 사용하여 물리적인 움직임을 나타내어 표정, 제스처 등을 표현하거나 가상의 로봇 애니메이션을 통해 사회적 행위를 생성한다. 로봇의 행위는 크게 두 가지 방법으로 생성된다. 먼저 감정인식 결과에 대응하여 규칙 기반(rule-based)으로 로봇의 행위를 생성할 수 있다. 또 다른 방법으로는 사람의 표정, 제스처, 음성 등을 대규모로 학습하고, 자연스러운 인간-로봇 상호작용을 위한 사회적 행위를 생성하는 것이다. [그림 6-16]은 사람의 표정을 인식하고, 그에 따른 표정 움직임의 규칙 기반으로 사람을 모사하는 로봇 앨리스(Alice)를 보여준다.

그림 6-16 사람의 놀람 표정을 모사하는 로봇 앨리스

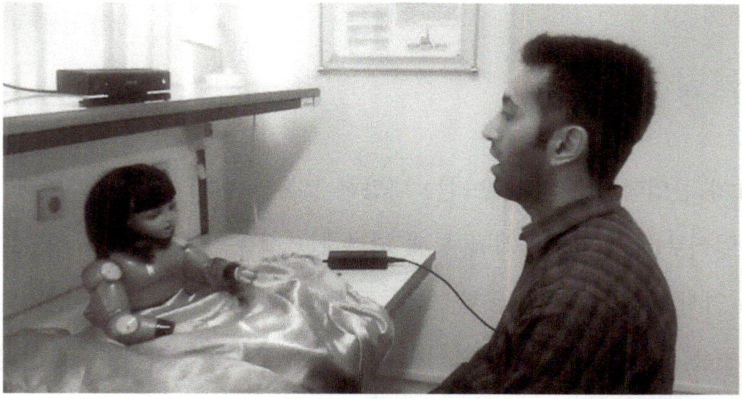

출처 : Ali, M., Saeed, B. S., Alireza, S., & Azadeh, S.(2016), "The real-time facial imitation by a social humanoid robot," International Conference on Robotics and Mechatronics, Tehran.

[그림 6-17]은 사람의 스피치 비디오(TED 비디오)를 대규모로 학습하여 언어와 음성, 그리고 신원에 따라 제스처를 자연스럽게 생성해 내는 기술에 대한 설명이다. 딥러닝 기술을 활용하여 대규모 사람의 스피치 데이터를 신원에 따른 스타일을 학습하여 로봇 제스처의 스타일까지 다양하게 변화시킬 수 있어서 감성 로

그림 6-17 언어, 음성, 신원 정보 기반 로봇의 스피치 제스처 생성 기술

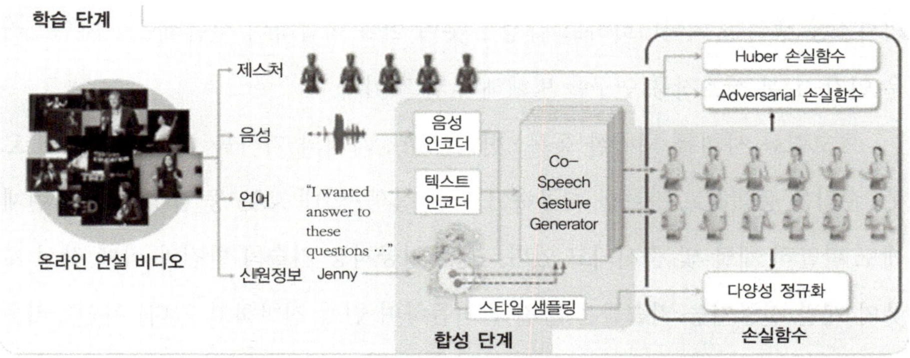

출처 : Youngwoo, Y., Bok, C. Joo-haeng, L., Jaeyeon, L., Jaehong, K., Geehyuk, L.(2020), "Speech gesture generation from the trimodal context of text, audio, and speaker identity," *ACM Transactions on Graphics*, 39, 6, Article 222.

봇의 자연스러운 언어적·비언어적 행위 생성이 가능하다.

4. 맺음말

제4차 산업혁명 시대의 우리는 다양한 로봇과 이미 함께하고 있다. 제조용 로봇은 일찍부터 공장 자동화를 통해 대량생산 제품을 만들어내고 있으며, 서비스 로봇 역시 가정, 음식점, 공항, 호텔 등 우리 생활과 밀접하게 관련되어 있다. 아침에 눈을 뜨면 로봇 청소기가 약속된 시간에 청소를 시작하고, 로봇 바리스타가 만들어준 커피 한 잔을 들고 출근한다. 점심 식사를 위해 도착한 음식점에는 서빙 로봇이 음식을 주방에서 테이블까지 장애물을 피하며 전달해 주기도 한다. 그에 반해 감성 로봇은 아동용 교육 또는 엔터테인먼트 분야에 한정적으로 출시되어 만나볼 수 있지만, 아직 시장 기대치를 충족시키지는 못하는 실정이다. 이는 정서적 교감, 유대감, 감정의 교류와 같은 인간 내부 감정의 영역이 객관적 지식에 기반을 두기보다는 주관적 세계에 머물러 있는 것이 주된 원인일 것이다. 과학적으로 인간의 감정 생성 및 표현 메커니즘은 여전히 베일에 싸여 있다. 감성 로봇에 대한 높은 기대치를 만족시키기 위해서는 미지의 감정 내부 메커니즘을 밝혀내고 과학적으로 증명해 나아가는 것과 함께 확인할 수 있고 객관적인 감정적 의사소통 행위를 데이터화하고 감성 로봇이 이를 학습하여 실험적으로 자연스러운 인간-로봇 상호작용 연구를 병행해야 할 것이다.

초고령화 사회를 대비한 돌봄·반려 로봇, 가정의 가사를 대신하는 가사 로봇, 손님을 응대하고 정보를 제공하기 위한 접객·안내 로봇 등 감성 로봇은 현재에도 활발히 개발 및 출시되고 있다. 또한 인공지능 기술의 발전과 함께 감성 로봇의 개별 인공지능 기술들은 발전을 거듭하며 현재 진화하고 있다. 자연스러운 인간-로봇 상호작용을 위한 얼굴 영상 기반의 표정 인식 기술, 음성 정보 기반의 감정인식 기술, 자연어 처리 기반의 감정인식 기술 등 각각의 개별 기술은 정교한 센싱 기술을 바탕으로 빅데이터를 학습하여 점점 인간의 능력에 가까워지고 있다. 앞으로의 인식 기술은 개별 인공지능 기술 결과를 바탕으로 사람처럼 다양한 정보를 취합하여 통합적 판단을 내릴 수 있는 방향으로 발전될 것으로 전망된다. 그뿐만 아니라 로봇 감정표현 기술도 사용자의 감정인식 결과와 빅데이터를 토대로 사람처럼 개인, 문화, 지역, 인종별로 다양한 방식으로 언어적·비언어적 행위를 생성하는 방향으로 발전할 것이다.

앞으로 10년 이내에 우리 생활 깊숙이 침투해 있는 다양한 로봇이 사람과 감정을 교류할 수 있는 감성 로봇이 될 것으로 전망된다. 지금까지 우리가 가진 로봇의 딱딱한 이미지를 넘어서 가까운 미래에는 사람과 로봇이 친구처럼 서로 외로움을 달래주며 편안하게 의사소통할 수 있을 것이다. 자연스러운 인간-로봇 상호작용을 넘어서 로봇 개체들 사이에도 유대감을 형성하고 인간과 함께 사회를 구성하는 날이 머지않았다.

[참고문헌]

과학기술정보통신부·한국과학기술기획평가원(KISTEP), 『2019년 기술영향평가 결과 : 소셜 로봇의 미래』.

김선화·김지희·김태환·이동림·최선용·이호상·옥경인·이하나·남일성(2020), 「한국형 소셜로봇 효돌이 지역사회 거주 독거노인의 우울증상과 삶의 질에 미치는 영향」, 『한국노년학』, 40, 5, 1021-1034.

김재홍·서범수·조재일·최정단(2021), 「반려 로봇」, 『전자통신동향분석』, 36, 1, 12-21.

매일경제(2021. 6. 30.), "반짝 떴다 사라졌다 … 소프트뱅크 도우미 로봇 '페퍼' 생산중단".

사이언스 타임즈(2018. 3. 28.), "AI와 클라우드로 부활한 '아이보'".

아메카 홈페이지, https://www.engineeredarts.co.uk/robot/ameca/

아이보 홈페이지, https://us.aibo.com/

"'퍼스널 로봇' 시대 앞당겨진다", 기술과 혁신(2022년 5/6월호).

페퍼 홈페이지, https://www.pepper-robot.net/

효돌 홈페이지, https://hyodol.com/

Ali, M., Saeed, B. S., Alireza, S., & Azadeh, S.(2016), "The real-time facial imitation by a social humanoid robot," International Conference on Robotics and Mechatronics, Tehran.

Chaudhary, M, A, I., Rita, N., Kamal, N., Matthias, R. & Thomas B. M.(2021), "Deep emotion recognition through upper body movements and facial expression," *International Joint Conference on Computer Vision, Imaging and Computer Graphics Theory and Applications(VISIGRAPP)*, 5, 669-679.

Ekman, P.(1993), "Facial expression and emotion," *American Psychologist*, 48(4), 384-392.

Nlyatl, R., & Ruth M. S.(2022), "Facial emotion expressions in human-robot interaction : a survey," *International Journal of Social Robotics*, 14, 1583-1604.

Romero, P., Cid, F., & Nunez, P.(2013), "A novel real time facial expression recognition system based on candide-3 reconstruction model," Proceedings of the XIV Workshop on Physical, Agents, Madrid.

Russell, J. A., "A Circumplex model of affect," *Journal of Personality and Social Psychology*, 39(6), 1161-1178.

Ruth M. S.(2022), "Survey of emotions in human-robot interactions : perspectives from robotic psychology on 20 years of research," *International Journal of Social Robotics*, 14, 389-411.

Youngwoo, Y., Bok, C., Joo-haeng, L., Jaeyeon, L., Jaehong, K., Geehyuk,

L.(2020), "Speech gesture generation from the trimodal context of text, audio, and speaker identity," *ACM Transactions on Graphics*, 39, 6, Article 222.

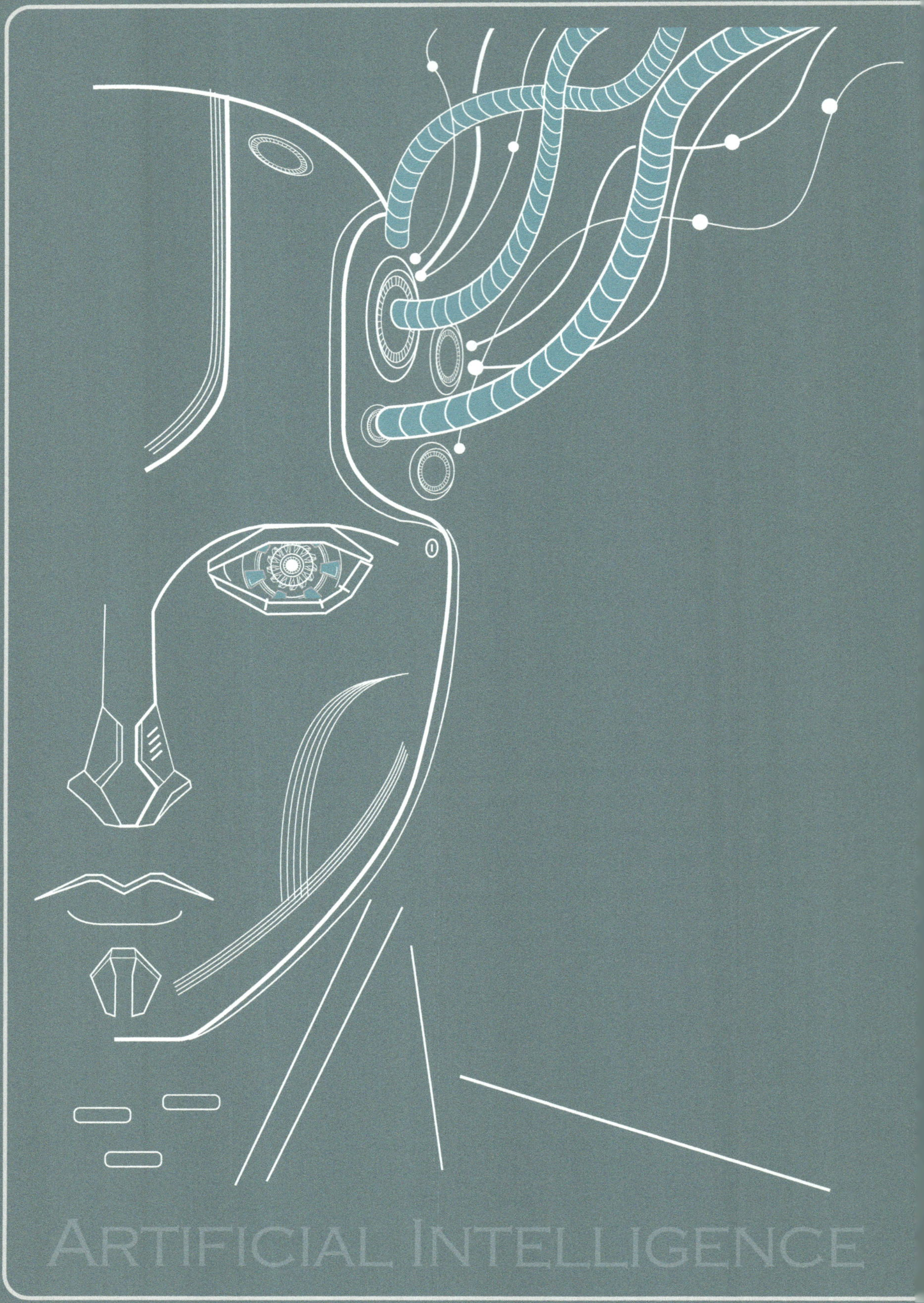
ARTIFICIAL INTELLIGENCE

PART 3 서비스

CHAPTER 07

감성 인공지능 정책 동향 및 서비스 제공 사례

—**박종현**(한국전자통신연구원)

※ 본 장은 한국전자통신연구원의 "국내 감성 인공지능(AI)의 산업역량 강화 방향(박종현, 2022)" 보고서의 일부 내용을 바탕으로 재구성하였습니다.

〈요약〉

빠르게 진화하는 인공지능 기술과 감정·감성 인식 기술과의 융합을 통해 인간의 감정상태 인식을 기반으로 한 서비스 활용이 다양한 산업에서 확대되고 있다. 이는 인간의 얼굴 표정, 제스처, 목소리의 강약·크기 및 생체정보 인식, 분석 및 추론하는 기술이 고도화됨에 따라 인간의 다양한 감정(분노, 슬픔, 기쁨, 우울 등) 상태 파악이 가능해졌기 때문이다. 인간의 감정/감성을 인식하고 해석하는 기술의 발전은 인간으로부터 수집한 감정·감성 데이터를 기반으로 다양한 산업에서의 활용 수요를 촉발함과 동시에 새로운 시장 창출을 견인할 것으로 기대된다. 사용자 감정 맞춤형 환경 조성, 고객 감정 인식 기반 제품 반응 및 만족도 조사, 감정 코칭 서비스, 환자의 정서적·심리적 건강관리 및 치료 서비스 등 다양한 산업 분야에서 감성 인공지능에 대한 수요는 크게 증가할 것으로 전망된다. 이에 본 장에서는 감성 인공지능에 대한 주요국의 정책동향을 살펴보고 국내외 감성 인공지능 제품·서비스 및 솔루션 현황을 살펴보고자 한다.

1. 서론

인공지능 기술의 빠른 발전과 인간의 감정·감성을 인식하는 기술의 발전적 융합은 인간 중심 기술시대의 보편화를 촉진하고 있다(김문구, 박종현, 2018). 인간의 얼굴 표정, 제스처, 목소리의 강약/크기 및 생체정보 등의 인식과 분석 및 추론 기술의 발전을 통해 인간의 다양한 감정(분노, 슬픔, 기쁨, 우울 등) 상태 파악이 가능해졌기 때문이다.

인간의 감정/감성을 인식하고 해석하는 기술의 발전은 인간으로부터 수집한 다양한 감정·감성 데이터를 활용해 다양한 산업에서 새로운 시장 창출을 촉진할 것으로 기대된다. 감성 인공지능은 인공지능 기술을 사용해 사용자의 감성 상태를 인지·해석하고 감성을 생성·표현하며 사용자의 감성을 예측·추론하는 기술을 의미한다.

감성 인공지능 기술을 활용한 산업에서의 활용은 무궁무진하다. 기업의 제품 출시에 앞서 소비자의 감정 파악을 통한 반응과 만족도 조사, 콜센터 상담 중 고객의 감정적 변화를 실시간으로 인식해 상담사에게 고객 대응 코칭, 인공지능 음성 알고리즘을 통해 환자와의 대화 중 감정상태를 파악하고 치료 방법 및 감정 대처 방안 코칭, 인간의 감정을 담은 인공지능 음성합성 콘텐츠 제작, 영상 기반 환자의 감성 및 심리 상태 파악/분석을 통한 상담서비스 제공, 운전자의 감정상태에 맞는 안전운전 환경 제공 등 인간의 감정·감성에 기반한 혁신적이고 새로운 비즈니스 기회가 창출될 것으로 기대된다.

감성 인공지능 활용이 확대됨에 따라 전 세계 감성 인공지능 시장은 2021년 223억 달러에서 연평균 12.1%의 성장을 통해 2030년 496억 달러로 시장 규모가 확대될 것으로 전망된다(Engineer Element, 2022).

미국을 비롯한 주요국에서도 시장 태동기인 감성 인공지능 산업 활성화를 위해 적극적인 R&D 투자와 활용을 위한 기반 인프라 구축을 조성하는 데 자원과 역량을 집중하고 있다.

이에 본 장에서는 감성 인공지능에 대한 주요국의 정책동향을 살펴보고 국내외 감성 인공지능 제품 및 서비스 개발·제공 현황을 살펴보고자 한다.

2. 주요국 정책 동향

2.1 국외

미국, 유럽, 일본, 중국을 비롯한 해외 주요국에서는 시장 태동기 단계에 있는 감성 인공지능 기술을 국가의 핵심 미래 성장 분야로 선정, 정부 차원의 R&D 투자 확대 및 정책적 지원을 강화하고 있다.

미국

미국은 뇌 연구에서 출발해 AI 기술역량을 바탕으로 인간의 감성 증강을 위한 연구개발에 집중하고 있다.

국가-기업-대학 간 협력 & 연계의 연구 네트워크 확대를 바탕으로 감성 인공지능과 관련된 공동연구를 통해 감성인식, 감성형 서비스 제공을 위한 R&D 플랫폼 및 감성 상호작용 연구 등 인간의 감성 상태를 인지하고 감성의 개선/치료를 위한 다양한 산학연 협력 프로젝트를 추진하고 있으며, 감성 인공지능 서비스 활성화에 자원과 역량을 강화하고 있다. 또한 국가 주도의 뇌 연구 프로젝트인 '브레인 이니셔티브'를 통해 인간의 감성 파악과 증강에 관한 연구를 지속해서 추진해오고 있다.

유럽

유럽은 고령화 사회 대응을 위해 감정인식 기술개발 및 인간의 정서직·심리적 감성 개선을 위한 EU 차원의 연구를 적극적으로 추진하고 있다.

EU는 고령자 및 정서적·심리적 장애를 겪고 있는 국민의 감성 능력 향상을 위해 R&D 및 투자를 강화하고 있다. 대표적인 연구 프로젝트로 'Framework Work 7'을 지속적으로 추진하고 있으며, 이 중 'Symbiotic Human Machine Interaction' 프로젝트를 통해 인간의 감성인식 연구를 기반으로 사람과의 정서적 교감에 포커스된 감성 로봇을 활용해 인간의 감정상태를 파악하고 이러한 인간의 감성을 개선하기 위한 연구개발에 집중하고 있다.

일본

일본은 사회문제 해결을 목표로 ICT·AI와 로봇 기술을 활용해 범정부 차원의 융합정책·연구개발을 통해 인간의 감성을 증진하는 연구를 추진해 오고 있다.

국가 주도의 'i-Japan 2015', '로봇 신전략', 'AI 전략 2019', '인간공전 로봇 도입 구축' 등의 다양한 정책·전략을 통해 인간 중심 ICT 융합연구, 인간-인공지능 간 휴먼 인터렉션 및 인간의 감성을 파악하는 감성 인지 연구를 적극적으로 추진하고 있다.

한편 고령화 및 1인 가구 사회와 같은 인구구조의 변화로 인해 사회구성원 간 대화와 소통이 점차 줄어들고 있으며, 독거노인 증가와 이로 인한 고독사의 빈번한 발생 등은 심각한 사회 문제로 대두되고 있다. 이에 사람의 감정을 이해하고 반응하는 반려로봇과 같은 감성 로봇을 활용해 인간과의 감성적 소통을 향상시키는 연구를 강화하고 있다.

중국

중국은 인간의 뇌 인지 연구와 함께 감성 인공지능 R&D 분야에 대한 정부의 적극적인 투자를 확대·강화하고 있다.

'China Brain Project'와 같은 뇌 연구를 시작으로 감성인지에 대한 국가 차원의 중장기 R&D 및 정책을 추진하고 있으며, 세계 상위수준의 인공지능 기술을 기반으로 인간의 감정을 파악하는 연구에서도 정부의 정책적 지원하에 연구개발이 활발히 추진되고 있다.

2.2 우리나라

우리나라도 인간을 중심으로 한 감성 인공지능을 국가 및 산업발전의 유망기술로 선정하였으며, 시장 태동기 단계에 있는 감성 인공지능 기술개발 및 활용성 강화를 위해 기반 환경 조성에 집중하고 있다.

정부는 '대한민국 과학기술 미래전략 2045'를 통해 '인간과 교감하는 인공지능 로봇'을 핵심 도전과제로 선정하여 로봇, 인공지능을 포함한 ICT의 융용확대를 통해 고령자, 장애인 등을 대상으로 정서적·심리적 감성케어에 대한 정책적 지원을 강화하고 있다.

한편 '인공지능 기술 청사진 2030'에서 '소통감성 AI : 복합대화 기술' '교감형 AI'를 제시함으로써 감성 인공지능 R&D 전략 및 사회문제 해결을 위한 활용의 필요성을 제시하고 있다. 구체적인 기술개발을 살펴보면, 복합대화 기술과 교감형 AI 기술이 대표적이다. 복합대화 기술은 인간의 음성, 표정 변화, 행동, 움직임 등을 아우르는 복합 모달리티의 통합적 맥락을 통해 인간의 의도를 이해하고 감정을 표출하는 대화 기술이며, 교감형 AI 기술은 음성, 텍스트, 표정뿐만 아니라 사용자의 감성, 의도와 맥락을 인간의 관점에서 이해하고 인간과 인공지능 간 상호작용의 정서적 교감 형성이 가능한 AI 기술을 의미한다.

감성 관련 기술·콘텐츠에 대한 투자정책 지원 강화 및 감성 데이터 활용 확대를 위한 감성 인공지능 공공 데이터 인프라를 적극적으로 추진하고 있다. 정부 부처 주도의 감성 문화콘텐츠, 감성 UX인터렉션 기술, 감성 ICT 기술 등 인간의 감성 관련 지속적인 기술개발 및 정책적 지원을 강화하고 있다. KAIST에서는 한국인 고유의 감정과 감성을 표현하는 데이터 수집과 이를 활용한 응용서비스 개발 확대를 위해 '감성인지 AI 공공DB 구축 사업'을 추진하고 있다.

표 7-1 주요국의 감성 인공지능 정책 동향

국가	주요 내용
미국	- 국가와 산학연 연계 기반 감성 AI 공동연구 추진으로 감성 상태 인식 및 증강/향상을 위한 연구 프로젝트 추진 강화 - '브레인 이니셔티브'와 같은 뇌 연구를 통해 인간의 인지/감성 파악 및 향상에 관한 연구 추진
유럽	- 고령자 및 정서적/심리적 어려움을 겪고 있는 국민을 대상으로 감성능력 향상 연구 강화 - FP7 프로젝트 'Symbiotic Human Machine Interation' 통해 인간의 감성인식 연구를 추진해 오고 있으며, 감성로봇을 활용한 인간의 감성 상태 인지 및 개선 연구 추진
일본	- 국가적 차원에서 인간 중심의 ICT 융합 연구/정책 지향의 감성연구 추진 - 고령화 및 1인 가구 중심의 현대사회로 발전에 따라 인간과의 감성적 소통을 증진하는 감성로봇 활성화 정책 추진
중국	- 후발국가로서 'China Brain Project'를 시작으로 인간의 뇌 연구, 감성, 인지에 관해 국가 주도의 중장기 연구 추진 - 높은 수준의 AI와 안면인식 기술 등을 활용한 감정인식 기술에 대한 R&D 투자 및 정책적 지원 강화
한국	- '대한민국 과학기술 미래전략 2045'에서 '인간과 교감하는 인공지능 로봇'을 도전과제로 선정하여 국가 차원의 정책적 지원 강화 - '인공지능 기술 청사진 2030'을 통해 감성 인공지능 R&D 필요성 제시 - 정부 차원의 감성 관련 기술콘텐츠 투자정책 강화와 한국인 고유의 감정 표현과 관련 데이터 수집 및 응용서비스 개발을 위해 '감성 인지 AI 공공DB 구축 사업' 추진

출처 : 과학기술정보통신부(2020), 국가기술표준원(2015), 한국산업기술진흥원(2019), 정보통신기획평가원(2020) 등 참조하여 구성

3. 감성 인공지능 제품 및 서비스 제공 사례

3.1 해외

어펙티바

어펙티바(Affectiva)는 MIT 미디어랩에서 스핀오프한 감성 인공지능 벤처기업으로 2009년에 설립되었으며 약 40억 개의 얼굴 이미지 데이터베이스를 보유하고 있다. Affeciva의 핵심 사업 분야는 영상을 통해 얼굴 표정 인식과 음성 기반 인공지능 알고리즘 분석, 감성 파악, 비즈니스 모델 지원 제품·서비스 개발에 주력하고 있다.

주요 핵심 제품·서비스로는 자동차 감성 플랫폼인 '어펙티바 자동차 AI(Affectiva Automotive AI)'가 있다. 어펙티바 자동차 AI(Affectiva Automotive AI)는 운전자 상태를 모니터링하고 운전자의 감정·감성 상태에 대응한 안전운전 환경을 제공해 준다. 구체적으로 설명하면 운전자와 승객의 얼굴 표정과 목소리·음성을 통해 기쁨, 분노, 졸음, 분노의 정도, 눈 깜박임 속도, 신체적 산만도 등의 다양한 감성 상태를 인지하고 이러한 데이터에 기반해 감성 인공지능 알고리즘 분석을

그림 7-1 운전자와 승객의 감정상태 파악

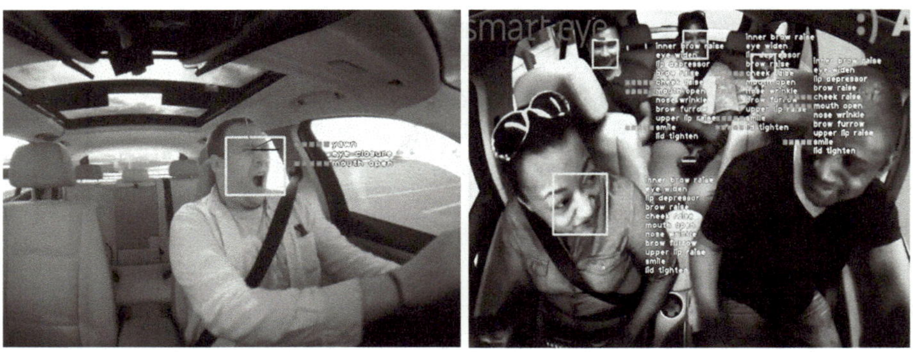

출처 : https://go.affectiva.com/auto

통해 운전 중 운전자의 피로도와 이로 인한 주의 산만에 대해 모니터링을 함으로써 운전자에게 최적의 안전운전 환경을 제공한다. 다만 운전자에 대한 부정확한 감정을 파악할 경우 운전자 불편을 가중하고 안전사고 위험 우려가 있을 수 있다.

오더링

오더링(audEERING)은 독일 뮌헨공대에서 스핀오프한 음성 기반 인공지능 혁신 솔루션 개발 기업으로 중점 핵심 사업분야는 음악, 사운드 데이터를 이용해 사용자의 감정상태를 파악해 비즈니스 프로세스 개선 및 향상에 활용하고 있다.

핵심 제품·서비스로는 enterAIn play와 senseAI가 있다. enterAIn play는 실시간 게임 중 상대방과의 음성 대화를 통해 상대방의 감정을 인식해 게임 상대방과의 자연스러운 상호 커뮤니케이션을 가능하게 해 줄 뿐만 아니라, 게임 상대방과의 감정 공유를 함으로써 상호 생동감 있는 네트워크 게임을 가능하게 한다. senseAI는 특정한 비즈니스 프로세스 개선을 위한 소비자의 다양한 감정상태를 파악하고 식별하는 데 활용된다.

그림 7-2 audEERING의 음성을 통한 감정인식 솔루션

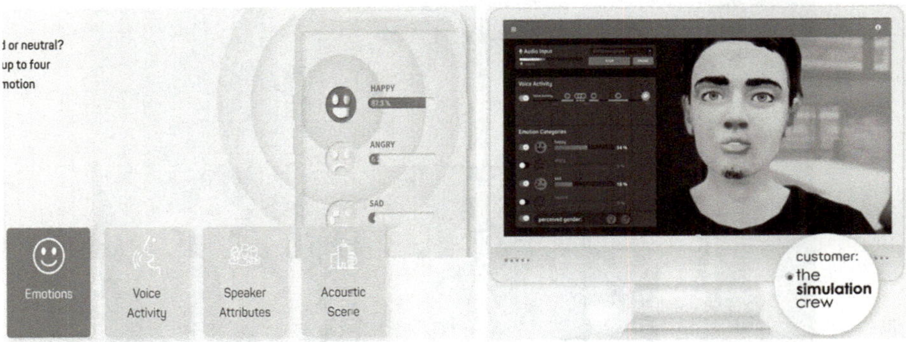

출처 : https://www.audeering.com/products/entertain-play/

이모션트

이모션트(Emotient)는 인공지능과 빅데이터를 활용해 감성을 인식하는 전문 스타트업으로 2016년 애플에 인수되었다. 핵심 사업으로는 빅데이터를 활용해 사람의 감정을 인식하는 기술을 비즈니스에 활용하고 있다. 즉, Emotient가 개발한 솔루션은 일반 카메라의 비디오를 사용해 이를 스캔하여 얼굴을 찾은 다음 비디오에 있는 사람들의 표정을 분석하여 사람들의 감정을 즉각적으로 파악하는 것이다. 이러한 감정인식 기술을 통해 Emotient에서 제공하는 제품·서비스는 소비자에게 광고 및 상품 반응도 인식과 환자의 통증을 인식하는 서비스를 제공하고 있다. 우선 광고, 상품 반응도 인식은 사진 또는 비디오 영상 속 소비자 얼굴 표정을 인식해 광고, 상품에 대한 소비자 반응 및 만족도 모니터링에 활용하고 있다. 다음으로 환자의 통증 인식 서비스는 병원에서 의사표현이 불가능한 환자의 치료 중 통증 인지 여부를 파악하는 것이다. Emotient의 제품·서비스는 궁극적으로 소비자의 쇼핑 경험을 측정하거나 제품 광고 중 소비자가 어떻게 반응하는지를

그림 7-3 제품 광고를 보는 소비자의 감정인식 모습

출처 : https://www.businessinsider.com/how-emotient-ai-works-2016-1

측정해 자사의 마케팅 전략에 활용하는 것이 가능하다.

코지토

코지토(Cogito)는 MIT 미디어랩에서 스핀오프한 음성분석 기반 콜센터 솔루션 전문 스타트업으로 대표적인 제품·서비스로는 상담원을 상담해 주는 '상담 관리 AI 소프트웨어'가 있다. 상담 관리 AI 소프트웨어는 상담 중 고객과의 대화를 실시간 분석해 대화 중간에 너무 격앙된 톤이거나 대화의 흐름이 달라지면 이를 지적해 주며 매끄러운 상담이 진행될 수 있도록 도와주는 AI 감정 코칭 서비스이다. 즉, 음성 기반 AI 기술을 활용해 상담원의 음성 상태, 어조, 성량, 사용하는 단어 등을 분석해 상담원의 고객에 대한 공감도를 측정해 실시간으로 코칭을 내리는 방식으로 서비스가 제공된다. 예를 들어 상담을 받던 고객이 갑자기 화를 낼 경우, 상담 직원이 곤란한 반응을 인식하게 되면 상담원에게 AI가 '흥분을 가라앉

그림 7-4 상담원의 감정을 인식하는 AI

출처 : https://cogitocorp.com/resources/cogito-real-time-coaching-and-guidance-for-better-cx-and-ex/

히고 고객에게 공감 신호를 보내세요' 등의 실시간으로 명령을 보낸다.

실제 미국 보험회사 매트라이프가 Cogito 상담 관리 AI 서비스를 도입한 이후 콜센터 이용 고객 만족도가 13% 향상된 것으로 나타났다.

기존 서비스 외에 Cogito는 다양한 서비스 제공을 위한 노력을 진행하고 있으며, 향후 비즈니스 협상 과정을 도와줄 수 있도록 하거나, 영상 회의 소프트웨어를 통해 회의의 질을 높여줄 수 있는 프로그램을 개발할 예정이다.[1]

USC 대학

미국 USC 대학은 온라인 상담 심리 시뮬레이터인 SimSensi를 개발했다. SimSensi는 가상의 의사가 영상 속 환자의 얼굴 표정 추출과, 음성 등의 정보를 획득해 환자의 감성 및 심리 상태를 파악, 분석한 후 상담서비스를 제공하는 영상 기반의 감성인식 상담 시뮬레이터이다.

그림 7-5 USC 대학의 SimSensi 상담 모습

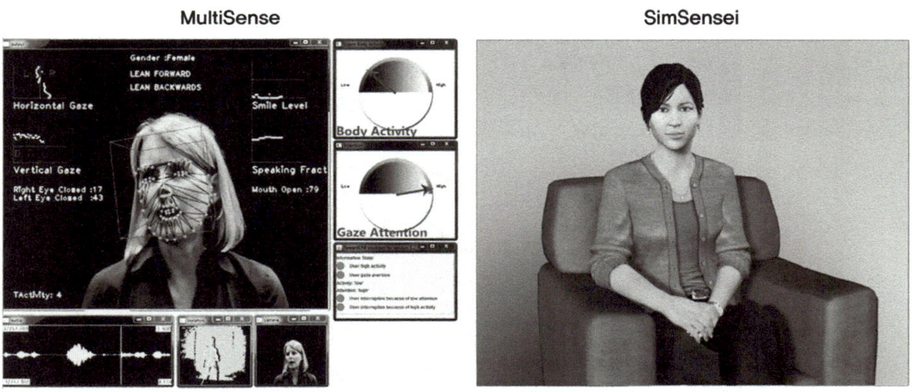

출처 : https://www.youtube.com/watch?v=ejczMs6b1Q4

1. https://etinow.me/171

카탈리아 헬스

미국 카탈리아 헬스(Catalia Healthy)사는 음성인식 기반 감성인식을 분석하는 디지털 헬스 기업으로 만성병 환자의 질병 치료를 관리해 주는 가정용 AI 로봇 마부(Mabu)를 개발했다. 마부는 환자와의 질문과 대답 과정에서 약물 복용 시점을 알려줌과 동시에 의료진에게 환자의 상태에 맞는 적절한 조처를 할 수 있도록 안내를 한다. 또한 마부는 AI 기반 음성인식 알고리즘을 활용해 환자와의 대화 중 감성 상태를 파악하고 치료 방법 안내 및 감정 대처 방안을 코치해 준다.

그림 7-6 카탈리아 헬스의 가정용 AI 로봇 마부

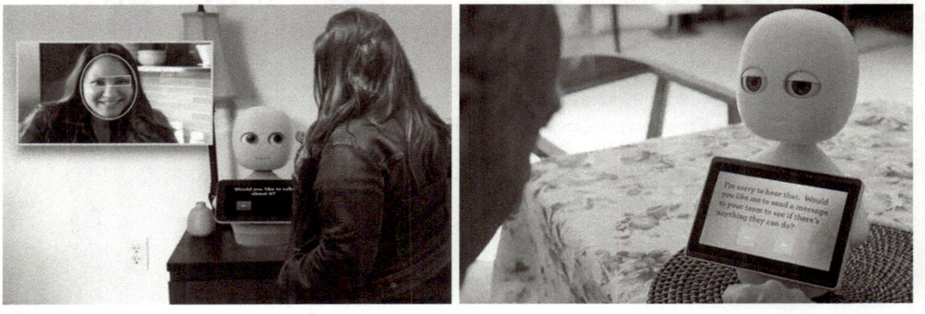

출처 : https://www.youtube.com/watch?v=ㄲj-3bot3D34&t=39s

핸슨 로보틱스

핸슨 로보틱스(Hanson Robotics)는 휴머노이드 로봇 전문 스타트업으로 레인보우 로보틱스, KAIST 및 네바다 대학과의 기술협력을 통해 CES 2018에 맞춰 AI 로봇 소피아(Sopia)를 처음으로 공개했다. 소피아와 같은 소셜 로봇은 사람처럼 대화하고 행동함에 따라 정서적인 소통이 가능해 상대방의 표정 인식 및 62가지 인간의 감정을 표정으로 표현하며 손동작을 하는 등 자연스러운 감정 표현을 통해 인간과의 상호 인터렉션이 가능하다.

한편 핸슨 로보틱스는 병원·요양원에서 노인들과 소통하고 간병 업무를 수행하는 노인 돌봄 전문 AI 헬스케어 로봇 '그레이스(Grace)' 시제품을 제작했다.

그레이스는 환자의 체온과 맥박을 감지하는 열화상 카메라를 통해 노인들의 신체적 반응을 체크할 뿐만 아니라 탑재된 인공지능을 통해 48개 이상의 얼굴 근육 시뮬레이션을 도입해 자연스러운 얼굴 표정이 가능하고 환자와의 대화를 통해 정서적 · 심리적으로 안정감을 줄 수 있도록 정신건강을 관리해 준다.

그림 7-7 핸슨 로보틱스의 AI 로봇 소피아와 AI 헬스케어 로봇 그레이스

출처 : https://www.aitimes.com/news/articleView.html?idxno=135965 ; https://www.irobotnews.com/news/articleView.html?idxno=25231

아우디

독일 자동차 회사 아우디(Audio)는 집과 일터 외의 탑승자의 니즈를 반영한 제3의 공간으로 탑승자와 교감할 수 있는 쇼카 "AI : ME"를 CES 2020에서 선보였다. AI : ME는 탑승자 시선을 읽고 소통하는 기능이 탑재되어 있으며, 탑승자의 운전 중 습관을 학습하고 인공지능과 같은 지능형 기술과의 결합을 통해 탑승자의 안전과 편안함이 향상한다. 운전 중 운전자의 피로도를 인지할 경우 특수 조명을 통해 피로도 경감 서비스 제공이 가능하다. 미래에는 감정인식과 인공지능 기술과의 결합 및 고도화를 통해 운전자의 운전 습관 데이터를 기반으로 시트 위치, 최적 경로 설정, 실내 온도 및 방향 등 사용자 친화 맞춤형으로 차량 내부 세팅이 될 것으로 기대된다.

그림 7-8 탑승자와 교감이 가능한 아우디의 쇼카 AI : ME

출처 : https://evlounge.donga.com/FOREV/BestClick/3/all/20200108/99128215/1

3.2 국내

아크릴

아크릴은 멀티모달(MultiModal) 감성인식 기반 AI 기술을 개발하는 인공지능 전문기업이다. 멀티모달 감성인식 기술은 다양한 데이터 통신 채널을 이용해 감성을 인식하는 것으로 동영상에 있는 영상, 음성, 텍스트 정보의 서로 다른 3가지 모달의 데이터들을 하나의 네트워크에서 학습할 수 있는 기술이다.

2023년 AI EXPO KOREA에서 딥러닝 기반 감성 AI에 특화된 '조나단' 플랫폼을 소개했다. 조나단은 사람의 음성과 텍스트, 표정을 판별할 수 있는 감성 특화 AI 기술을 기반으로 만들어진 플랫폼으로 맞춤형 감성 분석 기술을 통해 텍스트와 음성, 영상, 멀티모달 공감 등을 사람의 감성으로 인식하고 판별, 분류하는 솔루션이다.

주요 서비스인 '우울증 발생 예측 AI 솔루션'은 가톨릭대학교 성모병원과 공동으로 병원 내원 환자의 면담, 진료 기록 등 텍스트 기반 우울증 발생을 예측하는 SW 개발을 진행하고 있다. 'AI 면접관'은 지원자의 얼굴, 음성, 언어 분석을 통해 특정 상황에서 지원자 성향을 긍정·부정 등의 감정으로 파악할 수 있다.

그림 7-9 아크릴의 멀티모달 감성인식 작동 방식

출처 : https://skdt.co.kr/bbs/board.php?bo_table=dtblog&wr_id=29045&page=14

에이블에이아이

에이블에이아이는 2019년 인공지능 개방형 경진대회에서 얼굴 감정인식 분야 1위에 올라 2019년 8월 창업한 딥러닝 기반 감성인식 기술 솔루션 기업이다.

에이블에이아이의 대표적인 제품으로 얼굴 감정 캡처시스템(AI EMS)과 감성인식 솔루션 등이 있다. 우선 얼굴감정 캡처시스템(AI EMS)은 6대의 카메라를 이용해 다양한 각도에서 감정별 표정 데이터를 정적인 모습과 미세표정이 포함된 동영상 데이터를 수집해 슬픔, 분노, 공포, 역겨움, 행복, 무표정, 놀람 등 7가지 감정을 포착해 상황 설정을 영상과 음악으로 안내 및 통합 GUI(Graphical User Interface)를 통해 환경 설정 등의 제어 기능을 제공한다. 얼굴 감정인식 솔루션은 음성, 영상, 웨어러블(Wearable) 센서들의 신호를 개별적으로 혹은 멀티모달(MultiModal) 형태로 통합해 감정상태를 분석하거나 개별적인 모달(Modal) 정보 추출이 가능한 API(Application Programming Interface)를 제공한다.

에이블에이아이는 한국인의 특성을 고려해 음성, 영상, 웨어러블 센서들을 개별 및 멀티모달 형태로 통합한 감정인식 솔루션의 확장적 솔루션 개발로 감정인식 분야의 틈새시장 개척 및 상용화 서비스 제공에 역량을 강화할 것으로 기대된다.

그림 7-10 에이블에이아이의 얼굴 감정 캡처 시스템과 얼굴 감정인식 솔루션

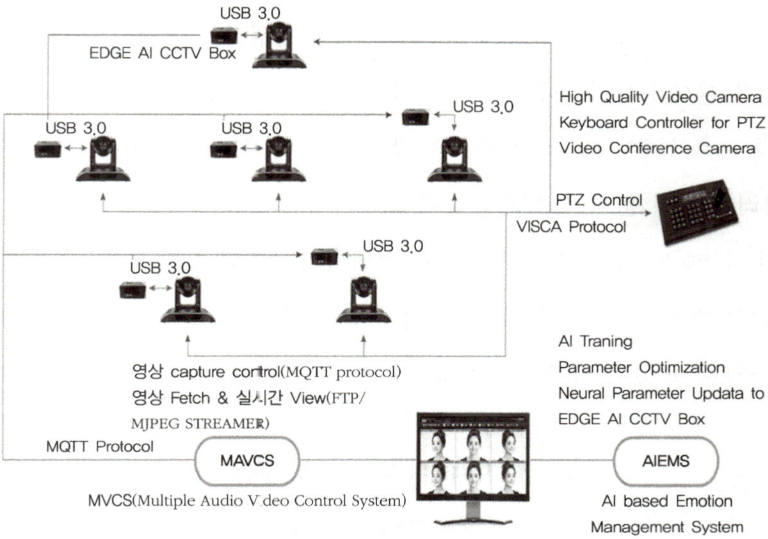

01

End-to-end IoT Security

TPM 2.0(Trusted Platform Module) 기능을 제공하여 Wearable 센서들이 연결된 단말 데이터의 보안성을 강화하였다.

02

동기화 기술

네트워크 시간 지연이 보정되고 신호 캡처 시간이 동기화된 오디오, 비디오, 그리고 Wearable 센서의 Multimodal 구조를 경량화시켜 적용이 가능하도록 한 인공지능 모델을 사용한다.

03

Voice Activity Detection 기술

Background Noise를 제거하고 음성구간을 인지하도록 한다.

04

Emotion Sequencer 기술

감정은 제한적인 시간에서 제한된 형태로 변한다. 이를 감정 추정에 이용하여 신뢰성 높은 결과를 제공한다.

출처 : https://www.able-ai.ai/main/main.html ; https://www.able-ai.ai/main/main.html

미래손

미래손은 콜센터 상담원 등 감정 노동자의 스트레스 개선에 도움이 되는 음성 기반 감성인식 솔루션을 제공하는 기업이다. 미래손이 개발한 '보이스크림(VoiceCream)'은 계층형 감정 분석 시스템으로 상담사가 콜센터 고객과 통화 시 목소리를 실시간 특정 단위로 구분하여 분노, 스트레스, 흥분, 만족 등 감정을 16개 범주로 추출하여 고객과 상담사의 감정 지수 및 추이를 분석한다.

이러한 감정 분석 시스템을 통해 고객의 감정 분석을 기반으로 고객 맞춤형 상담이 가능하다. 감성 분석 시스템이 상담사의 스트레스를 감지할 수 있어 상담사의 근무 환경 개선 등 조치가 가능할 뿐만 아니라 고객의 불만 파악 및 관심 분야를 파악할 수 있어 영업 효과 향상에 기여할 수 있다.

그림 7-11 미래손의 보이스크림 서비스 구성도

출처 : http://miraeson.com/

KT

KT는 'AI 보이스 스튜디오(AI Voice Studio)' 플랫폼을 통해 인간의 감정을 담은 인공지능(AI) 음성합성 콘텐츠 제작 프로그램 서비스를 2022년 출시했다.

AI 보이스 스튜디오는 100개에 달하는 AI 목소리를 활용해 즐거움 · 침착함 · 중립 · 슬픔 · 화남의 5가지 감정으로 합성할 수 있는 'AI 보이스'와 AI 음성을 활용해 영상 등 오디오 합성 콘텐츠를 제작할 수 있는 '스튜디오'로 구성돼 있다.

특히 AI 보이스 스튜디오는 '감정 더빙' 기술을 적용함에 따라 AI 음성을 내가 낭독한 감정 그대로 전환할 수 있으며, AI 음성은 한국어, 영어, 중국어, 일본어 4개 국어로도 합성할 수 있다. 이러한 AI 보이스 스튜디오의 감정 더빙 기술은 오디오북, 교육, 오디오 드라마, 안내방송, 광고, 기가지니 등 다양한 분야에 활용될 것으로 전망된다.

그림 7-12 KT의 AI 보이스 스튜디오 서비스

출처 : https://aivoicestudio.ai/

제네시스랩

제네시스랩은 인터렉티브 AI 솔루션 개발 스타트업으로 '인공지능(AI) 휴먼'을 탑재한 AI 영상면접 솔루션 '뷰인터 HR(viewinter HR) 2.0' 버전을 2023년 7월 출시했다.

AI 영상면접 솔루션 '뷰인터 HR(viewinter HR)'은 전문 면접관의 면접 노하우를 학습한 인공지능 알고리즘으로 면접 분석 결과를 제공한다. 핵심 서비스로는 영상과 면접자의 답변 내용을 AI로 분석하고 호감도나 침착성 등 면접자의 비언어적 특성이나 문제해결, 주도성 등 업무와 관련된 역량을 평가한다. 현대자동차, LG전자, 육군 등 100개 이상의 대기업과 공공기관에 도입 중이다.

한편 대입 컨설팅 솔루션으로 활용될 경우 입시 전문가 노하우와 AI 기반 감성인식 기술을 통해 사용자 영상분석으로 면접 대비 시선 처리, 표정, 호감도 등에 대한 컨설팅 제공이 가능하다.

그림 7-13 제네시스랩의 AI 영상면접 솔루션 '뷰인터 2.0'

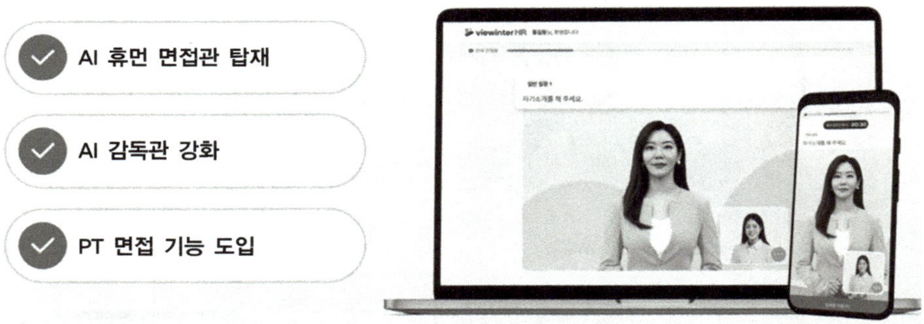

출처 : https://www.aitimes.com/news/articleView.html?idxno=152637

4. 맺음말

인공지능 기술 활용이 생활 전반에 친숙하게 다가옴에 따라 인간의 감정·감성 상태 인식에 기반한 이용자 친화적 다양한 인공지능 감성 서비스 또는 솔루션 개발의 확장적 발전이 전개되고 있다.

감성 인공지능의 산업적 활용뿐만 아니라 복잡한 사회구조 속 인간관계에서 정서적·심리적 불안에 노출되는 인구가 증가함에 따라 감성 데이터를 활용한 불안, 우울 등의 심리적 감정상태 개선을 위한 서비스 수요가 증대하고 있다.

이에 국내외 주요 감성 인공지능 기업들은 인공지능을 적용한 다양한 감성인식 솔루션을 통해 사용자의 감성에 부합한 다양한 분야에서 서비스와 솔루션을 제공하고 있다. 주요 서비스 제공 유형을 요약하면 첫째, 사용자 감성 상태 기반 최적의 환경을 제공하는 것이다. 운전자의 얼굴 표정, 눈 깜박임 등을 인식, 졸음 상태 여부를 파악해 안전운전 환경을 제공한다. 둘째, 기업 제품/서비스에 대한 고객 반응 및 만족도 등 마케팅 목적의 활용이다. 소개하는 제품·광고를 본 고객의 얼굴 표정을 파악해 고객 대응 및 비즈니스 개선 등에 적용이 가능하다. 셋째, 일반 사용자 및 환자의 질병 예측과 상담 서비스 제공이다. 불안장애, 우울증, 치매 등의 정서적·심리적 상태를 파악 및 정신건강 개선을 위한 상담을 제공하는 것이다. 넷째, 사용자의 감정을 코치하는 서비스다. 감정 노동에 종사하는 콜센터 상담 직원에게 고객의 감정상태에 최적의 대응을 할 수 있도록 감성 인공지능 솔루션이 감정을 코칭해 준다. 다섯째, 교육, 진로, 면접에 대한 컨설팅 솔루션이다. 인공지능 영상 분석 기반 사용자의 면접상황에서 시선 처리, 얼굴 표정, 호감도 등에 대한 컨설팅 제공이다. 여섯째, 사용자의 감정이 포함된 음성 합성 콘텐츠 제작이다. 감정 더빙 기술을 적용해 사용자의 감정을 담은 인공지능 음성 합성 콘텐츠다.

감성 인공지능 기술을 활용한 서비스는 기본적으로 사용자의 감정·감성 데이터 획득이 무엇보다 중요하다. 감성 데이터 또한 개인정보에 해당하므로 감성 인공지능 서비스·솔루션의 시장 확산이 촉진되기 위해서는 인간의 감정·감성 데이터에 대한 체계적인 제도 마련이 중요하며, 이러한 토대 위에서 인간 중심의 감성 인공지능 서비스·솔루션은 스마트폰과 같이 머지않아 우리에게 매우 친숙하며 필수적인 서비스로 다가올 것으로 기대된다.

[참고문헌]

과학기술정보통신부(2020), "대한민국 과학기술 미래전략 2045(안)".

국가기술표준원(2015), 「감성부가가치 기술의 표준 인프라 구축 방안」, KATS 기술보고서, 제72호.

김문구·박종현(2018), 「AI 기반 감성증강 10대 유망 서비스 탐색」.

김상식(2018), 「감성 컴퓨팅 연구동향」, 『융합 Weekly TIP』, Vol. 130, KIST 융합연구정책센터.

정보통신기획평가원(2020), "인공지능 기술 청사진 2030".

한국산업기술진흥원(2019), "일본의 인공지능(AI) 정책 동향".

Engineer Element(2022), "Emotional Artificial Intelligence Market 2022-2030 : Global Size, Trends, Growth Insight".

https://aivoicestudio.ai/

https://etinow.me/171

https://evlounge.donga.com/FOREV/BestClick/3/all/20200108/99128215/1

https://go.affectiva.com/auto

http://miraeson.com/

https://skdt.co.kr/bbs/board.php?bo_table=dtblog&wr_id=29045&page=14

https://www.aitimes.com/news/articleView.html?idxno=135965

https://www.aitimes.com/news/articleView.html?idxno=152637

https://www.audeering.com/products/entertain-play/

https://www.businessinsider.com/how-emotient-ai-works-2016-1

https://www.irobotnews.com/news/articleView.html?idxno=25231

https://www.youtube.com/watch?v=mj-3bot3D34&t=39s

CHAPTER 08

감성 컴퓨팅의 응용 : 디지털 헬스케어, 에듀테크, 감성 서비스

—김영주((주)이모셔니스트)

〈요약〉

감성과 컴퓨터, 단어 조합이 무척 낯설기만 하다.

사람의 고유한 특성으로 꼽히는 감성과 과학기술의 집약체인 컴퓨터는 각각 인간과 기계를 대표하며, 양 끝단에서 서로 대립할 것만 같은 느낌이 다분했는데 말이다.

감성 컴퓨팅은 기계가 인간을 이해하기 위해 인간 감성을 인식, 분석, 해석하여 궁극적으로 의사소통할 수 있는 방법을 연구하는 분야이다. 무엇보다도 인간의 사고와 감정에 대한 이해가 중요하기 때문에 인간에 대한 연구 학문인 심리학, 철학, 생리학에서부터 인지과학, 인공지능, 공학에 이르기까지 다양한 영역의 협력을 통한 기술개발이 필요하다. 그래야지만 감각적 자극에 대한 사람들의 반응을 인지하고 사람과 컴퓨터 간의 상호작용을 가능하게 한다.

이미 세계의 많은 나라들이 감성기술을 적용한 제품을 상용화하고, 관련 기술들을 고도화하여 사회에 도움이 되고, 필요한 기술을 만들기 위해 기술력을 집중하고 있다. 감성 컴퓨팅의 미래는 따뜻한 마음을 가진 기기와 시스템들이 사람과 친밀하게 공감하고 소통한다. 그리고 실질적인 도움이 되어 사용자의 심리적, 육체적, 환경적 변화를 만들어내는 미래를 꿈꾼다.

1. 개요

우리는 감성 디자인, 감성 마케팅처럼 학문이 융합된 과목을 공부하고 감성 카페, 감성 이미지, 감성 문구 등 일상적인 용어까지 감성을 마주하고 있다. 이렇게 감성이 우리의 생활에 밀접하게 파고든 이유는 무엇일까?

그 이유 중의 하나는 제품의 기능, 품질, 가격으로 경쟁하던 단계의 한계를 인식하게 되고, 소비자 중심의 관점으로 이동하여 소비자(사용자)의 내재된 욕구가 무엇인지에 대한 연구에 대한 관심을 가지게 되었기 때문이다. 산업사회의 변화에 따라 소품종 대량 생산에서 다품종 소량 생산으로 변화하였고, 제품의 소비자 또한 불특정 다수가 아닌 한정된 성향의 집단으로 변화하였다. 이와 같은 시장의 변화는 인간의 감성을 자극하는 디자인에 대한 선호도를 높이는 계기가 되었고, 발 빠른 기업들은 또 하나의 차별성으로 제품과 환경 설계에 인간의 감성까지 고려하고자 하였다.

감성에 대한 대중적 관심이 높아짐에 따라, 우리가 접하고 있는 모든 분야에서 감성을 이용 및 활용하고 있다. 그 예로 인간의 감성에 대한 연구, 분석, 해석을 위한 노력이 공학적인 기술과 만나 감성 AI, 감성 컴퓨팅을 이용한 교육(학습), 건강(의료), 로보틱스, 경영 등 여러 분야에 적용되고 있다. 본 장에서는 현재 감성 기술을 이용한 제품 및 서비스가 분야별로 우리의 일상에서 어떻게 활용되고 있는지 살펴보고자 한다.

2. 감성 인공지능 응용분야

인공지능이 단순히 사용자가 원하는 결과나 내용을 제시해 주는 역할에서 벗어나, 감성적인 상호작용이 가능한 인공 감성지능으로 구현, 제품화되는 것이 새로운 기술의 목표로 떠오르고 있다. 감성 AI, 감성 컴퓨팅은 인공지능을 사용해 사용자의 감정상태를 분석한다. 구체적으로는 비전, 음성, 센서, 동작, 텍스트 분석을 기반으로 고객의 현재 기분에 따라 구체적이고 개인화된 작업을 수행할 수 있다.

데이터를 분석하기에 앞서 데이터 수집이 우선 이루어져야 하는데, 현재 우리가 머무르는 공간은 다양한 정보를 수집하기에 유리하다. 우리 주변의 스마트폰, 스마트워치, 태블릿, 스마트 홈 디바이스, 오피스 등 주변 기기장치는 상당수가 이미 카메라와 마이크를 장착하고 있다. 따라서 별도의 추가 장비 없이도 감성측정 및 감성분석용 디바이스로 탈바꿈이 가능하여 우리 일상 속에서 감성 기술을 폭넓게 사용할 수 있게 되었다. 각 분야별로 감성 기술의 사용 예시를 살펴보도록 하자.

2.1 디지털 치료제

인구구조의 변화, 의료비용의 증가, 스마트 기기의 대중화와 같은 사회적 변화를 통해 환자 또는 소비자의 디지털 헬스케어에 대한 인식을 변화하게 하고, 수요를 촉진시키는 계기가 되었다. 특히 인구의 고령화와 더불어 의료비 지출을 줄이기 위한 목적으로 예방, 건강인지 및 생활 습관을 강조하는 사회적 분위기로 인해 특정 생체 신호를 모니터링하는 것에 대한 관심이 증대되고 있다. 특히 신용의료기술 및 정보통신기술(ICT ; Information and Communication Technology)이 의료정보와 연계됨에 따라 의료체계의 패러다임 또한 전환되고 있다. 이는 스마트폰, 스마트워치와 같은 다양한 모바일 생태계가 확장됨에 따라 건강데이터 수집, 다양한 의료서비스를 선보이며 가속화되고 있다는 것을 의미한다.

그중에서도 스마트폰의 대중화는 웨어러블 기기(Wearable device)의 연계를 통해 누구나 쉽고 간편하게 개인이 건강관리를 수행할 수 있는 기반 환경을 마련함으로써 디지털 헬스케어가 일상생활에서 영역을 점차 확대해 나가는 데 기여하고 있다. 인구의 고령화가 지속되면서 건강에 대한 우리들의 인식도 웰빙(Well-Being)에서 웰에이징(Well-Aging), 웰다잉(Well-Dying)까지 확장됨에 따라 가장 중요한 관심사로 변경 되고 있다. 정보통신기술을 활용한 스마트 의료는 질병을 사전에 예방하고 관리할 수 있어 공공의료에서는 의료비 상승, 건보재정 증가에 대한 부담을 완화될 수 있다는 점이 매력적이다.

디지털 치료제는 질병을 예방, 관리, 치료하기 위해 애플리케이션, 챗봇, 게임, 가상현실, 인공지능 등 소프트웨어 프로그램을 기반으로 환자의 치료를 제공하는 것을 말한다. 따라서 디지털 치료제는 질병을 치료하거나 예방하려는 목적이 분명하며, 사용한 후에 도움이 된다는 근거가 확실해야 하는 등의 요건이 필요하다. 환자의 건강 증진을 위한 서비스 제공에 목적성 때문에 '디지털 헬스케어' 보다는 더욱 확장되고 전문적인 개념으로 정의할 수 있다.

그림 8-1 디지털 헬스케어 시장 전망(2022~2032)

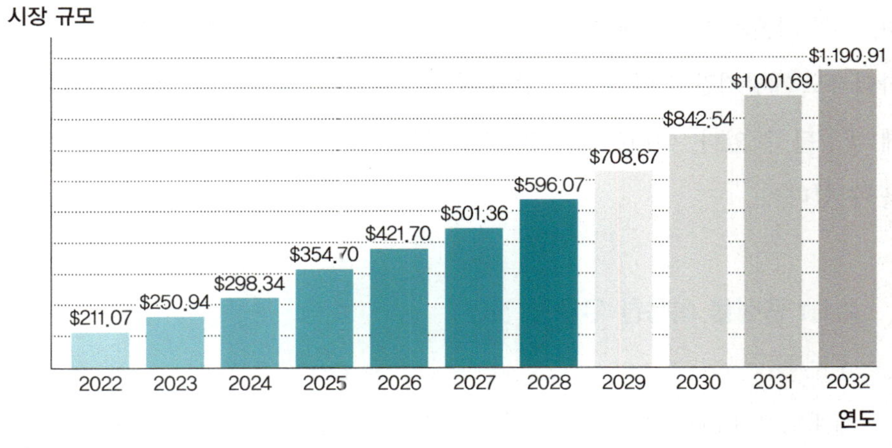

출처 : www.visionreserchreports.com

디지털 치료의 시작은 1990년 중반으로 거슬러 올라가 가상현실 노출요법(VRET ; VR Exposure Therapy)을 고소공포증이나 외상 후 스트레스 장애(PTSD ;

Post-traumatic stress disorder) 치료에 활용한 것이다(Rothbaum et al., 1995 ; 1999). 환자는 가상현실이라는 안전하고 통제된 환경에서 두려운 자극에 노출되어 가상 세계에 대한 몰입감과 현장감을 통해 감각 신경에 대한 자극을 강화시키는 반면, 의료진은 자극을 완전하게 제어할 수 있기에 개인에 맞는 맞춤형 치료를 제공할 수 있다. 이러한 방식은 정신장애에서 가장 많이 사용되는 인지행동치료(CBT ; Cognitive Behavioral Therapy) 중의 하나이다. 인지행동 치료는 생각이 감정과 행동에 중대한 영향을 미친다는 가정에서 시작한다. 자신의 부정적인 생각이나 왜곡된 인지구조를 깨닫고, 행동 패턴을 파악하여 최종적으로는 행동을 조절하는 행동변화에 집중하는 심리치료방법이다. 특히 우울증, 불안증, 외상 후 스트레스 장애, 중독 등 다양한 신경정신질환 환자들에게 유용하게 적용될 수 있다. 사용자들의 감정을 파악하여 그에 맞는 치료를 제공할 수 있기 때문이다.

치료가 진행됨에 따라 사이버 멀미나 피로감 같은 불편이 유발될 수 있지만, 기존의 의약품과 비교하여 독성이나 부작용 우려가 없다는 점이 가장 큰 강점이다. 또한 기존의 의약품에 비해 안전성 및 성능 검증을 위한 시험, 검사 등을 포함하더라도 개발기간이 짧고, 생산단가 및 유통비용이 저렴하기에 제품 단가가 낮게 책정될 수 있다. 이러한 조건은 결국 사용자나 국가의 의료비 절감 효과를 얻을 수 있다.

2.1.1 음성을 이용한 우울증 진단

세계보건기구(WHO)에 따른 전 세계적으로 주요 우울증 장애(MDD ; Major Depressive Disorder)로 고통 받고 있는 사람은 2억 6,400만 명을 넘었으며, 지속적으로 증가하고 있는 실정이다. MDD는 청소년과 젊은 성인의 가장 흔한 자살 원인에 포함된다. 불안, 스트레스, 우울 등과 같은 현대인의 정신적 질환에 대한 진단은 오직 환자의 주관적 증상의 보고에 의존하고 있다. 이러한 진단 방법은 실제 정확한 진단이 이루어지지 않고 과소 진단(under-diagnosis)의 원인이 되고 있으며, 주요 우울 장애환자의 진단의 정확도는 47%에 불과할 정도이다(Mitchell et al., 2009). 최근 증거 기반 의학이 대두되며, 정확하고 객관적인 진단 방법에 대한 논의가 지속되고 있다(Sheehan, 2004). 그렇다면 기존에 증상 보고에 사용되는 언어적 표현 외에 다른 정보는 어떤 것들이 있을까?

바로 비언어적 정보인 행동, 표정, 눈빛, 목소리 등 외현적으로 드러나는 우리의 다양한 정보를 획득하여 평가에 활용할 수 있다. 특히 이 중에서 무의식적인 반응으로 나타나는 생체신호의 경우는 표정, 목소리, 행동과 같이 의도적으로 감추거나 변조할 수 없기 때문에 보다 신뢰성 있는 데이터를 확보할 수 있는 강점을 지닌다.

그렇다면 목소리로 어떻게 우울증을 진단할 수 있는 것일까? 우리는 말을 할 때 혀와 턱, 입술, 후두를 세밀하게 조정하여 말을 한다. 기관 중 하나라도 문제가 생기거나 신경 조절에 이상이 있어도 즉각 말투나 목소리가 달라진다. 사고가 느려지면서 빠른 판단과 행동을 가로막기 때문이다. 따라서 우울할수록 말하는 속도도 느려지고 대화과정에서 단어와 단어도 뚝뚝 끊긴다(Szabadi et al., 1976). 이러한 현상에 집중한 University of Maryland의 Carol Espy-Wilson 교수팀은 사람이 우울증을 앓고 있는지 감지할 수 있는 AI 프로그램을 적용한 스마트폰 앱을 개발하기 위한 연구를 진행하고 있다. 사용자는 앱을 사용하여 지난 주 동안 신체적, 정신적으로 어떻게 느꼈는지에 대한 질문에 대하여 구두로 질문에 응답하며, 오디오 녹음과 함께 사용자의 허락하에 비디오 촬영도 이루어질 수 있다. 일반인과 우울증 환자의 말소리와 얼굴 표정을 학습한 AI는 실제 입력된 목소리의 주인공이 우울증에 걸렸는지 찾아낼 수 있을 뿐만 아니라 증상의 심각도도 알아낼 수 있다. 우울증과 자살 위험을 예측하는 연구들의 정확도는 대략 75~95% 정도이다(Little et al., 2021). 우울증의 여부는 물론이고 증상이 얼마나 심한지도 알아낼 수 있기에 증상이 경미한 환자에게는 미리 위험을 경고할 수 있다.

또 다른 예시로 Ghent University의 Arezoo Talebzadeh 교수팀은 치매환자에게 개인화된 맞춤형 소리를 통해 환자의 불안감을 60% 이상 완화시킬 수 있다는 결과를 발표하였다. 자연음이나 새소리, 빗소리는 수면의 질을 개선하고 초조, 불안, 괴로움을 감소시키는 한편, 환자들은 자신이 속한 시간과 공간을 정확히 인지할 수 있게 되어서 안정감을 얻을 수 있기 때문이다. 치매 환자는 시간과 공간을 식별하는 데 어려움을 겪기 때문에 고립감, 상실감, 외로움을 느끼며 방해되는 소음이나 낯선 소리가 환자들을 동요시키고 짜증을 유발시킬 수 있기 때문이다. 소리는 장소 감각을 제공하기에 인지장애가 있는 사람들에게는 필수적인 감각자극이기 때문이다. 냄새 다음으로 소리는 기분 변화에 가장 강력한 감각자극이므로 소리를 제공하여 음향증강을 통해 사람들의 기분과 인지 행동에 개선을 주는 연구가 이루어지고 있다(Talebzadeh et al., 2022).

2.1.2 생체신호를 이용한 불안, 스트레스 진단

지금까지 불안, 적응장애, 우울과 같은 정신질환 진단 방법은 최소한의 객관성(minimal objectivity)을 포함한 임상적 정보(CP ; clinical presentation)에 대한 의사의 판단에 전적으로 의존해 왔다. 주요 우울환자의 환자보고 및 증상 기반의 진단의 정확도는 약 47% 정도 된다(Mitchell AJ et al., 2009). 이를 극복하기 위해 생체 데이터를 활용하여 진단 정확도를 높이고 의료 서비스에 대한 만족도를 증가시키고자 디지털 바이오마커로서의 생체신호를 이용한 기술을 적용하는 서비스가 주목되고 있다.

인체의 신경계는 중추, 자율, 체성 신경계로 구성되어 있는데, 자율신경계는 심장박동과 같은 신진대사를 담당한다. 자율신경계의 지표인 심장반응을 살펴보면 생체 에너지의 변화에 대한 정보를 확인할 수 있다. 우리가 건강한 상태일 때는 심박변이가 복잡하고 불규칙하다. 그 이유는 상황(환경)에 맞게 신체가 반응하기 때문이다. 그러나 신체적, 정신적으로 건강하지 않은 경우라면 반대로 심박변이의 변화가 매우 작아지게 된다.

자율신경계는 교감과 부교감 신경으로 이루어져 있으며, 이는 심장, 위장, 간 등 모든 내장기관에 작용하여 신진대사를 조절하게 된다. 교감신경계가 활성화되면 심박수와 혈압이 높아지며, 내장혈관은 수축되어 위장에서 소화운동과 소화효소의 분비가 줄어들게 된다. 즉, 교감신경계가 활성화되면 내장기관들의 활동이 억제되고, 심혈관계와 골격근의 기능을 높여 에너지 소모량을 높이는 반응이다. 반대로 부교감신경계의 역할은 혈압과 심박수가 낮아지며, 소화효소를 분비하고 배변작용을 촉진하여 배뇨작용을 원활하게 해준다. 즉, 오장육부를 편하게 하고 에너지를 비축하는 반응이 나타난다.

그러므로 교감·부교감 활성화 정도를 파악하여 현재 우리가 느끼는 피로, 우울, 불안, 스트레스에 대한 정보를 추론할 수 있다. 이러한 정보는 다양한 신체적, 정신적 상태(감정)를 추론해 볼 수 있는 근거가 된다. 예를 들면 평상시 상태보다 스트레스가 높아지면 우리의 신체는 교감 활성화 반응이 활성화된다. 즉, 교감·부교감 비율이 증가하게 되는 것이다. 반대로 몸이 지치거나, 나른해지면 교감·부교감 비율이 감소하게 된다. 즉, 부교감 활성화 반응을 보인다. 이런 반응은 인체가 항상성을 유지하려는 성질 때문에 일정 수준으로 유지되고 있다. 극도의 스트레스나 우울감, 불안증세 등 다양한 문제들은 신체의 항상성이 깨지면서 자율신경반응의 균형이 무너짐을 의미하고, 이러한 증상은 그대로 심장정보를 통해 드러나게 된다.

심박을 측정하려면 여러 개의 생체 신호 측정용 센서를 몸의 특정 위치에 직접 부착하여 생체 데이터를 취득한 방식이 보편적이다. 이러한 방식보다 좀 더 간편한 방식으로 손가락 등의 미세혈류의 흐름을 측정하여 맥박수를 추론(PPG ; photoplethysmography)하기도 한다. 이러한 방식은 반드시 측정용 장비가 필요하며, 사용자가 특정 장소(병원)를 방문하여 센서를 부착한 뒤 측정해야 하는 번거로움이 존재한다. 사용 시 불편함을 개선하여 별도의 측정용 장비나 도구 없이도 생체신호를 측정하는 기술이 최근 등장하였다. rPPG(remote PPG)라고 불리는 새로운 기술은 카메라 렌즈로 얼굴의 미세혈류를 측정하는 방식으로 심박수 추론이 가능하다. 현재는 모바일이 보편화되어 측정의 접근성과 편리성을 동시에 해결할 수 있는 장점을 가진다.

그림 8-2 rPPG를 통한 심박수 추론 과정

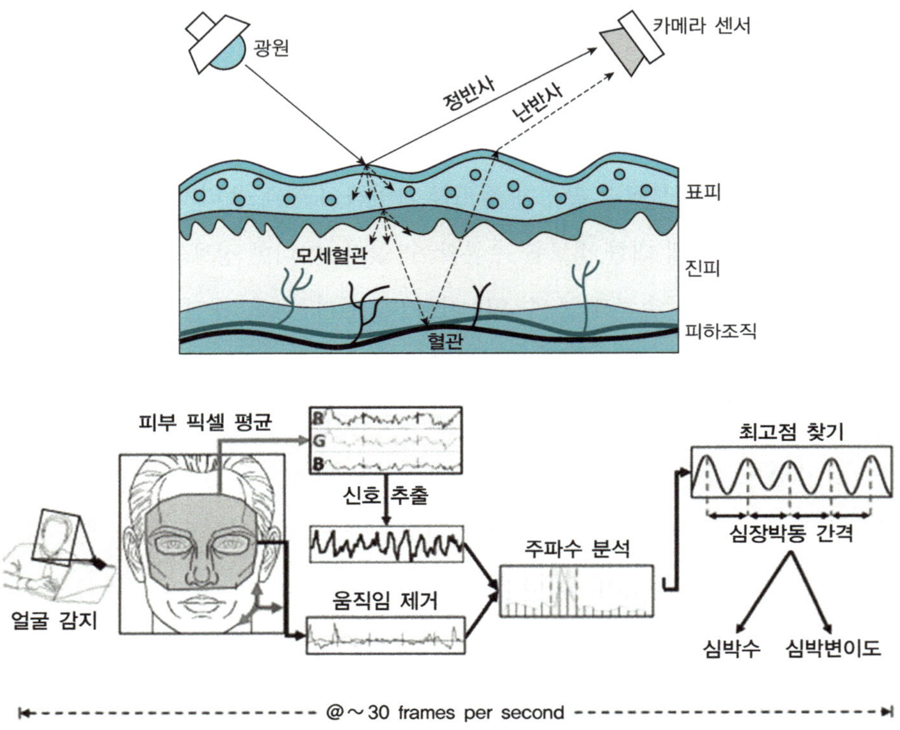

출처 : Wang et al.(2017) ; Gudi et al.(2019).

사용 방법은 아주 간단한 편이다. 휴대폰이나 태블릿 PC상의 모바일 앱을 실행하게 되면 기기에 장착되어 있는 카메라를 통한 얼굴 영상을 통해 얼굴 피부의 혈관으로부터 심장 반응 데이터를 확보하게 된다. 이렇게 수집된 데이터를 기반으로 심박수와 심박변이를 측정하게 된다. 최종적으로 교감·부교감의 반응을 통해 자율신경 반응을 실시간으로 측정할 수 있으며, 측정인의 현재 정신적, 육체적 상태를 확인해 볼 수 있다. 자율신경반응은 대뇌를 통해 지시를 내리는 사람의 의지(의도)와 무관하게 독립적으로 작동되기에 변경하거나 조작할 수 없다. 따라서 설문 혹은 표정, 제스처 인식 등의 다른 지표들보다 신뢰성 있는 데이터를 확보할 수 있다.

그림 8-3 심박수를 이용한 HEART MONITOR

출처 : http://www.gamsungtech.com/home.html

즉, 심장반응 데이터를 분석, 패턴화하여 불안, 스트레스, 긴장, 피로, 우울, 무력감 등의 심리 상태에 대한 정보를 추론해 볼 수 있으며, 측정된 심리 결과 상태에 대한 정보를 사용자에게 실시간으로 제공하기에 본인에게 맞는 케어 서비스나 필요한 의료 서비스를 안내받을 수 있다. 특히 거동이 불편한 노약자나 도서 및 산간 지역 등 의료 사각지대에 있는 사람들에게 효율적으로 건강관리 서비스로 활용이 가능하며, 추후 원격 의료 서비스로도 기대해 볼 수 있다.

2.2 온라인 교육과 감성 기술의 접목, 에듀테크

가트너 보고서(2017)에 따르면, 교육자와 학습자를 위한 감성 컴퓨팅 기술을 접목한 교육 플랫폼이 향후 주목을 받게 될 것으로 분석되고 있다. 학습자들의 표현력, 발표력, 이해력을 인식하기 위한 감성 컴퓨팅 기반의 교육 플랫폼에 대한 관심이 확산될 것으로 예측된다.

감성 컴퓨팅은 주로 감성 데이터를 수집하여 이러닝(E-Learning) 프로그램, 로봇, 스마트 토이에 주로 활용된다. 초기에는 인공지능의 발달과 함께 로봇과 스마트 토이 분야에서 본격적인 활용을 시작하였다. 우선 그 예로 소셜 로봇(Social Robot)은 인간의 모습과 유사하여 신체를 움직여 감성을 표현하며 인간과 로봇이 상호작용할 수 있도록 만든 지능형 로봇이다. 인간의 명령에 따라 단순 반복적인 작업에서 인공지능과 결합하여 스스로 외부환경을 인식하고 상황을 파악하며, 사람의 감정을 인식하기까지 이르고 있다. 2016년도 싱가포르에서는 유치원 2곳을 선정하여 소셜 로봇을 이용해 인터랙티브 스토리텔링, 게임, 노래, 춤 등이 가능

그림 8-4 영국 학교 수업 시간에 함께하는 로봇 Nao

출처 : https://www.cnet.com/culture/for-kids-with-autism-this-tech-matters/

하여 보조교사 역할을 수행하며 친숙한 인터랙티브 반응을 통해 학생들의 흥미를 유발시키는 데 활용하였다. 영국의 한 초등학교에서 자폐 증상을 겪는 아동을 위해 자폐 아동의 사회성과 학습 기술을 위한 게임과 애플리케이션을 이용하여 아동의 적절한 행동을 유도하고 이에 맞는 보상과 격려를 제공하기도 하였다.

디지털 교육 분야는 디지털기기와 인터넷의 발전, 교육 콘텐츠의 다양화 등의 다양한 이유로 지속적으로 성장하고 있다. COVID-19로 인한 온라인, 비대면, 디지털 강의 콘텐츠와 서비스의 확산이 커짐에 따라 오프라인 중심이던 개인, 기업, 교육기관의 이러닝 수요가 급속도로 성장하였다. COVID-19 이전의 디지털 교육은 인터넷 강의로 대표되었다면, 온라인 개학과 Untact 산업에 대한 관심으로 에듀테크(교육 : Education과 기술 : Technology의 합성어), 즉 교육과 ICT 기술이 접목된 교육산업으로의 트렌드 변화를 마주하였다. 이제는 AI, 빅데이터, 확장현실, 메타버스 등의 기술을 통한 개인 맞춤형 디지털 교육이 뉴노멀이 되는 새로운 경험을 우리는 하고 있다.

기존의 일방향 온라인 교육에서 콘텐츠를 시청하면서 원격토론, 학습보고서 작성 등이 가능한 실시간 쌍방향 수업으로 진화되고 있다. 학생들은 교사의 강의만 시청하는 것이 아니라, 화상 시스템을 활용하여 토론을 하고, 학습보고서 작성 후 피드백을 받는 등 쌍방향 수업에 참여하게 되었다. 기존의 온라인을 이용한 수업은 콘텐츠를 통하여 일방적으로 수업이 진행되었던 반면, 현재 수업방식은 선생님과 학생들이 실시간 소통을 통해 수업이 진행되는 차이점이 있다. COVID-19 이후 원격교육이 일상화되면서 세계 각국에서 학교 현장에서 활용할 수 있는 에듀테크 서비스를 적극 발굴, 육성하고 있다. 학교 현장에서 교육 서비스 및 콘텐츠에 대한 예산 집행 권한이 늘어나는 것도 기대된다. 대표적으로 AI를 이용한 개인 맞춤형 교육이 주목을 받는다. 데이터 분석과 AI 기술발전으로 보다 효과적으로 학생 개개인의 맞춤형 학습 수준 평가와 교육 콘텐츠 추천이 가능해졌다. 그 중 가장 경쟁이 치열한 분야는 초등용 스마트 학습 플랫폼 시장이다. 대부분 단말기 기반 스마트 학습 서비스를 제공하고 있다. 초기 온라인으로 교육 콘텐츠를 전달하는 단순한 방식에서 최근에는 AI를 도입하여 학생 개개인 맞춤형 진단과 개인화된 콘텐츠를 제공하는 방식으로 발전하고 있다.

그림 8-5 이러닝 글로벌 시장 규모

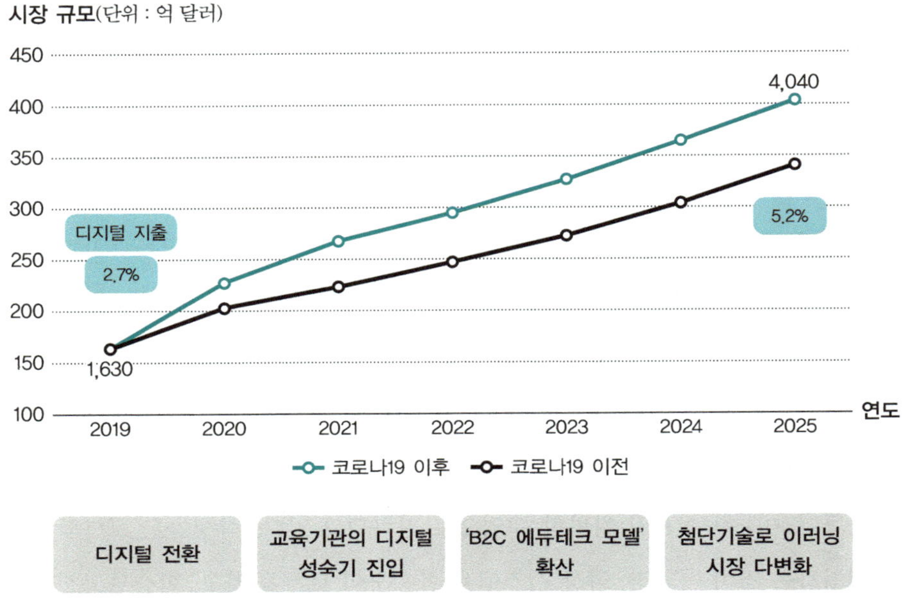

출처 : 산업통상자원부(2021), "제4차 이러닝산업 발전 및 이러닝 활용 촉진 계획".

현재 국내 이러닝 시장규모는 꾸준히 성장하고 있지만, 지금까지는 동영상 등을 단순히 온라인으로 전달하는 오프라인 교육의 보조 수단(예 : 인터넷 강의) 위주였다. 따라서 VR, AR, AI 등의 활용을 기반으로 하는 에듀테크 산업의 발전은 이제 시작 단계이다.

2.2.1. 감성 인공지능을 활용한 메타버스 교육

감성 인공지능 엔진 MEE(MARVRUS Emotion Engine)는 PC, 스마트폰 등 기기에 탑재된 카메라, 마이크를 이용해 이용자 표정, 음성 등을 인식하는 기술이다. 표정을 통해 감정상태를 인식하고 얼굴 영상에서 심장박동수를 측정하여 집중 상태를 인식한다. 메타버스 교육 플랫폼 내에서 어린이의 심리 상태 및 집중도

그림 8-6 감성 AI 기술 기반 자기주도형 학습 메타버스 플랫폼

출처 : 마블러스, Meemz.

를 분석해 학습 방향을 맞춤형으로 지도할 수 있는 알고리즘이다. 이를 통해 AI 튜더는 아이의 집중도를 끌어올릴 수 있는 칭찬과 학습 방향 지도가 가능하다.

밈즈(MEEMZ)라는 교육 메타버스는 이러한 MEE를 이용한 서비스이다. 초등학생들의 자기주도형 학습을 할 수 있는 메타버스 플랫폼으로, 기존의 지식만 전달하는 플랫폼이 아닌 사용자가 다양하게 소통할 수 있는 장치를 담아내었다. 교사, 강사, 학생 등 각 사용자들이 각자의 서비스 경험을 녹여 서비스에 담아냈다. 감성 인공지능 엔진 MEE을 통해 이용자의 표정이나 음성을 인식하고 학생의 심리 상태와 집중도를 분석해 아바타에 반영될 수 있도록 시각화한다. 예를 들면 본인의 학습 집중도가 떨어지면 나의 아바타가 조는 모습이 보이고, 집중도가 커지면 아바타가 크게 보인다.

2.2.2 미래 직업 체험 – 영화배우 오디션

한국 잡월드는 자신의 재능과 직업에 대한 흥미를 느껴볼 수 있는 대한민국 최대 종합 직업 체험관이다. 미래직업 랩(Lab)은 제4차 산업혁명 시대를 맞이하여 어린이, 청소년이 미래를 적극적으로 준비할 수 있도록 미래 직업세계, 미래 기술변화를 종합적으로 느끼며 체험해 볼 수 있는 전시/체험형 콘텐츠로 구성되었다. 흔히 청소년 시기에는 학업에 대한 기대로 인해 지적능력을 키우는 데 몰두하기도 한다. 그러나 학업이 높다고 사회적 성공으로 이어지는 것은 아니다. 자신의 감정뿐만 아니라 타인의 감정을 잘 알고 조절하는 능력이 높을수록 사회적으로 잘 적응할 수 있기 때문에 우리가 삶을 잘 헤쳐 나갈 수 있도록 돕는 든든한 나침판 역할을 할 수 있다.

직업 체험 기술의 핵심은 사회지능(Social Intelligence)이다. 사회지능의 사전적 정의는 일상생활에서 자기 및 타인의 감정과 사고행동을 이해하고, 그러한 이해의 바탕 위에서 적절하게 행동할 수 있는 능력을 말한다. 그렇기에 나의 감정뿐만 아니라 타인에 대한 이해, 표현, 공감 모두가 필요한 요소이다.

그림 8-7 한국 잡월드 직업 세계관-영화배우 오디션

출처 : 한국잡월드 공식카페, https://cafe.naver.com/kjobworld

다양한 인물로 분장하여 연기를 통해 감정을 온전히 표현하는 배우라는 직업은 공감을 통한 관객과의 호흡이 중요한 만큼 감성에 가장 연관 있는 직업이기도 하다. 또한 아동들에게 가장 선호하는 직업이기도 하여 영화배우 오디션이라는 콘셉트를 통해 감정의 이해와 표현의 중요성을 알려주고자 기획하였다. 오디션의 특성상 단계별로 임무가 주어지고 평가가 이루어지므로 각 단계별 목표를 알려주고 평가를 진행하고자 하였다. 총 4단계로 사회지능을 평가하고자 하였으며, 1단계는 사회지능에 대한 설문을 통해 적성에 맞는지 평가하였다. 2단계는 감성 인지 단계로, 모델의 표정을 보고 정확한 감정을 맞추면 점수를 획득하게 된다. 3단계는 감성 표현 단계로 감정을 표현하는 표정을 얼마나 정확하고 제대로 짓는지 평가하게 된다. 마지막 4단계는 공감을 측정하는 단계로 상대방과의 호감 정도를 측정하여 최종 점수를 얻게 된다.

총 4단계로 이루어진 영화배우 오디션은 2017년 6월 ~ 2021월 7월까지 약 4년의 기간 동안 미래직업 Lab에서 체험을 할 수 있도록 진행하였다. 체험하는 기간 동안 총 40,000명 이상의 학생들에게 재미있고 즐거운 경험을 제공하였다.

2.3 감성 엔터테인먼트와 감성 서비스

글로벌 기술 회사에서는 모바일 환경에서 자주 이용하는 SNS, 문자, 게임 등 엔터테인먼트 시장을 점령하기 위해 특화된 조직을 구성하고 서비스 선점을 위한 발걸음을 재촉하고 있다. 특히 이러한 움직임에는 고객 중심 경영(CCM ; Customer Centric Management)을 중심으로 구매자의 감정 패턴을 인식하여 상품의 판매 증진을 모색하고 있다. 이는 브랜드 노출 및 소셜 미디어와의 상호작용을 늘리고 브랜드와의 긍정적인 연관성을 만들기에 효율적이기 때문이다.

2.3.1 온라인 회의에서의 감성 서비스

신종코로나 바이러스감염증(COVID-19)은 경제, 물류, 라이프스타일 등 우리의 삶에 큰 영향을 미쳤다. 사회적 거리두기를 유지하는 동안 외출을 삼가고 집이라는 공간에 적응해 나가면서 업무, 수업 등 외부와의 단절되는 상황이 오랫동안 계속 이어졌다. 이에 맞춰 재택근무를 도입하는 기업이 늘어남에 따라 원격근무, 비대면 회의 환경이 익숙해지고 있다. 그러나 기존의 대면회의가 아닌 화상통화를 이용하는 근무환경에서는 상대방의 감정을 읽는 데 어려움을 겪곤 한다.

Microsoft의 경우 AI 신경망을 활용하여 참가자의 표정을 기반으로 다양한 감정 분류(예 : 행복, 놀람, 공포, 슬픔, 분노, 중립 등)를 진행한다. 고개를 끄덕거리거나 머리를 흔드는 움직임 또한 판단할 수 있으며, 눈썹의 움직임을 감지하여 혼란스러운 감정을 판단하게 된다. 이러한 기술은 비대면 회의에서 참가자(청자)의 집중 정도를 파악하고 분석하여 알려줌으로써 발표자에게 적절한 실시간 피드백을 제공하여 효율적이고 혁신적인 경험을 제공해 줄 수 있다. 현재는 개념적인 기술이지만 미래의 회의에 대한 경험을 변화시킬 수 있는 피드백 지원 시스템이 될 것이다.

그림 8-8 MS의 Affective Spotlight 시스템 개요도

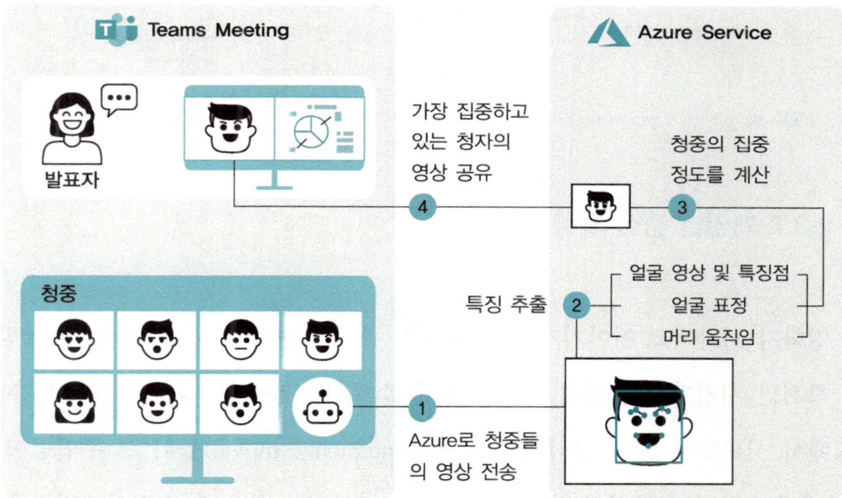

출처 : Murali, et al.(2021).

또한 화상회의 서비스 플랫폼 줌(Zoom)은 AI를 통해 화상회의에 참석한 사람의 감정, 참여도를 분석하는 Zoom IQ for Sales 서비스를 출시하였다. 회의에서 사용되는 '긍정적' 및 '부정적' 단어와 문구를 분석하여 점수화하고 제공해줌으로써 회의의 참여도, 만족도를 평가할 수 있게 도와준다.

그림 8-9 Zoom 화상회의에 대한 평가 및 데이터를 확인할 수 있는 관리자 페이지

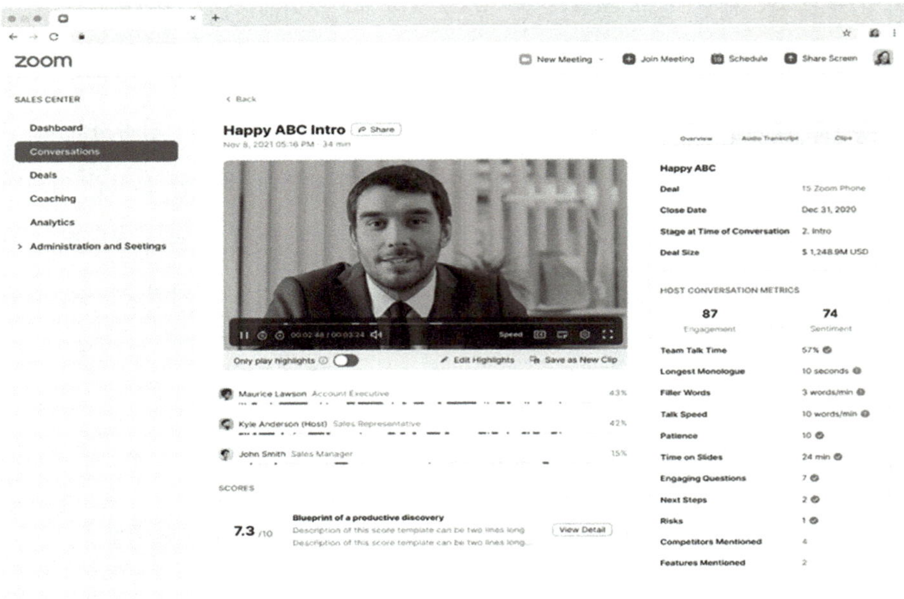

출처 : ZOOM Blog, https://blog.zoom.us/zoom-iq-for-sales/

2.3.2 개인별 감성 맞춤형 영화

영화가 시작되고 이야기가 끝날 때까지 관객은 동일한 시청 경험을 제공받는다. 하지만 시청자의 감정적 반응에 맞게 스토리가 바뀌는 영화가 있다면? Netflex에서 시도하고 있는 인터랙티브 영화(interactive movie)들이 그 주인공이다. 인터랙티브 무비의 사전적 정의는 시청자가 조작이나 반응에 따른 상호작용을 통하여 비/실시간으로 화면, 스토리, 플롯, 엔딩을 변화시키는 영화를 뜻한다. 초기의 작품들은 주로 주인공의 대사를 선택하는 게임과 영화를 결합한 형태로 시작되었다. 현재는 Adaptive interactive movie, 즉 적응형·대화형 영화까지 제작되고 있다. 관객의 얼굴 및 감정을 분석하여 시청자의 감정적 반응에 맞게 스토리가 조정된다. 특정 순간에 느끼는 감정을 분석하고자 정서적인 강도와 안면 근육

의 움직임 정도를 측정하여 분석한다. 기후 위기에 대한 영화 "Before We Disappear"가 그 주인공이다(출처 : AlbinoMosquito Productions Ltd).

그림 8-10 감정적 단서를 사용하여 실시간으로 스토리가 변경되는 영화

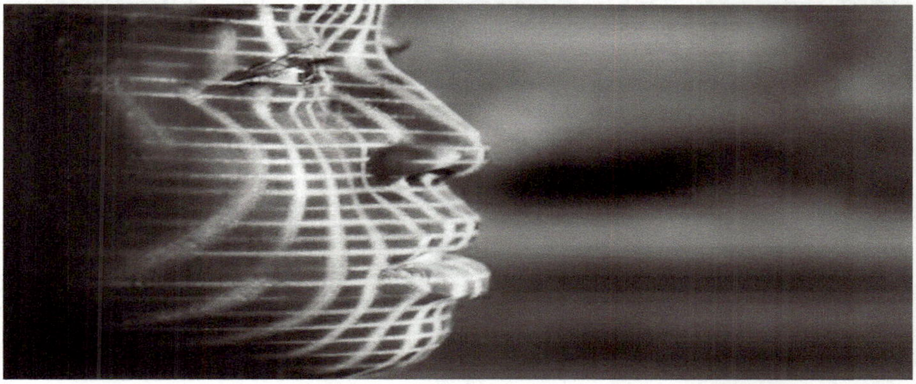

출처 : AlbinoMosquito Productions Ltd

2.3.3 감성 맞춤형 영상 콘텐츠 추천 서비스 및 마케팅

2019년 KT에서 선보인 seezn(시즌) 온라인 동영상 스트리밍 서비스에서는 특화된 서비스로 인공지능(AI) 감정 분석에 기반한 콘텐츠 추천 서비스를 도입하였다. '내 감정을 읽는 스캐너 검색' 기능은 스마트폰 카메라로 얼굴을 인식한 뒤, 106개 포인트를 기준으로 얼굴 근육의 움직임을 분석한다. 분석된 데이터를 기반으로 6가지(절제, 행복, 슬픔, 놀람, 혐오, 분노) 감정 중에 선택되어 그에 맞는 콘텐츠를 추천하는 서비스를 제공하기도 하였다.

그림 8-11 KT 시즌(seezn) 감성분석 서비스

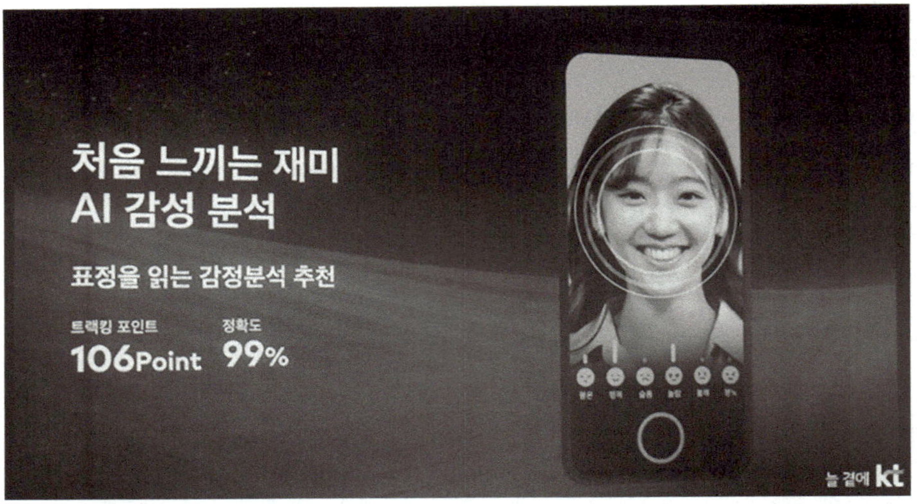

출처 : KT그룹 블로그, https://blog.kt.com/1506

미국의 RAD AI는 감정을 이해하는 AI 마케팅 플랫폼을 구축, 서비스를 제공하는 미국의 스타트업 회사이다. 대상고객에서 특정한 감정을 불러일으키기 위해 언어, 제안, 이미지 및 기타 전략을 통해 목표 고객이 감정적인 반응을 취하는 결과를 유도한다. 진정성 있는 인플루언서 콘텐츠 프로그램을 제공하기 위해 감성지능을 갖춘 AI를 개발하였다. 해당 플랫폼은 캠페인 콘셉트부터 콘텐츠 제작, 인플루언서 선택까지 다양한 계획을 추구한다. 예를 들어 고객 대상, 고객의 행동 및 관심사에 대한 대규모 데이터를 수집하고 분석 시에 이를 통한 상세한 페르소나를 생성을 하게 된다. 결정된 페르소나에 맞는 매력적인 마케팅 텍스트를 구성하고 제작한다. 그 다음에는 미디어 배포를 위한 최적의 마케팅 채널을 선정하고, 캠페인 목표를 달성하기 위한 캠페인을 소개하는 인플루엔서를 선택한다. 페르소나별 미디어의 콘텐츠 제작을 안내하고, 기존의 콘텐츠 성능을 고려하여 보다 최적화된 콘텐츠로 업데이트를 진행한다.

이러한 프로세스는 기업과 고객의 진정한 연결을 위해 고객이 누구이며, 그들의 요구사항은 무엇이며, 필요한 것은 무엇인지에 대한 이해를 바탕으로 한다. 따라서 고객의 요구사항을 유연하고 최적에 대응하는 모델로 발전시켜 해당 소비층에 최적화된 언어 메시지를 제공할 수 있는 콘셉트를 통해 마케팅 비용 및 시간을 절약하고 투자수익률(ROI ; Return On Investment)을 향상시키고자 한다.

그림 8-12 감정을 이해하기 위한 AI 마케팅 플랫폼-페르소나 분석

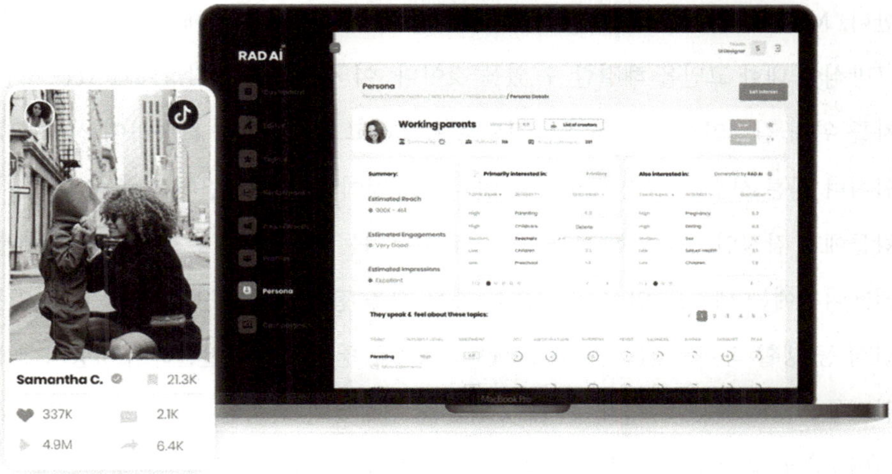

출처 : RAD AI, https://www.radai.com/

3. 미래 전망 그리고 맺음말

감성 컴퓨팅은 기존 산업에 폭넓게 적용, 사용 가능하다는 면에서 매우 유연한 기술이다. 따라서 금융/보험, 자동차, 소비재, 관광, 교육 등 여러 분야에서 일부 적용하여 사용하고 있다. 그러나 아직 넘어야 할 장애물은 존재한다. 감정인식 AI의 실질적인 문제 중 하나는 사람들의 감정을 파악하기 힘들다는 점이다. 감성 AI가 판단한 웃고 있는 얼굴은 행복의 결과인가? 아니면 당황의 결과인가? 사람은 사회적 상호작용 동물이기에 얼마든지 감정상태를 숨길 수 있다. 마치 연기파

배우가 된 것처럼. 즉, 단순하게 보이는 표정으로만 감정을 감지하지 못한다. 그 뒤에 있는 생각과 감정을 제대로 파악하기 위해서는 한 가지 방식(unimodal)으로만 정확한 결과를 알아내기 어렵다. 내면적인 신호의 변화를 추적하고 추론의 과정이 필요하다.

또한 감정인식 AI의 작동을 이해할수록 개인정보 보호 문제도 고려해야 한다. 기술이 발전할수록 반드시 윤리적인 문제가 없는지 검토 또한 우선시되어야 한다. Microsoft의 Seeing AI를 살펴보면 우리가 앞으로 추구해야 할 감성 AI 접근방식에 대한 고민을 해결할 수 있을 것이다. 이 서비스는 시각장애가 있는 사용자를 위해 감성인식 기술을 적극적으로 활용하고 있다. AI를 활용하여 시각장애인이나 다른 사람의 감정과 반응을 인식하는 것이 다소 어려운 자폐증이 있는 사람들에게 감정인식을 위한 보조수단으로 활용하는 것이다. 무료로 배포되는 애플리케이션에는 텍스트 인식, 바코드를 통한 제품 정보 안내, 주변 사람 인식, 지폐 인식 등 생활 속에서 접하는 시각적인 정보들을 청각적으로 전환하여 사용자에게 알려주는 기능뿐만 아니라, 사람의 얼굴을 저장하여 인식할 수 있고, 그 사람의 나이, 성별, 표정을 추론하여 감성정보를 제공하기도 한다.

감성 AI 도구 사용은 모든 기술이 그러하듯 양면성을 지닌다. 새로운 문제를 만들 수도, 무수한 문제를 해결할 수도 있다. 사용자의 부담감을 최소화하고 기술에 대한 거부감을 제거하는 것은 기술을 개발하는 업계의 노력과 대중적 인식이 해결해야 할 중요한 문제이다. 사람의 감정은 사생활의 침해라는 이슈에서 벗어나기는 어려운 부분이 존재하므로 해당 기술 또한 사회적, 윤리적인 인식을 바탕으로 발전해야 진정한 사용자(사람)를 위한 기술이 될 수 있기 때문이다. 발전하는 기술에 대한 정확한 판단 기준을 정의하고, 기술을 사용하는 업계의 부단한 노력을 통해 대중과 사회적 합의에 이르게 된다면 사회의 다양한 문제를 해결할 수 있다. 또한 인간을 위한 기술로 활용되어 진다면 모든 사람들에게 이로운 기술로 사랑받을 것이 분명하다.

[참고문헌]

Gudi, A., Bittner, M., Lochmans, R., & Van Gemert, J.(2019), "Efficient real-time camera based estimation of heart rate and its variability," In Proceedings of the IEEE/CVF International Conference on Computer Vision Workshops.

Little, B., Alshabrawy, O., Stow, D., Ferrier, I. N., McNaney, R., Jackson, D. G., & O'Brien, J. T.(2021), "Deep learning-based automated speech detection as a marker of social functioning in late-life depression," *Psychological Medicine*, 51 (9), 1441-1450.

Mitchell, A. J., Vaze, A., & Rao, S.(2009), "Clinical diagnosis of depression in primary care : a meta-analysis," *The Lancet* , 374 (9690), 609-619.

Murali, P., Hernandez, J., McDuff, D., Rowan, K., Suh, J., & Czerwinski, M.(2021, 5.), "Affectivespotlight : Facilitating the communication of affective responses from audience members during online presentations," In Proceedings of the 2021 CHI Conference on Human Factors in Computing Systems, pp. 1 ~ 13.

Rothbaum B. O. et al.(1999), "Virtual reality exposure therapy for PTSD Vietnam Veterans : a case study," *Journal of Traumatic Stress*, 12(2), 263-271.

Rothbaum, B. O., Hodges, L. F., Kooper, R., Opdyke, D., Williford, J. S., & North, M.(1995), "Effectiveness of computer-generated(virtual reality) graded exposure in the treatment of acrophobia," *The American journal of psychiatry*, 152(4) 626-628.

Sheehan, D. V.(2004), "Depression : underdiagnosed, undertreated, underappreciated," *Managed care*(Langhorne, Pa.), 13(6 Suppl Depression), 6-8.

Szabadi, E., Bradshaw, C. M., & Besson, J. A. O.(1976), "Elongation of pause-time in speech : a simple, objective measure of motor retardation in depression," *The British Journal of Psychiatry*, 129 (6), 592-597.

Talebzadeh, A., Van Renterghem, T., Thomas, P., Devos, P., & Botteldooren, D.(2022), "Using psychoacoustic parameters to select suitable sounds to augment soundscapes for people with dementia," In 51st International Congress and Exposition of Noise Control Engineering(Inter-Noise 2022), pp. 1～8.

Wang, W., Den Brinker, A. C., Stuijk, S., & De Haan, G.(2016), "Algorithmic principles of remote PPG," *IEEE Transactions on Biomedical Engineering*, 64 (7), 1479-1491.

CHAPTER 09

모바일 감성 인공지능 : 일상 속 정신건강과 웰빙 상태 관찰 및 증진

—이의진(KAIST)

〈요약〉

최근 기술발전으로 스마트폰, 무선 인터넷, 사물인터넷(IoT) 기기 및 웨어러블 기기 등의 융합이 가능해졌다. 일상에서 건강과 웰빙을 관리하는 스마트 헬스케어 서비스가 보편화되었다. 일상에서 수집되는 모바일, 웨어러블, IoT 데이터는 인공지능 기술개발에 활용할 수 있다. 건강에 미치는 외부적 요인(개인행동 및 환경 등)이 의료적·유전적 요인보다 중요하므로 개인의 건강과 웰빙을 위하여 일상에서 수집되는 데이터를 활용하는 것이 매우 중요하다. 응용 감성 컴퓨팅은 일상 환경에서 감성 인공지능 기술의 효율성과 영향을 이해하는 연구 분야이다. 데이터를 통해 정신건강과 웰빙을 증진하는 모바일 감성 인공지능 기술개발이 가능하다. 모바일 감성 인공지능은 감정상태, 인지 및 성격 유형, 정신질환 등을 포함하는 폭넓은 범위를 가진다. 디지털 기기로 인간의 행동 패턴을 측정하여 질병과 관련된 생리적, 행동적 패턴을 찾아내어 건강과 웰빙 증진에 활용할 수 있다. 데이터 기반으로 건강 및 웰빙 상태 관찰 및 증진을 추구하는 지능형 긍정 컴퓨팅 분야가 발전하고 있으며, 이는 디자인, 심리학, 의학, 컴퓨터 과학 등을 포괄하는 다학제 연구 분야이다. 모바일 감성 인공지능은 정신건강 및 웰빙 증진을 위한 긍정 컴퓨팅 응용 분야 중 하나로 볼 수 있다. 본 장에서는 모바일 감성 인공지능에 대한 간략한 소개와 이를 구성하는 요소인 센싱, 맵핑, 행동에 대한 개념을 제시한다. 해외 주요 대학에서 수행한 주요 연구 사례를 간략하게 살펴보고 KAIST에서 수행된 모바일 감성 인공지능 기술을 소개한다. 무엇보다도 모바일 감성 인공지능의 원천은 자연스러운 일상 환경에서 수집된 데이터 세트이다. 토론환경과 일상생활 환경에서 수집된 두 데이터 세트와 이를 활용한 모바일 감성 인공지능 알고리즘 평가 연구 결과를 소개한다. 또한 모바일과 웨어러블 기기를 활용한 스트레스 중재 서비스 사례를 심층 분석하여 모바일 감성 인공지능의 구체적인 적용에 대해서 살펴본다. 마지막으로 모바일 감성 인공지능 데이터 세트 수집과 적용을 위해서 필수적으로 고려해야 하는 윤리적 이슈에 대해서도 다룬다.

1. 모바일 감성 인공지능 소개

마크 와이저(Mark Weiser)는 1991년 「21세기를 위한 컴퓨터(The Computer for the 21st Century)」 논문에서 계산, 통신, 센싱이 통합된 유비쿼터스 컴퓨팅(Ubiquitous Computing) 환경에 관하여 "가장 심오한 기술은 사라지는 것"이라며 미래에는 일상 환경에서 컴퓨팅 기술이 유기적으로 통합되어 사람과 매우 자연스러운 상호작용을 할 것이라는 비전을 꿈꿨다. 최근 정보기술의 발전으로 마크 와이저가 꿈꿔왔던 유비쿼터스 환경이 한 걸음 더 가까워졌다. 고성능 스마트폰과 고속 무선 인터넷은 물론이거니와 사물인터넷(Internet of Things) 기기를 통해서 환경을 센싱하고 제어가 가능(예 : 온도 조절, 보안관리 등)하며 웨어러블 기기를 활용해서 활동 추적 및 생체신호 수집도 가능하다. 또한 컴퓨팅 기술의 응용 범위가 일상적인 업무에서 나아가 사람들의 건강과 웰빙뿐만 아니라 자아실현을 위해 적극적으로 활용하는 "긍정 컴퓨팅(Positive Computing)" 패러다임이 매우 중요한 시대가 도래했다.

스마트 기기를 활용하여 일상에서 사용자의 행동을 모니터링하고 건강과 웰빙에 관한 정보 및 가이드를 언제 어디서든지 받을 수 있는 스마트 헬스케어 서비스가 상당히 보편화되었다. 특히 일상 환경에서 수집된 모바일, 웨어러블, IoT 데이터는 모바일 감성 인공지능 기술개발에 활용할 수 있는데, 이는 일상의 정신건강과 웰빙을 관리 및 증진할 수 있는 응용서비스 개발에 필수적이다. 개인의 건강과 관련된 주요 요인을 의료적(질병 진단 및 치료), 유전적(질병 가족력), 외부적 요인(일상 활동 및 환경)으로 나눌 수 있는데, 연구 결과에 따르면 건강에 미치는 외부적인 요인이 60%를 차지하고 의료적·유전적 요인은 40% 정도에 그치는 것으로 드러났다. 또한 IBM 조사 자료에 따르면 수집 및 활용할 수 있는 데이터적 측면에서는 의료/유전 데이터는 일평생 6.4TB에 그쳤지만, 외부적인 행동/환경 데이터의 경우 1,100TB로 예측된다고 하니, 일상에서 수집되는 데이터의 크기와 중요성은 매우 크다고 할 수 있다.

일상에서 수집되는 방대한 데이터는 개인의 건강과 관련된 다양한 문제점을 이해하는 데 매우 중요한 실마리를 제공한다. 전통적인 질병 진단의 경우 표면적으로 드러나 특정 증상을 단편적으로 바라보는 경향이 있다. 이에 반해 개인의 생물학적, 사회적, 환경적 정보를 통합적으로 분석하는 시스템 의학(Systems Medicine)이 디지털 기술의 발전에 힘입어 최근에 주목받고 있다. 방대한 양의 의료, 유전, 행동 데이터를 연결하여 개인의 건강에 관한 통합적 분석이 가능해진 것이다. 행동과 관련된 외부적인 요인이 건강에 미치는 영향이 60%가 되다 보니 디지털 기술을 활용하여 사용자가 건강 데이터를 직접 수집 및 활용하는 것이 매우 중요해졌다. 개인 스스로 직접 수집한 데이터를 일반적으로 환자 유래 건강 데이터(PGHD ; Patients Generated Health Data)라고 부른다. 우울증 환자가 본인의 모바일 감정 일기 앱을 활용하여 일상생활 중에 다양한 활동에서 겪는 우울감과 스트레스의 변화에 대해서 상세한 자기 보고가 가능하다. 또한 환자가 의식적으로 데이터를 기록하고 측정하지 않아도 모바일, 웨어러블, IoT 기기를 활용해서 자신의 상태를 자동으로 측정하고 이와 관련된 맥락정보도 함께 수집할 수 있게 되었다. 예를 들면 천식 환자가 언제 어디서 호흡 상태가 악화하는지에 대한 정보를 손쉽게 수집할 수 있게 되었다. 이러한 데이터를 통합하여 개인화된 장기간, 고밀도, 동적인 데이터 클라우드 구축한다면 더욱더 개인 맞춤화된 건강관리를 제공할 수 있을 것으로 기대된다.

일상에서 개인으로부터 수집되는 모바일, 웨어러블, IoT 데이터를 감성 인공지능에 활용하려는 최근 시도를 소개하고자 한다. 일반적으로 "응용 감성 컴퓨팅(Applied Affective Computing)"은 "실생활에서 감성 컴퓨팅 기술의 효율성, 결과, 개인 및 사회적 영향을 이해하는 데 중점을 둔 연구 및 응용 노력"을 말한다. 주어진 환경에서의 감성 AI에 대한 통합적인 평가에 주안을 둔다는 측면에서 사용자와의 상호작용을 매우 중요하게 보고 있다. 응용 감성 컴퓨팅에서는 사용자와 감성 AI와의 상호작용과 이에 영향을 주는 요인을 중점적으로 다룬다. 또한 윤리적이며 복합적이고 동적인 일상 환경에서 감정 인공지능 원천기술과 응용서비스를 개발하는 것을 목표로 하고 있다. 모바일, 웨어러블, IoT 기기를 활용하여 수집된 데이터를 활용하여 사용자 맞춤형의 감성 AI를 개발하고 이를 활용하여 정신적 건강과 웰빙을 증진할 수 있는 "인터랙티브" 감성 AI 솔루션을 개발할 수 있다. 데이터를 통해서 사용자의 정신건강 상태 판단 또는 예측할 수 있으며 이를 활용하여 사용자 맞춤형 감정 증강 및 지능 서비스를 지원하거나 정신건강 치료 콘텐츠를 제공할 수 있다. 예를 들면 대화상대의 감정판별에 어려움을 겪는 자폐 아동을 대상으로 스마트 글라스를 활용하여 상대방의 감정상태를 실시간으로 추적하여 상황에 맞게 대처할 수 있도록 인터랙티브 가이드를 제공할 수 있다.

모바일 인터랙티브 감성 인공지능의 범위는 상당히 폭이 넓다. 데이터를 통해서 추론할 수 있는 내용의 범위가 감정상태(감정 및 스트레스)뿐만 아니라 인지 및 성격유형, 정신질환(우울증, 조현병 등)을 포함한다. 데이터 분석 기법적인 측면에서는 감성 인공지능도 "디지털 표현형(Digital Phenotype)" 판별과 관련이 있다. 디지털 표현형은 디지털 기기로 측정할 수 있는 인간의 행동 패턴을 "확장된 표현형(Extended Phenotype)"으로 보고 이를 활용하여 질병과 관련된 생리적, 행동적 패턴을 찾아내는 것이다. 일반적으로 표현형의 경우 세포의 성장과 발현에 집중하는 생물학적인 프로세스에 한정이 되어 있다. 하지만 리처드 도킨스는 거미가 집을 짓는 행동이나 수달이 댐을 만드는 행동도 표현형의 범주에 들어가야 한다는 측면에서 이를 "확장된 표현형"이라는 새로운 개념을 제시하였다. 또한 데이터를 통하여 질병의 징후를 나타내는 행동적인 지표를 찾아낸다는 측면에서 디지털 표현형을 "바이오 행동 마커"라고 부르기도 한다. 예를 들면 부정적 감정이나 스트레스 유발과 관련된 행동 패턴을 스트레스에 관한 행동 마커라고 부를 수 있다. 궁극적으로는 이러한 데이터 기반의 판별 모델을 활용하여 건강과 웰빙을 증진하는 것을 "지능형 긍정 컴퓨팅(Intelligent Positive Computing)"이라고도 부른다. 지능형 긍정 컴퓨팅 분야는 디자인, 심리학, 의학, 컴퓨터 과학을 아우르는 다학제 연구 분야이며, 모바일 인터랙티브 감성 인공지능은 정신건강 및 웰빙 증진을 위한 매우 중요한 응용 긍정 컴퓨팅 분야 중 하나로 볼 수 있다.

2. 모바일 감성 인공지능 구성요소

모바일 인터랙티브 감성 인공지능의 핵심 구성요소에 대해서 살펴보고자 한다. 유비쿼터스 컴퓨팅 분야의 핵심 개념 중 하나는 상황인지 컴퓨팅(Context-aware Computing)이다. 주어진 상황맥락(컨텍스트) 정보를 활용해서 컴퓨팅 서비스를 적응성이 있도록 제공하는 내용을 의미한다. 주어진 컨텍스트를 인지하여 해당 컨텍스트에 맞게 정보를 제공하거나, 소프트웨어 또는 하드웨어를 재설정 또는 특정한 액션을 실행시키는 것을 포함한다. 예를 들면 교실에 선생님이 들어올 시간에 맞춰 강의에 사용할 컴퓨터가 자동으로 켜지고, 선생님이 강의실에 도착하면 수업에 활용할 화면이 자동으로 디스플레이가 되는 것이다. 사용자의 감성적 측면을 인지하는 것을 일반적인 상황 인지의 일례로 볼 수 있다는 점에서, 감성 인공지능 응용은 상황 인지 컴퓨팅의 중요한 응용 사례로 볼 수 있다.

일반적으로 상황 인지 컴퓨팅을 센싱(Sensing), 맵핑(Mapping), 작동(Acting)의 3단계로 나눠서 정의할 수 있다. 센싱은 사용자의 환경, 행동, 생체신호 데이터를 수집하여 전처리하는 단계이다. 맵핑은 데이터(X)를 활용하여 사용자의 감성 지표(Y맵) 맵핑함수(F)를 기계학습을 활용하여 학습하는 단계이다. 맵핑을 학습한다는 것은 일반적으로 지도학습(Supervised Learning)이라는 표현으로 대체할 수 있다. 즉, 맵핑 $Y = F(X)$에 관해서 데이터(X)와 종속변수(Y)가 있는 상태에서 맵핑 F를 데이터로부터 찾는 것이다. 하지만 널리 사용되는 감성인지 방법이 일반적인 기계학습을 사용하지 않고 간단한 임계치를 활용하는 예도 있기 때문에 조금 더 일반화가 가능한 용어로 학습 대신 맵핑이란 표현을 사용했다. 맵핑의 예

그림 9-1 모바일 감성 인공지능 구성요소 : 센싱, 맵핑, 작동

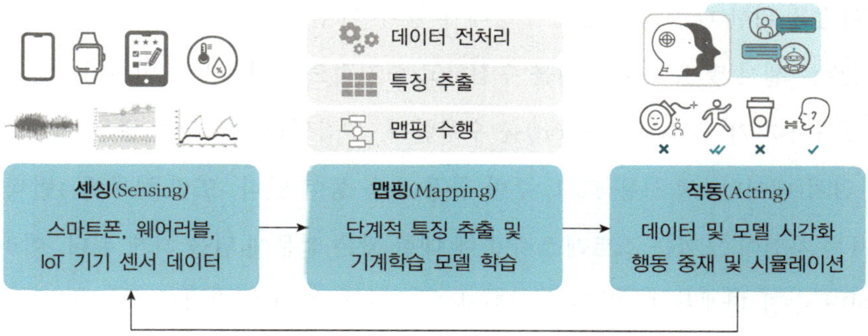

출처 : 필자 작성

로 강의실과 같은 특정 환경에서의 행동 및 생리 반응 데이터(X)를 활용하여 사용자의 감성 지표(Y)와 관련성(F)을 분석하고 학습할 수 있다. 어려운 과목을 듣는 학생이 강의실(X)에 갔을 때 스트레스 지수(Y)가 높아질 수 있는데, 이를 기계학습 알고리즘을 활용해서 장소와 스트레스의 관계(F)를 학습할 수 있는 것이다. 이러한 단일 관계 학습을 바탕으로 미래상태도 예측을 할 수 있다. 학습 데이터가 충분하다면 학습자의 미래 스트레스 또는 우울감을 예보할 수도 있을 것이다. 마지막 단계는 작동이다. 사용자의 감성 상태 추론 정보를 활용하여 정신건강 및 웰빙 증진을 위한 자기 도움 중재 콘텐츠(Self-help Intervention Content)를 제공하는 것이다. 여기서 중재 콘텐츠는 주어진 문제를 개선하거나 악화하지 않도록 사용자 스스로가 직접 해당 콘텐츠를 활용하여 긍정적인 결과를 얻을 수 있도록 유도하는 것을 목적으로 한다. 중재 콘텐츠의 예로 몸의 긴장 완화를 위한 심호흡 가이드, 스트레스 상황에 대해서 올바른 인지와 대처 전략에 대한 가이드 등을 들 수 있다.

센싱, 맵핑, 작동에 대한 구체적인 내용을 살펴보기 위해서 대학생들의 스트레스 관리를 돕는 마인드 스코프(MindScope) 시스템을 살펴보기로 하자. 마인드스코프는 스마트폰으로부터 데이터를 수집하여 사용자의 스트레스 상태를 예측하고 스트레스에 대응할 수 있는 중재 콘텐츠를 제공한다. 먼저 감성 인공지능 모델 학습을 위한 데이터 수집을 수행해야 한다. 개인화된 스트레스 검출을 위하여 스마트폰 센서 및 로그 데이터를 수집하고 주기적으로 사용자는 현재의 감정상태에 대해서 자기 보고(Self-report)를 수행한다. 수집되는 데이터의 경우 가속도 센서, 위치 데이터, 앱 사용 로그, 주변 환경 소음 등이 있다. 또한 하루에 4번씩 사용자는 자신이 느끼는 스트레스 수준에 대한 짧은 설문에 답을 하게 된다. 이러한 데이터 수집 단계를 10일 동안 진행하게 된다. 데이터가 수집된 후 스트레스 분류 모델(맵핑)을 학습한다. 스마트폰 데이터로부터 사회적 활동, 신체활동, 수면, 앱 사용에 관한 주요 행동 패턴(X)을 추출한다. 자기 보고로 수집된 스트레스 수준을 참값(Ground Truth, Y)으로 놓고 지도학습(Supervised Learning)을 수행한다. 학습을 위한 기계학습 알고리즘은 부스팅 기법인 XGBoost를 사용하였다.

그림 9-2 마인드 스코프 시스템 구성 : 모델링 단계와 예측 단계로 구성

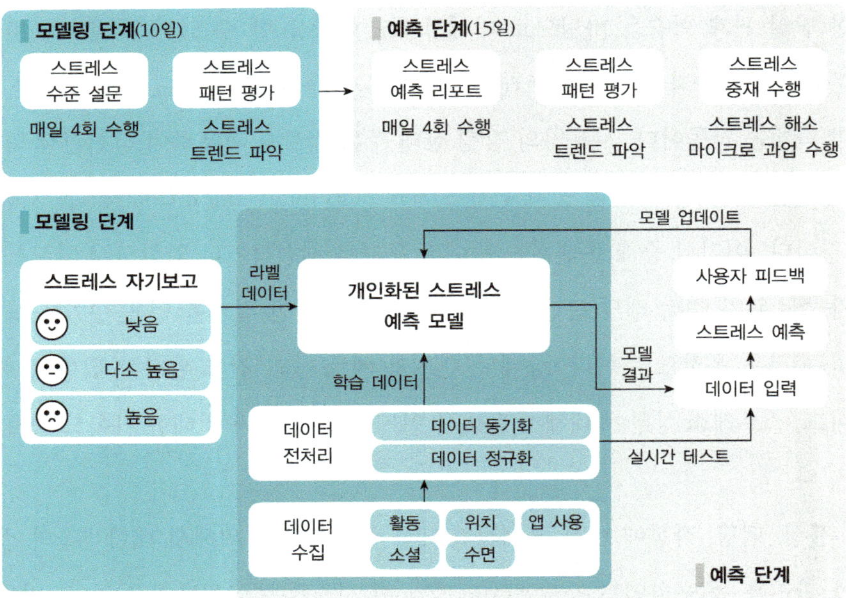

출처 : 필자 작성

맵핑 모델을 학습한 이후부터는 이를 활용해 실시간으로 스트레스 상태를 분류할 수 있다. 실시간으로 수집되는 스마트폰 데이터로부터 특징을 추출한다. 이를 학습된 맵핑 모델에 적용하여 사용자의 스트레스 유무를 판단할 수 있다. 스트레스가 검출되면 이에 대응하기 위한 중재 콘텐츠가 제공된다. 먼저 스트레스 검출에 대한 설명을 제공하기 위하여 사용자의 행동반응, 즉 예측에 사용된 다양한 특징값을 시각화하여 사용자가 스트레스에 대한 자신의 반응을 파악할 수 있도록 한다. 사용된 특징 그룹에 대한 간단한 설명을 제공해 주거나, 각 특징값의 낮고 높은 정도를 도식할 수 있다. 또한 사용자가 스트레스를 직접적으로 대응할 수 있는 중재 콘텐츠를 제공한다. 일반적으로 일상에서 간단하게 수행할 수 있는 스트레스 해소 방법을 대학생을 대상으로 수집하여 147개의 마이크로 과업을 정의해서 사용자가 스마트폰을 사용할 때 띄워주는 방식으로 진행하였다.

3. 해외 주요 연구 사례

MIT 친구-가족 프로젝트

MIT 미디어랩에서 대학원생 130명으로부터 1년 이상의 스마트폰과 센서 데이터를 수집하여 개개인의 사회적인 행동에 대한 정보와 건강과 웰빙에 관한 지표를 수집하였다. 블루투스 스캔 정보를 활용해서 주변의 함께한 사람들을 추적한 것이 이 연구의 특징이다. 이 데이터를 바탕으로 소셜 fMRI(Social fMRI), 즉 소셜 메커니즘 설계 및 관계 이미징(Social Mechanism-design and Relationship Imaging)이라는 개념을 제시하였다. fMRI가 뇌의 내부 작용을 이해하는 데 도움이 되는 것처럼, Social fMRI 접근법이 사회 시스템의 내부 작용과 인간이 상호작용하고 반응하는 방식을 이해하는 것에 기여가 가능하다는 것이다. 데이터를 활용해서 개인의 사회적 행동과 웰빙과의 관계에 대한 통찰을 얻을 수도 있다. 예를 들면 사교성과 웰빙과의 관계를 분석한 결과, 낮은 사교성을 보이는 그룹에서는 부정적 기분과 적은 수면시간을 보이는 것으로 드러났다.

다트머스 학생생활 프로젝트

미국 다트머스대학에서 수행된 "학생 생활 연구"(StudentLife Study)에서는 스마트폰 센서 데이터를 활용하여 정신적 웰빙과 학업성적에 관한 관계를 분석하는 연구를 수행했다. 대학생 48명을 10주 동안 관찰하여 데이터를 수집했다. 스마트폰으로부터 수집할 수 있는 다양한 데이터(즉, 움직임, 전화 통화/SMS 기록, GPS 위치, 조도, 블루투스/WiFi 스캔 정보 등)를 고려했다. 스마트폰 데이터를 처리하여 다양한 의미적 정보를 추출할 수 있다. 예를 들면 위치 데이터로부터 장소 정보를 추출할 수 있다(예 : 도서관, 체육관, 기숙사 등). 또한 데이터를 활용하여 사회적 상호작용 여부(예 : 마이크를 통해서 대화 검출, 인근 블루투스 기기 스캔 등)와 수면시간(예 : 스마트폰 사용 시간 활용)도 추론이 가능하다. 학생들의 웰빙에 대한 일상에서의 변화를 파악하기 위하여 웰빙 상태(예 : 현재 감정 및 스트레스 상태 등)에 관한 짧은 설문을 매일 10회 정도 스마트폰으로 응답할 수 있도록 하였다. 또한 일반적인 학생들의 우울증, 스트레스, 외로움 상태 등에 대한 전반적인 정신건강에 대한 설문 정보도 수집하였다. 데이터를 활용하여 학생들의 우울증이 스마트폰으로 수집된 다양한 행동 정보(예 : 수면, 사회적 상호작용 등)와 높은 상관관계가 있음을 알아냈다. 또한 수면시간, 방문 장소 수 등의 활동 특징을 활용하여 우울증이 높은 학생을 상당히 높은 정확도(AUC = 0.81)로 판별할 수 있음도 보였다.

SNAPSHOT 연구 프로젝트

MIT 미디어랩과 브리검 여성병원(Brigham and Women's Hospital)이 공동으로 수행한 스냅샷 프로젝트에서는 201명의 학생을 대상으로 1개월 동안 스마트폰 사용 로그 데이터와 웨어러블 센서 데이터(Affectiva Q)를 수집하였다. 매일 2회의 자기 보고 설문(수면, 사회적 활동, 알콜 섭취, 기분, 스트레스 등)을 수행하였고,

데이터 수집 전후에 스트레스 및 정신건강 설문(PSS, PSQI 및 SF-12 포함)을 수행했다. Affectiva Q-센서(손목밴드)를 활용하여 피부 전도도(EDA), 피부 온도, 움직임 정보, 수면 데이터를 수집하였다. 수집된 데이터를 활용하여 스마트폰 데이터와 웨어러블 트래커 데이터가 정신건강 수준이 다른 사용자 그룹을 구분하는데, 얼마나 효과적인지 평가했다. 웨어러블 기기로부터 수집된 생체신호 정보는 78.3%의 정확도로 스트레스 지수가 높거나 낮은 그룹을 분류할 수 있었고, 정신건강 상태가 높거나 낮은 그룹을 87% 정확도로 분류하였다. 이에 반면 스마트폰 데이터로는 각각 73.5%와 79%의 정확도를 보였다. 후속 연구에서 감정상태가 수면과 관련이 있음을 보고하였고, 집단의 성격유형 정보를 활용하여 감성 인공지능 모델을 구축하면 판별 정확도를 높일 수 있음을 보였다.

뗏세라 연구 프로젝트

뗏세라(Tesserae)는 라틴어로 친한 사람끼리 알아볼 수 있는 특별한 의미의 증표를 의미한다. 뗏세라 프로젝트에서는 모바일 센서 데이터를 활용하여 지식 근로자의 정신건강과 생산성의 차이를 구분할 수 있는 데이터 기반의 증표를 찾는 것을 목표로, 미국 노트르담대학, 카네기멜런대학, 다트머스대학, 조지아공과대학, 오하이오주립대학, 캘리포니아어바인대학, 콜로라도-볼더대학, 워싱턴대학, 텍사스대학이 참여하여 대규모 공동 연구를 수행했다. 이 프로젝트에서는 직장 성과(예 : 조직 시민 행동), 심리적 특성(예 : 성격, 정서) 및 신체적 특성(예 : 수면, 활동) 데이터를 수집하였다. 미국 전역에서 IT 업계 근로자 757명을 대상으로 스마트폰 로그 데이터, 스마트워치 데이터(신체활동, 수면 등), 블루투스 비콘, 소셜 미디어 사용 데이터를 1년 동안 수집했다. 수집된 대규모 데이터 분석을 통하여 수행된 흥미로운 연구 결과 두 편을 소개하고자 한다. 기분 불안정(Mood Instability)은 자살 행동, 주의력결핍 과잉행동장애(ADHD) 등의 정신건강과 밀접하게 관련된 것으로 알려져 있다. 수집된 데이터 세트에는 참여자들이 약 2달 동안 매일

하루에 한 번씩 자신의 기분을 PANAS 축약판 설문을 활용해 답했다. 매일 설문으로 수집된 긍정 및 부정 단어를 긍·부정 및 각성도 차원으로 변형하여 매일의 기분 변화를 측정한 불안정 지표를 추출하였다. 연구팀은 이러한 스마트폰과 웨어러블 기기로부터 수집된 멀티모달 센서 데이터를 활용하여 기분 불안정 지표를 조기 예측할 수 있음을 보였다. 또 다른 흥미로운 연구 결과로 승진한 직원 114명과 그 외 직원의 생리적, 행동적 패턴의 차이를 탐색한 것이다. 연구팀은 센서 데이터를 활용해서 승진한 직원과 그렇지 않은 직원의 생리적, 행동적 변화가 크게 다름을 파악하였다. 예를 들면 승진한 여직원의 경우 사회적 상호작용 시간은 감소하며 근무 중 스트레스 지속 시간이 증가하는 현상을 보였다. 남직원도 사회적 상호작용 시간은 감소하였으나 근무 시간 외에 스마트폰 사용이 현저하게 증가하는 현상을 보였다. 그 외에 신체활동 및 수면 등의 패턴의 차이도 보였다. 직장에서 수집되는 다양한 행동 정보가 개인의 웰빙과 생산성을 이해하는 것에 큰 도움이 됨을 시사하는 중요한 연구이다. 하지만 이러한 데이터 수집으로 인한 직원들에 대한 모니터링과 감시에 대한 염려에 대해서는 기술 적용을 위해서 반드시 추가적인 연구가 필요하겠다.

4. 모바일 감성 인공지능의 원천은 데이터 세트 확보

모바일 감성 인공지능 훈련을 위한 데이터 세트는 연기자가 연구자가 준 감정을 연기(Emotion Acting)하여 수집하거나 특정한 감정을 유발(Emotion Elicitation)할 수 있는 자극(예 : 슬픈 영화 또는 사진)을 사용해 수집할 수 있다. 실험실 환경에서 주어진 감정에 대해서 데이터를 수집할 수 있다는 장점이 있지만, 일상 환경에서 사람들이 느끼는 감정과 다를 수 있다는 한계가 있다. 이에 대한 대안으로 사용자 스스로 일상생활 중에 느끼는 감정상태를 자기 보고하는 경험 표집 방법(ESM ; Experience Sampling Method) 또는 생태 순간 평가(EMA ; Ecological Momentary Assessments)를 들 수 있다. 모바일 및 웨어러블 기기를 활용하여 일상 환경에서 감성 인공지능을 구현하기 위해서는 감정 연기나 자극 유발이 아닌 일상 환경에서 수집된 데이터 세트가 필수적이라고 할 수 있다. 제 4 절에서는 KAIST 연구진이 실제 토론환경에서 수집한 K-EmoCon 데이터 세트와 일상 환경에서 ESM으로 수집한 K-EmoPhone 데이터 세트를 간략히 소개한다.

4.1 K-EmoCon : 토론환경에서 수집된 감성 인공지능 데이터 세트

일상에서 사회적 상호작용의 맥락에서 감성 인공지능을 연구하려면 자연스러운 대화 중에 수집된 데이터가 필요하다. K-EmoCon은 자연스러운 토론 중에 수집된 토론자의 감정에 대한 라벨이 포함된 멀티모달 데이터 세트로 오디오, 비디오 데이터, 생리 신호 등을 포함한다. 무작위로 지정된 파트너와 함께 제주 난

그림 9-3 K-EmoCon 데이터 수집 환경 : 토론 장면 및 1인칭 영상(좌), **데이터 수집 장치**(우)

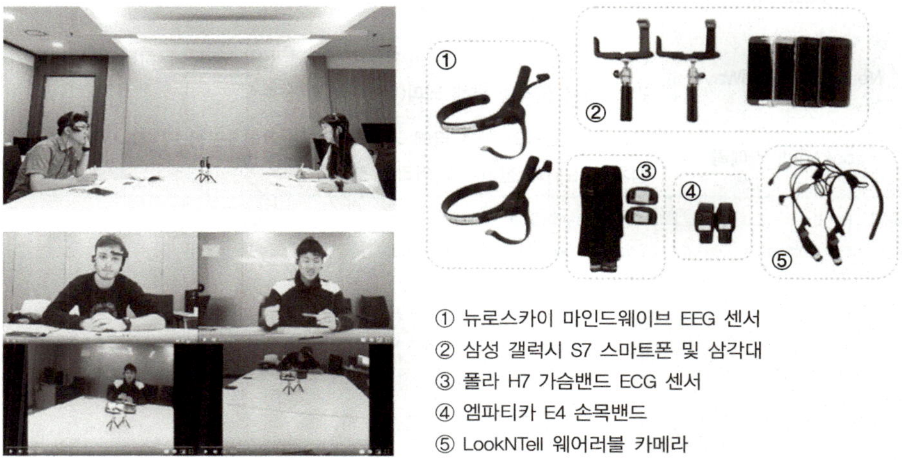

① 뉴로스카이 마인드웨이브 EEG 센서
② 삼성 갤럭시 S7 스마트폰 및 삼각대
③ 폴라 H7 가슴밴드 ECG 센서
④ 엠파티카 E4 손목밴드
⑤ LookNTell 웨어러블 카메라

출처 : Park, C. Y.(2020). "K-EmoCon, a multimodal sensor dataset for continuous emotion recognition in naturalistic conversations," *Scientific Data*, Volume 7, Article number : 293.

민 수용에 대한 사회적 이슈에 대한 반구조화된 턴 테이킹(Turn-taking) 방식의 토론을 영어로 진행했다. 이 설정은 직장에서 경험하는 일반적인 사회적 상호작용과 유사하여 일상에서 자연스럽게 발생할 수 있는 감정을 수집하는 데 적합하다. 16쌍의 토론자들을 대상으로 센서 데이터를 수집했다. 토론을 위한 준비과정과 함께 기저 데이터를 수집한 후에 두 명의 참여자가 사회문제에 대해 약 10분간 토론을 진행했다. 그 후에 참여자는 토론 영상을 다시 보면서 5초 간격으로 자신과 상대방이 느낀 감정과 각성수준 등의 라벨 데이터를 생성했다. 또한 외부 관찰자를 고용하여 같은 방식으로 라벨 데이터를 생성했다. 기존 데이터 세트와 달리 감정에 대한 라벨이 세 가지 관점(자기 자신, 토론 파트너, 외부 관찰자)으로 수집되었다.

표 9-1 데이터 수집용 센서 및 데이터 상세 항목

센서	주요 내용
Empatica E4	3축 가속도, 체온, 피부 전도도(EDA), PPG 센서 데이터(BVP ; Blood Volume Pulse), 심박수, IBI(Inter-Beat Interval)
Polar H7	심전도(ECG) 센서를 사용하여 심박수를 감지했으며 움직임에 민감한 E4의 PPG 센서를 보완하는 데 사용
NeuroSky MindWave	이마(전두엽의 fp1 채널-10/20 시스템)와 왼쪽 귓볼에 하나씩 두 개의 건조 센서 전극을 통해 뇌파(EEG) 신호를 수집
LookNTell 카메라	플라스틱 고리의 한쪽 끝에 카메라가 부착되어 1인칭 POV에서 비디오를 캡처하기 위해 참가자의 머리에 착용

출처 : Park, C. Y.(2020), "K-EmoCon, a multimodal sensor dataset for continuous emotion recognition in naturalistic conversations," *Scientific Data*, Volume 7, Article number : 293.

4.2 K-EmoPhone : 일상생활에서 수집된 감성 인공지능 데이터 세트

감정, 스트레스, 주의집중과 같은 정서적 및 인지적 상태 라벨이 있는 일상생활에서 수집된 개방형 데이터 세트가 부족하여 감성 인공지능 및 인간-컴퓨터 상호작용 기술개발이 제한적이었다. K-EmoPhone 공개 데이터 세트는 77명의 대학생으로 일상생활에서 7일간 모바일 및 웨어러블 기기를 활용하여 수집되었다. 최근 통제된 실험실 데이터 수집의 한계를 극복하기 위해 일상생활에서 데이터를 수집하는 접근 방식에 관한 관심이 높아지고 있다. 대표적인 방법은 경험 표집 방법(ESM)(또는 생태적 순간 평가)이다. 참가자는 일상생활 중에 자신의 감정상태를 자기 보고 할 수 있는 짧은 설문지에 응답하는 방식으로 데이터를 수집하는 것이 특징이다. 일상생활 중에 사용자가 "경험"하는 감정상태를 무작위로 표집한다는 관점에서 "경험 표집"이라고 불린다. ESM 데이터와 함께 스마트폰 및 웨어러블 기기를 통해서 센서 데이터 및 상호작용 로그 데이터를 수집할 수 있다. StudentLife 데이터 세트에서는 하루에 감정상태에 대해서 하루 8번 ESM을 하였으며 다양한 스마트폰 데이터(예 : 현재 참여 중인 신체활동, 위치, 애플리케이션 사용 및 주변 소리)를 포함한다. 또한 톗세라(Tesserae) 프로젝트에서는 스마트폰, 손목 착용 밴드, 블루투스 비콘, 소셜 미디어를 포함한 다양한 데이터를 수집하고 참가자들에게 자신의 감정, 스트레스 및 업무 성과에 대한 일일 설문 조사에 응답하도록 요청하였다. 기존 데이터 세트는 자연스러운 환경에서의 스마트폰 사용에 대한 데이터, 웨어러블 기기 데이터, ESM 기반의 감정 데이터를 통합적으로 포함하고 있지 않아, 일상생활에 적용 가능한 감성 인공지능 연구개발에 활용이 제한적이다. K-EmoPhone 데이터 세트는 개인 스마트폰, 마이크로소프트 Band 2 스마트워치, 폴라 H10 가슴 밴드를 활용하여 수집된 멀티모달 센서 데이터 세트이다. 참가자들은 ESM을 활용하여 자신의 감정, 스트레스, 주의력, 작업 방해, 감정 변화를 포함한 자신의 영향 정도를 자발적으로 또는 스마트폰을 통해 전달된 프롬프터에 응답하여 하루에 최대 16회 보고하도록 하였고, 총 5,582개의 유효한 ESM 응답을 수집하였다.

그림 9-4 K-EmoPhone 데이터 수집 환경

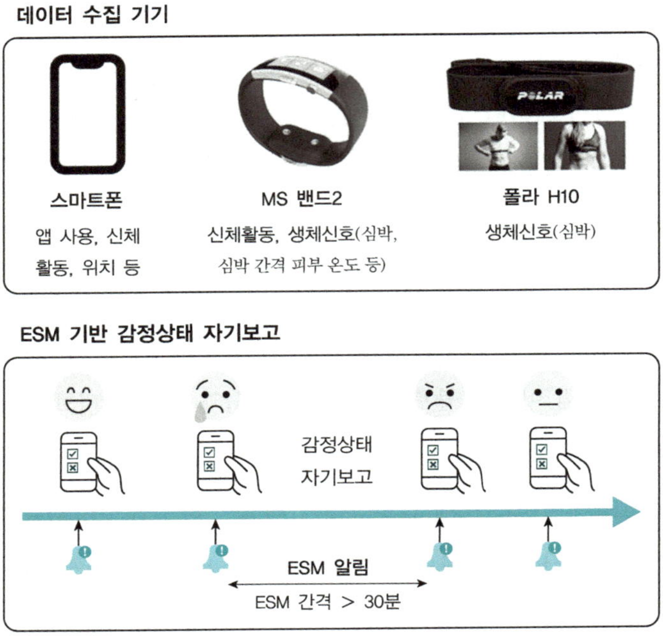

출처 : 필자 작성

5. 모바일 감성 인공지능 알고리즘 개발 사례

실제 토론 과정에서 수집된 K-EmoCon 데이터 세트와 일상생활에서 수집된 K-EmoPhone 데이터 세트를 활용하여 감성 인공지능 알고리즘을 개발한 사례에 대해서 논의하고자 한다.

먼저 웨어러블 데이터를 활용한 감성 판단 알고리즘을 적용한 IEEE JBIH 연구 결과를 살펴보자. Empatica E4 손목밴드와 Polar H7 HR 가슴 밴드에서 수집한 데이터를 활용하여 기계학습 모델을 학습하였다. 즉, E4에서는 EDA(4Hz), BVP(1Hz), 피부 온도(4Hz) 데이터를, H7에서는 HR(1Hz) 데이터를 활용하였다. 이를 심층 학습 모델(Deep Learning Model) 중 하나인 LSTM(Long Short Term Memory) 네트워크(단기 장기 시간적 특성을 기억할 수 있도록 설계한 신경망 구조)를 활용해 감정 분류 모델을 개발하였다. 입력값에 대한 정규화를 거친 후에 2단계의 양방향 LSTM 네트워크를 거쳐 상태를 판별하는 단계를 거치게 된다. 분류 출력은 시스템이 각성(Arousal) 및 정서가(Valence) 수준을 높거나(H) 낮음(L)으로 이진 분류하거나 감정을 4사분면(LA/LV, LA/HV, HA/LV 및 HA/HV)으로 나눠서 분류한다. 연구 결과에 따르면 생체신호만을 활용하더라도 93% 이상의 분류 정확도를 달성할 수 있는 것으로 나타났다.

일상에서 수집되는 K-EmoPhone 데이터 세트를 활용하여 정적인 환경에서 수집된 K-EmoCon 데이터 세트와 유사한 성능을 보이는지 확인하고자 한다. K-EmoPhone 데이터의 경우 스마트폰 및 웨어러블로부터 수집된 다양한 종류의 데이터 소스로부터 특징을 추출하여 기계학습 모델을 학습해야 한다. 일상에서 임의의 시점에 사용자로부터 받은 ESM 응답(각성도, 정서가, 작업 방해도, 스트레스 등)을 활용해서 분류를 해야 하다 보니, 실험실에서 연속적으로 안정된 환경에서 수집된 데이터와는 매우 다른 특성을 보인다. K-EmoCon 데이터 세트 분석과 유사하게 사용자 응답 라벨을 리커트 척도 점수를 활용하여 높음·낮음을 분류하도록 모델을 학습하였다. 모델 학습을 위해 사용한 특징 정보의 경우 스마트폰 사용 정보(어떤 종류의 앱을 얼마나 사용했는지?), 사용자의 환경 정보(장소 방문), 웨어러블 센서 정보(EDA, 심박 등) 등을 포함한다. 특징 추출을 위하여 사용자 응답 시점을 기준으로 1, 5, 10, 30분, 1, 3, 6시간 및 1일 이전 시간에 수집된 데이터를 활용하였다. 사용자의 인구통계학 정보(나이, 성별 등)와 함께 기본적인 개인 특성(예 : 성격유형, 스트레스, 우울감 등)에 대한 영향을 고려하기 위하여 해당 정보도 특징값으로 모델에 추가하였다. 원본 라벨의 분포를 평형 상태로 맞춰 훈련하기 위해 라벨이 적은 그룹의 데이터로부터 가상의 샘플을 만들어 샘플 개수를 맞추기 위해 오버샘플링 기법을 활용하였다. 샘플 개수가 제한적이어서 딥러닝 사용이 어려워 전통적인 기계학습 기법인 랜덤 포레스트 및 XGBoost 알고리즘을 활용하였다. 랜덤 포레스트 모델은 고차원 또는 불균형 데이터로부터 학습하는 데 강점이 있는 것으로 알려졌다. 한편 XGBoost 방법은 우리의 경우와 같이 데이터에 수치 및 범주 기능이 혼합되어 있을 때 사용되는 또 다른 잘 알려진 모델이다. 교차검증 결과 각성도, 정서가, 스트레스, 작업 방해도 이진 분류 결과가 각각 64%, 66%, 66%, 73%로 나타났다.

K-EmoCon의 정적인 환경에 대비하여 동적인 활동 중에 수집된 K-EmoPhone 데이터를 활용한 분류 결과가 상대적으로 매우 낮은 것을 알 수 있다. 모바일에서 수집된 추가 대규모 데이터 세트를 활용하여 분류기의 성능을 점검한 결과에서도 여전히 분류 정확도는 75% 미만으로 드러났다. 이러한 낮은 정확도의 원인을 여러 가지에서 찾을 수 있다. 센서 데이터를 다양한 일상 환경에서 수집하다 보니 센서 데이터 자체의 정확도와 완성도가 낮을 수 있다. 기기를 끄거나 소지하지 않는 경우 데이터 결측이 발생한다. 또한 일상 환경의 다양성으로 인하여 데이터로부터 뽑을 수 있는 정보가 상대적으로 빈약할 수 있으며 신호 대 잡음 비율이 낮을 수 있다. ESM 방식으로 수집되는 라벨 데이터에 대한 사용자의 수집 부담과 이로 인한 신뢰성의 문제도 있다. 대부분의 연구에서 하루에 5~10회 이상 설문 응답을 요청한다. 하지만 랜덤한 시간에 설문 응답을 요청받을 때 사용자들은 대부분 다른 과업을 수행 중일 가능성이 크다. 답변을 무시하거나, 또는 각 질문에 주의 깊게 생각하지 않고 무작위로 답을 하는 경우가 발생할 수 있다. 무엇보다 대부분의 모바일 센서 데이터 연구의 경우 대규모 데이터 세트 수집이 어렵다 보니, 소규모 데이터 세트를 활용하여 연구를 수행하였기 때문에 대규모 데이터 세트를 활용하여 감정 분류의 정확도 한계를 심층 조사하는 것이 중요한 연

구 방향일 것으로 기대가 된다.

6. 건강 및 웰빙 증진 중재 서비스 사례

웨어러블 장치와 스마트폰을 활용한 건강 및 웰빙 증진 중재 서비스 개발 사례를 소개하고자 한다. 대표적인 감성 인공지능 서비스 사례로 스트레스 관리 솔루션에 대해서 논의하고자 한다. 스트레스는 현대 사회에서 중요한 문제이다. 연구에 따르면 급성 및 만성 스트레스는 모두 수면 장애, 두통, 우울증 및 심혈관 질환을 포함하여 인간의 건강에 큰 영향을 주는 것으로 알려졌다. 스트레스로 인한 문제를 방지하기 위해서 스트레스 원인을 식별하고 초기 단계에서 스트레스를 관리하는 것이 필요하다.

웨어러블 기기와 스마트폰에 장착된 센서를 활용한 스트레스를 선제적으로 관리하는 시도는 인간-컴퓨터 상호작용 분야에서 활발히 연구됐다. 앞서 논의하였듯이 생리학적 신호(예 : 심박수, 피부 전기 활동) 및 행동 데이터(예 : 신체 움직임, 휴대 전화 사용)는 스트레스 감지에 일반적으로 사용되고 있다. 또한 스트레스 지수 완화를 위한 모바일 애플리케이션 또는 인터페이스(예 : MindScope, Stress@Work)가 제시되었다.

멀티모달 센서 데이터와 기계학습 알고리즘을 사용하여 스트레스를 감지하고 적시에 개입하여 피드백을 제공하는 StressBal 시스템을 소개하고자 한다. StressBal 시스템은 실시간 데이터 수집을 위한 상용 웨어러블 장치(예 : 가민 워치, 삼성 워치)를 사용한다. 사용자로부터 받은 스트레스에 대한 피드백 정보를 바탕으로 지속해서 개인의 특성에 맞도록 개인화된 학습을 스마트폰에서 수행한다. 모든 학습 및 분류를 사용자 개인의 스마트폰 내에서 수행하여 민감정보가 외부로 유출되는 것을 막는 것이 특징이다.

하지만 상용 웨어러블 기기를 사용해서 스트레스 검출을 위한 모델을 개발하는 것이 쉽지 않은 현실이다. 웨어러블 제조사들이 기기로부터 수집되는 원본 데이터에 접근할 수 있는 API를 제공하지 않는 경우가 대부분이기 때문이다. 연구진은 다양한 웨어러블 기기를 조사하여 가민(Garmin)과 삼성의 스마트워치가 데이터 접근을 허용하는 것을 발견했다. 프로토타입 개발을 위해 가민 포러너55 스마트워치를 활용하여 심박 간 간격(IBI) 및 3축 가속도계 데이터를 Connect IQ SDK를 사용하여 5분에 한 번씩 최대 30초의 센서 데이터를 휴대 전화에서 수집했다. 동시에 스마트워치에서 제공하는 걸음 수와 하루 동안 이동한 거리인 활동 데이터를 수집했다. 스마트워치 데이터 수집과 함께 스마트폰에 설치된 스트레스 관리 앱은 사용자의 현재 위치 및 휴대 전화 앱 사용 정보를 수집한다. 기계학습을 위한 참값(Ground Truth) 수집을 위하여 사용자에게 일상생활 중 ESM 방식으로 2시간마다 한 번씩 현재 스트레스 상태 자기 보고를 진행하였다.

스마트워치 및 휴대 전화기에서 수집된 데이터를 활용하여 특징을 추출한다. IBI 값으로부터 심박 변이도(HRV)를 계산하며, 가속도 센서 데이터를 활용하여 각 축의 평균, 표준 편차 및 크기를 계산한다. 걸음 수와 움직인 거리의 변화를 계산한다. 사용자가 주요한 장소(예 : 집, 직장 등)에 있는 것을 감지하기 위하여 100미터 이내에 해당 장소가 있는지에 대한 여부를 점검했으며, 모바일 앱에 대한 사용 데이터도 모델 개발에 활용하였다.

추출된 특징을 바탕으로 개인으로부터 수집된 자기 보고 기반의 참값을 맵핑하는 스트레스 감지 기계학습 알고리즘을 스마트폰에서 학습하게 된다. 스트레스 검출을 주기적으로 수행(예 : 20분 마다 1번)하며 스트레스가 검출되면 사용자에게 휴식을 취할 것을 알린다. 현재 스트레스 관리에 효과적인 것으로 알려진 호흡 운동을 모바일 앱으로 제공한다. 앱에서는 직관적 시각화와 함께 간단한 메시지(예 : "천천히 들이쉬고 내쉬기")를 안내한다. 반복적인 호흡 세션이 종료되면 "이제 작업으로 돌아가세요"라는 메시지가 표시된다.

그림 9-5 모바일 및 웨어러블 기반 스트레스 검출 및 중재 시스템 도식

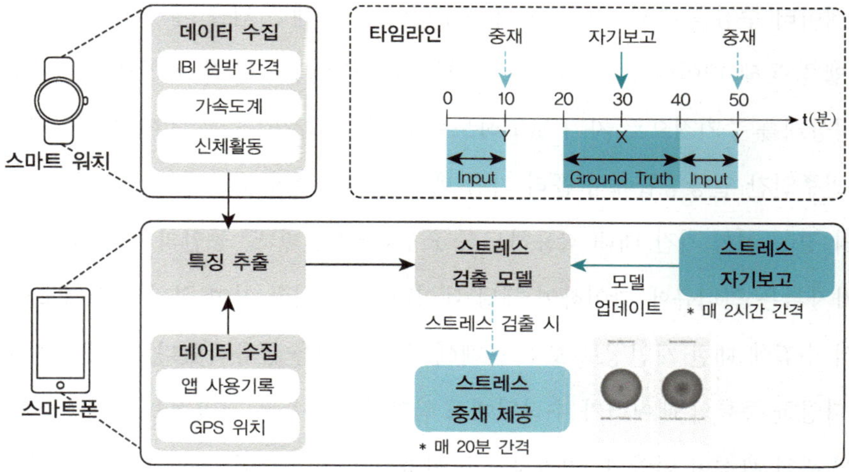

출처 : Han, Y.(2022), "StressBal : Personalized Just-in-time Stress Intervention with Wearable and Phone Sensing," Proceedings of the 2022 ACM International Joint Conference on Pervasive and Ubiquitous Computing(Demo)

7. 모바일 감성 인공지능의 윤리적 이슈

감성 인공지능은 모바일, 웨어러블 및 IoT 장치(예 : GPS 위치, 전화 사용 및 감정 샘플)에서 수집된 방대한 양의 개인 데이터를 사용하므로 개인정보 보호 및 윤리를 신중하게 평가해야 한다.

7.1 데이터 수집에 대한 염려 사항

감성 컴퓨팅 연구를 위한 모바일 센서 데이터 세트를 만들기 위해 참가자의 일반적인 태도와 개인정보 보호 문제를 이해하기 위해 KAIST 연구팀은 일상생활에서의 기분 데이터 수집 연구를 수행했다. 연구팀은 웨어러블 및 모바일 장치의 광범위한 센서 데이터를 사용하여 감성 컴퓨팅 데이터 세트를 구축하는 프로젝트

에 참여한 100명의 대학생을 대상으로 4주간 연구를 수행했다. 참가자들은 모바일 데이터 수집을 위해 스마트폰에 연구팀이 만든 센싱 앱을 설치하였다. 참가자는 앱을 통해 데이터 수집 현황을 확인할 수 있었고, 해당 앱을 활용하여 자신의 감정상태를 주기적으로 자기 보고하도록 하였다. 참가자들은 전체 실험기간 4주 중 일주일간 일상생활에서 폴라 가슴 밴드를 착용해야 했으며, 스마트워치인 핏빗의 경우 실험 기간 내내 착용하도록 요청받았다. 한 달 동안의 데이터 수집 후 참가자들은 인터뷰에 참여하여 해당 데이터 수집 실험 참여 경험과 멀티모달 데이터 수집에 대한 개인정보 보호 문제에 대한 의견을 공유하였다. 상당히 방대하고 다양한 종류의 데이터가 수집됨에도 참가자 대부분은 전반적으로 개인정보 보호에 관한 관심이 낮았다. 참가자들은 이미 많은 서비스를 통해서 방대한 개인정보가 수집되고 있다는 사실과 함께 수집되는 모바일/웨어러블 기기 데이터로 인해서 예상되는 피해가 적다고 판단하는 경향을 보였다. 참가자들은 실험에서 수집되는 센서 데이터에 대해 대체로 낮은 수준의 개인정보 민감도를 보였지만, 통화/메시지 사용 데이터, 앱 사용 데이터, 위치 추적에서 파생될 수 있는 개인 특성 및 사회적 행동이 유출될 가능성이 있는 특정 데이터에 대해서는 염려를 표출하였다. 특히 데이터를 결합하는 경우 우려가 가중되는 것으로 드러났다. 예를 들어 한 참가자는 심박수와 위치 정보가 결합하여 연인과의 친밀한 관계가 노출될 수 있을 것 같다는 염려를 보이기도 하였다. 일부 데이터 유형이 개별적으로는 사생활 위협이 적어 보이더라도, 다른 센서 데이터와 결합될 때 잠재적인 프라이버시 위협이 될 수 있으므로 데이터 수집과 관리를 도울 수 있는 사용자 친화적 프라이버시(Usable Privacy) 연구가 필요하다.

7.2 윤리적인 감성 컴퓨팅을 위한 고려사항

윤리적 연구 및 서비스 제공을 위해서는 사전 동의(Informed Consent) 프로세스에서 연구자가 실험 참여자에게 알려진 잠재적 위험 및 추가 우려사항과 이러한 위험을 완화하는 방법을 자세히 설명하고 소통하는 것이 중요하다. 특히 행동 및 센서 데이터의 유형, 개인 식별 정보가 포함되어 있는지 여부, 센서 데이터 공유와 관련된 잠재적 위험을 전달하는 것이 필수적이다. 그러나 모바일 및 웨어러블 기기에서 수집한 데이터의 종류와 이를 활용한 감성 인공지능 모델 구축에 사용하는 방법에 대해 사용자가 바르지 못한 심상 모델(Mental Model)을 가진 경우가 많은 것으로 나타났다. 이러한 문제점을 고려하였을 때, 실험 참여자들에게 수집된 데이터의 유형에 대해 직관적인 설명을 제공할 뿐만 아니라 자신의 데이터에 대한 접근과 질의응답을 수행할 수 있는 인터랙티브 시각화 도구에 관한 연구 및 개발이 필요해 보인다.

감성 인공지능 데이터 분석의 경우 자신의 데이터에 대한 직접 접근 및 제어를 제공함으로써 사용자에게 권한을 부여하는 MyData 운동의 비전을 활용할 수 있다. 개인 데이터에 대한 사용자의 제어 및 권리를 강화하려는 유럽연합(EU)의 일반 데이터 보호 규정(GDPR)과 같은 맥락이라고 할 수 있다. 플랫폼을 위한 사용자 친화적인 웹 데이터 프라이버시 관리 도구인 개인정보 기본 설정(P3P)과 유사하게 사용자가 감성 인공지능 시스템에서는 자신의 데이터에 직접 접근하고 제어할 수 있는 새로운 사용자 친화적인 도구를 개발하는 추가 연구가 필요하다.

데이터 수집에는 연구자(또는 서비스 제공자)가 사용자에게 위험과 이점에 대해 참가자에게 알려야 하는 사전 동의가 필수적이다. 그러나 일반적으로 일회성 사전 동의의 경우 사용자의 주도적인 데이터 수집 제어가 매우 어려운 것이 현실이다. 예를 들어 사용자가 병원을 방문하는 동안 위치 데이터 수집을 차단하는 것과 같은 개인의 상황적 맥락에 따른 데이터 수집 제어 요구에 대한 지원은 현재 사전 동의 체계에서는 활발히 고려되지 않고 있다. 앞으로의 감성 인공지능 시스템에서는 사용자의 상황에 따라 동의를 동적으로 변경할 수 있는 "동적 동의"(Dynamic Consent)를 지원하기 위해 개인정보 보호 고지 및 선택에 관한 디자인 공간에 관한 체계적인 연구가 필요하겠다.

8. 맺음말

영화 〈그녀(Her)〉에서 주인공이 '사만다'라는 가상 에이전트와 자유로운 감성 대화를 나누며 사랑에 빠지게 된다. 최근 대규모 데이터를 통해 학습된 생성형 인공지능 기술(예 : ChatGPT, DALL-E 등) 혁신으로 불가능해 보였던 이 영화의 가능성을 다시 되돌아본다. 생성형 인공지능은 자연언어를 활용하여 인간 수준에 버금가는 지식을 바탕으로 감성 대화뿐만 아니라 다양한 창의적 과업을 상당히 자연스럽게 구사하고 있기 때문이다. 대규모 데이터와 심층 학습 기법을 활용하여 인간의 행동과 사회양식에 대한 근원적인 이해가 가능한 새로운 인공지능 모델 개발이 다른 분야에서도 가능함을 시사한다.

모바일 감성 인공지능은 인간의 언어와 시각적인 데이터보다는 생리적 활동적 관찰 데이터를 기반으로 정신건강 및 웰빙 상태를 추적하고 사용자와 상호작용을 통하여 이를 증진하는 디지털 헬스케어 기술이다. 하지만 이미 잘 알려진 생성형 인공지능 기술과 달리, 모바일 감성 인공지능의 경우 일상에서 수집되는 데이터의 양이 매우 제한적이어서 일반화 가능한 모델 개발이 어렵다. 높은 예측력의 모델 개발을 위해서는 방대한 데이터가 대규모 사용자로부터 수집이 되어야 하지만 데이터 수집 비용과 개인정보 보호 등의 장벽에 막혀 진보가 더딘 상태이다. 바이오 메디컬 연구를 위해서 대규모 유전체 데이터를 체계적으로 수집 활용했던 바이오뱅크 프로젝트처럼 모바일 감성 인공지능 연구를 위한 대규모 데이터 수집 및 활용체계가 필요하겠다.

또한 실험실 수준에서의 인공지능 모델 개발을 탈피하여 일상생활에서 모바일 감성 인공지능 기술을 적용하여 사용자와 일상에서 인터랙션을 할 수 있는 실증 기술개발이 후속되어야 하겠다. 일상에서 수집되는 잡음이 많은 데이터에 대응하는 방법과 단순한 판단 결과 통보가 아닌 사용자와 지속적인 상호작용을 통해서 자가 발전하는 인공지능 기술개발이 필요하다. 이를 통해 개인의 생리적·활동적 패턴을 학습하여 정신건강을 밀착 관찰하고 안내해 줄 수 있는 '사만다'와 같은 가상 동반자가 가까운 시일 내에 실현될 수 있기를 기대해 본다.

[참고문헌]

Calvo, RA, Peters, D.(2014), *Positive computing: technology for wellbeing and human potential*, MIT Press, doi: 10.2196/jmir.9410

Figueiredo, M. C., Chen, Y.(2020), *Patient-Generated Health Data : Dimensions, Challenges, and Open Questions*, Vol. 13, No. 3, Foundations and Trends® in Human-Computer Interaction, pp 165 ~ 297, http://dx.doi.org/10.1561/1100000080

Han, Y.(2022), "StressBal : Personalized Just-in-time Stress Intervention with Wearable and Phone Sensing," Proceedings of the 2022 ACM International Joint Conference on Pervasive and Ubiquitous Computing(Demo)

Jain, S. H.(2015), "The digital phenotype," *Nature Biotechnology*.

Kang, S. et al.(2023), "K-EmoPhone : A Mobile and Wearable Dataset with In-Situ Emotion, Stress, and Attention Labels," *Scientific Data* 10(1), 351.

Kim, T., et al.(2022), "Prediction for Retrospection : Integrating Algorithmic Stress".

Lee, H., Kang, S., Lee, U.(2022), "Understanding Privacy Risks and Perceived Benefits in Open Dataset Collection for Mobile Affective Computing," *Proceedings of the ACM on Interactive, Mobile, Wearable and Ubiquitous Technologies*, Volume 6, Issue 2 Article, No. 61, pp. 1～26, https://doi.org/10.1145/3534623

Lee, H., Lee, U.(2022), "Toward Dynamic Consent for Privacy-Aware Pervasive Health and Well-being : A Scoping Review and Research Directions," *IEEE Pervasive Computing*, Volume 21, Issue 4.

Lee, U., et al.,(2019. 2.), "Intelligent positive computing with mobile, wearable, and IoT devices : Literature review and research directions," *Ad Hoc Networks*, Volume 83, pp. 8～24.

McGovern, L.(2002), "The relative contribution of multiple determinants to health outcomes," Health Affairs Health Policy Brief.

Mills, S.(2014), IBM Health and Social Programs Summit : IBM Commitment & investment in health and social programs.

Morshed, M. B., et al.(2019), "Prediction of Mood Instability with Passive Sensing," *Proceedings of the ACM on Interactive, Mobile, Wearable and Ubiquitous Technologies*, Volume 3, Issue 3 Article, No. 75, pp. 1～21, https://doi.org/10.1145/3351233

Moturu et al.,(2011), "Using Social Sensing to Understand the Links Between Sleep, Mood, and Sociability," IEEE International Conference on Privacy, Security, Risk, and Trust, and IEEE International Conference on Social Computing.

Nepal, S.(2020), "Detecting Job Promotion in Information Workers Using Mobile Sensing," *Proceedings of the ACM on Interactive, Mobile, Wearable and Ubiquitous Technologies*, Volume 4, Issue 3 Article, No. 113, pp 1～28, https://doi.org/10.1145/3414118

Park, C. Y.(2020), "K-EmoCon, a multimodal sensor dataset for continuous emotion recognition in naturalistic conversations," *Scientific Data*, Volume 7, Article number : 293.

Prediction into Personal Informatics Systems for College Students' Mental Health," ACM CHI '22 : Proceedings of the 2022 CHI Conference on Human Factors in Computing Systems April 2022, Article No. 279, pp. 1 ~ 20, https://doi.org/10.1145/3491102.3517701

Price, N. D., et al.(2017), "A wellness study of 108 individuals using personal, dense, dynamic data clouds," *Nature Biotechnology*, Volume 35, pp. 747 ~ 756.

Sano, et al.(2018), "Identifying Objective Physiological Markers and Modifiable Behaviors for Self-Reported Stress and Mental Health Status Using Wearable Sensors and Mobile Phones : Observational Study," *J Med Internet Res* , 20(6) : e210.

Schilit, B. N., Adams, N., Want, R.(1994), "Context-Aware Computing Applications," First Workshop on Mobile Computing Systems and Applications.

Taylor, S., et al.(2017), "Personalized multitask learning for predicting tomorrow's mood, stress, and health," *IEEE Trans. Affect. Comput.*, 11, 2, 200-213, DOI: https://doi.org/10.1109/TAFFC.2017.2784832.

Tian, L. et al.(2022), *Applied Affective Computing*, ACM Books.

Wang, R., et al.(2014), "StudentLife : Assessing mental health, academic performance and behavioral trends of college students using smartphones," In UbiComp 2014—Proceedings of the 2014 ACM International Joint Conference on Pervasive and Ubiquitous Computing, ISBN : 9781450329682, DOI: https://doi.org/10.1145/2632048.2632054.

________________(2018), "Tracking depression dynamics in college students using mobile phone and wearable sensing," *Proc. ACM Inter-*

act. Mob. Wearable Ubiquitous Technol., 2, 1, 1-26. DOI: https://doi.org/10.1145/3191775

Weiser, M.(1991), "The Computer for the 21 st Century," *Scientific American*.

Zitouni, M. S.(2023), "LSTM-Modeling of Emotion Recognition Using Peripheral Physiological Signals in Naturalistic Conversations," *IEEE Journal of Biomedical and Health Informatics*, Volume. 27, Issue. 2, DOI: 10.1109/JBHI.2022.3225330

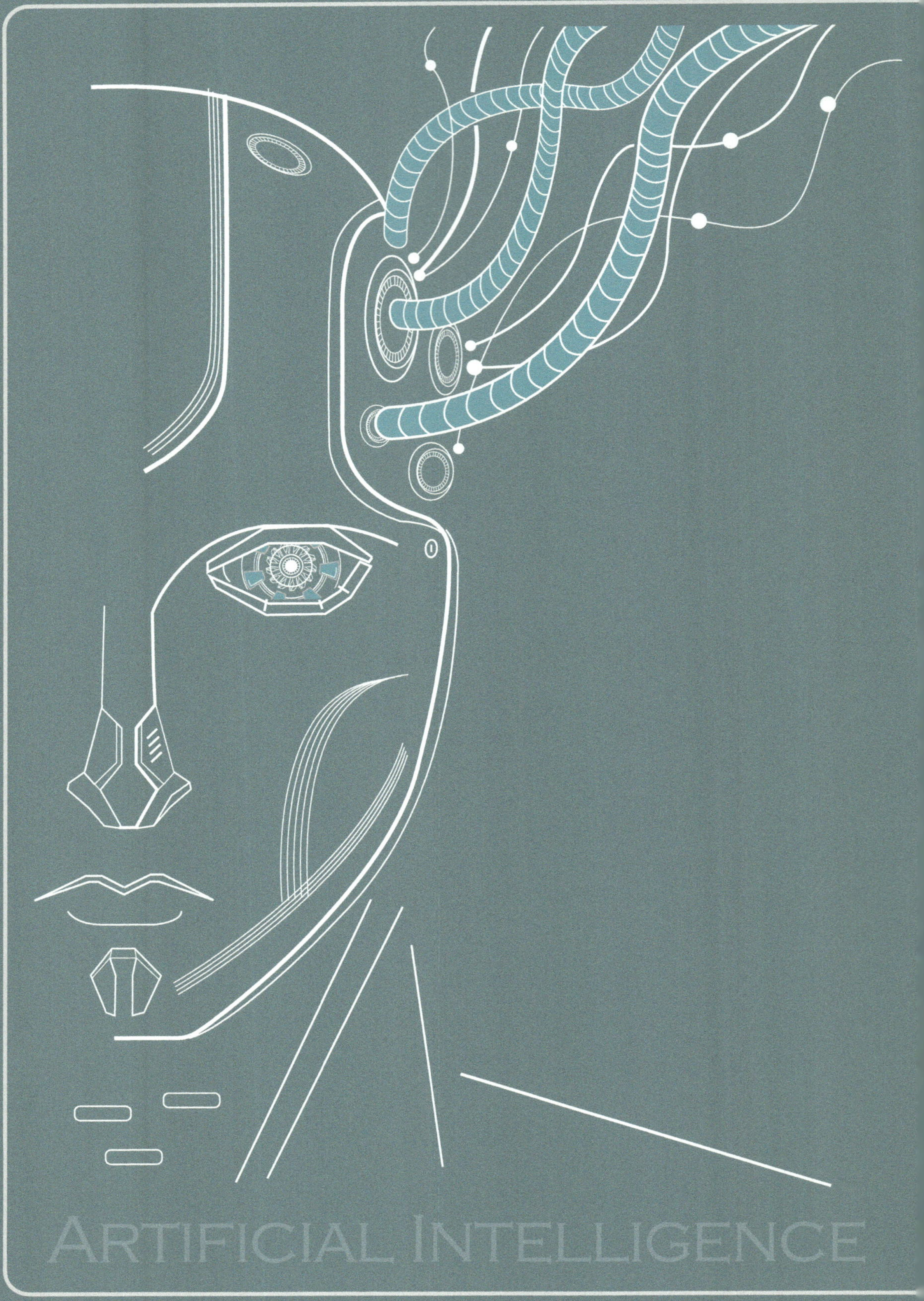
ARTIFICIAL INTELLIGENCE

산업

CHAPTER 10
감성 AI 기술 및 산업 동향

CHAPTER 11
감성 인공지능 : 국내 산업경쟁력 진단과 전략적 대응

CHAPTER 12
감성 인공지능의 규제와 산업육성

PART 4

CHAPTER 10

감성 AI 기술 및 산업 동향

— 김선희(서경대학교)

〈요약〉

감성 컴퓨팅(Affective Computing) 또는 인공 감성지능(AI)으로도 알려진 감성 AI는 인간의 비언어적 신호(얼굴 표정, 제스처, 목소리, 생리학적 신호 등)들을 기반으로 인간-기계 간 감정적 상호작용 기술에 대해 연구하는 인공지능의 신흥(emerging) 영역 중 하나이다. 이는 인간의 감정을 인식하고 해석하는 단계를 넘어 감정을 시뮬레이션함으로써 인간의 감정을 자극하고, 감정적으로 상호작용하는 단계로 발전하고 있다. 이러한 감성 AI 기술은 사용자에게 감정상태를 고려한 개인화된 서비스을 제공하고, 기업 업무에 대한 효율성을 향상시키고, 사용자의 정신건강 관리를 위해 활용하는 등 사람의 감정을 읽고 이해하고 반응하고 교감함으로써 특정 문제에 대해 정서적 솔루션을 제시하는 핵심 기술로 주목받고 있다. 최근 감성 AI 기술은 감정인식 기술에 감정생성 기술, 감정증감 기술이 더해져 자동차, 의료, 교육, 마케팅 등 다양한 산업 분야에 활발히 적용되고 있으며, 더 나아가 항공, 건설, 인테리어, 예술, 스포츠 등 더욱 다양한 산업과 융합되어 새로운 고부가가치를 창출할 것으로 기대된다. 본 장에서는 인공지능 신흥시장(emerging market)을 이끌 감성 AI의 기술 동향 및 산업 분야별 적용 사례들에 관해 기술한다.

1. 감성 AI 기술 동향

감성 AI는 인간의 감정을 인식하는 감정인식 기술과 인공지능이 특정 패턴의 외부 자극에 대해 즉각적이고 자동적인 감정 반응을 생성하는 감정생성 기술, 인공지능의 계획 및 추론을 통해 생성된 감정을 기계나 로봇에 적용하는 감정증강 기술이 더해질 때 비로소 진정한 감성 AI 기술로 완성된다.

1.1 감정인식 기술

감정인식 기술은 사람의 표정이나 몸짓(Body gesture)을 통해 인식하는 방법, 화자가 말하는 음성을 통해 인식하는 방법, 웹 블로그나 게시판 등의 텍스트를 통해 인식하는 방법 등의 물리적 정보를 기반으로 하는 감정인식 방법과 뇌파, 심전도, 근전도와 같은 생리학적 신호를 이용하여 감정을 인식하는 방법, 그리고 물리적·생리학적 정보를 모두 사용하는 감정인식 방법으로 구분할 수 있다.

1.1.1 물리적 정보 기반 감정인식

물리적 정보 기반 감정인식(Physical-based emotion recognition) 연구는 주로 시각, 청각 및 텍스트 등의 모달리티(Modality)를 사용한다. 시각적 모달리티를 이용하는 대부분의 연구는 주로 단일 모드(single-modal) 기반의 얼굴 표정 인식(FER ; facial expression recognition), 얼굴 미세 표정 분석(FMEA ; facial micro-expressions analysis), 3D-얼굴 표정 인식, 몸짓 감정인식(Body-Gesture emotion recognition) 방법들을 통해 수행된다. 뿐만 아니라 얼굴 및 음성 혹은 제스처 등을 결합한 다중 모드(Multi-modal) 기반 감정인식 연구도 꾸준히 진행되고 있다. 감정인식을 위한 학습 방법으로는 주로 기계 학습 기반의 기하학(Geometry), Appearance, Feature fusion 등과 딥러닝 기반의 Convolutional Neural Network(ConvNet), ConvNet-Recurrent neural network(RNN), Zero-shot 방법들이 사용되었다. 텍스트 모달리티는 대화에 내포된 감정을 분석하고 인식하는 방법으로 주로 지식(Knowledge), 통계(Statistical) 기반의 기계 학습 방법과 ConvNet, RNN 및 [그림 10-1]과 같은 Adversrial 기반의 딥러닝 방법들이 이용되었다.

그림 10-1 Adversarial Learning

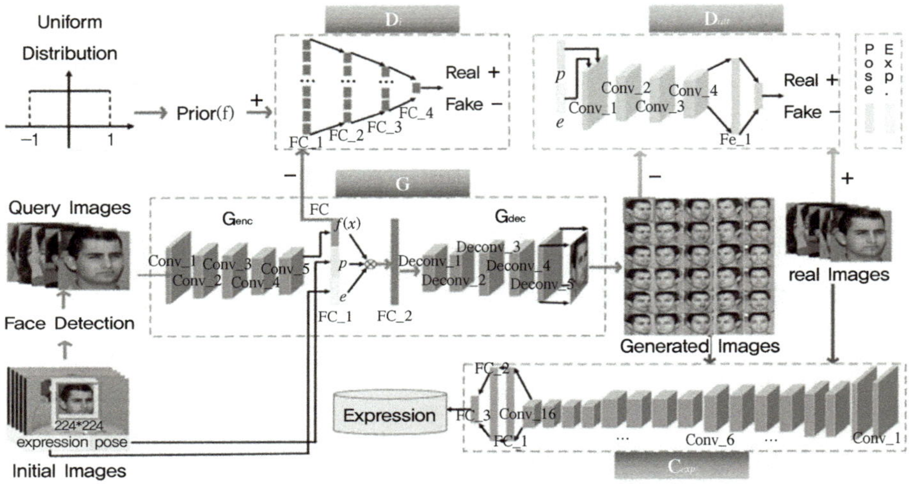

출처 : F. Zhang, T. Zhang, Q. Mao and C. Xu(2018), "Joint Pose and Expression Modeling for Facial Expression Recognition," 2018 IEEE/CVF Conference on Computer Vision and Pattern Recognition, 3359-3368.

1.1.2 생리학적 정보 기반 감정인식

생리학적 정보 기반 감정인식(Physiological-based emotion recognition) 연구의 발전은 생리적 신호 획득을 위한 임베디드 장치들의 활용으로 가능하게 되었다. 생리학적 신호(예 : EEG, RESP 및 ECG)는 텍스트, 오디오 및 시각적 감정 신호에 비해 소셜 마스킹(Social Masking)의 영향을 받지 않으므로 감정인식 면에서 더 객관적이고 신뢰할 수 있다. 즉, 생리학적 신호의 변화는 인간 감정의 변화를 직접적으로 반영하여 감정상태를 인식, 해석 및 시뮬레이션하는 데 도움이 될 수 있다. 반면 물리적 정보 기반의 감정인식은 사회적 환경과 문화적 배경, 피험자의 성격 등에 크게 좌우되기 때문에 감정이 위조되기 쉽다. 생리학적 정보 기반의 감정인식은 일반적으로 [그림 10-2]와 같이 다섯 가지 측면을 포함한다. 첫째, 이미지, 음악 및 비디오 등을 통해 피험자의 감정을 자극하고, 둘째, 뇌파, 피부 전도도, 심박수, 심전도 등과 같은 생리학적 신호를 기록한다. 셋째, 생리학적 신호 전처리, 특징 분석, 특징 추출 및 축소 등을 통해 감정 관련 특징들을 추출하고, 넷째, Support vector machine(SVM), K-nearest neighbors(KNN), Linear Discriminant Analysis(LDA), Random Forest(RF), Naive Bayes(NB) 및 Neural Networks(NN) 등과 같은 모델을 통해 감정상태를 분류한다. 마지막 다섯째, 이산 감정 모델(discrete emotion model) 또는 차원 감성 모델(dimensional emotion model)에 기반한 감정인식을 수행한다. 최근에는 ML-기반 감정인식의 파이프라

그림 10-2 생리학적 신호를 이용한 감정인식 단계

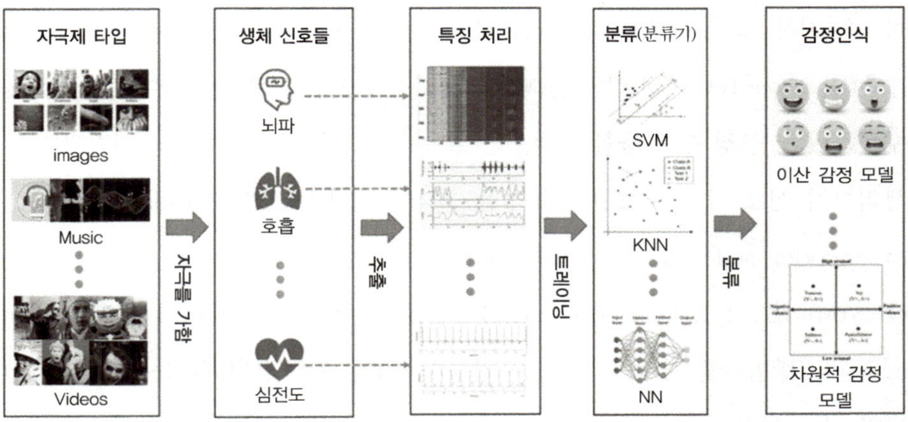

출처 : Y. Wang, W. Song, W. Tao, A. Liotta, D. Yang, X. Li, S. Gao, Y. Sun, W. Ge, Wei Zhang, Wenqiang Zhang(2022), "A systematic review on affective computing : emotion models, databases, and recent advances," *Information Fusion*, 83(84), 19–52.

인과 달리, 특징 추출과 분류 학습이 동시에 이루어지는 CNN, RNN, CNN + RNN 기반의 감정인식 및 양반구 도메인 적대적 신경망(bi-hemispheres domain adversarial neural network, BiDANN), 인스턴스 적응형 그래프 네트워크(instance-adaptive graph network) 등과 같은 딥러닝 기반의 감정인식 연구가 수행되었다.

1.1.3 물리적-생리학적 정보 기반 감정인식

최근에는 감정 분석을 위해 물리적 신호와 생리학적 신호 모두를 사용하는 물리적-생리학적 정보 기반 감정인식(Physical-Physiological fusion emotion recognition) 연구가 자주 시도되고 있다. 인간의 감정 변화는 복잡한 심리와 생리적 활동(psycho-physiological activity)으로 나타나며, 이때 인간의 행동적, 신체적, 심리적 신호는 감정 분석과 밀접한 관련이 있다. 따라서 감정 분석 연구자들은 물리적 데이터의 강한 외부적 표현과 생리학적 신호의 숨길 수 없는 내부 변화를 마이닝하여 감정을 분석하는 물리적-생리학적 모달리티 융합 연구에 중점을 두었다. 즉, 시각, 청각, 텍스트 및 생리학적 신호 등을 특징 수준(Feature-Level), 결정 수준(Decision-Level), 모델 수준(Model-Level) 융합 등으로 분류하여 감정인식을 수행하였다. 특징 수준 융합의 경우는 얼굴 표정, 안구 운동 등의 물리적 신호와 생리학적 신호 사이의 보완적 특성을 최대한 활용하고, bi-modal deep Auto-encoder, self-attention 메커니즘이 있는 계층적 Long Short-Term Memory(LSTM), LSTM-RNN, RTCAN-1D(1-D residual temporal and channel attention network) 방법들을 감정인식에 적용하였다. 결정 수준 융합에서는 시공간 로컬 단일 이진 패턴(spatiotemporal local monogenic binary pattern)을 이용한 외부적 얼굴 표정과 판별 스펙트럼 파워(discriminative spectral power)를 이용한 내부적 EEG를 융합하여 비디오-뇌파 기반의 다중 모달 감정 분석을 수행하였다. 모델 수준 융합에서는 다중 모달들의 특징들을 통합한 후 SVM 분류기를 이용하여 감정인식을 수행하였고, 여러 심리-생리학적 특징(psycho-physiological features)들을 융합하고 최적화하기 위해 다중모달 딥 브리프 신경망(Multimodal deep belief network)을 사용하였다. 그 외에도 비디오와 생리학적 신호들 모두에서 다중 모달 특징들을 추출하고 특징들을 나타내기 위해 바이모달 DBN(BDBN ; Bimodal-Dynamic Bayesian Network)과 [그림 10-3]과 같이 Multimodal DBN을 사용하였다. 이러한 실험들을 통해 감정인식 연구는 단일 모달보다 다중 모달을 이용했을 때 더 좋은 인식 성능을 브장한다는 결과를 증명하기도 하였다.

그림 10-3 MDBN 모델 기반의 감정인식

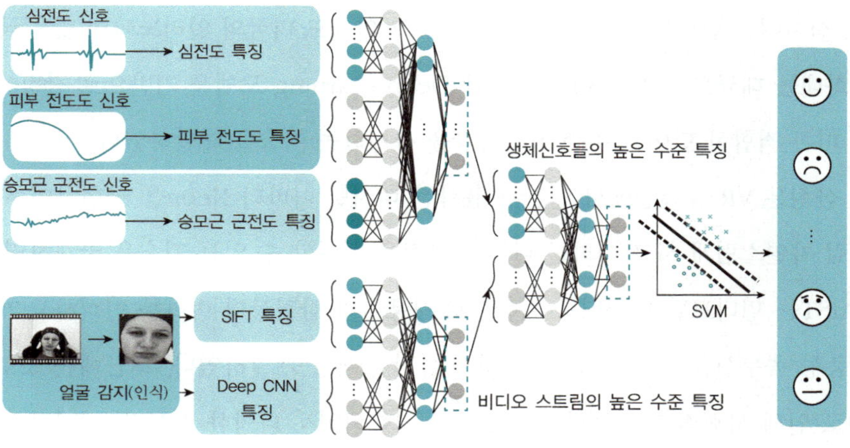

출처 : Z. Wang, X. Zhou, W. Wang, C. Liang(2020), "Emotion recognition using multimodal deep learning in multiple psychophysiological signals and video," Int. J. Mach. Learn. Cybern. 11, 923–934.

1.2 감정생성 기술

감정생성 기술은 외부 자극의 특정 패턴에 대해 즉각적이고 자동적인 감정반응을 생성하는 것이다. 즉, 인공지능 혹은 기계가 인간이 가지고 있는 감정을 실제 가지고 있는 것처럼 보이게 감정을 합성(synthesizing)하는 것으로, 사람의 감정상태를 이해하고, 적절한 감정반응을 생성하여 사람과 정서적 교감이 가능하게 하는 기술이다. 이러한 감정생성 기술은 이미 교감 인공지능이나 교감 로봇 등의 대화 생성 기술에서 상대방의 감정 변화를 인지해 적당한 반응을 생성하기 위해 연구되고 있다. 미국 핸슨 로보틱스 기업은 사람과 교감하는 소피아 로봇을 개발하였다. 소피아는 60가지 감정을 표정으로 표현할 수 있으며, 손동작을 통해 감정 표현이 가능한 인공지능 로봇이다. 최근에는 영국의 로봇 제조업체 엔지니어드 아츠(Engineered Arts)가 CES 2022에서 사람 같은 표정을 짓는 휴머노이드 로봇 '아메카(Ameca)'를 공개하였다. 아메카는 사람들과 대화를 하며, 감정을 표현하는 사람처럼 윙크를 하고 입술을 오므리기도 하며, 인상을 찌푸리거나 웃는 표정, 심지어는 혐오하는 표정까지 짓는다. 그 외에도 미국의 일리노이대 및 중국의 칭화대는 대규모 대화 데이터 세트에 Deep Learning 모델을 기반으로 감정상태에 따른 적합한 단어를 추출하여 문장을 생성하는 기술을 개발하였다. 국내의 경우 삼성은 VR 공간상에서 인간과 흡사한 디지털 아바타 Neon을 구현하여 사람처럼 자연스럽게 서로 대화를 나누고 감정을 표현할 수 있는 기술을 공개하였다. KAIST는 멀티모달 데이터를 기반으로 사용자의 감정상태 변화를 인식하고 개인 맞춤형 솔루션을 제공할 수 있는 정신 상담 챗봇을 개발하였다. 최근에는 코로나 19로 인해 사회적 거리두기가 오랫동안 시행되면서 다양한 정서적, 심리적 질환들이 급격하게 증가하였다. 따라서 이러한 문제의 대안으로 사용자와 감정적으로 소통하고 건강에 대한 지속적인 모니터링 및 평가를 제공할 수 있는 감정생성 기술이 적용된 반려로봇들에 관한 연구가 꾸준히 증가하고 있는 추세이다.

1.3 감정증강 기술

지금까지 대부분의 감성 AI 연구는 인공지능이나 로봇에 적용하기 위한 감정 인식과 감정 생성에 주로 초점을 맞춰 왔다. 즉, 인공지능의 기획(planning), 추리/추론(reasoning) 등을 통해 생성된 감정을 적용하여 감정을 증강시키는 감정증강 연구는 감정인식이나 감정생성 연구에 비해 드물게 시도되어 왔다. 감정증강 연구는 주로 가상 캐릭터 등을 통해 감정을 표현하거나 증강하는 형태로 진행되어 왔다. 이러한 연구는 주로 인간과 대면하는 AI 엔진에 감성 기능을 추가한 것으로, SEMAINE 프로젝트와 ARIA-VALUSPA는 개발자가 오랜 시간 동안 인간과 상호작용할 수 있는 가상 캐릭터를 만들고, 사용자의 비언어적 행동에 캐릭터가 적절하게 반응할 수 있도록 하는 대화 관리용 AI 엔진이다. 그러나 이러한 대화 관리는 대부분 규칙 기반 학습을 통해 수행되며, 단방향 감정 입력 또는 출력 전용인 경우가 많다. 감정증강 연구의 또 다른 예로 알려진 감정증강 기계학습(EML ; Emotion-augmented machine learning)은 효율적인 학습을 위해 감정을 활용하는 것을 목표로 하였으나, 결과적으로 감정은 거의 고려되지 않았다. 이러한 감정증강 연구는 학습을 위해 주로 신경망과 같은 기계 학습 알고리즘을 사용해 왔다. Adnan Khashman는 불안감과 자신감을 공식화하고, 감정적 역전파 알고리즘을 도입하여 새로운 패턴이 제시될 때 불안감이 높아지고, 자신감은 떨어지는 감정증강에 관한 연구를 수행하였다. 최근에는 딥러닝 학습에 attention 개념을 추가하여 불안에 영향을 미치는 자극(stimulus) 요소를 허용하고, 글로벌 불안 패턴에 대한 감정 뉴런(emotional neuron)을 빌드업하여 감정증강 학습 문제를 개선하였다. 이러한 감정증강은 강화 학습의 행동 선택(action selection)에도 적용되었다.

2. 감성 AI 산업 분야별 적용 사례

감성 AI 덕분에 컴퓨터는 인간의 얼굴 표정, 몸짓, 목소리 톤, 생체신호 등을 기반으로 인간의 감정을 인식하기 시작했고, 이러한 기술은 산업 전반에 중요한 변화를 가져왔다. 즉, 감성 AI라는 기술을 통해 기업은 고객을 더 잘 이해하여 더 만족스러운 서비스를 제공할 수 있게 되었으며, 직원의 감정상태를 모니터링하여 업무량을 조정하고, 동기를 부여함으로써 더 좋은 업무 성과를 얻을 수 있게 되었다. 또한 감성 AI 기술이 애플리케이션 형태로 다양한 산업에 도입되면서 대기업에서부터 스타트업까지도 인간의 감정을 인식하기 위해 많은 투자를 아끼지 않고 있다. 그 결과 감성 AI 기술은 빠르게 성장할 수 있었으며, 다양하고 새로운 영역 및 산업으로 확산되고 있다. 제2절에서는 이러한 감성 AI 기술이 적용된 산업 분야별 적용 사례에 대해 살펴보고자 한다.

2.1 마케팅

마케팅(Marketing)은 감정을 다루는 비즈니스 분야이다. Temkin Group 연구 보고서에 따르면 사용자는 브랜드와 긍정적인 연관성이 있는 경우, 제품을 구매할 가능성이 7.1배 더 높다고 하였다. 따라서 기업들은 감성 AI의 힘을 활용하여 제품 및 서비스에 대한 감정적 반응과 캠페인 및 광고를 본 후 느끼는 감정 등을 분석하여 마케팅 전략을 최적화하고 있다. 또한 감성 AI는 신제품에 대한 소비자의 반응을 측정하여 새로운 시장에 진입할 때 고객을 만족시키기 위해 무엇을 해야 하는지 이해하기 위해 이용되고 있으며, 고객에게 잘 맞는 콘텐츠를 생성하는 데도 이용되고 있다.

2.1.1 브랜드 노출(Brand exposure)

Realeyes는 세계 주요 자동차 브랜드가 포함된 130개의 자동차 광고에서 쇼셜 미디어 데이터를 수집하고, "FACS(Facial Action Coding System)"를 이용하여 청중의 관심을 끄는 비디오 특징이 무엇인지 이해하기 위한 연구를 수행하였다. 그들은 "FACS(Facial Action Coding System)"라는 감정인식 소프트웨어로 얼굴의 변화나 움직임에 따라 인간의 감정을 분류하였으며, 그 결과 긍정적 감정 점수를 높게 받은 광고가 청중에 관심을 더 받는다는 결과를 보여주었다. 즉, [그림 10-4]에서와 같이 Ford Fiesta는 기능과 가치 제안을 나열하는 제품 지향적인 광고였다면, Volkwagen 'Force'는 이야기식과 유머를 사용한 광고로 Fiesta에 비해 높은 감정적 점수를 받았으며, 2011년 슈퍼볼에서 엄청난 성공을 거두었다.

그림 10-4 포드 Fiesta와 폭스바겐 Force의 감정 점수 비교

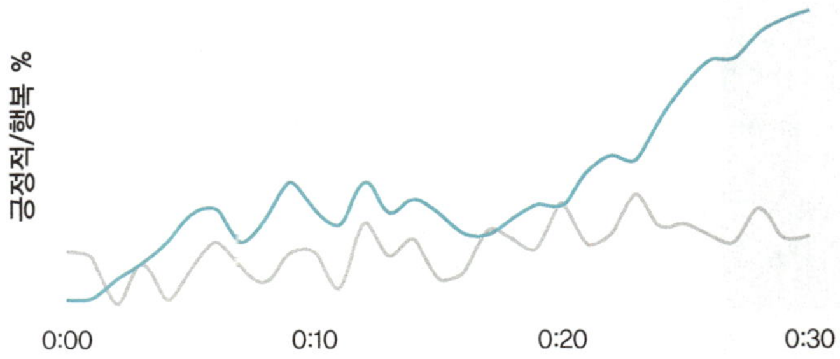

	Score	Views	Shares	Tweets
The Force	9	59m	1.3m	101.5k
Fiesta Fuel	4	54K	8	5

출처 : https://www.realeyesit.com/resources/case-studies/automotive-study/

2.1.2 여행 추천(Travel recommendation)

메타 검색 엔진이자 여행사인 Skyscanner는 Sightcorp의 감성 AI 기술을 웹사이트에 공개했다. Sightcorp의 얼굴 분석 도구는 감성 AI를 활용하여 행복, 슬픔, 혐오감, 놀람, 분노, 두려움과 같은 얼굴 표정을 익명으로 탐지하고 측정한다. Skyscanner는 이 기술을 이용하여 고객의 감정상태에 따라 매력적인 여행 상품을 추천한다. 예를 들어 [그림 10-5]에서와 같이 사용자가 "슬픈" 감정을 짓고 있다면 API는 "재미있는" 여행 목적지를 제안한다.

그림 10-5 감정 스캐너 API : Sightcorp

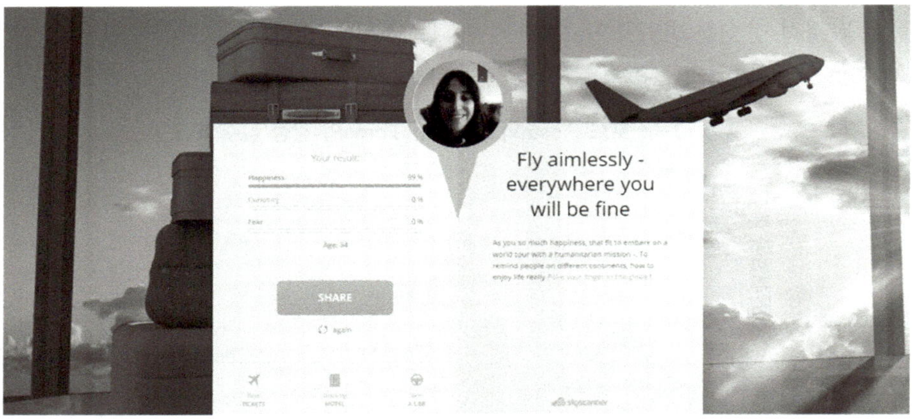

출처 : https://sightcorp.com/blog/blog-skyscanner-offers-you-travel- recommendations-based-on-your-emotions/

2.1.3 지하철 광고(Subway ads)

브라질의 상파울루 지하철 Yellow Line은 사람들의 감정에 따라 지하철 양방향 광고를 최적화하기 위해 AdMobilize 감성 AI 분석 기술을 배치하였다. AdMobilize 감성 AI 소프트웨어는 속도, 주의 지속 시간, 감정 및 방향 등을 통해 성별, 나이 범위, 시선과 같은 얼굴 메트릭을 측정하기 위해 보안 카메라에 통합되었다. 광고주는 감성 AI 소프트웨어의 측정 항목을 통해 사람들의 표정을 행복, 놀라움, 중립, 불만족으로 분류하고 그에 따라 광고를 변경했다.

2.2 고객 서비스

콜센터 및 고객지원 센터 모두 고객 감정에 대한 추정치를 전문 기업으로부터 제공받는다. 이러한 추정치는 고객 서비스(Customer service) 대응 가이드를 위해 사용되고, 고객 서비스의 효율성을 측정하기 위해 사용되기도 한다. 이러한 고객의 감정을 탐지하는 감성 AI 기술은 통화 중 화난 고객을 탐지하여 경험이 풍부하고 잘 훈련된 통화 상담원에게 전달될 수 있다. 또한 감성 AI는 음성 분석을 활용하여 통화가 얼마나 효과적인지와 통화 종료 시 고객이 만족하는지를 측정할 수 있다. 이 데이터는 고객 서비스를 개선하는 데 사용할 수 있다.

2.2.1 올바른 에이전트와의 고객 매칭(Customer matching to right agent)

한 유럽 은행은 콜센터 상담원의 효율성을 극대화하기 위해 Behavioral Signals와 제휴했다. Behavior Signals의 기술은 사용자 음성, 반응, 단어 선택 등으로부터 행동 신호를 분석하기 위해 감성 AI와 자연어 처리를 활용하였다. 은행은 CRM 프로필 데이터(예 : 부실 대출(NPL) 기록 데이터 및 실제 지불에 대한 메타 데이터)에 기록된 이전 통화를 기반으로 고객 통화를 라우팅하기 위해 AI 지원 에이전트-고객 매칭 기술을 배포했다. 그 결과 [그림 10-6]에서와 같이 고객이 올바른 상담원(the right agent)과 연결되었을 때 통화 성공률이 ~11% 향상되었다.

그림 10-6 에이전트-고객 매칭 통화 성공률

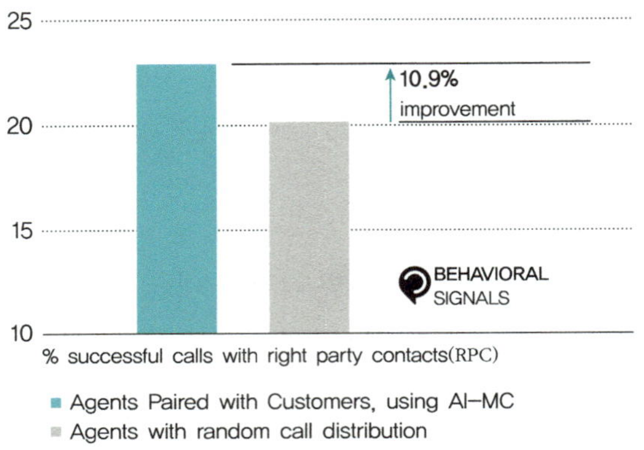

출처 : https://behavioralsignals.com/ai-mediated-conversations-case-study-for-financial-group-bank/

2.2.2 AI 기반 에이전트 코칭(AI-based agent coaching)

미국 보험사인 메트라이프(MetLife)는 미국 콜센터 10곳에 상담원이 고객과 대화하면서 실시간 안내가 가능하도록 Cogito의 감성 AI 코칭 솔루션을 제공하였다. Cogito의 감성 AI 기술은 스트리밍 신호 데이터에 대해 실시간 추론을 가능하게 하는 신경망 모델인 신호 기반 기계 학습을 활용하여 고객의 감정상태와 그 의미를 이해하게 하고, 상담원에게 실시간 대화 팁과 해결 방법을 제공한다. 메트라이프는 Cogito의 감성 AI 코칭 솔루션을 통해 첫 번째 통화 해결 지표가 3.5%, 고객 만족도가 13% 향상된 결과를 얻을 수 있었다.

2.3 의료

의료(Healthcare) 산업 분야에서는 이미 세계 많은 나라들이 감성 AI 기술을 사용하여 제품들을 상용화하고 있다. 감성 AI 기술이 적용된 환자 관리(Patient care)용 로봇은 환자에게 약을 먹도록 상기시킬 뿐만 아니라 매일 신체적, 정서적 건강 상태를 모니터링하여 문제가 있는지를 관찰한다. 또한 감성 AI는 환자의 음성을 분석하여 우울증 및 치매와 같은 질병을 진단하는 의료 진단(Medical diagnosis) 분야에도 활용되고 있으며, 환자의 심리 상태를 더 잘 추적하고 이해하도록 돕기 위한 Counseling에도 활용되고 있다. 국내에서도 자폐증, 우울증, 인지장애 노인들의 돌봄 서비스를 제공하기 위해 반려로봇에 감성 AI 기술이 활용되고 있다. 이러한 로봇들은 생체정보를 수집하고 이를 분석하여 사용자 움직임을 감지하고, 응급상황에 대한 조치를 수행할 뿐만 아니라, 감정 상황에 따른 담화 수준의 소통도 가능하다.

2.3.1 코로나19 위기 모니터링(COVID-19 crisis monitoring)

미국에 기반을 둔 AI 및 예측 행동 분석 회사인 Cognovi Labs는 COVID-19 팬데믹 확산에 따른 사람들의 감정적 반응 및 변화 추세를 추적하기 위해 감성 AI 기술을 이용하여 패닉 지수(Panic index)를 생성하고, 특정 지역 사람들이 팬데믹과 관련된 이벤트에 어떻게 반응할지를 예측하기 위해 포럼, 블로그 및 소셜 미디어와 같은 팬데믹에 대한 공개 데이터를 바탕으로 감정 분석을 수행하였다. 기업과 정부는 이러한 Cognovi가 개발한 기술을 바이러스 억제 전략 개발 및 COVID-19에 대한 인식률 증대, 신체 및 정신 건강 관리에 활용했을 뿐만 아니라 주식시장, 외식, 쇼핑, 여행 및 경제활동에 미치는 영향 조사에도 활용하였다.

2.3.2 재난 및 비상 관리(Disaster and emergency management)

재난 및 비상 통신 분산형 애플리케이션인 SONAR은 Kairos 감성 AI 솔루션을 이용하여 카리브해에 허리케인이 발생하는 동안 의료 지원을 제공하였다.

Kairos 감성 AI 솔루션은 얼굴을 감지, 식별 및 검증하고, 얼굴의 생동감을 이해할 수 있다. SONAR은 [그림 10-7]에서와 같이 재해 발생 시 셀카 촬영을 통해 얼굴을 스캔하고 식별하며, 개개인의 개인 식별 정보(PII ; personally identifiable information)에 연결되도록 함으로써 촬영된 이미지를 통해 건강 상태를 감지한다. 그런 다음 이와 같은 정보는 긴급 관리 및 의료 기관에 신속하게 전달되어 도움을 제공한다.

그림 10-7 SONAR, Disaster & Emergency Communication System

출처 : https://www.kairos.com/sonar

2.3.3 혈압 감지(Blood pressure detection)

미국 심장 협회(American Heart Association)는 NuraLogix 감성 AI 알고리즘을 사용하여 2분 길이의 비디오에서 혈압 수준을 감지하는 앱을 개발하였다. 이 알고리즘은 [그림 10-8]에서와 같이 얼굴 혈류 신호(헤모글로빈 농도를 반사하는 피부 표면 근처의 빛), 신체적 특성(나이, 체중, 피부색) 등의 혈압 특성을 추출하며, 이러한 특성을 기반으로 ~95% 정확도로 혈압을 감지할 수 있었다.

그림 10-8 혈압 탐지

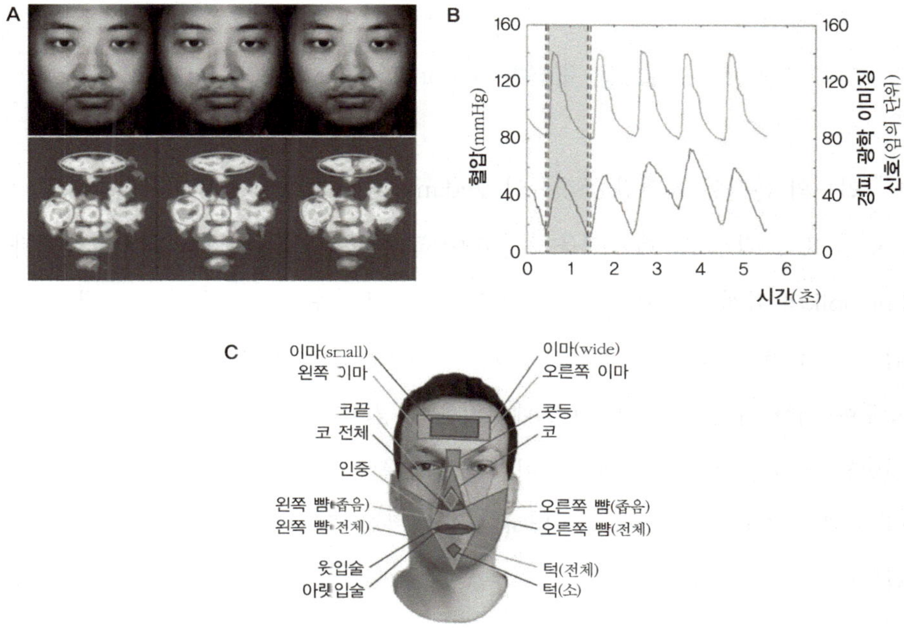

출처 : H. Luo, D. Yang, A. Barszczyk, N. Vempala, J. Wei, S. J. Wu, P. P Zheng, G. Fu, K. Lee and Z. P. Feng(2019), "Smartphone-Based Blood Pressure Measurement Using Transdermal Optical Imaging Technology," *Circulation : Cardiovascular Imaging*, 12,(8).

2.4 교육(Education)

우리는 지난 3년간 COVID-19 전염병으로 인해 온라인으로 진행되는 비대면 교육이 진행되었다. 따라서 학습자의 감정적 반응을 식별하는 것은 온라인 교육에 지대한 영향을 미칠 수 있다. 감성 AI 기술은 온라인 교육에서 학생의 관심 수준을 밝히고 예측 결과를 제공함으로 교사가 더 나은 교육 전략을 고안하고 구현하는 데 도움을 줄 수 있다. 또한 비디오 카메라와 마이크 등을 통해 수업 중 학생의 감정상태를 측정할 수 있다. 감성 AI는 측정된 감정상태를 기반으로 학생들이 수업에 얼마나 만족하는지, 혹은 좌절하는지 등을 평가할 수 있으며, 결과적으로 교사는 그에 따라 수업 부하를 조정할 수 있다.

2.4.1 튜터링 프로그램 최적화(Tutoring program optimization)

인도의 온라인 튜터링 플랫폼인 Vedantu는 [그림 10-9]에서와 같이 Entropik Tech의 감성 AI 솔루션을 활용하여 교육 콘텐츠와 전략을 최적화하였다. Entropik의 감성 AI 기술은 감정적 트리거를 분석하고 사용자 여정을 매핑하기 위해 시선 추적 및 얼굴 코딩 알고리즘을 사용하였다. 학생 세션은 학생과 튜터 모두에 대한 참여, 주의 및 피로 메트릭을 생성하기 위해 시선 추적 API를 통해 전달되고 기록된다. Entropik은 이러한 지표를 통해 콘텐츠 및 프레젠테이션 방법 선택에 대한 개선 영역을 구별하고, 학생들의 주의 집중 시간을 증가시킬 수 있었다.

그림 10-9 감성 AI를 이용한 Entropik Tech

출처 : Entropic Tech(2021. 6. 7), "Vedantu uses Emotion Analytics To Improve Learning Experience".

2.5 게임, 영화, 엔터테인먼트

게임(Gaming), 영화(Movies) 및 엔터테인먼트(Entertainment)는 모두 다양한 카테고리로 구성되며, 소비자는 이들 모두에서 개인 선호도에 따라 선택할 수 있다. 기업은 이러한 사용자 경험 만족도를 향상시키기 위해 다양한 기술을 사용하고 있으며, 더욱이 엔터테인먼트 산업에서는 감성 AI의 응용 프로그램으로 컴퓨터 비전을 활용하고 있다. 즉, 감성 AI는 기업이 사용자의 표정을 식별함으로써 그들의 선호도를 분석하는 데 이용되고 있다. 또한 게임 회사는 게임을 시장에 출시하기 전에 플레이어의 표정을 감지하여 감정적 만족도를 모니터링하고, 만족도를 개선하기 위해 감성 AI 기술을 활용하고 있다.

2.5.1 바이오피드백 게임(Biofeedback gaming)

게임 개발 스튜디오인 Flying Mollusk는 Affectiva의 감성 AI 기술을 활용하여 [그림 10-10]에서와 같이 적응형 심리 스릴러 비디오 게임 "Nevermind"를 개

그림 10-10 Nevermind-Biofeedback 게임

출처 : R. Harris, "How Emotion AI is becoming a real opportunity for developers," *App Developer Magazine*, 2016. 10. 18.

발했다. 이 게임은 감성 AI를 배포하여 웹캠에서 게이머의 감정을 이해하고 그에 따라 게임 경험을 조정한다. 예를 들어 플레이어가 스트레스가 많은 행동을 보이면 게임 분위기가 어두워지고 방이 범람하거나 지붕이 떨어지는 등 스트레스가 많은 상황이 표시된다. 마찬가지로 플레이어가 진정되면 게임은 차분한 분위기를 연출된다.

2.6 인적 자원(Human Resources)

유니레버(Unilever), 던킨도너츠(Dunkin Donuts), IBM 등 글로벌 기업들이 인력 채용에 감정인식 기술을 활용하고 있다. Financial Times에서 보고한 바와 같이 Unilever는 2019년에 100,000시간 이상의 인사(HR ; Human Resource) 작업 시간을 절약하였으며, 채용 담당자는 이미 감성 AI를 사용하여 대규모 채용을 쉽게 처리하고 있다. 감성 AI를 사용하면 채용 프로세스의 초기 단계에서 부적합한 지원자를 제거하여 작업 시간을 크게 절약할 수 있다. 또한 감성 AI는 채용 시 소수자, 성별 및 노인에 대한 많은 선입견과 무의식적 편견과 같이 인간의 내재적 편견을 제거할 수 있다.

2.7 자율주행/운전자 지원(Autonomous driving/Driver assistance)

자동차 회사는 컴퓨터 비전을 활용하여 운전 중 운전자의 감정상태를 추적할 수 있으며, 운전자가 너무 피곤하거나 스트레스를 받거나 화나거나 슬픈 경우 안전하지 않은 운전에 대한 경고를 제공할 수 있다. 또한 감성 AI 기술은 차량에 내장된 카메라와 마이크를 통해 운전자의 감정상태를 모니터링하고, 운전자가 스트레스를 받거나 운전 경험에 만족하는지 관찰함으로써 자율주행 자동차의 주행 성능을 측정하는 데에도 사용되고 있다.

2.8 정부

다양한 국가의 정부(Government)는 감성 AI를 활용하여 다양한 정책에 대한 인구의 반응을 모니터링하고 있으며, 정당(Political parties)은 캠페인에서 메시지를 맞춤화하고 개인화하기 위해 감성 AI를 활용하고 있다. 또한 감성 AI는 감시 기술과 함께 통합되어 활용되기도 하였다. 아랍에미리트(UAE)의 행복부(The Ministry of Happiness)가 공공장소에서 비디오 분석 카메라를 사용하여 인구의 전반적인 분위기를 이해하기 위한 이니셔티브를 시작했다.

3. Top 7 감성 AI 소프트웨어 개발 회사

감성 AI는 1995년 R. W. Picard에 의해 감정 이입을 시뮬레이션하는 능력에 관한 논문에서 시작되었다. 이러한 감성 AI는 기계가 인간의 감정상태를 해석하고, 해당 감정에 적절한 응답을 제공하는 것으로, 비디오, 오디오, 텍스트, 얼굴 표정 및 제스처, 생체신호 등으로부터 감정을 감지하는 다양한 연구가 이루어지고 있다. 특히 MIT 미디어랩은 웨어러블 센서 및 새로운 기계 학습 알고리즘 등을 개발하고, 자연스러운 상호작용과 대화를 통해 간접적으로 좌절, 스트레스, 기분 등을 평가하는 새로운 기술들을 개발하는 감성 AI의 선도적인 연구 시설이다. MIT 랩의 감성 AI 연구는 공학, 컴퓨터 과학, 심리학, 인지과학, 신경 과학, 사회학, 교육, 정신생리학, 가치-중심 디자인, 윤리 등이 결합된 연구를 기반으로 하고 있다. 마이크로소프트 VIBE는 “Visualization and Interaction for Business and Entertainment”의 약자로, 주로 감정 추적, 추적 도구와 이론 개발에 중점을 두고 있는 감성 AI 기술개발의 선도 기업 중 하나이다. 그 외에도 〈표 10-1〉과 같이 Kairos, CrowdEmotion, Affectiva, Beyond Verbal, NViso, Eyeris, Realeyes 등이 감성 AI 기술개발에 앞장서고 있는 대표적인 기업들이다.

표 10-1 **대표적인 감성 AI 회사들**

회사	설명
KAIROS 	Kairos는 얼굴 인식 전문 인공지능 회사이다. Kairos 소프트웨어는 얼굴 인식 기술을 기반으로 사람을 이해하는 소프트웨어로 얼굴 탐지, 식별, 검증, 감정인식 등과 같은 주요 기능들을 이용하여 사람들에 관한 실시간 인사이트를 얻을 수 있는 인간 분석(Human Analytic) 기능이 포함되어 있다. 또한 Kairos는 성인의 나이를 감지할 수 있으며, 성별 구분이 가능하다.
crowdemotion 	CrowdEmotion은 기술이 인간이 하는 것처럼 보고, 듣고, 느끼는 것이 가능하도록 기술을 인간화하기 위한 인공지능 회사이다. MeMo는 고도로 개인화된 콘텐츠를 제공, 감정적 발견 제공 및 사용자의 참여를 이해하기 위해 사용자의 신체 언어(Body language)에 반응하는 양방향 비디오 형식이다. CloudEmotion API는 얼굴 표정을 추적하여 감정 데이터를 캡처, 정량화 및 해석하는 클라우드 기반 플랫폼이다.
:) Affectiva 	Affectiva는 얼굴 및 음성 등을 분석하여 인간의 감정, 인지 상태, 활동 및 사람들이 사용하는 물건 등을 이해할 수 있는 인공지능을 구축하는 소프트웨어 회사이다. 이 회사는 MIT Media Lab으로부터 파생된 인공지능의 새로운 기술 범주, 감성 AI를 만들었다. Affectiva 솔루션은 광학센서 또는 카메라를 통해 놀람, 즐거움, 능글맞은 웃음, 미소, 찡그린 표정 등을 추적하여 디지털 콘텐츠에서부터 브랜드, 광고, 영화 예고편, TV 프로그램에 이르기까지 모든 것에 대해 소비자의 감정적 몰입에 대한 인사이트를 제공한다.
BEYONDVERBAL THE SCIENCE OF EMOTIONS 	Beyond Verbal은 사람의 목소리를 사용하여 감정인식을 수행하는 신생 기업으로, 말하는 사람의 목소리로부터 감정을 실시간으로 분석한다. Beyond Verbal은 감정 측정, 추출 및 디코딩이 가능한 음성 분석 기술과 인공지능을 사용하여 완전히 새로운 차원의 감정에 대한 이해 방식을 도입하고, 이를 기반으로 다양한 건강 상태에 대한 음성 바이오마커를 개발했다. 또한 의료 기관과 협력하여 지속적인 환자 모니터링 및 예측분석에 활용하고 있다.
NVISO 	NViso는 비디오를 통해 캡처된 사람의 미세한 표정과 눈 움직임을 해석하는 감정인식 소프트웨어를 제공하는 선두 업체이다. 감정인식 소프트웨어는 인공지능과 함께 독보적인 3D 얼굴 이미징 기술을 사용하여 수 백 개의 서로 다른 얼굴 점을 추적하여 인간의 감정을 인식한다. NViso는 컴퓨터 과학, 엔지니어링 및 행동 과학 등을 결합하여 모든 이미지 기반의 장치를 통해 자동 감정인식 기술을 실행 가능한 현실로 만들고 있다.

eyeris 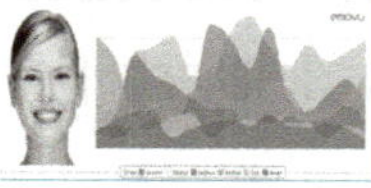	Eyeris는 얼굴의 미세 표정을 통해 감정을 인식하는 소프트웨어 개발 업체이다. Eyeris는 사용자의 표정을 분석하여 주변 환경에 대한 지각력과 사용자의 감정을 이해하기 위한 딥러닝 기반의 안면 감정 분석 소프트웨어로, 고도로 자동화된 차량(HAV ; highly automated vehicles)에서 탑승자의 안전과 편안함을 위해 사용되었다.
realeyes 	컴퓨터 비전 및 감성 AI 분야의 리더인 Realeyes는 웹캠을 사용하여 사람들이 비디오 콘텐츠를 볼 때 어떻게 느끼는지를 측정하여 마케터가 최적화된 콘텐츠를 올바른 잠재고객에게 자신 있게 타겟팅 할 수 있도록 하였다. Realeyes는 자동화된 얼굴 코딩 플랫폼의 핵심에서 Dr. Ekman의 6가지 기본 감정, 분노, 놀라움, 혐오, 즐거움, 두려움, 슬픔 등을 사용하였다. Church & Dwight 및 Warner Media와 같은 200개 이상의 주요 마케터 및 퍼블리셔는 Realeyes를 사용하여 소비자 관심과 감정을 측정하였다.

출처 : Emotion Detection And Recognition Global Market Report

4. 결론

인공지능은 오늘날 "스마트 기술"에 해당하는 모든 것을 관장한다. 자율주행차부터 스마트폰의 음성 비서에 이르기까지 AI는 일상생활 어디에나 존재한다. 이러한 기존의 인공지능은 인간의 감정에 관여하는 결정적인 기능이 결여되어 있었다. 그러나 인공지능의 동향은 아주 빠르게 변화했다. 인간의 감정을 감지하고 상호작용할 수 있는 기술이 개발되고, 이 기술이 기존 AI 시스템에 내장되면서 빠르게 주요 기술로 부상함으로써 2022년 인공지능 트렌드 중 하나가 되었다. 감성 AI 기술은 보다 나은 인간-기계 상호작용을 구축하는 데 막대한 잠재력을 가지고 있으며, 더 나아가 인류에게 무한한 가능성의 경계를 열어 주었다. 기업은 계산 및 인지 능력만 있는 기존 AI 시스템보다 감성지능이 결합된 감성 AI 시스템의 위력을 이미 인지하고, 비즈니스 성장을 위해 이를 활용하였다. 특히 마케팅, 의료, 교육 및 자동차 등 다양한 산업 분야에서 감성 AI 기술은 우리의 삶을 더 편리하게 만들 뿐만 아니라 개인의 안전 및 삶의 질을 향상시키기 위해 이용되었다. 게다가 Amazon, Apple, Facebook(Metaverse), Google, IBM 및 Microsoft와 같은 대기업들도 다양한 애플리케이션을 위한 "공감적 제품(empathic products)"을 개발하기 위해 감성 AI 기술을 적용하고 있다. 이러한 감성 AI는 기술 구현을 위해 대량의 감정 데이터가 요구된다. 즉, 감정과 관련된 데이터 수집 관점에서 인간의 감정적 삶에 대한 "데이터화(datafication)"가 진행되고 있다. 감정 데이터는 아직 데이터 보호법에서 충분히 다뤄지지 않는 새로운 범주의 데이터로 점점 더 많은 양의 데이터가 자동으로 기록되고 평가될 것이다. 따라서 감정 데이터를 다루기 위한 차별화된 규제 개념에 대한 논의가 필요할 것이다. 특히 데이터 보호법에 따라 데이터 범주에 대한 인식 제고 및 다양한 목적을 위한 프로파일링과 예측에서 특히 주의해서 다루어야 하며, 더욱 개선되어야 할 것이다. 또한 윤리적 관점에서 개인 혹은 기업뿐만 아니라 공익에 대한 문제도 충분히 함께 고려해야 할 것이다. 결국 삶이 점점 더 기술적으로 변해감에 따라 인간 중심 디자인의 중요성이 분명해져야 할 것이다.

[참고문헌]

한겨레(2022. 1. 7.), "얼굴에 감정이 드러나는 로봇 '아메카', CES서 첫 공개".

A. Bhatia(2020), "Cognovi Panic Index shows how sentiment on jobs spiked after coronavirus was declared pandemic," *The Indian Express journalism of Courage*.

A. De La Garza(2019. 7. 8.), "This AI Software Is 'Coaching' Customer Service Workers. Soon It Could Be Bossing You Around, Too," Time.

A. Khashman(2008), "A Modified Backpropagation Learning Algorithm with Added Emotional Coefficients," *IEEE Transactions on Neural Networks*, 19(11), 1896–1909.

D. Schuller & B. W. Schuller(2018), "The age of artificial emotional intelligence," *Computer*(Long Beach Calif.), 51(9), 38-46.

D. Wu, J. Zhang, & Q. Zhao(2020), "Multimodal Fused Emotion Recognition About Expression-EEG Interaction and Collaboration Using Deep Learning," *IEEE Access*. 8, 133180-133189.

Entropic Tech(2021. 6. 7.), "Vedantu uses Emotion Analytics To Improve Learning Experience".

E. Smith, S. Tibken(2020. 1. 29.), "Samsung's Neon 'artificial humans' are confusing everyone. We set the record straight," CNET, https://www.cnet.com/tech/mobile/samsung-neon-artificial-humans-are-confusing-everyone-we-set-record-straight/

F. Noroozi, D. Kaminska, C. Corneanu, T. Sapinski, S. Escalera, G. Anbarjafari(2021), "Survey on Emotional Body Gesture Recognition," *IEEE Trans. Affect. Comput.*, 12(2), 505-523.

F. Zhang, T. Zhang, Q. Mao and C. Xu(2018), "Joint Pose and Expression Modeling for Facial Expression Recognition," 2018 IEEE/CVF Conference on Computer Vision and Pattern Recognition, 3359-3368.

H. Devlin(2020), "AI systems claiming to 'read' emotions pose discrimination risks," The Guardian, https://amp.theguardian.com/technology/2020/feb/16/ai-systems-claiming-to-read-emotions-pose-discrimination-risks?__twitter_impression=true

H. Luo, D. Yang, A. Barszczyk, N. Vempala, J. Wei, S. J. Wu, P. P Zheng, G. Fu, K. Lee and Z. F. Feng(2019), "Smartphone-Based Blood Pressure Measurement Using Transdermal Optical Imaging Technology," *Circulation : Cardiovascular Imaging*, 12,(8).

H. Strömfelt, Y. Zhang and B. W. Schuller(2017), "Emotion-augmented machine learning : Overview of an emerging domain," 2017 Seventh International Conference on Affective Computing and Intelligent Interaction (ACII), 305-312.

ITDAILY(2021. 5. 31.), "[인공지능 기술 청사진 2030] ⑤ 공감하는 AI".

J. Han, Z. Zhang, N. Cummins, B. Schuller(2019), "Adversarial Training in Affective Computing and Sentiment Analysis : Recent Advances and Perspectives," [Review Article], *IEEE Comput. Intell. Mag.*, 14, 68-81.

J. Zhang, Z. Yin, P. Chen, S. Nichele(2020), "Emotion recognition using multi-modal data and machine learning techniques : A tutorial and review," *Inf. Fusion.*, 59,103-126.

L. Pascu(2020. 7. 1.), "Metro facial biometrics, emotion, gender detection system legitimacy disputed in Brazil court," Biometrics news.

P. J. Harrison(2021. 3. 14.), "AI Behavioural Analysis in Banking : How Behavioral Signals is Changing Customer Interaction," The Finech Times.

R. Harris(2016. 10. 18.), "How Emotion AI is becoming a real opportunity for developers," *App Developer Magazine*.

R. W. Picard(1995), "Affective Computing," M.I.T Media Laboratory Perceptual Computing Section Technical Report, 321, 1-26.

S.M. Alarcão, M.J. Fonseca(2019), "Emotions Recognition Using EEG Signals : A Survey," *IEEE Trans. Affect. Comput.*, 10, 374-393.

Temkin, "Emotion Ratings," www.TemkinRatings.com.

T.M. Moerland, J. Broekens, and C.M. Jonker(2018), "Emotion in Reinforcement Learning Agents and Robots : A Survey," *Machine Learning*, 107(2), 443-480.

W. Liu, W.-L. Zheng, B.-L. Lu(2016), "Emotion Recognition Using Multimodal Deep Learning," Proc. 23rd Int. Conf. *Neural Inf. Process.*, 9948, 52-529.

Y. Lu, W.-L. Zheng, B. Li, B.-L. Lu(2015), "Combining Eye Movements and

EEG to Enhance Emotion Recognition," *Proc. Twenty–Fourth Int. Jt. Conf. Artif. Intell.* 7.

Y. Wang, W. Song, W. Tao, A. Liotta, D. Yang, X. Li, S. Gao, Y. Sun, W. Ge, Wei Zhang, Wenqiang Zhang(2022), "A systematic review on affective computing : emotion models, databases, and recent advances," *Information Fusion*, 83(84), 19–52.

Z. Faraj, M. Selamet, C. Morales, P. Torres, M. Hossain, B. Chen, & H. Lipson(2021). "Facially expressive humanoid robotic face," *HardwareX*, 9, e00117.

Z. Wang, X. Zhou, W. Wang, C. Liang(2020), "Emotion recognition using multimodal deep learning in multiple psychophysiological signals and video," *Int. J. Mach. Learn. Cybern.* 11, 923–934.

CHAPTER 11

감성 인공지능 : 국내 산업경쟁력 진단과 전략적 대응

—박종현(한국전자통신연구원)

※ 본 장은 한국전자통신연구원의 "국내 감성 인공지능(AI)의 산업역량 강화 방향(박종현, 2022)" 보고서의 일부 내용을 바탕으로 재구성하였습니다.

〈요약〉

인공지능 기술과 인간의 다양한 감정·감성 인식기술의 발전적 결합의 확대는 인간의 감성을 이해하고 판단하는 기술적 정확도의 향상을 촉진하고 있다. 인간과 인공지능 간 언어, 음성, 표정, 제스처, 생체정보 등 다양한 감정 인식과 생성·표현 등의 상호작용의 교감이 향상되면서 감성 인공지능을 활용한 다양한 형태의 제품/서비스 창출을 촉진해 새로운 시장 기회가 전개될 것으로 기대된다. 우울증, 불안 등의 정서적, 심리적 감성 상태를 사전에 파악해 정신건강 개선과 같은 감성 능력 향상에 필요 적절한 조치가 가능해질 뿐만 아니라 산업적으로 의료, 교육, 광고, 제조, 감성 케어 등의 다양한 산업에서 상업적 활용을 위한 비즈니스 기회가 확대될 것이다.

차세대 성장산업으로 부각되고 있는 감성 인공지능 산업은 글로벌 태동기 산업이다. 글로벌 시장 경쟁에서 우위를 확보하기 위해서는 국내 감성 인공지능 산업의 현재 역량을 파악해야 한다. 본 장에서는 글로벌 시장 선도를 위해 선택과 집중의 전략적 관점에서 국내 감성 인공지능 산업의 차별적 경쟁우위 창출 전략 방향을 제언하고자 한다.

1. 서론

인공지능 기술과 다양한 감성인식 기술의 발전적 결합의 확대는 인간의 감성을 이해하고 판단하는 기술적 정확도의 향상을 촉진하고 있다. 2016년 인공지능 알파고와 인간 사이 바둑대결을 통해 인공지능 기술에 대한 인식이 일반인한테도 익숙해지고 보편화되었으며 이후 기술적 측면에서도 빠른 발전이 이뤄지고 있다. 인공지능 기술은 CNN(Conventional Neural Network), RNN(Recurrent Neural Network), GAN(Generative Adversarial Networks) 등의 기술발전을 통해 성능향상과 활용범위가 점차 확대되고 있다(송병철 외, 2018). 이러한 이미지, 영상, 음성, 생체정보 등에 대한 센싱과 수집을 통한 인식기술이 정교화되면서 인간의 감성 상태 인식과 이를 분석·추론·예측하는 기술과의 결합을 통해 감성 인공지능 기술의 발전을 가속화하고 있다. 감성 인공지능(AI ; Artificial Intelligence) 기술은 언어, 음성, 얼굴 표정, 제스처 등 다양한 감정을 복합적으로 이해하고 이를 통한 인지 증강을 포함하는 멀티모달 감정인식 기술발전으로 이어져 감정을 인식하는 기술의 정확도가 지속해서 개선될 것으로 기대된다.

감성 인공지능은 인간-인공지능 간 인간의 감정과 동작 인식·표현을 통해 상호 교감을 강화하여 우울증, 불안 등 인간의 정서적, 심리적 감성 상태를 파악해 향후 정신건강을 개선하는 데 기여할 것으로 전망된다. 인간의 정신건강과 밀접히 관련된 감성 인공지능은 인간의 불안한 감성 심리상태 개선을 위한 감성 능력 증강 서비스(예 : 디지털 감성케어, 치매예방 감성 도우미 등)에 대한 니즈가 증대하고 있다(김문구·박종현, 2013).

인간의 감정·감성 데이터 분석을 통한 감성 인공지능 활용 확산은 새로운 시장 창출을 촉진할 것이다. 다양하고 방대한 인간의 감정·감성 데이터 자원을 활용해 소비자 맞춤형의 제품·서비스 개발을 촉진할 뿐만 아니라 의료, 교육, 광고, 제조, 감성 케어 등 여러 산업에서 비즈니스 기회의 확대와 상업적 활용 수요가 증대할 것이다(김돈정, 신현순, 2022).

글로벌 태동기 단계의 감성 인공지능 산업은 국가 간 산업의 우위를 점유하기 위해 글로벌 시장경쟁이 치열하게 전개될 것으로 전망된다. 이에 국내 감성 인공지능 산업의 역량을 진단·파악하고 산업경쟁력 강화를 통한 미래 글로벌 시장 선도를 위해 선택과 집중의 전략적 방향 설정이 중요하다.

2. 감성 인공지능 개념 및 중요성

2.1 개념 및 범위

감성 인공지능(AI)은 인공지능 기술을 사용해 사용자의 감성 상태를 인지·해석하고 감성을 생성·표현하며 사용자의 감성을 예측·추론하여 증강하는 것을 의미한다. 감성 AI에 대한 정의를 〈표 11-1〉에서와 같이 살펴보면 감성 인공지능은 감성 데이터, 인식, 생성·표현, 상호작용, 예측·추론, 증강 등의 요인으로 특징지어진다.

표 11-1 감성 인공지능 및 유사 개념 정의

구분	내용
감성 컴퓨팅 (MIT, 1995)	인간의 감성을 분석, 해석하는 컴퓨팅 기술로 인공지능, 빅데이터 등의 다양한 기술이 접목되는 대표적인 융합기술
감성형 인터렉션 기술 (KISTI, 2013)	사람의 감성정보를 측정, 인지하고, 인지된 감성을 피드백, 추론/예측하는 기술
감성 컴퓨팅 (KIST 융합연구정책센터, 2018)	인간의 감성을 연구, 분석, 해석할 수 있는 인공지능 기반 시스템
교감형 AI (정보통신기획평가원, 2020)	사용자의 의도와 감정을 인간의 관점에서 이해하여 상호 작용함으로써 유대감 형성이 가능한 AI

출처 : 김상식(2018) ; 한국정보기술연구원(2013) ; 정보통신기획평가원(2020).

감성 인공지능은 크게 인간의 감성을 인식(이해), 인간의 감성을 생성·표현(모방) 및 인간의 감성 능력을 증강하는 3가지 범주로 구성된다.

- (감성인식) 음성, 얼굴 표정, 제스처, 언어·텍스트, 생체정보 등의 데이터를 분석하여 감성 상태를 인식
- (감성 생성·표현) 인공지능이 일반적인 텍스트와 음성을 넘어 특정인의 목소리를 다양한 어조와 속도로 합성하거나 표정·몸짓을 나타나게 하여 사용자와의 대화와 상호소통을 유도
- (감성 능력 증강) 인공지능이 이용자의 감성인식 및 학습·추론을 통해 정서·심리적 감성을 향상하는 것으로 인간과의 소통 능력을 향상하고 우울증, 공황장애 등과 같은 이상 감정을 제어

그림 11-1 감성 인공지능(AI) 범위

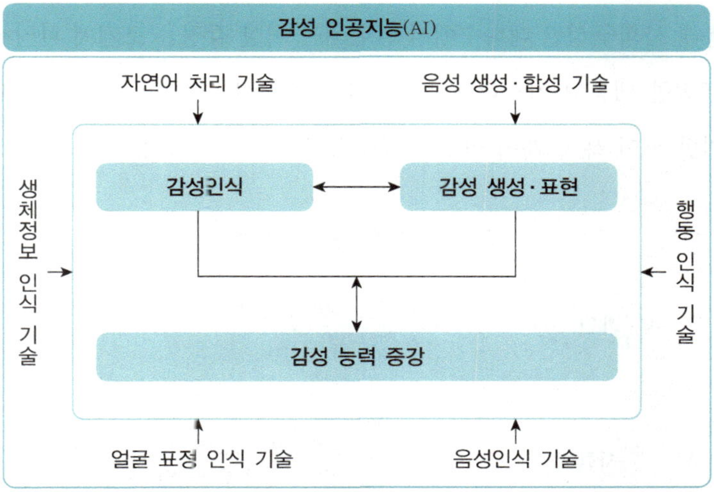

출처 : 필자 작성

2.2 중요성

감성 인공지능은 개인 측면에서 질병 예방·진단·치료 및 정신건강 증진, 사회 측면에서 이상 감정 진단·관리, 감성 데이터 기반 복지 환경 조성 그리고 산업·기업 측면에서 감성 데이터 기반 맞춤형 서비스 및 고부가가치 신시장 창출 등의 중요성을 확인할 수 있다.

첫째, 개인 관점에서 사용자의 물리적 질병 예방·진단·치료 및 복잡한 사회관계 속에서 정서적·심리적 문제에 대한 인간의 감정인식을 통해 정신건강 증진이 기대된다. 개인의 목소리 톤, 얼굴 표정 등 개인의 감성 데이터 분석을 통해 질병 예측이 가능하며, 음성분석을 통해 우울증, 치매 등 정신건강 진단이 가능해짐에 따라 개인의 정서적·심리적 어려움 해소에 기여할 수 있다.

둘째, 사회 관점에서 사회구성원의 감성 데이터 수집·분석·예측을 통해 집단 병리 현상 진단·관리 및 효율적인 복지 환경 개선을 촉진한다. 감성 데이터 분석을 통해 사회구성원 대다수에서 발현되는 이상 감정을 조기에 파악하여 효율적이고 신속한 대응이 가능하게 된다. 특히 저출산, 고령화 시대 고령자의 감성 데이터 기반 노인 복지 케어 인프라 구축으로 효율적인 고령자 복지 환경을 제공

그림 11-2 감성 인공지능의 중요성

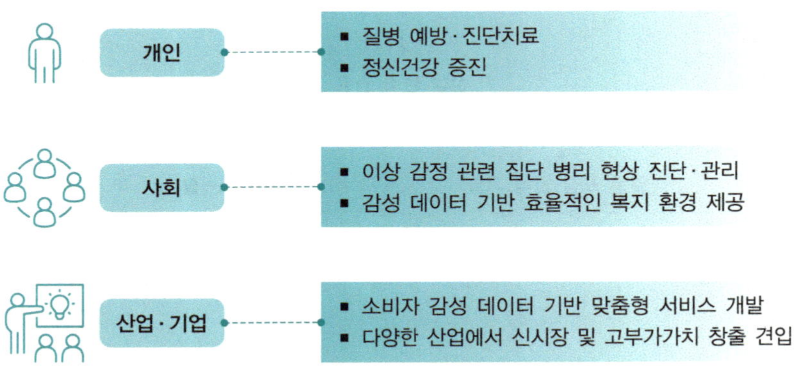

출처 : 필자 작성, 게티이미지뱅크, 무단 전재 및 재배포 금지

할 수 있게 될 것이다.

마지막으로 산업·기업 관점에서 감성 인공지능은 인간의 감성·행동을 이해·인지·추론하는 연구로 이를 통해 의료, 교육, 엔터테인먼트, 게임, 제조 등 다양한 산업에서 신시장 및 고부가가치 창출을 견인하는 핵심 성장 분야로 부각되고 있다. 미래 성장 동인으로 부상한 감성 AI는 소비자 감성 데이터 분석에 기반한 맞춤형 서비스 개발 및 비즈니스 모델 창출을 견인함과 동시에 교육, 고객 응대 서비스 직군 등에서의 감성 코칭 서비스 산업을 활성화할 것으로 예측된다.

3. 산업경쟁력 분석

3.1 분석 방법

감성 인공지능 산업경쟁력 분석을 위해 마이클 포터의 다이아몬드 모형을 적용해 분석하였다. 다이아몬드 모형은 국가경쟁력 결정을 위해 제안된 것으로, 4가지 요인과 정부 정책의 상호적인 작용에 의해 경쟁역량을 결정한다. 즉, '다이아몬드 모형'은 생산조건, 수요조건, 전략·구조·경쟁, 관련 및 지원 산업분야 등 4가지 조건과 정책지원이 국가 및 산업, 기업 등 경쟁력 결정의 핵심 요인이다(문휘창, 2009 ; Michael E. Porter, 1990). 생산 조건은 산업·기업 측면에서 기술개발 및 확보 등 생산에 필요한 핵심 자원, 수요 조건은 제품·서비스에 대한 시장수요, 전략·구조·경쟁은 산업 및 기업의 경쟁 강도, 전략 방향, 마지막으로 관련 및 지원 산업은 연관된 산업·기업의 지원 및 병행 발전 등을 의미한다.

다이아몬드 모형은 국가의 경쟁우위 분석에서 시작했으나, 기업, 산업 등 다양한 분야의 경쟁력을 분석하는 데 폭넓게 활용되고 있다(문휘창, 2009). 다이아몬드 모형을 적용한 국내 ICT 분야 산업경쟁력 연구는 대체로 기술 역량, 수요 창출, 비즈니스 전략, 연관 산업 및 정부 지원을 중심으로 산업 진단 및 대응 전략

방향을 제시하고 있다. 박혜리·박한선(2022)의 국내 자율운항기술 분야의 산업 경쟁력 분석 연구는 자율운항선박 기술 분야의 국내 산업경쟁력에 대한 정성적·정량적 분석·평가를 통해 신산업에 대한 전략·정책적 지원 및 추진의 근거를 제시하였다. 오지선·김갑수(2018)의 한국 자율주행차 산업의 글로벌 경쟁력 확보 방안 연구는 국내 자율주행차 산업역량, 시장확산 영향 요인, 일반인 조사 등을 통해 국가 차원의 산업정책과 기업 차원의 산업경쟁력 확보 전략을 제시하고 있다. 박종현 외(2010)의 국내 IT 산업의 글로벌 경쟁력 강화 요인 도출 연구는 국내 IT 부문 전문가 조사를 통해 다이아몬드 모형의 4가지 분야별 산업역량을 평가하고 IT 융합관점의 산업전략 강화 및 정책 방향을 제시하였다. 김문구·박종현(2008)의 국내 RFID/USN 산업의 글로벌 경쟁력 연구는 국내 RFID/USN 산업 경쟁력 강화를 위한 핵심 동인 파악 및 산업전략 관점의 전략과제를 제시하였다.

국내 감성 인공지능 산업의 경쟁력을 분석하기 위해 다이아몬드 모형에 기반해 생산·요소 조건, 수요 조건, 기업의 전략·구조·경쟁, 관련·지원 산업 및 정책 분야별로 요인을 구성하였다. 다이아몬드 모형 분석을 위한 요인 구성을 위해 국내외 논문·보고서 등을 참조하였으며, 전문가 자문 및 연구진의 브레인스토밍[1]을 통해 감성 인공지능 산업 특성을 반영한 분석 요인을 구성하였다. 생산·요소 조건은 감성 인공지능 기술 및 서비스 개발 역량, 수요 조건은 감성 AI 시장 규모, 서비스 수요 및 제공 수준, 전략·구조·경쟁은 기업의 감성 AI에 대한 투자, 창업 활성화, 그리고 관련·지원 산업 및 정책[2]은 감성 인공지능 관련 데이터 산업, 인력양성, 윤리기준 등으로 구성된다.

1. 국내 감성 AI 산업경쟁력 분석을 위해 국내외 문헌 리뷰, 감성 AI 전문가 인터뷰 및 ETRI 기술정책연구본부 연구진의 브레인스토밍을 통해 요인별 경쟁역량을 파악하고 전략적 대응 방향의 기초자료로 활용
2. 정책 요인을 관련·지원 산업 분야에 포함하여 분석

3.2 산업경쟁력 분석

생산·요소 조건

우리나라는 미국 등 주요국 대비 감성 AI 원천 기술 경쟁력에서 열위한 상황에 처해있다. 감성 인공지능 관련 기술 수준을 살펴보면, 우리나라의 인공지능 기반 감성 인식·합성·분석 기술은 최고 기술보유국인 미국(100%) 대비 약 84.6%로 1.4년의 기술격차를 보이고 있으며, 그 다음으로 유럽(91%, 0.8년), 일본(90.5%, 0.9년), 중국(85.4%, 1.3년) 순으로 우리보다 기술력이 앞선 상황이다(정보통신기획평가원, 2020). 감성 분야 연구논문 지식 생산에서도 미국과 중국의 비중이 전 세계에서 약 43%를 차지할 만큼 글로벌 감성 분야 연구를 선도하고 있으며, 이에 비해 우리나라는 2.2%의 매우 낮은 비중을 차지하고 있어 지식 생산 측면에서도 경쟁국 대비 역량이 낮은 수준이다.(오지선 외, 2020)

우리나라는 일본 대비 로봇 + 감성 분야의 서비스 개발 경쟁력 또한 뒤처져 있다. 일본은 인공지능 기술을 탑재한 인간의 감성에 반응하며 인간과 교감할 수 있는 동반자적 관계를 강조하는 소셜 로봇의 글로벌 시장을 선도하고 있다. 1990년대부터 소비자 니즈에 부합한 다양한 제품을 개발해 오고 있다. 소니의 '아이보', 그루브 X의 '러봇' 등이 대표적으로 최근에는 인간과 감성 소통에 특화된 소셜로봇의 하나인 반려로봇 서비스 개발과 서비스 제공에 앞서 있다. 이에 반해 한국은 산업용 로봇에 보다 집중하고 있어 인간과의 정서적 교감을 중시하는 다양한 소셜 로봇 서비스는 개발은 초기 단계에 머무르고 있다. 정부는 "2022년 지능형 로봇 실행계획"을 통해 반려로봇 개발 및 실증보급을 추진함으로써 인간과의 감성 소통을 강조하는 소셜 로봇 개발에 역량을 강화하는 추세이다.

수요 조건

글로벌 감성 인공지능 시장의 높은 성장성 전망으로 인한 시장이 빠르게 확대될 것으로 전망된다. 글로벌 유수의 컨설팅사에 의하면 감성 인공지능 시장 규모는 약 17%의 빠른 성장을 통해 2030년 1,000억 달러가 넘는 시장으로 확대될 것으로 예측된다(Grand View Research, 2022 ; Allied Market Research, 2022).

국내 감성 인공지능 서비스는 일부 서비스가 제공되는 시장 태동기 단계를 보이고 있다. 일부 기업에서 인공지능 감성인식 기반 면접 솔루션, 감성 분석 기반 컨설팅 서비스 등 한정된 분야에서 초기 단계의 서비스를 제공하고 있다. 구체적으로 살펴보면, AI + 챗봇 수준의 감성 인공지능 서비스를 제공 중이며, AI 면접 솔루션(아크릴, 마이다스아이인, 제네시스랩 등), 고객 응대 컨설팅(미래손) 등 제한적으로 서비스를 제공하고 있다.

한편 감성 인공지능의 낮은 서비스 완성도가 현재 감성 인공지능 시장 확산을 저해하는 요인으로 작용하고 있다. 현재 제공되는 감성 인공지능 서비스는 낮은 감정인식률, 상황에 맞는 인공지능의 감정 생성과 표현 등에서의 기술적 제약 등으로 인해 감성 AI 서비스의 낮은 품질과 이로 인한 신뢰 부족이 감성 인공지능 시장 성장의 제약요인이 되고 있다. 감성 인공지능의 낮은 기술적 완성도(감정인식 기술 30%, 감성 생성기술 20%, 감정 표현 및 증강 기술 50%)는 실제 생활에서 서비스 제공 및 확산의 핵심 제약요인으로 연결되고 있어 향후 안정적인 감성 인공지능 서비스 활성화를 위해서는 기술적 완성도 제고가 중요하다(정보통신기획평가원, 2020).

전략·구조·경쟁

글로벌 감성 인공지능 전문기업 중 국내 기업은 취약한 편이다. 미국 등 주요국의 감성 인공지능 분야 기업들이 글로벌 시장을 주도하는 반면 글로벌 역량을 갖춘 국내 기업은 부족하다. 애플, IBM, MS, 구글, 인텔 등 글로벌 IT 기업들이 글로벌 감성 인공지능 시장을 선점·주도를 위한 경쟁이 치열한 가운데 국내 소수의 벤처·스타트업만이 시장에 진입한 상황이다.

국내 거대 AI 기업은 감성 인공지능에 대한 투자가 적으며, 감성 인공지능 분야 창업은 미흡한 편이다. 미국, 중국, EU 등 해외 주요국 및 글로벌 기업들은 감정 및 주변상황 인식 등을 포함한 AI 기술 및 스타트업에 대한 상당한 투자를 통해 글로벌 감성 인공지능 시장을 리딩하고 있다. 반면 우리나라의 경우 감성 AI에 대한 낮은 R&D 투자, 내수시장 중심의 사업 영위 등으로 감성 인공지능 창업 부족과 이로 인한 글로벌 시장에서의 경쟁우위 역량 확보에 어려움을 겪고 있다. 또한 해외 글로벌 AI 기업 대비 국내 AI 대기업 및 벤처캐피털의 감성 AI에 대한 전반적인 투자 부족으로 감성 AI 창업 활성화를 위한 환경 조성 마련이 어려운 측면이 있다. 이러한 국내 감성 인공지능에 대한 열악한 투자 환경에서도 일부 국내 감성 인공지능 기업에 대한 투자가 이뤄지고 있다. 예를 들어 LG전자는 감성인식 AI 스타트업 아크릴에 대해 2018년 10억을 투자하였으며, 스캐터랩은 엔씨소프트, 소프트뱅크벤처스, 코그니티브 인베스트먼트, ES인베스터로부터 50억원 규모의 투자 유치를 받았다.

관련·지원 산업 및 정책

우리나라는 감성 인공지능 및 관련 데이터 수집을 위한 플랫폼 및 전문기업이 미흡하다. 인간의 감정·감성 상태 파악 및 구분의 어려움으로 인해 양질의 감정·감성 데이터 확보에 상당한 제약이 따르고 있다. 감성 상태(화남, 즐거움, 분노 등)에 대한 라벨링 시 작업자의 역량 및 주관적인 불명확한 감정 라벨링으로 인해 정확한 감정 데이터 파악과 구분이 쉽지 않을 수 있다. 또한 감성 데이터 수집과 확보를 위한 국내 데이터 전문기업 저변 확대가 미흡한 편이다.

우리나라는 감성 인공지능 전문인력이 부족하다. 국내 일부 인공지능 및 SW 대학원에서 소수의 감성 인공지능 연구 인력을 배출하고 있는 실정이다. 인공지능 대학원의 경우 인공지능 핵심 기술인 학습지능(머신러닝, 추론·학습), 단일지능(언어, 시각, 청각) 등에 포커스된 교육에 집중하고 있으며, AI + 감성 결합·융합 연구는 상대적으로 취약한다. 일부 대학에서 대학원 과정에 감성공학과를 설립·운영 중에 있는 정도이다.

또한 감성 인공지능에 대한 데이터 확보가 어려우며 윤리기준 정립이 미흡하다. 감성 인공지능 분석을 위한 감성 데이터 수집·확보와 테스팅에서 상당한 제한적 상황에 직면해 있다. 가장 대표적인 제약사항으로 개인정보보호법이 있다. 개인정보보호법으로 인해 개인의 감성 데이터 확보가 매우 제한적이며, 이는 학습데이터 부족과 테스팅 취약으로 이어져 정확한 감성 분석의 장애 요인이 되고 있다. 감성 인공지능 데이터에 특화된 윤리기준에 대한 공감대 형성이 아직은 미흡한 실정이다. 과기정통부의 "인공지능 윤리기준"(2020년) 마련을 비롯한 국내 주요 IT 기업들의 인공지능 알고리즘 설계 시 윤리규정과 준수사항을 발표하였으나, 감성에 특화된 구체적인 윤리기준은 여전히 해결해야 할 숙제로 남아 있다.

표 11-2 국내 감성 인공지능 산업역량 진단

구분	산업역량(현재)
생산·요소 조건	▪ 미국 등 해외 주요국 대비 감성 AI 원천 기술에서 낮은 기술 경쟁력 ▪ 일본 대비 로봇 + 감성 결합의 낮은 서비스 개발 경쟁력
수요 조건	▪ 일부 감성 AI 서비스 시장 태동 ▪ 감성 AI의 낮은 서비스 완성도가 시장 확산의 장애요인 ▪ 글로벌 감성 AI 시장의 높은 성장성
전략·구조·경쟁	▪ 글로벌 감성 AI 전문기업에서 국내 기업 전무 ▪ 거대 AI 기업의 감성 AI에 대한 투자 미흡 ▪ 감성 AI 분야 창업 미흡
관련·지원 산업 및 정책	▪ 감성 AI 데이터 수집·분석을 위한 전문 플랫폼 및 전문기업 미흡 ▪ 전문 인력 부족 ▪ 감성 AI에 대한 윤리기준 미정립

출처 : 필자 작성

4. 국내 감성 인공지능 산업경쟁력 강화를 위한 전략적 대응 방향

생산·요소 조건

국내 상황에 특화된 감성 인식·생성·표현 기술개발 역량을 강화하는 것이 필요하다. 우리나라 사람만의 고유한 특성(음성, 얼굴 표정, 제스처, 생채정보 등)을 반영한 감정 학습데이터와 알고리즘에 기반한 감정 인식·생성·표현 기술역량을 제고해야 할 것이다.

감성 인공지능 + X(산업)를 결합한 융합 서비스에 대한 기술개발을 확대하는 것이 중요하다. 로봇과 감성 인공지능을 결합해 교육, 호텔, 의료, 자동차, 감성 케어 등 다양한 산업에서의 응용을 확대해야 할 것이다. 예로 특정 산업 맞춤형 중심으로 인간과의 상호작용을 반영한 감성 인공지능 기반 로봇 서비스 모델 개발 및 서비스 역량을 높이는 것이 필요하다. 그리고 1인 가구, 고령화 사회, 기후 변화, 사회적 불평등 등 사회문제 해결을 위해 감성 인공지능을 활용한 다양한 분야의 응용기술 개발을 강화하는 것이 요구된다. 특히 사회현안 이슈 도출 및 해결을 위한 감성 인공지능 기술개발 방향으로 정부출연연구기관 주도의 연구개발을 강화하는 것이 중요하다.

수요 조건

감성 인공지능 기반 유망 서비스 개발을 통한 수요 발굴을 강화하는 것이 필요하다. 의료(디지털 치료제, 디지털 정신건강), 교육(UI/UX), 엔터테인먼트, 반려로봇, 가상인간/디지털 휴먼, 메타버스(감성 디자인) 등 다양한 분야에 감성 인공지능을 적용한 유망 서비스·솔루션 개발 역량을 높여야 할 것이다. 또한 지역 테크노파크(TP)와의 연계형 사회현안 해결 감성 인공지능 융합 서비스 창출을 확대하는 방안과 같이 감성 관련 사회문제 해결형·융합형 서비스 개발 역량을 강화하는 것이 중요하다.

감성 인공지능 킬러 서비스 발굴 및 서비스 완결성 제고를 통한 시장 확산의 촉매로 활용하는 것이 요구된다. 한국인만의 감정과 표정의 핵심 특성을 반영한 감성 인공지능 킬러 서비스 발굴 및 기존 챗봇 수준의 낮은 사양 서비스를 넘어 인간 감성의 정확한 인식, 인간 중심의 인간-인공지능 간 높은 수준의 상호작용을 통한 고품질의 서비스 개발을 통해 신시장을 창출하고 확대하는 것이 필요하다.

글로벌 시장 진출을 위한 K-콘텐츠, K-에듀케이션 등과의 연계형 서비스 개발을 강화해야 한다. 한국 고유의 특성을 반영한 AI 감성을 K-콘텐츠·에듀케이션·엔터테인먼트 등에 결합한 혁신적인 서비스 개발을 통해 해외 시장으로의 진출 역량을 향상시키는 것이 중요하다.

전략·구조·경쟁

의료, 교육, 엔터테인먼트 기업의 감성 인공지능 시장으로의 진출을 지원하고 AI 기업과의 협업을 강화해야 할 것이다. 즉, 의료, 교육, 엔터테인먼트 기업 고유의 콘텐츠와 AI 기업의 기술력 결합을 통해 감성 인공지능 서비스 개발을 위한 인력 및 기술지원을 강화함으로써 개별 산업에 특화된 감성 인공지능 서비스 개발 역량을 제고하는 것이 필요하다.

국내 거대 AI 기업의 감성 인공지능 분야에 대한 사내 벤처 투자를 확대하는 것도 고려해야 할 기업의 핵심 전략의 하나가 될 것이다. 삼성, LG, 네이버 등 AI 분야 대기업 중심으로 수익창출형 감성 인공지능에 특화된 사내 벤처 투자 확대 및 지원을 강화하는 것이 중요하다.

감성 인공지능 분야에 대한 챌린지 대회 강화를 통해 감성 AI 스타트업이 활성화될 수 있는 기반을 마련하는 것이 중요하다. 부연하면 감성 인공지능 데이터세트 기반 논문-서비스 개발 및 감성인식 성능 향상 챌린지 대회의 지속적인 개최 및 확대를 통해 우수한 기술력을 보유한 감성 인공지능 스타트업 발굴 및 사업화 지원을 강화해야 할 것이다.

관련·지원 산업 및 정책

AI 기술을 활용한 전문적인 데이터 수집·분석 역량 인프라 조성 및 기업 육성을 강화해야 할 것이다. 감성 분야 인공지능 학습용 데이터 수집 확대 및 테스팅 활성화를 위해 의료기관–기업–연구기관 간 긴밀한 협력체제 구축 및 데이터 확보의 자율성을 부여하는 것이 필요하다. GAN(Generative Adversarial Networks)을 활용한 AI 감성 데이터 세트 증강에 전문적인 AI 데이터 수집·분석 기업에 대한 지원을 확대해야 한다. 상대적으로 감성 데이터 수집의 제약점을 극복하는 방안으로 GAN을 활용할 경우 소량으로 수집·가공된 감성 데이터 세트를 증강하여 많은 양의 학습용 데이터 세트 구축이 가능해진다. 이와 함께 감성 인공지능 데이터 바우처 사업에 대한 투자 확대를 통해 공급기업의 육성·성장으로 연결함으로써 데이터 기업 및 산업을 육성하는 것이 중요하다,

AI 허브[3]에서 감성 인공지능 데이터 수집/분석에 대한 지속적인 투자를 확대해야 한다. AI 허브에서 제공되는 인공지능 학습용 데이터에 한국인의 얼굴 표정, 음성·대화, 제스처 등의 데이터 확보를 위한 투자 및 정책 지원을 늘려야 한다. 예로 기업 대상 감성 인공지능 바우처 지원, 대학교, 공공기관 및 중소벤처 기업 대상 대규모 데이터 세트 처리를 위한 감성 인공지능에 특화된 컴퓨팅 자원 지원 등이 대표적인 지원책이 될 것이다.

감성 인공지능 분야 인력양성 및 지원을 강화해야 한다. 가장 대표적인 인력양성 방안의 하나로 인공지능 전문대학원에서 감성 인공지능 전문 교육과정을 개설하고 인간의 감정상태 인식, 정확한 감성 구분 기술 정확도 향상 및 멀티모달

3. AI 허브 : 과학기술정보통신부와 한국지능정보사회진흥원의 "지능정보산업 인프라 조성" 사업의 일환으로 구축되었으며, AI 기술 및 제품/서비스 개발에 필요한 AI 데이터, 컴퓨팅 자원 등 AI 인프라를 지원함으로써 누구나 활용하고 참여하는 AI 통합 플랫폼

감정인식 기술 관련 체계적인 전문교육과정의 운영 및 확대가 이뤄져야 할 것이다. 또한 인공지능 + 감성 + X 융합형 전문대학원 육성을 통해 산업계, 비즈니스계 특화형 인력을 양성하는 것이다. AI, 감성공학(감성 센싱, 인식, 분석, 추론)/심리 등 학제적 연구(Interdisciplinarity)와 이를 다양한 산업(교육, 헬스·의료, 제조 등)에 특화한 맞춤형 교육과정 운영을 통한 전문인력을 배출하는 것이 필요하다.

감성 인공지능의 미래 위협/역기능에 대한 선제적 영향력 파악 및 자율적 윤리기준을 마련해야 한다. 미래 감성 인공지능의 활용이 보편화·일상화될 경우 감성 데이터·알고리즘의 왜곡을 통한 다양한 역기능으로 인한 피해의 발생 가능

표 11-3 국내 감성 인공지능 산업의 전략적 대응 방향

구분	전략적 대응 방향
생산·요소 조건	▪ 국내에 특화된 감성인식, 감성 생성·표현 기술개발 강화 ▪ 감성 + AI + X를 결합한 융합 서비스에 대한 기술개발 확대 – 로봇과 감성 AI를 결합한 호텔, 제조 현장에서 활용 – 사회문제 해결을 위한 감성 AI 활용분야 기술개발 강화
수요조건	▪ 감성 AI 기반 유망 서비스 개발을 통한 수요 발굴 – 의료(디지털 치료제, 디지털 정신건강), 교육, 엔터테인먼트, 로봇, 가상 인간에 적용 ▪ 킬러 서비스 발굴 및 서비스 완결성 제고를 통한 시장 확산에 촉매로 활용 ▪ 글로벌 시장 진출을 위한 K–콘텐츠, K–교육 등과 연계형 서비스 개발
전략·구조·경쟁	▪ 의료, 교육, 엔터테인먼트 기업의 감성 AI 진출 확대 지원 ▪ 거대 AI 기업의 감성 AI 분야에 대한 사내 벤처 투자 확대 ▪ 감성 AI 분야에 대한 첼린지 대회 강화를 통한 스타트업 기반 마련
관련·지원 산업 및 정책	▪ AI 기술을 활용한 데이터 전문 수집·분석 기업 육성 – 생성 AI 기술 활용 감성 데이터 수집 등 ▪ AI 허브에서 감성 AI 데이터 수집·분석에 대한 투자 확대 ▪ 디지털 플랫폼 기업의 감성 AI 서비스 개발 분야에 대한 투자 확대 : 사회문제 해결형 분야를 중심으로 정부 R&D 강화 ▪ 인공지능 대학원에서 감성 AI 전문 교육 과정 확대 ▪ AI + 감성 + X 융합형 전문대학원 육성을 통한 산업계, 비즈니스계 특화형 인력양성 ▪ 감성 AI의 위협에 대한 선제적 영향력 파악 및 자율적 윤리기준 마련

출처 : 필자 작성

을 예측하여 역기능으로 인한 부정적 영향력을 사전에 파악함으로써 효율적인 대응 방안을 조기에 마련하는 것이 무엇보다 중요해질 것이다. 미래 발생 가능한 감성 AI 역기능 유형 사례를 소개하면, ① A → B : 감정 조작/편집, ② A, B, C → A : 감정 획일화, ③ A → ~A : 감정 통제/강요 등이 대표적인 감성 AI 역기능이 될 것으로 예측된다. 이에 인간의 감정 · 감성 상태의 왜곡, 침해 등을 사전 예방 · 방지할 수 있도록 감성 인공지능 특성을 반영한 인공지능 윤리기준 또한 조기 마련하는 것이 AI가 보편화되는 미래 사회에 대응하는 중요한 대비책이 될 것이다.

[참고문헌]

관계부처 합동(2022), "2022년 지능형 로봇 실행계획".

김돈정 · 신현순(2022), "감성인식 기술과 지식서비스", KEIT PD 이슈리포트, 2022-5월호, 한국산업기술평가관리원.

김문구 · 박종현(2008), 「국내 RFID/USN 산업경쟁력 강화를 위한 핵심동인 선별과 전략과제 연구」, *Samsung SDS Journal of IT Service*, Vol.5, No.1, pp. 82~96.

____________(2018), 「AI 기반 감성증강 10대 유망 서비스 탐색」, Insight Report 2018-13, 한국전자통신연구원.

김상식(2018), 「감성 컴퓨팅 연구동향」, 『융합 Weekly TIP』, Vol. 130, KIST 융합연구정책센터.

문휘창(2009), 『글로벌 경쟁력 강화를 위한 경쟁전략』, 21세기 북스.

_____(2009), "한국인이 검토해야 할 '다이아몬드 모델'", *Donga Business Review*, 44호.

박종현 · 김문구 · 조영환(2009), 「국내 IT 산업역량의 국제비교와 역량강화 요인도출에 관한 연구」, 『정보사회와 미디어』, 15, pp. 73~90.

박혜리 · 박한선(2022), 「국내 자율운항기술 분야의 산업경쟁력 분석 연구 : 마이클 포터의 다이아몬드 모델을 기반으로」, *Journal of Navigation and Port Research*, Vol. 46, No. 3, pp. 203 ~ 208.

송병철 · 최동윤 · 이민규(2018), "감성 인식 기술 동향", 주간기술동향, 정보통신기획평가원.

오지선 · 김갑수(2018), "한국 자율주행차 산업의 글로벌 경쟁력 확보방안 연구", 2018 STEPI Fellowship, 과학기술정책연구원.

오지선 · 백단비 · 이덕희(2020), 「Affective Computing 분야의 지식생산, 지식구조와 네트워킹에 관한 분석 연구」, 『감성과학』, 제23권, 제4호, pp. 61 ~ 72.

정보통신기획평가원(2020), "인공지능 기술 청사진 2030".

한국정보기술연구원(2013), "KISTI 선정 미래 유망기술 10선".

Allied Market Research(2022), "Emotion Dection and Recognition Market, 2020~2030".

Grand View Research(2022), "Eomtion Detction and Recognition Market, 2022~2030".

Michael E. Porter(1990), *The Competitive Advantage of Nations*, Harvad Business Review.

CHAPTER 12

감성 인공지능의 규제와 산업육성

—**김병일**((주) 디스퀘어)

〈요약〉

인공지능이 인간의 감정을 분석하고 판단하는 영역까지 발전하여 이른바 '감성 AI' 기술 시대가 빠른 시간에 도래할 수도 있을 것으로 전망된다. EU의 인공지능법(안)(Proposal for a Regulation laying down harmonised rules on artificial intelligenc), 미국의 "National Artificial Intelligence Initiative Act of 2020" 및 중국의 인공지능 산업 중심 정책 추진과 최근의 규제 법안 마련 등을 통하여 확인할 수 있는 것과 같이 해외 주요국들은 국가 주도의 관련 법적 규제를 마련하거나 산업정책 추진을 통해 다가오는 감성 AI 시대에 대응하고 있다.

감성 AI를 포함한 인공지능에 대한 규제는 산업육성과 긴장 관계로 '규제의 역설'에 해당할 수 있다. 따라서 윤리규범과 같은 자율적 규제 방식이 우선하거나 실정법을 통한 강제적인 규제 방식과 통합하는 것이 가장 이상적이라는 것은 부정할 수 없다. 다만 현실적으로는 국내외 법·제도·정책 사례의 비교·분석을 통해 국가 개입과 역할 중심으로 하는 법·제도적 수단을 마련하여 감성 AI 기술과 산업을 육성하는 정책의 수립·시행이 가장 시급한 시기라 판단된다. 발달된 인공지능의 모습으로 감성 AI는 제조업에서 자동차, 의료, 국가의 복지 의무에 이르기까지 다가올 미래의 모든 산업의 핵심적인 구성요소로 작용할 것이기 때문이다.

일부 인공지능의 폐해와 위험성을 예단하여 감성 AI에 대한 규제가 피해구제나 위험을 방지할 수 있다는 이유로 법률의 예방기능에 중점을 두고 있는 견해도 있으나, 해외 주요국들의 사례에 비추어 볼 때 국가 주도의 선구적인 감성 AI 산업육성 정책이 법과 제도로 보장되어야 할 필수불가결한 상황임을 간과할 수 없다. 우리나라는 해외 선발국들에 비해 이미 뒤늦은 추격을 시작하고 있다고 할 수 있다. 따라서 국회 주도의 인공지능법안이 산업육성이라는 적극적인 시각에서 다양한 법안 심사가 이루어지고 있음은 긍정적인 모습이 아닐 수 없다.

지난날 국가 주도의 산업화와 정보화 사회 실현, 그리고 문화강국으로 성공한 우리의 역사와 자신감은 감성 AI 기술발전과 산업육성에서 법·제도 정비를 통해 기초를 튼튼히 함으로써 이루어낼 수 있을 것이다.

1. 서론

4차 산업과 사물인터넷 시대에서 빅데이터를 중심으로 기계학습(machine learning)과 심화학습(deep learning)이 가능한 '인공지능(artificial intelligence, AI)'이 급부상한 것은 이미 확정된 사실이며,[1] 나아가 인공지능과 인간, 인공지능 간 상호작용을 통한 '감성 인공지능(Emotion AI)'도[2] 일반화되고 있다. 인공지능은 인간의 사고방식 중에 학습 능력 및 추론 능력 등 지적 능력을 인공적으로 구현한 컴퓨터 프로그램 또는 컴퓨터 시스템에서 출발하여 인간의 감정을 분석하고 판단하는 영역까지 감성 컴퓨팅(Affective Computing)으로[3] 알고리즘화하는 단계의 '감성 AI' 시대에 진입하거나, 적어도 빠른 시간에 도래할 것은 분명해 보인다.

이른바 '인공지능 시대'에서 감성 AI의 활용도와 중요성을 강조할 수 있는 긍정적인 측면을 현실의 곳곳에서 찾아볼 수 있다. 코로나 팬데믹 시기를 거치면서 의료[4] 및 원격 돌봄서비스 등 다양한 분야에서 인공지능 관련 서비스 산업의 증가

---

1. 위키백과(https://ko.wikipedia.org/wiki/인공지능(2022. 12. 30., 최종 검색)) 참조.
2. '감성 인공지능' 혹은 '감성 AI'의 사전적 용어에 대한 정의가 없으며, 다만 유사한 '감성 컴퓨팅'에 대한 사전적 용어는 존재한다(https://ko.wikipedia.org/wiki/, 감성 컴퓨팅(2023. 3. 1., 최종 검색)). 역사적으로는 1995년 MIT 대학 로사린드 피카드(Rosalind Picard) 박사가 인간의 감성을 분석하고 해석하는 컴퓨터 기술을 일컬어 '감성 컴퓨팅'이라는 용어를 처음 제창한 이래로 현재는 '감성 인공지능(Emotion AI)'과 '감성 로봇'으로 거념을 확장하는 것으로 이해된다. 이에 대한 것은 편집부(2018), 『감성 인공지능 시스템(Emotion AI System) 기반 감성 로봇 기술동향』, 하연(HAYEON) 등 참조. 이하에서 감성 인공지능은 '감성 AI'로 통일한다.
3. 김상식(2018), 「감성컴퓨터 연구동향」, 『융합위클리팁』, 제130권, 융합연구정책센터, p. 130 이하.
4. 보건복지부는 '비대면 진료 3년, 1,379만 명의 건강을 보호. 의원급 의료기관 86.1% 재진 81.5% 실시'라는 제목으로의 보도자료를 통하여 코로나 시대에 비대면 진료의 중요성을 보고하고 있다. 기타 자료는 보건복지부 사이트(https://www.mohw.go.kr/react/al/sal0301vw.jsp?PAR_MENU_ID=04&MENU_ID=0403&page=1&CONT_SEQ=375330(2023. 3. 29., 최종 검색))에서 확인. 여기에서는 향후 비대면 진료를 활용할 의향을 비대면 진료에 대하여 활용할 의사를 표시한 경우는 87.9% 등이 만족하고 있으며 기타 연도별 비대면 진료 현황을 알 수 있다.

[5]를 경험하고 있다. 또한 데이터 중심의 정책 결정과[6] 기업들의 생산성 제고 등에 빅데이터에서 수집된 인간의 감성적인 부분을 분석하고 파악하여 이용하고 있다. 디지털 기술에 기반한 'AI 면접 시험'[7] 같은 감성 AI의 비접촉, 비대면으로 활용되는 등 그 토대가 마련되어 엔데믹 시대에도 계속될 것으로 전망되고 있다.

반면에 감성 AI의 활용에서 주의하여야 할 몇 가지 부정적인 측면을 간과하여서는 안된다. 즉, 인공지능 활용의 바탕이 되는 빅데이터에서 불법으로 유출되어 악용되는 개인정보 이용범죄, 감성 AI 활용에 의한 일자리 상실 등 인간 소외의 문제, 인간과 인공지능의 상호작용에서 생기는 책임 소재, 감성 AI에게 추상적인 법인격을 부여할 것인지와 그러한 윤리적 규범의 고찰이 필요한 것인지의 여부 등이 그러한 것이다.

요컨대 감성 AI는 인간 본성과 관련되어 있으므로 '단순' 인공지능을 포함한 '감성' 인공지능의 규제와 규범에 대하여 내재적이며 치밀한 검토가 요구되는데, 그것이 감성 AI의 산업발전 방향을 제시할 담론의 출발점이기 때문이다. 인공지능의 알고리즘이 빅데이터와 경험 기반의 학습 및 컴퓨팅 능력을 통해 만들어지므로 관리자나 이용자가 의도하지 않은 피해나 예측하지 못한 문제에 대응하기 위해서는 기존의 윤리적 규범과 법적 규제에 대한 검토가 우선 필요하다. 그 검토 결과를 바탕으로 기존의 규범 내에서 해결이 가능한지, 또는 해결이 불가능하다면 어떠한 것들을 개선하여야 할지의 여부 등을 종합적으로 살펴본 후 감성 AI 산

---

5. 통계청, 국가통계포털의 출처의 '대표 인공지능 제품 서비스의 응용 산업 분야' 통계에서 알 수 있다(https://kosis.kr/statHtml/statHtml.do?orgId=127&tblId=DT_127016_B005&vw_cd=MT_ZTITLE&list_id=N2_16_002&seqNo=&lang_mode=ko&language=kor&obj_var_id=&itm_id=&conn_path=MT_ZTITLE(2023. 4. 3., 최종 검색)).

6. 단면적인 데이터 산업의 통계를 보더라고 확인할 수 있는데, 2019년 대비 2021년은 168,582(억 원)에서 230,972(억 원)로 증가. 「데이터 산업 현황조사」, 과학기술정보통신부. 출처는 통계청 국가통계포털(https://kosis.kr/(2023. 4. 30., 최종 검색))에서 가져옴. 이하 사이트만 표기.

7. 여러 자료가 있으나 대표적인 근거로 잡코리아(2023. 2. 1) "삼성도 도입한 서류 AI 평가 시스템 해법은?"(https://www.jobkorea.co.kr/AI/Analysis(2023. 4. 1., 최종 검색)) 참조.

업 육성의 바람직한 발전 방향을 모색해 볼 수 있을 것이다.

2. 감성 AI에 대한 윤리규범과 규제 방향

2.1 감성 AI 규제의 접근방식

인공지능에 대한 윤리규범은 원론적이고 추상적인 담론에 그치는 경우가 많고, 그러한 규범에서조차 이해관계자 사이의 치열한 이익충돌이 생겨서 윤리규범에 담긴 내용과 이면적 사항이 무엇인지, 윤리규범 중에서도 선언으로 그칠 내용과 집행력을 확보할 필요가 있는 내용이 무엇인지 파악하는 것은 쉽지 않다.[8] 따라서 인공지능 규제의 접근방식에는 국가별 차이가 없이 크게 자율 규제 방식과[9] 법적 규제 방식을 취하게 된다. 규제는 현실적으로 실효성을 담보하기 위하여 국가의 개입이 필요하므로 자율적 규제보다는 법적 규제로 귀결되고, 최소한의 국가 개입으로 국가와 기업이 공동 규제로 하여야 한다는 접근방식이 일반적인 것으로[10] 보인다.

알고리즘 학습에 쓰이는 데이터가 인공지능의 능력과 기능을 확장시키는 주요 자료이므로 개인의 일상 기록이거나 관련이 있는 정보는 데이터 수집과 이용 과정에서 프라이버시를 침해할 수 있고,[11] 이 문제를 해결하기 위하여 관리자에

---

8. 고학수·박도현·이나래(2020), 「인공지능 윤리규범과 규제 거버넌스의 현황과 과제」, 『경제규제와 법』, 제13권 제1호, 서울대학교 법학연구소, p. 29.
9. 대표적인 민간 자율 규제방식이라고 볼 수 있는 것이 2007년의 '로봇 윤리헌장 초안'이다. 이 내용은 http://www.irobotnews.com/news/articleView.html?idxno=1606(2023. 4. 2., 최종 검색) 참조. 이를 계기로 시작되었던 인공지능에 대한 규제 논의는 10년이 지난 2017년부터 활발해지기 시작, 2018년에 2007년의 '로봇 윤리헌장 초안'에 대한 수정 논의가 계속되었고, 이는 한국로봇산업진흥원에서 개최된 로봇윤리포럼에서 '로봇 윤리헌장 개선안'이 발표되는 결과로 이어진다.
10. 김나래(2022), 「인공지능 규제에 관한 소고」, 『동아법학』, 제97호, 동아대학교 법학연구소, p. 237.
11. 물론 인공지능 개발자 또는 관리자는 데이터 수집 과정에서 개인정보를 가명화하고, 파편화시킴으로써 개인의 사생활 자유를 최대한 침해하지 않도록 노력하지만, 자발적인 노력에 근거하므로 근본적

대해 강력한 책임 추궁이 필요하다는 주장이 있을 수 있다. 인공지능과 동일한 개념으로서 알고리즘은 그 자체로 기업 비밀이거나 넓게는 국가기밀인 경우가 많아서 이를 소유한 기업이나 국가는 기술적으로 또는 경제적으로 우위를 차지하면서 책임과 규제를 회피하거나 국민의 권리를 침해하는 수단으로 악용될 여지가 있으므로 법적 규제의 제창에 대한 타당성은 분명하다. 나아가 감성 AI에 대하여도 최소한의 규범적 관찰이 필요하며 이를 허용하지 않게 되면 피해 예방은 양보하더라도 직접적인 피해구제는 기대할 수 없으므로 감성 AI의 규제는 인공지능에 대한 규제보다 더 내밀하고 직접적인 규제방식을 가지고 국가의 개입이 필요하다는 주장을 예상할 수 있다. 따라서 법적 규제방식과 기업과 공동 규제를 축으로 한다고 하더라도 국가의 역할이 중요시되는 방향으로 가게 될 것이다.

감성 AI가 인공지능을 바탕으로 하는 인간 본성에 대한 분석과 판단을 기초로 하므로 현재 인공지능에 대한 논의를 우선으로 규제의 필요성과 방향에 대한 검토를 시작할 수밖에 없는 것도 현실적인 한계이다. 따라서 특정 산업의 규제와 정책의 긴장관계에 대한 해법에 관하여 국내법적 논의가 부족한 경우 우선 국가별 규제방식 중에서 법적 규제에 초점을 맞춰 살펴볼 필요가 있다.

2.2 국가별 인공지능 규제에 관한 비교

2.2.1 제품안전 중시의 EU '인공지능법'

EU의 인공지능에 관한 법률(안)("Artificial Intelligence Act, 이하 'EU 인공지능법(안))은[12] AI의 고위험 사용에 대한 몇 가지 요구 사항을 부과한다. 고위험 시스

인 해결책이 될 수 없으며, 또한 파편화된 정보들이 또 개인을 식별할 수 있으므로 내포된 문제는 계속된다.

12. EU의 AI법안 주요 경과 : (2021. 4.) EU 집행위 AI법안 제안 → (2022. 12.), EU이사회 입장 채택 →

템은 허용되지만, 데이터 거버넌스, 투명성 및 인적 감독과 관련된 의무를 준수하면서 물리적 피해(AI 자동차 충돌 등), 눈에 잘 띄지 않는 피해(시스템화된 편견 등), 오용으로 인한 피해(딥페이크) 등으로부터 사람들을 보호한다는 원칙을 가진다.[13] 또 'AI ACT'는 인공지능을 기반으로 한 EU 영토 내의 모든 산업에 적용되는 핵심적인 인공지능에 관한 제품, 서비스, 시스템의 개발, 상품화, 사용에 대한 수평적인 적용을 명시하고 있다. 특히 'AI ACT'는 4가지 위험 유형을[14] 중심으로 세부적인 '제품 안전 체계'를 도입하고 의무적인 CE 마킹(CE-marking) 절차를 통한 고위험 인공지능 시스템의 시장 진입 및 인증에 대한 요건을 부과한다. 공정한 결과를 보장하기 위해 사전 시장 적합성 제도(pre-market conformity regime)를 머신러닝 교육, 테스트 및 검증 데이터 세트(data set)에[15] 적용하며 인공지능 규제 프

(2023. 5.) 유럽의회 상임위 통과 → (2023. 6.) 유럽의회 본회의 의결될 예정. 이에 대한 자세한 것은 다음의 https://overseas.mofa.go.kr/be-ko/brd/m_7570/view.do?seq=1286240(2023. 5. 13., 최종 검색)에서 알아볼 수 있다. 또한 구체적인 내용으로 유럽연합은 지속적인 인공지능 법률 제정에 대한 논의를 바탕으로 2021년 4월 21일 인공지능에 관한 일치된 규칙 제정안(Proposal for a Regulation laying down harmonised rules on artificial intelligence)을 발표하였다. 상세 내용은 https://artificialintelligenceact.eu/the-act/(2023. 2. 20., 최종 검색) 참조.

13. 개인의 안전이나 인권이 위협받는 것을 방지하기 위하여 인공지능의 신뢰성 및 투명성, 위험관리 및 입증 가능한 책임 등에 대한 사전 통제를 강조한 포괄적인 규제 프레임을 제시하였다는 점에서 의미가 있다. 특히 인공지능으로 발생할 수 있는 위험을 4단계로 분류하여 각 단계에 맞는 차등적인 규제를 마련했다는 점에서 그렇다. 이 법안을 시초로 많은 국가에서 인공지능에 대한 규제에 관한 접근 방안의 기준을 제시한다.

14. 구체적으로 법안에서는 인공지능의 위험 유형을 네 가지로 구분하여 규제하고 있다. 첫째, 받아들일 수 없는 위험(Unacceptable risk), 둘째, 고위(High-risk), 셋째, 제한된 위험(Limited risk), 넷째, 최소화된 위험(Minimalrisk)이다. 이렇게 네 가지로 분류한 기준은 인공지능 기술에 대한 위험의 정도이다. Artificial IntelligenceAct Article 5. Risk-based approach The use of AI, with its specific characteristics(e.g. opacity complexity, dependency on data, autonomous behaviour), can adversely affect a number of fundamental rights and users' safety. To address those concerns, the draft AI act follows a risk-based approach whereby legal intervention is tailored to concrete level of risk. To that end, the draft AI act distinguishes between AI systems posing (i) unacceptable risk, (ii) high risk, (iii) limited risk, and (iv) low or minimal risk. Under this approach, AI applications would be regulated only as strictly necessary to address specific levels of risk. 이하 영문 생략.

15. 정진명(2020), 「데이터 이용과 사법적 권리구제」, 『민사법학』, 제92호, 한국민사법학회, pp. 305~306.

레임워크는 안정성과 산업발전을 구체적인 목표[16]로 하고 있다. 한마디로 EU는 신뢰할 수 있는 인공지능 규제를 확립하기 위해 인공지능이 민주주의적 가치·인권·법치를 존중하여 법적, 윤리적으로 그리고 기술적으로 견고한 기반을 갖출 것을 요구했다.[17] 이 목표를 달성하기 위하여 EU 집행위원회는 인공지능 규제를 위하여 위험 기반 접근방식을 택하여[18] 국가(EU의 국가집단과 개별 국가)의 개입을 요구하고 있다.

구체적으로 위험을 도출할 수 있는 몇몇 금지되는 인공지능 시스템에 대한 개별적이고 구체적인 제재를 가하고 있지만,[19, 20] 여전히 해당 법안이 너무 광범위하고 모호하다는 비판이 있으며, 인공지능 산업을 위축시킬 것이라는 주장 역시 나오고 있다. 또 시행을 앞두고 유럽연합 회원국 사이에서도 법안의 적용 범위 등 세부 사항에 대해 의견이 갈리고 있는 것도 현실이다.

현재 동 인공지능법(안)은 제안된 인공지능법의 절충안이 2022년 11월 25일 EU 이사회에서 승인되었으며, 최종적으로 2023년 말에는 채택될 것으로 전망되

16. 첫째, EU에서 사용되는 인공지능 시스템의 안전성과 기본권 및 EU의 가치를 존중하도록 보장한다. 둘째, 인공지능에 대한 투자와 혁신을 촉진하기 위한 법적 확실성을 보장한다. 셋째, 인공지능 시스템에 적용되는 기본권 및 안전성에 관한 요건에 대한 기존 법률의 효과적인 시행을 강화한다. 넷째, 합법적이고 안전하며 신뢰할 수 있는 인공지능 애플리케이션을 위한 단일 시장의 개발을 촉진하고 시장 분열을 방지한다. 이는 EU가 신뢰할 수 있는 인공지능을 확립하기 위하여 인공지능이 민주주의적 가치, 인권, 법치를 존중하여 법적, 윤리적으로 그리고 기술적으로 탄탄한 기반을 갖출 것을 요구한다.

17. 국제 인권단체 휴먼라이츠워치는 2021년 11월 '유럽연합의 결함 있는 인공지능 규제가 사회 안전망을 위험에 빠뜨리는 방법'이라는 성명을 통해 유럽연합의 인공지능법이 인권 문제를 해결하기에 부족하다고 주장했다(https://www.ekoreanews.co.kr(2023. 4. 2., 최종 검색)).

18. 김나래(2022), 앞의 논문, p. 223.

19. Artificial Intelligence Act Article 71-3 (a) 금지되는 인공지능 시스템을 개발 및 서비스를 하는 경우에는 최대 3천만 유로 또는 전 회계연도의 연간 총매출액 6% 중 더 큰 액수의 과징금이 부과.

20. Artificial Intelligence Act Article 6 : 생체인식 및 자연인 분류, 중요한 인프라의 관리 및 운영, 교육 및 직업훈련, 고용, 근로자 관리 및 자영업에 대한 접근, 필수 민간 서비스 및 공공 서비스 혜택에 대한 접근 및 향유, 법 집행, 이민, 망명 및 국경 통제 관리, 사법 행정 및 민주적 절차에 영향을 주는 인공지능 기술 금지.

고 있다.[21] 최근인 2023년 5월 11일 인공지능에 관한 세계 최초의 규칙이 될 수 있는 인공지능에 관한 최초의 규칙에 대한 협상 초안이 EU 시장위원회와 시민자유위원회(the Internal Market Committee and the Civil Liberties Committee)에서 채택되었다. 위원회의 제안에 대해 MEPs(Members of the European Parliament)들은 AI 시스템이 사람에 의해 감독되고 안전하고 투명하고 추적 가능하고 비차별적이며, 환경 친화적임을 보장하는 것을 목표로 하고 있으며, 현재와 미래의 AI 시스템에 적용할 수 있도록 기술 중립적으로 설계된 AI에 대한 통일된 정의를 추구하고 있다.[22]

2.2.2 미국

인공지능의 중요성을 인식하고 국가 차원의 계획을 수립하고자 하는 것은 미국도 마찬가지이다. 인공지능에 대한 정부의 직접적인 규제는 트럼프 행정부가 2019년 2월에 발표한 행정명령 13859호이다.[23] 동 행정명령에 근거하여 '인공지능에 대한 미국의 리더십 유지(Maintaining American Leadership in Artificial Intelligence)를 위해 2020년 11월에 인공지능 활용에 대한 규제 지침(Guidance for Regulation of Artificial Intelligence Applications, 이하 "규제 지침"이라 한다)을 발표하였다. 2020년 2월에는 미국 국방부(Department of Defense, DOD)에서도 AI 사용을 위한 윤리적 원칙(ethical principles for the use of Artificial Intelligence)을 공

---

21. https://www.artificial-intelligence-act.com/(2023. 5. 31., 최종 검색)

22. https://www.europarl.europa.eu/news/en/press-room/20230505IPR84904/ai-act-a-step-closer-to-the- first-rules-on-artificial-intelligence. 동 투표에서 찬성 84표, 반대 7표, 기권 12표로 채택되었으며, 동 초안은 6월 전체 의회의 승인 투표가 진행될 예정이다.

23. Executive Order 13960 of December 3, 2020 Promoting the Use of Trustworthy Artificial Intelligence in the Federal Government By the authority vested in me as President by the Constitution and the laws of the United States of America, it is hereby ordered as follows.

식적으로 채택하기도 하였다.[24] 2020년에 인공지능에 대한 윤리규범을 마련한 미국은 인공지능 규제에 대한 윤리적 규범을 직접 강제하는 방식과 연방거래위원회의 우회적 통제방식을 함께 취하는 것으로 보인다.[25] 미국은 국가적 차원에서 계획을 수립하고 입법을 도모하고 있는데, 대표적인 법률(안)이 "National AI Initiative Act of 2022"이다.[26] 이 법안에 근거하여 '국가 AI 자문위원회'(이하 'NAIAC')를 구성하도록 하고, NAIAC의 구성원을 학계, 비영리 단체, 시민 사회 및 민간 부문 전반에 걸쳐 광범위하고 학제적인 영역에서 AI 관련 전문 지식을 갖춘 리더로 구성된다. NAIAC는 과학 및 기술 연구, 개발, 윤리, 표준, 교육, 거버넌스, 기술 이전, 상용 응용, 보안, 경제적 경쟁력 및 AI와 관련된 기타 주제에 대한 조언과 정보를 제공하며, 백안관의 과학기술정책실(OSTP) 내 NAIIO(National Artificial Intelligence Initiative Office)가 NAII법(DIVISION E, SEC. 5102)에 근거하여 NAII(National Artificial Intelligence Initiative)를 조정하고 지원하기 위해 구성·운영한다.[27] 바이든 행정부에서도 미국 역시 유럽연합과 같은 광범위한 인공지능법

24. U.S Department of Defense, "DOD Adopts Ethical Principles for Artificial Intelligence"(https://www.defense.gov/Newsroom/Releases/Release/Article/2091996/dod-adopts-ethical-principles-for-artificial-intelligence/(2023. 2. 25., 최종 검색)).

25. 박혜성·김법연·권헌영(2021) 「인공지능 통제를 위한 규제의 동향과 시사점」, 『정보법학』, 제25권, 제2호, 한국정보법학회, pp. 9~10.

26. 2020년 이래로 간단하게 'NAIAC' 표기한다(https://www.ai.gov/legislation-and-executive-orders/ ; https://www.congress.gov/116/crpt/hrpt617/CRPT-116hrpt617.pdf#page=1210(2023. 3. 25., 최종 검색)).

27. As defined by the National Artificial Intelligence Initiative Act of 2020(DIVISION E, SEC. 5001), "The term 'artificial intelligence' means a machine-based system that can, for a given set of human-defined objectives, make predictions, recommendations or decisions influencing real or virtual environments. Artificial intelligence systems use machine and human-based inputs to - (A) perceive real and virtual environments ; (B) abstract such perceptions into models through analysis in an automated manner ; and (C) use model inference to formulate options for information or action." Topics typically encompassed by the term "AI" include machine learning, computer vision, natural language processing and understanding, intelligent decision support systems, and autonomous systems, as well as the novel application of these techniques to various domains.

을 제정해야 한다는 주장이 나오고 있으나, 아직 논의 중인 상황이다.[28]

미국의 행정명령이나 입법안들은 인공지능의 책임과 관련한 구체적인 내용을 담고 있으며, EU의 인공지능 법안처럼 위험도에 규제를 일부 바탕에 두고 있다는 것도 참고할 만하다. 행정명령이 개인정보 보호와 프라이버시에 대한 보호에 중점을 두고 있으며,[29] NAII 법안에서는 구체적 조항을 가지고 있지 않으나 시스템 기술에 자동 의사결정 시스템 영향평가와 데이터보호 영향평가의 정의를 통하여 개인정보 보호와 프라이버시권을 보호하고 있음을 알 수 있다.[30] 결국 미국은 개인의 프라이버시권을 중시하여 유럽의 위험 기반의 인공지능법을 지향하면서 국가 중심의 피해 구제를 우선으로 하는 인공지능법을 논의하고 있다고 할 수 있다.

2.2.3 아시아 주요 국가

가. 일본

일본은 '국제적 논의를 위한 인공지능 개발 가이드라인안(国際的な議論のためのAI開発ガイドライン案)'을[31] 중심으로 경제 부진 탈출과 초스마트 사회 실현을 위

28. 2021년 NAIIO의 린 파커 국장은 EU의 인공지능법에 대해 "미국 역시 규제에 대한 유럽의 접근방식을 모델로 삼아야 한다"라고 주장, 제이크 설리번 국가안보보좌관 역시 2021년 4월 "미국은 인공지능에 대한 EU의 새로운 이니셔티브를 환영한다. 우리는 우방 및 동맹국들과 협력하여 모든 시민의 권리와 존엄성을 보호하려는 우리의 공유 가치와 헌신을 반영하는 신뢰할 수 있는 AI를 육성할 것이다"라고 공식적인 의사를 표하는 등 미국도 유럽연합의 인공지능 규제와 궤를 같이하고 있음 (https://www.ekoreanews.co.kr/news/articleView.html?idxno=65909(2023. 4. 15., 최종 검색)).

29. 동일한 의견으로 박혜성·김법연·권헌영(2021), 앞의 논문, p. 23 이하.

30. 이에 대한 것은 최경진(2021), 「인공지능 규제 동향」, 『전자금융보안』, 제25권, 금융보안원, p. 33. 다만 법안의 내용에 대하여 연매출 5천만 달러 이상 또는 100만 명 이상의 개인정보를 취급하고 있는 기업을 대상으로 하고 있다는 것이 특징이라고 하여 접근성이 약화된다는 지적이 가능하다.

31. https://www.soumu.go.jp/main_content/000490299.pdf(2022. 12. 20., 최종 검색)의 "AI ネットワーク社会推進会議, 国際的な議論のためのAI 開発ガイドライン案," 이 가이드라인에서는 ① 연계의 원칙, ② 투명성 원칙, ③ 제어 가능성의 원칙, ④ 안전의 원칙, ⑤ 보안의 원칙, ⑥ 프라이버시의 원칙, ⑦ 윤

해 AI 기술을 시급하게 개발하여야 함을 강조하지만, 추상적으로 강조할 뿐[32] 구체적인 법안은 논의되지 않고 있는 것으로 보인다. 그러한 연장선상에서 자율 규제 방식으로 해석될 수 있는 민간전문가들이 2018년 '인간 중심의 AI 사회 원칙(人間中心のAI社会原則)'을[33] 마련하였다. 따라서 AI 규제에 관한 논의는 기술의 발전을 촉진함과 동시에 그에 수반되는 위험을 감소시키자는 윤리적 차원의 원론적인 입장을 취하고 있다고[34] 평가된다. 규제의 관점보다는 위험을 최소화하는 데 목적을 둔 가이드라인을 통해 역기능이나 위험감소를 위한 윤리적 규범 차원에서 방안들이 제시되거나 활용 전략이나 정책의 일부 내용으로 추진되고 있다.[35]

나. 중국

중국도 일본과는 마찬가지로 규제 중심의 인공지능법안은 없으나 상대적으로 인공지능 산업의 발전을 위하여 인공지능 산업육성를 위한 정책 중심의 구체적인 인공지능 법안을 추진 중으로[36] 산업육성 정책 면에서 평가할 만하다. 특히 국가의 크기에 맞게 중앙정부와 지역정부가 연계하여 실시하는 지방 특색의 인공지능 지원정책은 각 지역의 경쟁구도를 만들어 기술개발 및 투자촉진을 통해 지

리의 원칙, ⑧ 이용자 지원의 원칙, ⑨ 책임성의 원칙을 명시하고 있다.

32. 이에 대한 소개는 김정민(2020), 「인공지능 알고리즘 규제 현황과 최근 동향 및 법적 함의-인공지능 편향성을 중심으로-」, 『디지털윤리』, 제4권 제2호, 인터넷윤리학회, pp. 36~40.

33. https://www.soumu.go.jp/main_content/000736624.pdf(2023. 4. 20., 최종 검색).

34. 윤혜선(2019), 「인공지능 규제 정책에 관한 연구 : 주요국의 규제정책 사례를 중심으로」, 『정보통신정책연구』, 제26권 제4호, 정보통신정책학회, p. 164.

35. 일본 총무성과 'AI 네트워크사회추진회의'는 결론적으로 2019년, 각각의 원칙에 대한 설명을 정리한 가이드라인(AI 활용 가이드라인)을 발표하였다. 이는 2018년의 'AI 활용 원칙안'을 바탕으로 각 원칙에 대한 해설을 담은 것으로 원칙 실현을 위한 강구 조치에 대해 구체적으로 설명하고 있다.

36. 이에 관한 것은 김송이(2019), "중국 정부의 인공지능 산업육성을 위한 지식재산 정책", 심층보고서, 한국지식재산연구원, 참조. 간단한 예로서, 베이징시는 생산, 교육, 연구 및 기술혁신의 통합을 강조하고 AI 기본 연구, 응용 플랫폼에 관심을 기울이고 있으며, 상하이시는 인공지능 인재, 혁신생태, 산업에 대한 투자 및 자금지원 등에 관한 정책을 수립하고 기업을 위한 데이터 개방 등의 조치를 발표하는 등 국가정책적인 측면이 강하지만 규범이나 규제에 대하여 특별히 논의되지 않는다.

역 경제성장을 이끌고 있으며, 그 결과 인공지능 산업 발전을 정책적으로 구현하고 있다.[37] 또한 분야별 산업육성 정책 법안을 통하여 국가적 인공지능 모멘텀을 형성하려고 노력하고 있음이 규제보다 산업육성에 대한 지표가 될 수 있다. 다만 중국 규제당국인 CAC에서 최근인 2023년 4월 11일 '제네레이티브 AI 규제법(안)'을 발표하고, 공공의견(Public Comment)을 수렴하는 등 일반 인공지능에 대한 관심이 높아지면서 빠르게 발전하는 인공지능이 가져올 위험에 대한 경계심을 강화하고 있는 추이를 보이고 있다.[38]

2.2.4 각국 규제방식에 대한 시사점

감성 AI를 비롯한 인공지능에 대한 규제는 윤리규범을 가지고 논의할 수 있는 영역을 벗어나 있음은 앞의 논의와 같다. 소위 '트롤리 딜레마(trolley dilemma)'를[39] 극복할 수준까지 윤리적 가치를 해결한다면 더 이상 바랄 것이 없고, 자율적인 규제방식과 실정법을 통한 강제적인 규제방식을 통합하는 방안이 이상적인 것은 분명하다.[40] 그러나 현실적으로 손에 닿는 최고의 방안을 찾을 수 없다면 각국의 인공지능 규제방식, 특히 법적 규제방식에 대한 장단점을 가지고 우리나

---

37. 이에 대한 것은 산업육성으로 본다.

38. https://techrecipe.co.kr/posts/52897(2023. 5. 31., 최종 검색) 참조. 동 규제법안에 따르면 제너레이티브 AI 서비스를 제공하는 기업은 차별 콘텐츠, 허위 정보, 개인 프라이버시, 지적재산권 침해 콘텐츠를 방지하기 위한 조치를 취할 필요가 있으며, 이를 어길 경우 벌금, 서비스 정지 또는 형사처벌 등이 부과될 수 있다.

39. 브레이크가 고장난 트롤리 기차가 달리는 레일 위에는 5명의 인부가 일을 하고 있다. 다른 레일 위에는 1명의 인부가 있다. 트롤리가 이대로 달린다면 5명의 인부는 반드시 죽게 되지만 레일 변환기로 트롤리의 방향을 바꾸면 1명의 인부를 희생해 5명의 인부를 구할 수 있다. 이를 트롤리의 딜레마라고 한다. 영국의 윤리 철학자인 필리파 푸트(Philippa R. Foot)가 제안한 논의. 인간이 고민하는 윤리적 규범으로는 감성 AI도 이 딜레마에서 자유로울 수 없을 것을 예상하며, 이에 대한 갈등의 해결이 요구된다.

40. 고학수·박도현·이나래(2020), 앞의 논문, p. 30.

라와 비교법적으로 분석하여 시사점을 찾는 것이 필요하다.

유럽을 제외한, 미국, 일본, 중국 등은 강제성이 없는 인공지능에 대한 윤리규범의 가이드라인이나 지침의 형태로 규제방식을 택하였으나 윤리규범만으로는 구체적인 피해 발생이나 그 위험요소를 제거하고 차단하는 근본적인 해결책이 될 수 없다. 나아가 확실한 자율 규제방식도 아니므로 모호한 태도로 인공지능 규제방식을 택하는 것은 일단 지양되어야 한다. 지금까지 감성 AI 등 발전하는 인공지능의 위험에 선제적으로 대응할 수 있도록 단지 기업이나 산업집단 유지의 관점에 국한되는 윤리규범을 벗어나 법적 제재가 개인의 피해를 최소화시키고, 공공의 안전을 담보할 수 있는 대안이 될 수 있다는 것에 의미를 찾을 수 있는 것은 승인된 부정적인 견해에도 'EU 인공지능법'이라고 볼 수 있다. EU 집행위원회가 인공지능의 위험성을 방지하기 위한 광범위한 규제[41]는 미국이나 기타 국가의 모범이 되어 가고 있다. 이는 의미 있는 일이다.

현재 우리나라에서 논의되는 인공지능 규제를 위한 EU 의회의 'EU 인공지능법'의 승인은 세계 최초의 선례이며 머지않아 일반법 형태로 도입될 것임을 생각해 볼 수 있다. 물론 'EU 인공지능법'에 대한 부정적인 평가가 있고 이에 대한 회의론이[42] 없는 것은 아니지만, 이를 감안하더라고, 구체적인 인공지능 기술이나 서비스에 대한 규제의 필요성, 인공지능 기술이나 서비스의 특정한 위험성을 가지고 있는지 등 충분한 정보를 확보하여 규제 도입의 방식을 도입할 필요가 있다.

---

41. 2021년 4월 21일에 발표한 '인공지능에 대한 통일된 규칙의 제정 및 개정 제안'(Proposal for a Regulationof the European Parliament and of The Council Laying Down Harmonised Rules on Artifi cialIntelligence(Artificial Intelligence Act) and Amending Certain Union Legislative Act)

42. 유럽연합 인공지능 법안에 대한 부정적인 의견은 결국 해당 법안이 현재 인공지능 산업에 대한 상황을 제대로 파악하지 못하고, 모호한 개념 등을 사용하여 법안을 만들었다는 비판이 가능하다. 박혜성·김법연·권헌영(2021), 앞의 논문, p. 33.

2.3 대한민국의 감성 AI 규제상황과 논의

2.3.1 현행 입법(안) 현황

현행 국회에서는 인공지능이란 표제어가 붙은 법률안은 아래 국회입법안처럼[43] 다양하게 제출되어 논의되고 있다. 각 법률안의 구체적인 내용을 여기에서 모두 언급할 수는 없지만,[44] 인공지능 규제에 관한 법안이라고 할 수 있는 "[2113509] 알고리즘 및 인공지능에 관한 법률안(윤영찬 의원 등 12인)"을 제외하고는 대부분 인공지능에 대한 기술개발과 인공지능 산업 생태계를 강화하기 위한 국가적 추진체계를 마련하는 법률안으로 이해될 수 있다. 즉, 인공지능에 대한 기술개발을 촉진하고 인공지능 산업을 육성하기 위한 다양한 시책과 국가적 지원 근거가 법안의 방향이다.

표 12-1 국회 입법안

의안번호	법률안명	소관위원회
2120353	인공지능책임법안(황희 의원 등 14인)	과학기술정보방송통신위원회
2118726	인공지능산업 육성 및 신뢰 확보에 관한 법률안(윤두현 의원 등 12인)	과학기술정보방송통신위원회
2116986	인공지능교육진흥법안(조해진 의원 등 12인)	교육위원회
2115314	한국인공지능·반도체공과대학교법안(안민석 의원 등 13인)	산업통상자원중소벤처기업위원회
2113509	알고리즘 및 인공지능에 관한 법률안(윤영찬 의원 등 12인)	과학기술정보방송통신위원회

43. http://likms.assembly.go.kr/bill/BillSearchResult.do(2023. 2. 10., 최종 검색). 이외에도 인공지능산업육성에 양향자 의원안, 인공지능연구개발산업에 관한 이상민 의원안이 있다. 구체적인 내용은 해당 홈페이지에서 확인할 수 있으며 여기서는 개략적인 내용만 기술한다.

44. 최근에 나온 법안을 제외한 입법안 구체적인 비교는 김나래(2022), 앞의 논문, pp. 230~237 참조.

2111573	인공지능에 관한 법률안(이용빈 의원 등 31인)	과학기술정보방송통신위원회
2111261	인공지능 육성 및 신뢰 기반 조성 등에 관한 법률안 (정필모 의원 등 23인)	과학기술정보방송통신위원회
2110148	인공지능교육진흥법안(안민석 의원 등 10인)	교육위원회
2104772	인공지능 기술 기본 법안(민형배 의원 등 10인)	과학기술정보방송통신위원회
2104564	인공지능 집적단지의 육성에 관한 특별법안(송갑석 의원 등 11인)	산업통상자원중소벤처기업위원회
2103515	인공지능산업 육성에 관한 법률안(양향자 의원 등 23인)	과학기술정보방송통신위원회
2101823	인공지능 연구개발 및 산업 진흥, 윤리적 책임 등에 관한 법률안(이상민 의원 등 11인)	과학기술정보방송통신위원회

출처 : 국회의안정보시스템(https://likms.assembly.go.kr/bill/main.do, 2023. 2. 28. 최종 검색) 참조 재구성

2023년 2월 14일 과학기술정보방송통신위원회(과방위)의 법안소위에서 통과된 "인공지능산업 육성 및 신뢰 기반 조성에 관한 법률안"은 세계 최초의 체계적인 인공지능법으로 이해되는데 기존의 국회 과방위에 발의된 7개의 인공지능 관련 법안을 통합한 법안이다. 인공지능의 육성을 도모하면서도 인공지능을 개발하고 제공하면서 지켜야 할 윤리적 원칙 등을 규정해 인공지능을 신뢰할 수 있는 기반을 마련하는 것을 목적으로 한다. 해당 법안에는 2021년 발의된 '알고리즘 및 인공지능 법률안' 역시 반영되었으나, 지적한 것처럼 산업육성에만 초점을 맞춘 법안이라는 반대 여론이 심하지만,[45] 이하에서 검토하는 것처럼 부정적으로 바라볼 것은 아니다.

45. https://www.ekoreanews.co.kr/news/articleView.html?idxno=65909(2023. 5. 15., 최종 검색).

2.3.2 감성 AI 규제에 관한 방향

가. 개념의 구체화를 통한 감성 AI 규제

감성 AI에 대한 불명확한 개념은 법인격을 부여하는 등 감성 AI가 인간과 구분되지 아니하면 국가나 사회가 통제할 수 없는 영역으로 나갈 수 있으므로 우선 인공지능 개념에서 출발한 감성 AI에 대한 분명한 개념을 정의하는 데 규제방향을 설정하여야 한다. 그러한 측면에서 인공지능에 대한 알려지지 않았거나 통제하기 어려운 위험을 예방하거나 구제를 목적으로 위험 기반의 개념 정의를 기반으로 마련된 유럽의 인공지능법은 의미가 있다. 따라서 기본적인 컴퓨터 시스템을 고려하여 이러한 감성 AI 개념과 거기에서 나오는 위험을 구체화한[46] 감성 AI는 인간 감성과 구분되며 인간 보호의 수단으로 규제와 규범을 만들어야 한다. 구체적인 위험 중에 무형의 위험은 개인정보가 포함된 데이터의 사용 등으로 인한 프라이버시, 인간의 존엄성 등의 침해를 의미하고, 위험의 유형은 생명, 신체, 재산 등에 대한 침해로 규정한다. 무형 또는 유형의 위험을 발생시키는지 여부는 감성 AI의 활용 방식과 의도, 적용되는 분야와 그 특성을 검토하여 규제 방향을 검토한다. 또한 당사자마다 기본권 침해에 대한 가능성이 있는 경우 예방적 차원으로 감성 AI 기술을 개발하는 단계에서 규칙을 준수하도록 자율적 규제방식을 우선으로 하면서 시스템화하거나 예외적인 경우 미국처럼 국가의 개입이나 직접적인 관여를 하도록 한다.

나. 감성 AI에 대한 관리 체계 마련

감성 AI를 관리하기 위하여 미국의 AI 시스템 분류에 따른 투명성에 관한 내용이 우리나라의 입법안에서 재고된다면 감성 AI 규제 법안의 타당성을 더하게

46. 박혜성 · 김법연 · 권헌영(2021), 앞의 논문, p. 15～16.

될 것이다. 특히 정보시스템에서 개인정보의 수집과 기록, 조직, 구조화와 변경 기타 삭제에 이르기까지 개인정보의 자동화된 프로세스를 FTC가 요구할 수 있는 것처럼 정보통신부나 혹은 관계기관이[47] 관리하도록 하여 국가책임을 인정하도록 하는 것도 하나의 방안이 될 수 있다.

규제 방식의 원칙은 공동규제 방식이지만 법적 규제를 우선하도록 하는 것이 타당할 것으로 생각된다. 나아가 감성 AI 시스템 관리자에 대한 의무부과를 통하여 감성 AI를 개발하거나 사용하는 자를 규율하여야 한다.[48] 감성 AI 시스템 관리자는 공급업체이거나 제품판매를 영위하는 자, 관리자를 통틀어 규율하는 것이 직접 규율의 실효성을 높일 수 있으므로 시스템 관리자에게 법적 의무를 부과하는 것은 중요한 제재의 수단이 될 수 있다. 규제기관이 실효성 있게 기능하기 위해서는 감성 AI의 특수한 목적과 기술정보, 효과와 부작용, 데이터 수집방법과 보안방식을 명확하게 공개하고,[49] 이를 파악하고 대응할 수 있는 전문가의 양성도 필수적이다. 이것도 유럽연합의 EU 인공지능 법안에서 도출할 수 있는 국내 감성 AI의 입법 방향이 될 수 있을 것이다.

다. '약한' 의미의 감성 AI 특별법 제정

논의한 것처럼 감성 AI의 규제에 관한 접근방법으로 개발자, 공급자, 사용자 등의 개인적인 윤리에 맡겨진 자율적인 규제와 규범이나 법을 통한 강제적인 규

---

47. 김중권(2021), 「인공지능(지능형) 시스템의 도입을 위한 법적 규율의 문제」, 『공법학연구』, 제22권, 제1호, 한국비교공법학회, p. 283. 정부가 3년마다 '인공지능사회 기본 계획'을 수립해 시행하도록 하며 국무총리 산하 인공지능위원회가 여기에 해당할 수 있다.

48. 인공지능에 대한 투명한 관리·감독 체계를 마련하기 위하여 인공지능 관련 규제기관을 설립할 필요가 있다. 이는 인공지능의 공급자 또는 개발자와 사용자 간의 분쟁을 조정하는 것뿐만 아니라 인공지능에 대한 작동원리 및 의사결정 과정, 데이터 해석 및 결과, 책임 체계의 투명성 여부를 판단해야 할 것이다. 김현정(2021), 「인공지능 기반 사회에 대비한 EU의 전략과 정책 : EU의 AI 규제안을 중심으로」, 『한국과 국제사회』, 제5권 제4호, 한국정치사회연구소, pp. 238～239.

49. 백수원(2021), 「헌법상 투명성 원칙에 기반한 인공지능 규제의 방향」, 『성균관법학』, 제33권, 제2호, 성균관대학교 법학연구원, pp. 608～609.

제가 있다. 감성 AI의 위험에 대한 규제를 자율에 맡길 경우 위험 사전 차단과 피해 발생에 대한 구제는 요원하게 될 것이다. 특히 감성 AI의 알고리즘이 더욱 복잡해지고 전문성을 갖게 되면 불법적인 요소에 대한 원인 및 오류 과정을 설명하는 것이 난해하며 불법행위 책임의 요건인 인과관계를 찾기 어려울 수 있다.[50] 감성 AI 알고리즘은 개발자 및 공급자가 영업비밀로 보호할 뿐만 아니라 투명성을 갖추기 어려운 성질을 가지고 있으므로 손해를 입증하는 것이 쉽지 않은 것도 사실이다. 이를 개선하기 위하여 자동차손해배상보장법이나 제조물책임법에 논의하는 정보공개에 대한 입증책임을 완화하거나 그 정도의 감성 AI 규제를 위한 특별법을 마련하는 것이 기존의 민·형사책임체계를 통한 불확실성을 극복하는 길이 될 수 있다. 다만 현행법에 따라 감성 AI에 민·형사 책임을 지우기 위해서는 행위의 주체로서, 즉 법인격 또는 전자인격이 인정되어야 가능하므로 다른 차원에서 규제하고 감독할 수 있는 감성 AI에 대한 특별법 마련이 필수적이라고 생각한다. 감성 AI를 이용한 서비스가 예측할 수 없는 위험 발생을 예상할 수 있지만 우회적으로 해결하면서 이용자에게 최적화된 서비스와 기술을 제공하고, 이용자에게는 비용 절감, 최적의 마케팅 수단 등을 제공할 수 있다는 장점을 살리는 특별법안이 필요하다. 감성 AI에 대한 규제에서 참고할 만한 내용으로 감성 AI 리스크는 감성 AI 기술을 활용하여 해결하도록 하고, 발생하는 위험은 'AI 전용 보험'의 개발을 통하여 대비하자는 견해는[51] 감성 AI 분야에 대한 특별법을 제정하는 데에 의미를 부여할 것이다.

50. 오정하·김일환(2021), 「지능정보사회에서 알고리즘의 법·규제의 방향」, 『법과 정책』, 제27권, 제3호, 제주대학교 법과정책연구원, p. 126.

51. 김윤진(2021), 「AI 리스크와 전용보험의 필요성」, 『KIRI 리포트』(https://www.kiri.or.kr/report/downloadFile.do?docId=6089(2023. 2. 20., 최종 검색)).

3. 감성 AI 산업의 육성정책과 방향

3.1 규제와 산업 육성정책의 관계

3.1.1 이른바 '규제의 역설'

긍정적인 효과를 얻는 것을 목표로 도입된 규제가 규제 대상으로부터 원하는 결과를 만들지 못하는 '규제의 실패(failure of regulation or regulatory failure)' 중에서 특히 부정적인 효과를 만드는 경우를 이른바 규제의 역설(paradox of regulation)이라고 한다.[52] 규제 역설의 부정적 효과의 단면은 예를 들어, 기술 범위 규제는 새로운 기술개발의 지연을 가져오고, 정보공개의 행동을 규제하는 경우 정보소통의 감소[53]를 가져올 수도 있다. 또한 규제의 목표가 실제 결과와 달라서 의도를 벗어나게 되어[54] 특정 산업의 몰락 내지 발전의 저해와 신흥 산업정책 방향 설정에 오류나 방해물이 될 수 있다는 것을 예상할 수 있다. 한마디로 규제와 산업 육성 정책 결정은 적대적 긴장 관계에 있게 된다.

'규제의 역설'의 원인에는 다양하겠지만 중요한 것을 선별하면, 사회나 기술

---

52. 구체적인 내용과 유형 등에 대해서는 최병삼(2021. 11. 15), "규제의 역설과 인공지능 규제에 대한 시사점", KISDI AI Outlook, Vol. 6 등 참조.

53. 정부는 부처별로 필요에 따라 개별적인 개인정보 보호 가이드라인을 제정하고 있다. 특히 정부가 4차 산업혁명의 중요성을 인식하고 개인정보의 비식별화를 위한 가이드라인을 포함한 개인정보의 이용을 위한 여러 가지 지침을 제정하여 운용하고 있다. 다만 행정자치부(2013년), 방송통신위원회(2014년) 및 과학기술정보통신부((구)미래창조과학부, 2015년) 등에서 "빅데이터 개인정보 보호 가이드라인" 또는 "빅데이터 활용을 위한 개인정보 비식별화 기술 활용 안내서" 등을 마련하여 시행하고 있으나, 이는 개인정보에 관한 정보의 이용을 용이하게 한다기보다는 정보보호에 중점을 둠으로써 이른바 '규제의 역설'에 해당한다(개인정보보호위원회 지침·가이드라인 참조 : https://www.pipc.go.kr(2023. 5. 16., 최종 검색)) 참조.

54. Sunstein, Cass R.(1990), "Paradoxes of the Regulatory State," *University of Chicago Law Review*, 57, pp. 407～441 : 최병삼(2021), p. 12. 재인용.

에 대해 이해가 부족한 규제, 특정 집단의 이해관계만을 대변한 규제, 다수의 주체가 규제 과정에 관여한 정연하지 못한 규제 혹은 이러한 개별적 원인이 복합적으로 작용하여 규제 대상의 행동을 관찰하기 어려워 한층 심각한 양상으로[55] 전개된다. 첨단 정보통신산업과 디지털 산업의 속도는 과거 제조업에 간접적 영향을 주는 것과는 다르게 국가와 사회에 직접적인 산업 패러다임의 변화를[56] 가져오게 되므로 규제가 산업육성의 역리(逆理)가[57] 아닌 순리(順理)가 되도록 한층 주의를 가지고 살펴야 한다. 생각건대 미래 세대 인공지능 활용의 마지막 단계에서 인간과 상호작용하는 감성 AI 산업은 규제의 역리를 고민하여 산업육성 정책 방향을 설정하여야 한다.

3.1.2 규제방식과 산업정책의 관계

규제가 규범으로 역할을 하기 위해서는 강제성이 전제되어야 한다. 감성 AI 기반인 알고리즘이 가지고 있는 특성이 복잡하고 불명확하다는 것을 전제로 한다면 더욱 사전에 위험을 차단할 수 있는 강제력 있는 규범이 필요하다.[58] 한편 규제의 역설에 더하여 강제적인 규범의 형태로 감성 AI를 규제했을 때, 그 규범이 현재의 시점에서 적합한지, 어느 정도의 범위까지 규제해야 하는지, 활용 이익과 손실 사이의 분기점을 판단하기 어렵다는 한계도[59] 있다.

자율 규제 방식의 접근은 해당 기업의 자율성을 보장하므로 산업육성에 의미를 부여할 수 있다는 논리가 될 수 있으나, 반대로 초기 산업의 육성은 막대한 자

55. 최병삼(2021), 앞의 논문, p. 13.

56. 지난 수년간 중국과 미국의 반도체 전쟁에 대한 국제질서의 변화도 무관하지 않을 것이며, 정보통신과 인공지능의 기본도 반도체산업에서 시작하게 되므로 전체의 흐름을 고민할 필요가 있다. 이에 대한 것은 미국과 중국의 대립과 관련된 일반적인 신문기사를 검색하면 바로 확인할 수 있다.

57. '역설'의 의미를 '역리'로 필자 주.

58. 김광수(2018), 「인공지능 규제법 서설」, 『토지공법연구』, 제81집, 한국토지공법학회, p. 294.

59. 박혜성 · 김법연 · 권헌영(2021), 앞의 논문, p. 5.

본과 인력의 투입이 필요한 경우가 많으므로 자율적 방식의 규제보다는 강제적인 육성정책을 가지고 장려하는 것이 합리적일 수 있다. 이처럼 규제의 접근방식은 해당 산업의 육성정책과 밀접한 상호관계를 갖게 된다. 그렇다면 감성 AI의 산업 육성 정책은 우선 규제의 접근방식에서 찾을 수 있다는 것을 뜻하게 된다. 이 관점에서 현재 국회에 계류 중인 법안이 대부분 산업육성을 위한, 예를 들어 인적 기반을 위한 교육[60] 내지 클러스터 조성과 같은 산업 기반[61] 마련을 목적으로 하는 입법안임을 고려한다면 일응 규제의 순리를 찾아서 적극적인 국가 개입의 강제적인 육성정책으로 가는 것이 올바른 방향인지 검토가 필요하다.

3.2 감성 AI 적용 분야와 산업 육성방향

3.2.1 감성 AI의 산업화 과정

ICT 신기술로 센싱 기술이나 딥러닝 기술을 동원한 동영상, 음성 및 생체신호를 기반으로 인공지능의 알고리즘을 형성하여 인간의 감정을 분석하고 인식하는 기술은[62] 영화나 공상과학 소설이 아닌 현재 시중에 출시되어 있는 로봇에서도 찾아볼 수 있다. 기존의 로봇을 이용한 제조업 일변도의 로봇(산업), 형식적으로는 인간과의 교감을 통하여 이른바 '소셜 로봇(Social Robot)'이 노인문제나 인간 소외의 문제에 대응하고 해결하는 차원까지 나가고 있다. 이처럼 감성 AI 산업이 감성인식 기술을 바탕으로 미래산업의 주축이 될 것이라고 보는 것이 일반적이다.

---

60. [2116986] 인공지능교육진흥법안(조해진 의원 등 12인), [2115314] 한국인공지능·반도체공과대학교법안(안민석 의원 등 13인), [2110148] 인공지능교육진흥법안(안민석 의원 등 10인) 기타.
61. [2118726] 인공지능산업 육성 및 신뢰 확보에 관한 법률안(윤두현 의원 등 12인), [2113509] 알고리즘 및 인공지능에 관한 법률안(윤영찬 의원 등 12인), [2104772] 인공지능 기술 기본법안(민형배 의원 등 10인) 등
62. 세부적인 기술적인 부분은 송병철·김대하·최동윤·이민규(2018), 「감정인식 기술동향」, 『주간기술동향』, 1829호, 정보통신기획평가원, p .18 이하.

감성 컴퓨팅을 신산업 생태계의 잠재적 기술로 인식하고, 인간의 감정을 이해하면서 인간과 한층 적극적인 교감을 바탕으로 미래산업을 이끌어 갈 것으로 예상되고, 그에 따라 관련 시장규모도 2027년에는 2,505억 달러에 달할 전망[63]이다. 감성 컴퓨팅 기술의 중요성은 인공지능의 핵심 기술로 여겨지고, 인간과의 상호작용에서 감정을 인지하는 감성 컴퓨팅 기술에서 소위 말하는 인공지능 감정의 범주까지 포함하는 '인공 감성지능(AEI ; Artificial Emotional Intelligence)'에 관한 연구 개발이[64] 진행되고 있다.

3.2.2 감성 AI의 적용 산업 분야

가. 제조업

인간의 건강과 생명에 대한 위험 등으로 접근하기 힘든 특정 제조업 분야에서 AI를 통한 로봇이[65] 보조적으로 상용화된 것은 오래된 일이 아니다. 나아가 IoT 센서, 빅데이터, 클라우드 컴퓨팅 및 인공지능 등과 같은 IT 신기술의 발전으로 제조업과 IT 기술이 융합된 이른바 스마트 공장에서는 사람의 개입이 최소화되고 자동 제어 시스템에 의한 생산이 이루어지고 있다. 나아가 최적의 공정관리를 위하여 방대한 기존 생산 데이터와 설비의 상태를 실시간 파악하여 생산 효율화와 품질관리를 통해 비용 절감 및 납기를 맞추기 위해서 AI 활용은 필수적이며, 인간과의 교감이 적극적으로 필요하다. 공정관리 자체가 더욱 복잡해지고 인간이 모든 생산 과정을 통제하는 데에는 한계점에 있으므로 인공지능을 통한 스마트한 생산공정 관리가 효과적인 해결 방법이 된다. 제조업은 감성 AI의 적용을 통해

63. 김돈정·신현준(2022), 「감성인식 기술과 지식서비스」, 『PD ISSUE REPORT』, 한국산업기술평가관리원, p. 31.
64. 김선희(2020), 「인공감성지능 기술동향 및 산업 분야별 적용사례」, 『주간기술동향』, 제1936호, 정보통신기획평가원, p. 3 및 기타 인공감성지능의 개요와 기술 등 참조.
65. 김선희(2020), 앞의 논문, p. 8.

인간의 개입 없이 실시간으로 기계와 기계, 심지어 기계와 부품 간 제조 공정 데이터의 교환을 통해 제조 설비가 자체적으로 최적화를 이루는 방향으로 발전해 나가고 있다.

나. 자동차산업

완전 자율 자동차는 자동차에 장착된 각종 센서를 통해 들어오는 영상정보와 자동차 주행을 위한 시스템 제어 그리고 빠르고 안전하게 데이터를 전송시키기 위한 실시간 정보제어가 필요하다. 또한 자체 수집한 운행 관련 데이터와 실시간으로 전송받는 지능형 교통정보 시스템의 운행 정보를 기반으로 스스로 안전 운전을 담보할 수 있도록 해주는 인공지능의 적용이 필수적이다. 그러나 현재까지의 자율주행 자동차 발전 단계가 입력해 둔 목적지를 향해 주행을 시작해 앞차와의 간격과 신호등, 차선 변경 등을 인간의 개입이 없이 진행하는 단계에 머물고 있어 인간의 운전 피로는 덜어 줄 수는 있어도 예측하지 못한 사고를 순간적으로 판단하여 회피할 수 있는 수준은 아니다.[66] 실질적으로 인간을 교체하여 '인간처럼' 운전하려면 감성 AI의 활용이 필수적이다. 또한 운행 중 탑승한 인간을 위한 보호의무를 이행할 자체의 감성 AI도 필요하다. 즉, 감정 반응차량 제어시스템을 기반으로 생체정보를 인식하여 운전자의 감정 실태를 실시간으로 분석하여 차내 환경을 최적화하는 기술까지[67] 필요로 하고 있어 자동차산업에서 감성 AI 기술이 향후 핵심 영역을 차지할 것으로 예상된다.

66. 동아일보, 2021. 4. 19 기사(https://www.donga.com/news/article/all/20210419/106478648/1(2022. 12. 30., 최종 검색)) 참조.

67. 김돈정·신현준(2022), 앞의 보고서, p. 35.

다. 복지 서비스 산업

평균 수명 증대에 따른 노인인구 증가 및 부양 등이 사회적 문제로 대두되고 있다. 더 나아가 1인 가족이 늘어나고 있고 독거노인에 대한 돌봄서비스의 수요가 늘고 있으나, 전문인력의 수급과 이를 위한 재원 마련이 노령화 사회의 속도를 좇아가지 못하고 있는 현실에서[68] 감성 AI는 매우 주요한 사회문제 해결 수단으로 논의되고 있다. 노인복지법 제27조2에[69] 의해 규정된 노인 돌봄 서비스가 24시간 이루어지지 못하고 있는 현실과 대응하여 가족이 없거나 단절된 독거노인과 치매 환자의 급속한 증가 등은 사회 문제가 되므로 상대의 감정을 인식하고 대응능력을 구비하는 감성 AI 로봇을 활용하여 "대화로 노인 우울감을 치유하는 가정용 로봇"[70] 등이 하나의 방법일 수 있다. 노인복지와 마찬가지로 국가의 책무로서 사회 안전망의 보호를 받아야 하는 아이돌봄지원법 제4조와[71] 제20조에[72] 의한 영·유아를 돌보기 위한 서비스가 있다. 이러한 사회적 취약계층에 대하여 감성 AI를 활용한 정서적 안정과[73] 안전에 도움을 주는 로봇의 수요는 증대될 수밖에 없다.

그 밖에도 1인 가구의 증가로 인한 대면 대화와 생활 서비스의 수요를 충족하

---

68. 자세한 내용은 김성아·박민진·김정아(2022), "서울시 1인 가구 외로움·사회적 고립 실태와 대응전략", 연구보고서(https://www.si.re.kr/node/66227(2023. 5. 1., 최종 검색))

69. 제27조의2(홀로 사는 노인에 대한 지원) ① 국가 또는 지방자치단체는 홀로 사는 노인에 대하여 방문요양과 돌봄 등의 서비스와 안전 확인 등의 보호조치를 취하여야 한다. ② 국가 또는 지방자치단체는 제1항에 따른 사업을 노인 관련 기관·단체에 위탁할 수 있으며, 예산의 범위에서 그 사업 및 운영에 필요한 비용을 지원할 수 있다. ③ 제1항의 서비스 및 보호조치의 구체적인 내용 등에 관하여는 보건복지부장관이 정한다.

70. 신동아방송뉴스 https://www.youtube.com/watch?v=VgBCQBa1lZA(2023. 5. 1., 최종 검색) 참조.

71. 제4조(국가 등의 지원) 국가와 지방자치단체는 보호자가 아이돌봄의 책임을 다할 수 있도록 지원하여야 한다.

72. 제20조(비용의 지원 등) ① 국가와 지방자치단체는 여성가족부령으로 정하는 일정 소득 이하 가구의 아이돌봄서비스 비용의 전부 또는 일부를 지원할 수 있다. ② 제1항에 따른 비용은 가구의 소득수준과 거주 지역 및 부모의 취업 등을 고려하여 차등 지원할 수 있다. ③ 아이돌봄 서비스의 비용은 서비스의 종류, 해당 지역의 사정 등을 고려하여 여성가족부장관이 정하여 고시한다.

73. 한겨레신문, 2020. 6. 8. 기사 참조("인공지능 돌봄'이 어르신 안전·정서 지킨다"에서 행복감은 7% 고독감은 4% 감소 : https://www.hani.co.kr/arti/science/technology/948311.html(2023. 4. 12., 최종 검색)).

기 위하여 감성 AI에 기반한 음성 서번트(Servant) 서비스, 스마트 홈 구현을 위한 감성 AI 서비스, 반려동물 증가에 따른 반려동물 지킴이 서비스 등 생활환경에서 적용 가능한 각종 감성 AI 서비스와 복지 분야에서의 감성 AI의 폭발적인 수요 증가가[74] 예상된다. 향후 감성 AI는 생활서비스와 복지 분야에서 감정인식 기술의 발전을 통한 이미지 분석, 움직임의 이상 유무 확인 및 응급 상황 판단에 따른 개별적 대처 기능 등으로 미래 복지분야 모든 분야에서 핵심 역할을 수행하게 될 것이다.

라. 의료 서비스 산업

감성인식 기술과 서비스는 트라우마 치료와 브레인 마사지, 헬스케어 등의 산업에서도 일정한 역할을 할 수 있다.[75] 감성 AI의 의료 산업에 대한 적용은 인간의 존엄과 생명을 다루는 영역에 대한 부정적인 이미지가 존재하는 것이 사실이지만, 수술에 로봇이 이용되고 있는 현실에서 감성 AI가 주도적으로 수술을 시행하는 단계나 혹은 인간과 대등한 단계에서 의료서비스를 진행할 수 있음은[76] 단순한 과학 영화를 넘어선 현실이 되어가고 있다.

의료용 인공지능 기술의 비약적인 발전은 다양한 분야에서 감성 AI를 활용한 산업발전을 기대할 수 있다. 의료진의 오진율을 줄여줄 수 있는 대안으로 심층학습 기반의 인공지능이 보급될 수 있으며,[77] 암세포의 개인적 특징을 유전학 관점

---

74. 세계적으로 감성치유, 감성지능형 스마트 자동차, 감성좌석 등 새로운 감성 서비스 산업분야가 등장할 것으로 보인다. 김돈정·신현준(2022), 앞의 보고서, p. 31. 한편 p. 34에서는 국내 감성인식 서비스 시장은 2027년 1조 7,919억 원에 이를 것으로 전망하고 있다.

75. 김돈정·신현준(2022), 앞의 리포트, p. 36.

76. KTL Today(2022. 10. 28) "제2회 인공지능 기반 영상의료기기 산업발전 포럼 개최! 작성자 한국산업기술시험원", 국내 유일 공공 종합시험인증기관인 한국산업기술시험원(원장 김세종)은 산업통상자원부가 주최하는 "제2회 인공지능(AI) 기반 영상의료기기 산업육성 포럼"을 개최했다. 이 행사는 KTL과 대구광역시(이하 대구시), 한국산업기술평가관리원(이하 KEIT), 대구테크노파크(이하 대구TP), 대한영상정보학회(이하 KSIIM), 대한유방검진의학회(이하 KSFBS)가 공동으로 주관한 행사이다.

77. 인공지능 의사인 왓슨(Watson)을 활용, 축적된 의료 데이터와 지식에 기반을 둔 정확한 진단과 치료

에서 분석하여 신약을 개발하고,[78] 또 광범위한 유전자 빅데이터를 기반으로 빠른 시간에 분석 및 동일한 패턴 등을 찾아내는 자율학습을 통해 인간보다 더 뛰어난 의료 상담 및 치료 영역을 구축할 수 있다. 의료산업에서 감성 AI의 역할은 비약적으로 발전할 것이며 특히 뛰어난 인공지능이 탑재된 수술 로봇이 현실화되면 의료 혁명이 가속화될 것으로 판단된다.

마. 금융산업과 보안

투자업은 빅데이터를 분석한다고 하더라도 투자 전문가의 직감에 의존하는 경우가 일반적이었다. 하지만 딥러닝 기반의 인공지능에 대한 투자자문을 통해 수익률을 높이기 위한 금융 및 투자사들의 노력이 증대되고 있다.[79] 세계 여러 나라의 은행이 금융산업의 수익률 제고를 위한 서비스를 인공지능을 활용하여 제공하고 있다. 제한된 투자전문가가 소수의 고객을 대상으로 비싼 수수료에 의존하여 투자 상담 및 자산관리 서비스를 제공해 온 것과는 달리 인공지능에 기반한 핀테크의 발전으로 다수를 대상으로 신뢰도 높은 금융 서비스가 제공되고 있는 것이다. 나아가 감성 AI의 알고리즘에 따라 직접 투자를 하는 단계에 이르러 저렴한 투자 및 자산관리 서비스를 제공해 주는 현실에 이르고 있다.[80]

법에 의한 기대는 점차 기술적인 한계에 도달하는 것으로 보인다. 메디게이트 뉴스(2021. 9. 5.) "AI 의사로 주목받았던 '왓슨'은 왜 잊혀졌나"(https://medigatenews.com/news/2821297075(2023. 4. 30., 최종 검색)) 참조.

78. 머니투데이(2022. 10. 5)""AI로 암 정복" 루닛, 진단 이어 '신약 개발' 속도-'조기진단' '맞춤형 치료' 추구"(https://news.mt.co.kr/mtview.php?no=2022100510260930196(2023. 4. 5., 최종 검색)). 간단히 말하면 기사는 캐나다의 딥 제노믹스(Deep Genomics)가 환자의 유전자에서 암의 원인을 찾아내고 유전자 결함을 치료해 줄 신약 개발을 하는 과정에 인공지능을 사용하고 있다는 것이다.

79. 미국의 웰스프론트(Wealth Front)가 2008년 처음 시작한 온라인 자산관리 서비스는 수수료를 낮추고 가입금도 대폭 하향하였다. 동 서비스를 통해 로보어드바이저(Robo-Advisor)라는 인공지능 알고리즘을 이용해 자산관리 고객층을 기존 중장년층에서 젊은 층까지 확대해 핀테크(Fintech)의 새로운 시장을 개척한 것이다(최경진(2021), 「디지털금융 혁신과 안정을 위한 인간중심보안」, 『전자금융보안』, 제25권, 금융보안원, p. 2 재인용).

80. 증시가 폭락하거나 투자금 손실에 따른 책임 소재 등의 문제가 발생할 경우가 있어 보완책 마련이

다른 한편으로 디지털 경제 시대에서 금융의 보안은 금융산업의 발전과 맞물려 있다. 기존의 보안 접근방법으로는 한계가 존재하므로 클라우드와 감성 AI 등 혁신적인 기술을 기반으로 새로운 금융질서가 만들어지는 감성 AI 기술이 금융을 주도하는 시대가[81] 되고 있는 것이다. 첨단기술이 주도하는 금융산업의 보안은 인간 중심의 기술이 필요하며 기술적인 관점에서 빅데이터 및 인공지능 기반의 행위분석, 상황인지 알고리즘 기반의 관리가 필요하다.[82]

3.3 감성 AI 산업에서 국가개입의 필요성

3.3.1 국가별 정책적 AI 산업육성

유럽위원회 공동연구센터(JRC)는 "유럽의 인공지능 미래상 보고서(2018. 12)"에서[83] 인공지능 시대에의 적극적인 대비를 촉구하고 있다. 당장 행동에 나서지 않으면 유럽이 미국이나 중국의 데이터 식민지가 될 수도 있고 생활이나 직업, 개인과 사회 관계의 주도권을 빼앗길 수 있다는 것이다. 결국 유럽연합이 감성 AI의 권리를 가지려 한다면 연구와 산업에서 유럽연합의 강점에 기반을 둔 공동 전략이 필요하다는 결론을 내렸다. 이에 개인과 사회의 균형 전통, 사회적인 이해, 지역 데이터를 공유하는 생태계를 통해 EU의 다양성과 같은 강점들을 활용하여 감성 AI 활용 시대의 대비를 추구하고 있다.

미국은 소프트웨어와 정보통신 부문의 세계 최고 기술력 및 산업을 바탕으로 세계 인공지능 시장에서의 영향력을 확대하고 있다. 구글의 어시스턴트와 아마존

강구되어야 하는 문제점은 규제의 직접적인 내용이 되는 것을 전제한다.

81. 최경진(2021), 앞의 논문, p. 3.

82. 최경진(2021), 앞의 논문, p. 16.

83. https://ec.europa.eu/jrc/en/news/future-eurupean-ai-being-written-now(2022. 12. 22., 최종 검색).

의 알렉사는 2019년 1월 미국 CES 전시회에 참가한 전 세계의 수많은 전자제품의 임베디드 인공지능으로서의 역할을 보여주었다. 또한 구글과 아마존은 자율자동차에 그들의 인공지능을 적용하기 위하여 이미 많은 투자와 기술개발을 이어가고 있다.

중국의 경우 정부의 강력한 AI 육성 전략에 따라 BAT라고[84] 일컫는 세계 IT의 강자인 바이두, 알리바바, 텐센트 및 스타트업을 앞세워 인공지능 발전에 매진하고 있다. 중국 굴기를 내세워 모든 분야에서 세계 최고가 되고자 넓은 대륙의 특징을 살려 지역별 인공지능 정책을 추진하면서[85] AI 굴기에도 각별한 노력을 경주하고 있는 것이다. 중국은 국가체제와 법적 미비에서 생긴 과거 산업의 후발 주자로의 전철을 밟지 않기 위해 미래 신산업의 기반이 되었고 동시에 막대한 파급효과 도출이 예상되는 반도체와 AI 분야에 국가적인 역량을 결집하고 있는 것은 대한민국에 시사하는 바가 적지 않다.[86]

3.3.2 감성 AI 산업 육성정책의 방향

국회를 중심으로 제4차 산업혁명 시대의 감성 AI 산업이 국가 생존의 명운이 달린 중요한 기술임을[87] 인식하고 있는 것은 매우 다행스러운 일이다. 일부 사회

---

84. 중국은 산업분야별, 지역별 국가주도의 산업육성책을 법률적으로 강제하고 있다는 점을 특징지을 수 있다. 자율주행 자동차는 바이두, 스마트 시티는 알리바바, 의료분야는 텐센트가 집중하는 등 분야별 경쟁력을 키워가며 기반 기술에 대한 투자와 산업에의 적용 노력을 경주하고 있다.

85. 예를 들어 베이징시는 인공지능 핵심 기술 및 원천기술을 확보하고, 해외진출을 지원, 상하이시는 인공지능 발전을 위한 기초서비스 강화 추진 등. 김송이(2019), 「중국정부의 인공지능 산업 육성을 위한 지식재산 정책」, 『심층분석보고서』, 제2019-12호, 한국지식재산연구원, p. 7.

86. 중국은 법률적으로 2050년까지 관련 산업생태계를 구축하여 전 세계 산업을 선도하는 국가가 되겠다는 분명한 계획을 가지고 있다. 김송이(2019), 앞의 보고서, p. 9.

87. 대부분의 입법안이 ① 인공지능은 오늘날 교통, 의료, 서비스 등 다양한 분야에 활용되면서 우리의 일상을 광범위하게 바꾸고 있으며 국가생존을 위한 최상위 정책과제로 부상하고 있고, ② EU, 미국, 중국 등 주요국에서는 인공지능을 통한 국가경쟁력 유지와 인공지능 산업의 주도권을 확보하기 위

적인 불합의로 인한 법적인 논쟁이[88] 있을 수 있으나, 성숙한 우리 사회에서 해결할 수 있는 과제이며 대한민국은 충분히 그러한 과제를 해결할 능력이 있고 새로운 방향의 산업 시대를 준비할 수 있을 것이다. 팬데믹 이후와 한·미·일과 북·중·러를 중심으로 세계사적 힘의 재편과 그러한 흐름에서 다가오는 경제위기에서 대한민국이 생존과 부흥을 위해서는 제4차 산업혁명의 물결을 주도적으로 이끌어가는 것이 필수불가결하다. 지난날 민주화와 산업화의 충돌에서 세계적인 성장을 한 대한민국임을 생각해 본다면 신산업 혁명의 중심에 있는 감성 AI 기술 산업의 발전과 국민 개개인의 정보보호나 자유와의 적대적 상생 관계를 슬기롭게 해결할 수 있는 역량을 가지고 있다.

3.3.3 감성 AI 산업 발전과 국가의 역할

대한민국이 첨단 감성 AI 산업에 대하여 자신감을 갖고 정책 방향을 결정하여야 하는 이유는 다양한 시각을 가지고 문화를 융합하는 사회적 인식과 제도를 운용할 수 있는 국가라는 점이다. 과거의 문화 빈국 혹은 문화 수입국에서 헌법과 개별법의 제도와 정책을 통하여 문화적 자유를 누림으로써 세계 시장에서 한류(韓流)를 중심으로 다양한 문화적 컨텐츠를 제공하는 대한민국은 이미 문화선진국이다. 비록 현재 우리나라의 감성 AI 기술 수준이 미국, 캐나다, 독일 및 중국에게 뒤져있다는 평가는 사실이지만,[89] 감성 AI 산업기술은 근래에 들어와서야 경쟁

하여 과감한 투자와 법률적 기반 구축 등을 경쟁적으로 추진하고 있고, ③ 인공지능은 산업 전반의 혁신 성장을 견인하며, 전 세계가 주목하는 디지털 경제의 핵심 역량으로 부각되고 있으며, ④ 우리나라 역시 인공지능 기술을 선도적으로 개발하고 전 산업 분야에서 인공지능을 융합·활용하며 혁신을 확산하는 등 인공지능 산업을 전략적으로 육성하기 위해 종합적이고 체계적인 지원체계 마련이 필요한 상황임을 밝히고 있다.

88. 개인정보보호법 등에서 정보의 제한을 우려한 정부의 빅데이터 활용방안에 대해서 불신 등.

89. 우리나라의 인공지능 관련 기술수준은 최선진국인 미국 대비 87.8% 수준으로 1.4년의 격차를 보이고 있으며, 특허 출원 수도 전 세계 4위 수준이나 세계 1위 국가인 미국(61,179건) 대비 1/8 수준에 불

이 본격화되고 있으므로 아직 추격이 불가능할 정도의 격차를 보이고 있는 것은 아니다.[90] 정부와 대학, 연구기관 및 산업체의 노력과 투자, 긴밀한 협력 등 적극적인 노력이 뒷받침된다면 머지않아 감성 AI 분야에서도 충분히 선도적인 국가가 될 수 있을 것으로 예상된다. 그러한 목표를 위하여 가장 중요한 감성 AI 산업의 육성책으로 산업의 고도화 달성에 필요한 전략적이고도 지속 가능한 핵심 역량인 인적자원 확보와[91] 그에 필요한 제도적 뒷받침이 필수적이다.

4. 결론

인공지능을 바탕으로 사람의 감정을 이해하고 분석하며 교감까지 가능한 감성 AI 산업이 다가오는 미래에 주력 산업의 지위를 차지할 것은 분명하다. 그렇다면 인공지능에 대한 우려와 마찬가지로 인간의 감성에 바탕을 두고 인간과 교감을 핵심적 기술 영역에 두는 감성 AI에 대한 우려 내지 위험성을 고민할 때가 온 것도 사실이다. 감성 AI는 인간의 삶을 편리하게 하지만 인간의 권리를 침해할 위험성이 있는 양날의 검이기 때문에 예상 가능한 위험을 최소화할 수 있는 방식을 택하면서 감성 AI 기술과 산업발전을 도모하는 방향으로 규제와 정책을 마련하여야 한다. 기존 인공지능에 대한 규제와 윤리적·법적 논의를 살펴보는 이유를 여기에서 찾을 수 있다.

감성 AI는 인간의 감정 분석, 감정 생성, 감정 기반 의사결정 등 인간의 감정을 이해하고 표현할 수 있게 된다면 다양한 응용 분야에 사용될 수 있다. 구체적으로 의료서비스, 생활서비스, 심지어 자율주행의 사고 책임 해결, 금융 분야 등

과한 상황이다(과기정통부·KISTEP(2023), 2022년 과학기술연감, p. 290. : https://www.k2base.re.kr/ekp/view.do(2023. 5. 2., 최종 검색).

90. KISTEP 보고서에서는 감성 AI를 '사람중심 인공지능' 기술로 이해한다.

91. 관련 법안으로 "인공지능교육진흥법안", 조해진 의원 등 12인 ; "한국인공지능·반도체공과대학교법안", 안민석 의원 등 13인 등이 있음.

산업 전반으로 확장될 수 있을 것이다. 그러한 면에서 윤리규범과 같은 자율적 규제방식과 실정법을 통한 강제적인 규제방식을 통합하는 방안이 감성 AI 산업에 대한 가장 이상적인 규제방식이다. EU를 비롯한 감성 AI의 규제방식이 위험을 제거한 인공지능의 활용에 방점을 두면서 일부 강제적 제한 조치를 갖게 하는 것은 일응 적절하다고 평가할 수도 있다. 그러나 제조업에서부터 미래 대부분의 산업과 국가의 복지 의무를 수행하는 데에 핵심적 구성 기술을 담당할 감성 AI에 대한 규제를 예방적 기능에 중점을 두고 바라보는 것에 대하여 회의적 시선을 가질 필요가 있다. 그러한 시각에서 다른 나라와 달리 중국처럼 분야별, 지역적 클러스터를 조성하면서 제한 일변의 규제보다는 성장 중심의 실질적 AI 산업육성을 국가 정책적으로 시도하고 있다는 것도 눈여겨볼 필요가 있다. 감성 AI 산업은 그야말로 미래의 패러다임을 바꿔놓을 산업혁명에 해당할 것이기 때문이다.

해외 주요국의 규제 내지 입법 현황에서 보는 것과 같이 법적 기반 마련을 통한 규제개입이나 산업육성 정책을 주도하는 등 감성 AI 산업에 대한 국가 주도의 법·정책적 대응이 필요하다.[92] 비록 감성 AI의 기초자료인 데이터의 수집과 처리에 대한 개인정보 보호와 관련된 문제, 수집 과정에서 오는 편견과 주관성, 가치관의 충돌로 인한 윤리적 문제 등을 근거로 강력한 제재 법안을 찬성할 수 있다. 그러나 그러한 피해구제를 AI 전용 보험의 개발을 통하여 대비하자는 아이디어 등은 의미있는 해결의 단초가 될 수 있다. 또한 감성 AI 산업에 대한 국가의 주도적 역할이 법·제도적 보완과 함께 적극적인 산업육성 정책 필요로 하는 시기에 있음을 강조할 필요가 있다.

현재 국회에서 논의되는 인공지능 규제에 관한 법률은 대부분 약한 의미의 규제와 강한 산업 기반 조성을 추구하는 정책 법안임을 생각할 때, 앞으로 감성

---

92. 대한민국 정책브리핑에서 제시된 "인공지능 시대 준비하는 '법·제도·규제 정비 로드맵' 마련"은 평가할 만하다(https://www.korea.kr/news/policyNewsView.do?newsId=148881666(2023. 2. 1., 최종 검색)).

AI의 규제 방식은 구체성을 가미하여 특별법 형태의 국가 주도 규제 방식으로 나아갈 것으로 예상된다. 또한 국회에 제안된 다양한 인공지능 법안은 감성 AI 산업 육성 정책의 선도적인 역할을 할 것으로 평가할 수 있으며, 일부 피해구제나 제재 중심의 법률안도 없는 것은 아니지만 대부분 인공지능의 산업 기반을 육성하거나 인적자원 확보를 위한 국가의 역할을 주문하고 있어 향후 관련 산업발전에 긍정적인 작용을 할 것으로 판단된다. 나아가 지역별 내지 분야별 산업클러스터 조성과 국가 주도의 인력양성 등에 필요한 법·제도적 강화를 추구함으로써 관련 산업발전의 기초를 제공하는 등 선도적 감성 AI 산업육성 정책의 개발·시행이 필요한 시점이다.

[참고문헌]

고학수·박도현·이나래(2020), 「인공지능 윤리규범과 규제 거버넌스의 현황과 과제」, 『경제규제와 법』, 제13권 제1호, 서울대학교 법학연구소.

과학기술정보방송통신위원회(2022), 「알고리즘 및 인공지능에 관한 법률안 검토 보고서」

과학기술정보통신부·한국과학기술기획평가원(2022. 4), "2022년 과학기술연감".

김광수(2018), 「인공지능 규제법 서설」, 『토지공법연구』, 제81집, 한국토지공법학회.

김나래(2022), 「인공지능 규제에 관한 소고」, 『동아법학』, 제97호, 동아대학교 법학연구소.

김돈정·신현준(2022), 「감성인식 기술과 지식서비스」, 『PD ISSUE REPORT』, 한국산업기술평가관리원.

김상식(2018), 「감성컴퓨팅 연구동향」, 『융합위클리팁』, 제130권, 융합연구정책센터.

김선희(2020), 「인공감성지능 기술동향 및 산업 분야별 적용사례」, 『주간기술동향』, 제1936호, 정보통신평가원.

김송이(2019),「중국정부의 인공지능 산업 육성을 위한 지식재산 정책」,『심층분석보고서』, 제 2019-12 호, 한국지식재산연구원.

김정민(2020),「인공지능 알고리즘 규제현황과 최근 동향 및 법적 함의-인공지능 편향성을 중심으로-」,『디지털윤리』, 제 4 권, 제 2 호, 인터넷윤리학회.

김중권(2021),「인공지능(지능형) 시스템의 도입을 위한 법적 규율의 문제」,『공법학연구』, 제 22 권, 제 1 호, 한국비교공법학회.

김현정(2021),「인공지능 기반 사회에 대비한 EU의 전략과 정책 : EU의 AI 규제안을 중심으로」,『한국과 국제사회』, 제 5 권, 제 4 호, 한국정치사회연구소.

대한민국정책브리핑(2021), "인공지능(AI)".

박도현(2022),「인간 편향성과 인공지능의 교차」,『서울대학교 법학』, 제 63 권, 제 1 호, 서울대학교 법학연구소.

박혜성 · 김법연 · 권헌영(2021),「인공지능 통제를 위한 규제의 동향과 시사점」,『정보법학』, 제 25 권, 제 2 호, 한국정보법학회.

____________________(2021),「인공지능 규제에 대한 연구--유럽연합의 입법안을 중심으로-」,『공법연구』, 제 49 권, 제 3 호, 한국공법학회.

배수현 · 김성신 · 정석찬(2020),「부산지역 인공지능 산업육성을 위한 AI 산업생태계 연구」,『한국빅데이터논문지』, 제 5 권, 제 2 호, 한국빅데이터학회.

백수원(2021),「헌법상 투명성원칙에 기반한 인공지능 규제의 방향」,『성균관법학』, 제 33 권, 제 2 호, 성균관대학교 법학연구원.

보험연구원(2022), "kiri 리포트".

서울시(2022), "서울시 1인가구 외로움 · 사회적 고립 실태와 대응전략", 연구보고서.

송병철 · 김대하 · 최동윤 · 이민규(2018),「감정인식 기술동향」,『주간기술동향』, 제 1829 호, 정보통신평가원.

오정하 · 김일환(2021),「지능정보사회에서 알고리즘의 법규제의 방향」,『법과 정책』, 제 27 권, 제 3 호, 제주대학교 법과정책연구원.

윤혜선(2019),「인공지능 규제 정책에 관한 연구 : 주요국의 규제정책 사례를 중심으로」,『정보통신정책연구』, 제 26 권, 제 4 호, 정보통신정책학회.

정진명(2020), 「데이터 이용과 사법적 권리구제」, 『민사법학』, 제92호, 한국민사법학회.

최경진(2021), 「인공지능 규제 동향」, 『전자금융보안』, 제25권, 금융보안원.

최병삼(2021), 「규제의 역설과 인공지능 규제에 대한 시사점」, 전자통신연구원.

최성락(2020), 『규제의 역설』, 페이퍼로드.

______(2021), 『규제정책론』, 윤성사.

편집부(2018), 『감성 인공지능 시스템(Emotion AI System) 기반 감성로봇 기술동향』, 하연(HAYEON).

European Parliament(2021) "Initial Appraisal of a European Commission Impact Assessment(Briefing)," EPRS.

James M. White & Rolf Lidskog(2021), "Ignorance and the regulation of artificial intelligence," *Journal of Risk Research*.

Mauritz Kop(2021), "EU Artificial Intelligence Act : The European Approach to AI,Transatlantic Antitrust and IPR Developments," Stanford Law School.

| 찾아보기 |

ㄷ

ㄹ

ㅅ

ㅇ

ㅈ

ㅊ

ㅋ

ㅌ

ㅍ

ㅎ

A

감성 인공지능 : 인간 이해와 감성 증강

초판 1쇄 발행 2024년 2월 29일

초판 2쇄 발행 2024년 9월 30일

지은이 정현태 · 김문구 · 김봉섭 · 이현정 · 박상인
황민철 · 동서연 · 한병옥 · 박종현 · 김영주
이의진 · 김선희 · 김병일

펴낸이 박기남

기획·영업 박정헌

펴낸곳 **율곡출판사**

08590 서울시 금천구 가산디지털1로 84(에이스하이엔드 8차), 803호

전화 (代) 02) 718-9872/3

팩스 02) 718-9874

홈페이지 http://www.yulgokbooks.co.kr

이메일 yulgokbook@naver.com

등록 1989.11.10. 제2014-000031호

ISBN 979-11-91812-65-7 93500

정가 30,000원